河洛

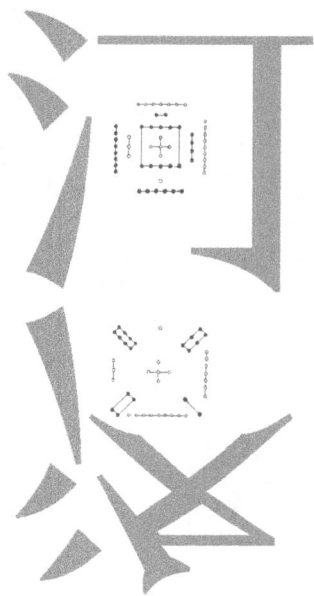

河洛文化研究丛书

中华法开天地

陈云生　著

河南人民出版社

图书在版编目（ＣＩＰ）数据

中华法开天地／陈云生著．— 郑州：河南人民
出版社，2018.2
（河洛文化研究丛书）
ISBN 978－7－215－11334－3

Ⅰ．①中… Ⅱ．①陈… Ⅲ．①法律—思想史—
中国 Ⅳ．①D909.2

中国版本图书馆 CIP 数据核字（2018）第 027161 号

河南人民出版社出版发行

（地址：郑州市经五路 66 号 邮政编码：450002 电话：65788063）
新华书店经销 北京虎彩文化传播有限公司印刷
开本 710 毫米×1000 毫米 1/16 印张 22
字数 250 千字
2018 年 2 月第 1 版 2018 年 2 月第 1 次印刷

定价：152.00 元

目　　录

自　序

在我的研究理路中，基于对西方的法学思想和成制不加甄别地吸收和引进的研究主流的反感，以及对中华传统思想和成制包括法律思想和成制长期以来被漠视乃至不加区别地横加批判的不满，本人在主要以宪法专业为基础的法学研究中，有意识地比较多的关注中华传统法律思想和成制的优良元素，本着学术宽容和开放的态度，在研究著述的相关内容中尽量挹注中华传统文化元素。在20世纪80年代写作，90年代初出版的《权利相对论》中，还曾用了较大篇幅阐述中华传统文化中的哲学思想、礼、法及相关理论与实践等问题。但我必须承认，在过往的研究中，对传统法律思想与成制的研究从总体上来说既不全面，也不深入，浅尝辄止而已。其原因有三：一是专业的阻隔；二是古文的读译能力不够；三是缺少一个深入研究下去的契机。

光阴荏苒，我终于等来了一个深入研究中华法理论与成制的契机。2012年由河南省社会科学院申请的国家社科基金项目获准立项，主题是"河洛文化与华夏历史文明的传承及创新研究"，由著名文化学者陈义初担任项目负责人，由另一位著名文化学者杨海中具体负责项目的实施。我有幸被邀请作为课题组成员，担负写作河洛文化中华法创生的子项目。正是这一契机，使我有幸实现了关于中华法起源研究的夙愿，并借机使本人的古文读译水平得到进一步提升的机会。

关于本人在此项研究中的总体设想、研究进路、预定目标等预设性问题，已在正文中设专题予以陈述，感兴趣的读者可以通过阅读正文予以了解。

作者于北京新源里寓所蛙步斋

2016年6月15日

导　论

第一节　总体构想

这是一项独特的研究,也可以说是一个自诩为学术界"另类"的人所从事过的诸多"另类"学术研究中又一个更为"另类"的研究。说它"独特"和"另类"是基于如下的理由:

理由之一:在学科归属上"不伦不类"

(一)这不属于典型的法律史学,或者更确切地说,不属于典型的"中华法律史学"

作为几千年赓续不断的中华文明史,其中孕育了具有深远和厚重的法律发达史,包括法律思想史和法律制度史。作为举世独树一帜的中华法律文化和法律体系,从先秦的诸子百家起,中经秦汉至明清各朝各代,直到近代及现代,无数的鸿儒大师、学术前辈及先进,对中华法史进行了全景式的研究,留下了浩如烟海的文献典籍和著述。但学海无涯,百密之中也有疏失,就中华法的元始问题,限于史学的视域限制,史学界通常都从有成文法出现时,如战国时期的郑子产铸刑鼎时之后作为研究的起点,虽然也有一些法史和文化史专家也研究过甲骨文、金文中出现的与法相关的文字、记事或案例,但毕竟不构成法律史研究的主流,产生的研究成果也不大丰硕,至于从远古的神话传说及至近现代考古发掘中新发现文物、遗迹中发见中华法的"法史实素地",①进而探讨中华法的"元始"这类研究,几乎还是一片空白。毫无疑问,这片空白应当填上,否则我们很难对中国法史有一个全面的、整体的把握。然而,填补这一空白的难度之大是可以想见的,不然就不会有那么多的法史专家对此望而却步,每论及此,便以神话传说之类"不可信"或"无文字"明确记载为由而不予以深究。这是一个回避的态度。但简单地回避并不能解决问题,毕竟它还是一个问题。笔者深信,这一问题的破解其学理意义远超于法史学术的范围,或许它还关乎到强化当前法制建设和法治的一个思路。当时下的法律制度及其所遭遇的类似老子讲过的"法令兹彰,盗贼多有"的困厄局面而一筹莫展之际,也许我们应当超越法律的作为"形而下器物"层面,从法律的形而上学来观审这一悖论。答案至少有一部分就蕴藏在法律观念最初生成的古远历史之中。在那里最初孕育的法律观念的"基因"被我们今人有意无意地忽略了,甚至遗忘了。但是"基因"既然孕育了中华文明的核心价值观,也同时孕育了中华法的精神内核,这就是中华法最元始之本。今人或许尚不明白,但必须明白,法律的生命力和法治的活力,不仅在于其作为"形而下器物"的工具性价值,更在于其精神内核坚实有力。法律一旦失去其精神内核,其工具性的价值和功能便会大打折扣,甚至都不能长久地存在下去。正是基于此种考虑,我们才开始进行这次漫长而又艰难的法史破冰之旅。但笔者也深知,本人并非法史专家,全面的法史,包括思想史和制度史无疑应当由法史专家和其他大家来进行,事实上,古往今来,法史专家和其他大家已经、正在和即将进行这方面的研究,并结出了丰硕的成果。我们所做的,只是对中华法史中在发生学意义上的元始起点进行一些探讨,仅此而已。

（二）这不属于典型的历史学,或者更确切地说,不属于典型的"中国历史"

作为完整的中国历史,几千年赓续不断,从古至今,深远又厚重,非大家或集体合作难以功成。古者,包括《史记》《汉书》《后汉书》《三国志》在内的"二十五史",为我们留下了浩繁的中国历史文献,近代的郭沫若和范文澜等大师们更给我们展现了中国历史的全图景画卷,而当下的著名学者易中天著的三十六卷本

---

① 　"史实素地"是王国维创设的概念,他在论及上古时代神话传说时提出:"上古之事,传说与史实混而不分。"转引自杨栋文:《史实推动夏禹神话创生演变》,《中国社会科学报》2014 年 1 月 10 日,A08 版,"法史实素地"是笔者对"史实素地"概念的附会及延伸之用。

的《易中天中华史》，又从世界文明的全背景下，探讨了"中华史"，揭示了中华史深刻的"价值"内涵、"精神"外化以及"方式"建构。① 古今中国的成果令人叹为观止，先哲和学术大师们的治史精神和品格令人高山仰止。然而，历史学绝没有时间和空间的限域，或者说历史永远都有无限的探索时间和空间。在当下的中国，"历史热"持续升温，特别是在古代史研究领域，由于新出的资料不断涌现，研究观点和研究方法也在不断更新和转变，各断代史的具体研究、局部研究也获得了持续的进展，特别是在近些年来，新的考古发现大量的有关古史的稀珍资料，加之历史研究新的观念和方法不断地转变和拓展，当今的历史学无论在广度上还是在深度上，都大大地超越了以往的历史学。尽管如此，在我们非历史专业的局外人看来，仍然存在一些短板，在中华法的起源或元始方面就是其中之一的短板。尽管郭沫若等大师们对甲骨文的"卒"、"竟"作了刑罚上的解读，但这仅仅是有文字的历史的"法"，更古远的无文字的时代，特别是神话传说的时代的"法"，甚至在更古远的旧石器时代，是否可能从中辨识出某些"法史实素地"这类研究，仍然是一个空白，这无疑需要填补。

最新的学术信息再次证明了我们上述评判并不是全无根据的，据《中国社会科学报》报道：2012 年 5 月 21 日，《中华文明探源工程》(三)最新阶段性成果发布。《中华文明探源工程》(三)基本完成了对公元前 3500—前 1500 年间，长江、黄河与西辽河流域的生产模式、主要生产技术发展状况的研究。同时，对重点区域的精神文化层面也展开了探索性研究，进一步证明了中华文明起源、发展的多元特点。研究表明，夏王朝建立之前，一些发展较快的区域已经出现早期国家，并形成初期文明社会。距今 5500 年前后，几个主要区域已步入文明化的轨道；距今 5000 年前后，一些地区率先进入了古国时代；距今 4500 年前后，几个主要文化区已经具备文明的基本特征。这些研究成果为探索、确定中华文明形成的确切时间提供了重要线索。② 这其中并没有涉及中华法的起源问题。毫无疑问，中华法文明，不仅是中华文明的一个有机组成部分，而且是中华文明中一个

① 易中天：《文明的意志与中华的位置——三十六卷本〈易中天中华史〉总序》，载《南方周末》2013 年 5 月 16 日，副刊版。
② 转引自《中华文明探源工程(三)发布的最新阶段性成果》，载于《中国社会科学报》2012 年 12 月 28 日，B08 版。

极其重要的内容,无论如何都应当列为该项国家性的重大工程中的一个子项。也许是我们的学术信息掌握不全面,至今尚未见到有关中华法文明探源之类的工程被列入中华文明探源总工程之中。

我们虽非历史学专业,但通过对中华法古远起源的粗疏探讨,可望对国家中华文明的探源工程,乃至一般意义上的历史学有所补益,至少能引起学术界对这一问题的关注。

(三)这不属于典型的"地域文化学",也不属于典型的"区域历史地理学"或"区域历史流域学"

"地域文化学",也可称为"文化地域学"或"文化地理学"。现代意义上的"文化地域学"既是文化学的一个分支,又是地域学从自然地理向人文地理的扩张或延伸。它是由"文化"和"地域"两个学术研究领域结合而成的一个新兴学科。作为一般的文化学,由于"文化"概念的广延性和不确定性,使得对其研究要么着眼于宏大叙事,要么钩沉于细枝末节,尽管这两方面在学术研究上都可能成为必要,但毕竟不适合对于特定地域的文化研究;再从一般的地域学研究上看,往往为了展现地域的全貌,特别是地域的地理样貌、气候特点、风土人情等往往成为关注和研究的重点,而对于有关地域人文状况很难做出全面、准确的把握,因为文化尽管带有或强或弱的地域性,但毕竟不能脱离文化的全局性和整体性。为了整合特定地域的自然环境、气候、地貌,以及由此形成的风土人情对该地域的文化影响以及反向的影响,也为了准确把握有关地域的文化与整体的、全局的文化之间的联系、辨识其间的异和同,就需要对特定地域的文化进行研究,于是"文化地域学"或"地域文化学"应运而生。

古河洛地区既有自身独特的地域特征,又具有鲜明的文化特征,再加上具有古远而漫长的历史,特别适合于进行"地域文化学"或"文化地域学"的研究,特别是对其起源和勃兴时期的历史进行研究。然而,我们的研究志趣并不在于此,本研究的主题是中华法的起源或元始,故只对古河洛地区何以成为中华法的最初发祥地,以及古河洛文化何以成为中华法的孕育母体进行研究,这只是河洛文化中的一个片断而已,故不是也不应当成为典型的河洛文化和河洛地域的"地域文化学"或"文化地域学"研究。

本研究也不是典型的"区域历史地理学"。"历史地理学"或"历史流域学"

是中国科学院院士、北京大学城市与环境学院教授侯仁之于 1950 年创立的一门新兴学科。侯仁之在《历史地理研究（侯仁之自选集）》中指出："历史地理学其主要研究对象是人类历史时期地理环境的变化，这种变化主要是由于人的活动和影响而产生的。历史地理学的主要工作，不仅要'复原'过去时代的地理环境，而且还须寻找其发展演变的规律，阐明当前地理环境的形成和特点。这一研究对当前地理科学的进一步发展，有极大的关系；同时也直接有助于当前的经济建设。"①该学科自创立以来，获得了蓬勃发展，而于 20 世纪 60 年代提出的作为该学科的分支之一的"区域历史地理学"也随之获得了长足的发展。

　　所谓"区域历史地理学"或"区域历史流域学"，就是以特定的地域为研究对象，揭示该区域自然、人文或总体环境条件下的发展与演变。论者指出，把河流与流域作为一个整体或一个系统进行研究对象古已有之。其中的古籍《山海经》《禹贡》《水经注》就是经典的成果。学者王尚文指出："侯仁之曾在《历史地理学四论》中强调了流域系统研究的重要性，提出进行流域系统研究，应选择'区域链'作为研究对象，即以河流为轴线，将沿途区域视为子系统进行深入研究。"②北京大学城市与环境学院教授邓辉认为，因为流域关注人类的历史活动涉及社会、自然、生态等多方面，因此，历史流域学可以突破传统历史地理学的视域局限，从考古学、生态学、人类学、环境科学等多学科视角开展区域研究。③

　　从以上介绍不难看出，本研究并不以历史上河洛流域或地理的上述作为整体而进行综合研究为旨趣，我们关注的，只是河洛流域在古代有关地理、气候、环境、人文活动的某个侧面或局部，这些侧面或局部只有关乎我们研究的主题，即中华法在古代河洛流域的"元始"才能纳入我们研究的视域。显然，这不是典型的"区域历史地理学"的研究类项。

　　当然，本研究的"不伦不类"并不限于上述三个学科，事实上，这类研究可能都不能简单地归类某一学科。质言之，本研究只以古河洛流域或地区为基地，但

　　① 转引自朱士光文：《历史地理学中的"时空交织"观念》，载于《中国社会科学报》2013 年 2 月 20 日，A05 版。
　　② 郝日红、张清俐文：《历史流域学：区域历史地理研究的新进展》，载于《中国社会科学报》2013 年 11 月 11 日，A02 版。
　　③ 郝日红、张清俐文：《历史流域学：区域历史地理研究的新进展》，载于《中国社会科学报》2013 年 11 月 11 日，A02 版。

不是现代的河洛流域或地区,甚至也不是秦汉为起始的古代、中古代或近古代的河洛流域或地区为研究对象。在我们的研究中,尽管也会涉及到有关古代河洛流域或地区的地理、气候、环境、风土人情、神话传说等方面,但不是作为综合性的,以整体为对象的研究,而只是关注这些自然环境和人文条件何以能,以及如何能孕育出独具中华特色的法律体系,以及这一法律体系所蕴含的价值、精神和成型的特点。

通过以上的排除法,我们已经明确地显示了本研究不向着一些学科的方向进取,即不刻意地使本研究成为上述学科的归属。不过,这还是没有说明本研究的具体性质和方向。

接下来有必要谈一谈本研究的整体构思:立足于上古的河洛文化,从古河洛地区的自然环境、地理、气候、风土人情、神话传说、先秦典籍和秦汉文献资料,结合河南地区 20 世纪特别是近几十年来最新的考古发现,包括甲骨文字、出土文物特别是古村落、城邑遗迹等,依托古今大师、学者的分析观点和研究成果,以及借鉴当代国内外一些相关学科发展的最新研究成果和学术动向,对中华法的起源问题进行一次严肃的、认真的探讨,以弥补当前法史学、历史学、历史流域学等学科以及中华文明探源工程对中华法起源问题研究的不足。

我们之所以称本研究为"不伦不类",就是指不单纯以某一类专门知识进行研究以达到归类某一学科的目的。专业知识和专门学科是现代科学发展精细分工的产物,对于人类文明世界初开的混沌景象和已经显见文明景象的初民社会和文化而言,过于专业的知识体系或许不利于远古人类文明密码的解读。中国法律史学界以成文法为研究起点的学术倾向,可能就是显著的一例。而综合运用各种知识,不放过初民社会和文化中任何有形的和无形的蛛丝马迹,可于细微处探义钩玄,方可见微知著,探颐索隐,将天人之际、古今之变熔为一体。将中华法的起源或"元始"放在这样的总体构思的研究之下,有望在中华法几千年赓续不断的历史链条中补上最初元点的那一环。

第二节　研究进路

本来研究进路这类写作过程本不应在此由作者自己交代,为此多费笔墨大可不必。一部好的作品一定是作者深思熟虑、苦心创作的结果,其思路或研究进路通常就体现在作品的发展脉络、结构和层次包括章节的设计等方面。但由于本研究的"不伦不类",难以适用一般专业研究著述的创作路数,其特别之处,在此作些简单的交代,大概不应视为多余之举。

一、关于时间的节点选取

正如在前面的"总体构思"中所说明过的,本研究以"河洛文化为中华法的元始"为主题,那就决定了在时间上只取远古、上古和近古的战国时代,因为这期间在时间上不论有多么漫长,哪怕长出秦汉以降至今的历史三五千年甚至更长,在我们的观念中这正是中华法慢慢孕育的"元始"过程,也就是在真正"发生学"意义的发端、源起阶段。中华法系至秦汉已然基本成型、定制,故不再列入我们的研究范围之内。中国法律史学界通常从秦汉最多从战国时期的刑法为研究的起点或重点,正如著名法律史专家杨一凡在评述中国法律史研究的不足时所指出的:"……按照'以刑为主'的模式描绘古代法制,在许多方面用刑法编纂史替代中国法律。"①我们所从事的中国法"元始"的研究,正切合了杨一凡教授的思路,不仅突破了单纯以刑法为主的研究模式,而且在时间的起点上也提早了几千年。从古远的史前时代做起,尽量从史前人类生活的自然环境、地理与气候的条件包括传说中的洪水灾变等外部条件,以及从史前人类自己的生产活动、群居生活、社会组织、类国家建制、初民的精神生活等内在条件辨识和析出与后世法相关的元素。而这些元素的相互交融和冶炼,最终在有文字时代铸出了古代的法律体系。本研究的进路就是建立在如下的理念之上:确信事出有因,法律的产生也不例外;确信事源有因,法律的产生更非一因而成;确信事理有其自身发展的逻辑,是各种综合因素合力并长期作用的结果,正所谓是"冰冻三尺,非一日之寒",法律也是循着这样的事理逻辑发展而成的结果。

二、关于地域范围的选取

20 世纪以来,特别是近几十年以来,随着历史学、文化学、流域学、考古学、

---

① 杨一凡著:《重新认识中国法律史》,社会科学文献出版社 2013 年 4 月版,第 3—4 页。

人类学、文献学的长足进步,新的学说,新的观点,特别是新的考古资料大量发现和研究,也随着国家支持的大型"中华文明探源工程"的深入开展,以及大量成果的结项,学术界对中华文明的起源早已突破了以往的那种单纯以黄河文明为基点的传统认知。现在学术界公认,中华文明是遍及从东北到西南,从西北到东南全国范围内各种流域文化或地域文明共同创造的。黄河文明以及现在越来越得到公认的长江文明只不过是中华总体文明形成的两个重要支脉,但充其量也只能被认为是创建中华总体文明的两元。即使再重要,也不能取代甚至也不能忽视其他地域文明,如辽海文化、红山文化、西夏文化、齐家文化、巴蜀文化、荆楚文化、岭南文化、吴越文化、齐鲁文化等地域文化在中华整体文明的形成和创造过程中的地位和作用。不过,河洛文化以及作为黄河中段的土地文明的中华文明的"根文化"的地位是不容置疑的,也是得到学术界公认的。不仅如司马迁的《史记》中所说:"三代之君皆在河、洛之间。"①又说:"昔唐人都河东,殷人都河内,周人都河南。夫三河在天下之中,若鼎足,王者所更居也,建国各数百千岁。"②而且更上古的神话传说也大多发生在今河南或中原地区;况且先秦典籍也大多记述现今河南或中原地区或与之相关地区发生的古代的人和事。这类典籍内容的丰富是其他地域文化所不可比拟的。我们之所以以河洛流域的文化为本研究的地理限域,一是该研究的主题所限定的,二是有大量的古代神话传说、古代文献资料和大量的考古发现的上古出土文献资料和文物实物。

以河洛地域为限并不拘泥于严格的地理界限。这是因为:河洛流域本身就不是一个严格的地理界域。古人和今人在河洛文化的研究中,极少有学者将自己的研究范围严格限制在河洛地理的范围内,而在实际上是取一种"泛河洛"的视角,即以河洛文化为轴心,将自己的研究的地理范围作适当的扩展。杨海中先生认为:"河洛地区有狭义、广义之分。狭义的河洛地区,当指黄河、洛河夹角内以嵩山、洛阳为中心的四邻地区,其范围大致相当于今天的洛阳市及与周边接壤的部分地区。广义的河洛地区,即从文化圈的角度来看,其范围则较大,应包括西至豫陕交界,南达颍水、汝水,东至开封、淮泗,北到黄河之北以至晋南地

---

① 司马迁:《史记·封禅书第六》,中州古籍出版社 1996 年 10 月版,第 420 页。
② 司马迁:《史记·货殖列传第六十九》,中州古籍出版社 1996 年 10 月版,第 910 页。

区。"①程有为先生也认为："河洛地区主要是指今河南省西部和中部,山西省的南部地区。"②李绍连先生也同样持这种"泛河洛地区"的立场。他说:"'河洛',这是特定的地域概念。目前,对'河洛'定义尚有歧见。'河洛'之'河',特指'黄河',但是在这里却不是指整条黄河,而是指与'洛河'交汇附近的一段黄河。这段黄河与洛河以及与夏商周三代都有密切关系。"③除以上专家们外,现在学术界基本上都采取这一立场,即不把"河洛地区"严格限定在特定的狭小区域。本研究也持此基本的立场,在选取研究素材时,其素材所在地虽非出自河洛甚至现今的河南或中原地区,只要与河洛文化有一脉相承关系的,也可能为我们所用,如1993年在湖北荆门郭庄发掘一座战国古墓所出土的800枚竹简上的古代文献《老子》,就被用来与现今传世的《老子》文本相互参照使用。再有作为齐鲁文化的《论语》,虽由山东曲阜人孔子的弟子们编辑并流传全国,但因其中所记论及与孔子曾到洛邑拜访老子,以及他所周游的列国中泰半都是河南或中原地区的封国,故也在利用之中。

　　总而言之,我们在本研究中所取的地域,基本上是以现在学术界公认的河洛地域为基本地。但既不限于那块在中国版图中的狭小地域,又不致游离于该地域太过遥远。在中国传统文化或文明的研究中,在我们看来,就有把原发源于上古和古代河洛地区的文化或文明,包括法律文化或法制文明,统而泛之地置于中国传统文化或文明的宏大背景之中,从而忽略甚至泯灭了古河洛地区或古河洛文化作为其发端的"根性"。而这种"根性"的缺失,就会造成中国古代传统文化或文明缺乏坚实性和厚重性。近代以来,中国传统文化或文明为什么屡遭冲击,又极易被攻垮几至覆灭,与其在历史长河特别是在近代历史潮流中的文化之"根性"失去其赖以生根的沃土不无关系。我们认为,当今河洛文化的复兴的根本意义,就在于重新从历史的深处找回中国传统文化或文明的"根性",使其重新扎根在中国这块沃土上,尽管并非原本发生学意义上狭小的河洛地区或流域。套用现今知识界耳熟能详的"越是民族的,越是世界的"这句老套的话说,或许我们也可以说"越是河洛的,越是中国的"。

---

① 杨海中:《图说河洛文化》,河南人民出版社2007年12月版,第10—11页。
② 程有为:《河洛文化概论》,河南人民出版社2007年10月版,第11页。
③ 李绍连:《河洛文明探源》,河南人民出版社2007年10月版,第1页。

如果我们能用一句话概括我们的立场，当非"不即不离"莫属。不即者，不以河洛地区或流域为限；不离者，不以无边扩展地域界限以至达于古代的全中国。正是在这一点上，我们与当今学术界通常所持的立场区别开来。

三、关于研究资料与观点的"予"与"取"

凡称得上一项严谨的学术研究，当然要有立言，即树立观点，如是高手，还会建构自己的独立的理论体系，所谓"言之成理"是也。而如果只"立言"，而无各种相关资料或其他学者的观点、理论予以支持，任何观点、理论都是苍白的、空虚的，甚至根本就不成立，此诚所谓为文立说一定要"持之有固"的道理。"言之成理，持之有固"这是任何一项真正意义上的人文科学研究所必备的基本品格，本研究自不例外。

本研究的"立言"与"持固"可以分为两个层面来看。一是立自己的"言"与持自己经过大量阅读、搜集以及实际调研而得来的"固"，包括观点和理论以及文献和实际资料。二是立他人之"言"与持他人之"固"。但这种"立言"与"持固"，一定要忠于他人的原意与论证，还必须按学术规范的要求予以说明或注明，以示对他人及其科研成果的尊重。古往今来，世上没有几个天才能做到像司马迁所说的那样："自成一家之言"。其他的万万千千的学术人都不能不踩着前人的脚印，或站在巨人的肩膀上，才能有所作为。我们在从事本研究的过程中当然也不例外，不仅不例外，还大量依据和借力众多先人、前辈和各方面学术同人的观点、理论和资料。可以说，没有先哲和当代学者的浩如烟海的著述及智力成果，便根本不会有我们的这类研究。

标题中的"予"，当指自己的"立言"。在一项严肃的人文科学的研究中有研究人自己的"立言"，理所当然。为自己的"立言"持之以合乎逻辑与科学的论证，同样必不可少。我们在本研究中就秉持这种治学精神，穷尽全部智识与心力来提出我们自己的独立见解，并奉献给学术界和社会供研究、讨论和实践性参考。当然，要做到这一点并不容易，只能尽力而为。至于我们究竟要立何"言"，持何"固"，会在下面的研究和著述中逐渐展开，此不赘言。

标题中的"取"，当指取自他人，包括先哲和当代的学术先进，既取他们的观点和理论，又取他们千辛万苦获得的资料。在我们这样一个大型的综合性、跨多种学科的研究中,限于我们的智识的不足,致使大力借他人之功成为必要。我们从本研究一开始就不曾幻想自己会独立完成一项研究,我们只能在前人和当代人开辟的道路上能有所前进。我们一直坚信,先哲和当代学术先进们在中国传统文化、思想史、法律史、历史学、人类学、文化学、考古学、法哲学等领域致力于深处探幽钩玄,眉目清晰地整理出大量非常珍贵的文献资料供我们放心地使用,又有大量独创的学术观点和理论供我们借鉴和参照。作为后人的我们,深知自己既没有时间又缺乏天资去挖掘这些资料和观点与理论。每念及于此,心中常常情不自禁地心生感激之情,感激先哲和时贤为我们在这一领域循径前行时,豁然发现,前面早已被他们筑就成为一条坦途。

恰如"君子爱财,取之有道"的教诲那样,我们爱学,也要取之有道。面对在几千年乃至上万年由历史积淀下来的古代神话传说、历史遗迹、浩如烟海的古今文献、大量出土资料和文物,自然有个取什么、如何取的问题。

在中国的史学界,从古至今都存在"疑古"、"信古"两大学术态度,以至各自成"派",近代又出现了折衷两派观点而形成所谓的"释古"派。鉴于古史书籍多为后人所撰,鱼龙混杂,真假莫辨。疑古者就以考证方式发现真实,从而以推倒"伪书"为己任,迄自宋至清的辨伪考证从未间断,成绩斐然,一些史书确已得以"证伪"。对于"信古",也不应简单地斥之为"抱残守缺"的态度,而应当理解为"信古派"史家对历史怀抱的一种"敬畏"态度,相信古史书籍所记载的史实基本上是可信的,或通过史家的努力,使史实越来越接近历史的真实。"释古"则是站在客观的中立立场上,无论是"疑古"的理由,还是"信古"的根据,都要通过阐释来解答。当今史学界,对"释古"给予了更高的重视和强调。著名史学大家李学勤先生曾在20多年前就著文对顾颉刚和"疑古"派的学术理论提出批评,认为史家不能停留在"疑古"派的认识水平和得出的结论上,而是要开拓、创新,通过"释古",争取获得对于中国历史更清晰更准确的认识。①

我们并非以史学为业,更谈不上史家,目下所从事的研究也不是一部纯史学的领域,故我们无须也没有资格在"疑古"、"信古"和"释古"三派中选边站。但

① 详见李学勤文:《走出疑古时代》,载《中国文化》1992年第七期。另:关于古史研究的"疑信之争",可参见何晓明文:《古史研究应超越简单的"疑信之争"》,载《中国社会科学报》2013年11月25日,B01版。

作为河洛文化中有关中华法的"元始"或"起源"的研究,也必然会涉及到上古流行在河洛地区的神话传说、古籍文献。如何选取和利用这些资料也需要拿出我们的态度和意见,这是在我们的"研究进路"上需要解决的问题。

首先需要亮明的态度是:在本研究中不会"疑古"。这倒不仅仅是我们并非史学专业的学者,本无资格更无能力从事"疑古"。古往今来,凡"疑古"者通常都是极认真的学者,他们对古籍进行严谨的"证实"与"辨伪",付出了令常人难以想象的时间和精力,所得成果不仅有限,而且极易引起质疑,为念及此,心中油然生起敬畏之情。我们之所以不会"疑古",更重要的是本研究的性质决定的。本研究是从发生学的意义上对中华法的上古起源进行的探讨,所涉及的研究素材的真实性都已无稽可考,特别是上古流传下来的中原传说更是如此。即使是古代典籍中记述的人和事,包括"河图洛书"是否真实存在过,如果存在过究竟是什么图式和文字都已无从确认。至于这些典籍记载的大量有关法的人和事,除了散见的简单记述外,已无详细的资料可查,至于《吕刑》《洪范》等法律形制是否真实存在过,都引起过一些史学家的质疑。而我们从事的研究的基本素材,正是这些无从可考的上古传说、古籍中的记人载事。如果从"疑古"的立场出发进行辩实与证伪,就会使这类研究难以为继,况且一些人文学科的知识体系和分析进路也根本不会支持对神话传说等进行历史真实性考察。我们不"疑古",并不表明我们对古史上的口头上神话传说,还是有文字记载的史实一概予以相信,更不持某种历史虚无主义立场。相反我们确信,凡是来自历史深处的任何文化信息都是有意义的,即使是无法用现代常识所能解释或者现代科技所不能验证的文化信息,再或者经专家认证过并得到公认的所谓"伪作",都是我们在本研究中信赖和依据的分析框架和资料。换句话说,我们在本研究中不"疑古",是指在真假、有无或者正伪的意义上不"疑古",进而言之,凡是来自中国上古任何文化信息,我们都将作为古文化密码进行解析,以期获得对中华法古远起源之谜的深度认识。

其次要表明的态度是,在本研究中不盲目"信古"。尽管我们也认为"信古"就是一种尊重和敬畏的理性立场和态度,正如树有根、水有源一样,现今的人类及其社会,包括我们每一个人的先祖,都是从历史深处走过,即使在古史的研究中以确认历史的真实为目标,也无可厚非。但是,持这种基本立场和态度,并不

表明应当相信历史上的任何人物、事件,这也是显然易见的道理。历史是由后人
一代代地口头传承和书记下来的,在漫长的历史长河中,受时代和社会总体观
念、风尚潜移默化的影响,以及个人的价值观和情感等因素有意无意的影响,任
何历史人物的形象、经历和事件的始末,都不可能原封不动地保留下来,更不待
说,可能或实际大量存在的历史和今人的附会、夸张、诋毁甚至作伪的现象。从
这个意义上来说,我们今天所听所见的历史,即使从纯客观的立场上看,都不可
能是真实原样的历史,包括其中重要的历史人物和事件。"疑古"派的代表史家
顾颉刚先生提出的"层累"说,本来就是有关古代史本来状貌与各种古代记述系
统之间关系的一种假说,他指出:"即不能知道某一件事的真确的状况,但可以
知道某一件事在传说中的最早的状况。我们即不能知道东周时的东周史,也至
少能知道战国时的东周史;我们即不能知道夏商时的夏商史,也至少能知道东周
时的夏商史。"①尽管有学者对此有所质疑并受到李学勤等学者的批评,但从是
否符合"真实"的历史状貌的意义上看,还是有其合理性。胡适先生所谓的历史
如同小女孩可由大人任意打扮的历史见解,虽有夸大之嫌,也说的是同一道理。
这种"疑古"见解的积极意义,在我们看来,就是从另一个侧面警示我们,在对待
和处理古代神话传说和文献典籍的记述与历史真实性相互之间的关系时,应采
取极为慎重的态度。"疑古"派所从事的研究被认为"以古书论古书,不能跳出
书本上学问的圈子",并被认为只有"破坏"而没有"建设","疑古"派这种对古
史研究的地位和作用,在学术上可以进行充分的讨论,受到质疑和批评,也并非
全无道理。② 在对中国古史的研究中,包括对河洛文化的研究中,确实存在着过
分依赖古籍的现象,给人的印象似乎是古籍的记载早已呈现了上古历史和河洛
文化的基本状貌,我们今人只要充分发掘这些古籍中史料加以链接并从不同侧
面和角度做出演绎,就达到了研究和弘扬古代传统包括河洛文化的目的了。这
种研究倾向尽管不像"疑古"派那样基于对古籍本身及其史料的"疑",而是基于
"信"。但无论是基于"疑"或是基于"信",给人的印象都是缺乏析理的力度。

① 何晓明文:《古史研究应超越简单的"疑信之争"》,载《中国社会科学报》2013 年 11 月 25 日,B01
版。
② 何晓明文:《古史研究应超越简单的"疑信之争"》,载《中国社会科学报》2013 年 11 月 25 日,B01
版。

我们在本研究中也会大量依据作为"信史"古籍中的史料,所有今人研究中国古史包括河洛文化都必须如此,别无选择。但我们不会简单地盲从,而是从中深究义理,这正是下文所要阐释的。

最后要表明的态度是,在本研究中主要采取"释义"的立场和态度。我们的"释义"不同于历史学意义上的"释古"。著名历史学家冯友兰先生在 1933 年辩称,所谓"释古",就是在"疑古",即对史料进行审查的基础上,再将史料融会贯通。① 依此之见,"释古"还是集中在有关史料的处理上。我们在这里的"释义"处理的不是史料本身的问题,而是蕴含在史料中的远古文化信息,确切地说,是处理史料中透露出来的远古法律的信息。一般说来,由于我们远古的先祖受时代知识和眼界的局限,以及远不同于今人的思维方式,他们的包括法律在内的知识的认知与表达与我们今人有很大的差别。但这并不意味着我们的先祖就一定是"野蛮的"或"愚昧的",而今人是"先进的"或"文明的",现代的人类学早已摒弃了这种源于西方文明中心论和殖民时代形成的观点。在笔者查阅了大量作为信史(包括伪书)的古典文献资料以后,我们吃惊地发现其中所蕴含的法律信息是如此的丰厚,以至我们先祖在尚不能确定确切纪年的遥远的古代,竟萌生了在今天看来仍然极有价值的法律观念、立法和司法程式,而所涉猎的内容,也几乎涵盖了当时社会生活和国家生活的方方面面。如果我们不是简单地套用传统的思维范式,如天道、上帝、五行、阴阳等思维框架,而是用现代思维模式和分析框架,钩玄探幽,透过现象看本质,就可望破解远古时代传达给或留给我们的文化密码,包括本研究致力于探讨的中华法生成之源。我们虽不奢望以此能在发生学意义上能够分毫不差或条理分明地破解中华法发生之谜,但至少可以大致地勾勒出中华法在最初起源时的历史脉络。不仅如此,我们研究的目标还在于着眼于当今的法律发展和法治的镜鉴上。此是后话,将在本章第三节详述之。

四、作为分析平台的"隐喻"

在前面业已表明,在本研究中,我们既不全盘地照搬中国传统的思维和认知

① 何晓明文:《古史研究应超越简单的"疑信之争"》,载《中国社会科学报》2013 年 11 月 25 日,B01 版。

框架，又不会生硬地套用今人的思维和认知模式，那么，如何搭建一个超越古代，又符合现代的分析范式呢？除了其他方面以外，我们拟采取被中外学术界称之为"隐喻"的分析范式。

"隐喻"在中国通常作为包括诗赋在内的文学作品的赏读中被运用。一部好的文学作品之所以被欣赏，除了语言、辞藻的华美或优雅之外，更重要的是欣赏其内在意蕴之精微与深奥。这些内在意蕴之所以更吸引人去鉴赏，就在于它所蕴涵的情感、哲理更能引起鉴赏者的共鸣，沟通并强化人们的情感和价值观的认同。除此之外，对于那些先秦的典籍如《尚书》《国语》等的研读更少不了先哲、大儒们钩玄探微地训释其内涵的意蕴，这种致力于发掘古典文献真价值所需要的学理功力，其实就是破解古典文献在语言和用词上所隐喻的功力。至于破解如天书般的古老契刻符号、图画以及上古遗存的陶器、青铜器等器物上的纹样、装饰图式，更是必用"隐喻"的分析范式才能成功。由此可见，"隐喻"作为分析范式或平台在中国有着长久的学术传统，是中国先哲、大儒们善于和熟练运用的析理工具。可能是古人治学所必用，习以为常，故不需要古今之人用一种专门的概念体系和方法论加以概化或提升罢了。

西方人在当代对"隐喻"的概念及其运用表现出浓厚的兴趣。美国著名的汉学家艾兰于1997年出版的文集之三《水之道与德之端——中国早期哲学思想的本喻》（英文书名：the Way Of Water and Sprouts of Virtue）的"自序"中写道："该书的文字风格较为特别。在书中，我采用当代的'隐喻'理论以诠释和梳理中国早期的哲学概念。我指出，中国早期哲学思想中最有意义的概念都以源于自然界尤其是水与植物的本喻为模型。"①她还在"导论"中专门用一节文字叙述了她所用的"本喻与概念体系"。她介绍说：乔治·莱克弗（George Lakoff）和马克·约翰逊（Mark Johnson）在《我们靠隐喻生活》（Metaphors We Live By）一书中指出，我们日常思维中对实在的认知，是基于隐喻（metaphor）结构中的具体意象。使用隐喻和意象，我们既能够进行抽象思维，也能够进行形象思维。这些结构体现在我们的语言文字中。在抽象层面，"所谓理智概念，例如科学学说中的

---

① ［美］艾兰：《水之道与德之端——中国早期哲学思想的本喻》，商务印书馆2010年11月版，其中"自序"的第10页。

概念,常常——也许总是——依托于有着物理或文化根基的隐喻……一种科学学说的直观要求是,必须处理如何使隐喻恰当地适合经验的问题",所以,"一种文化的最基本价值,将与此文化中的最基本概念的隐喻结构紧密关联。"①她进而说明:"哲学需要将术语系统化,术语是使思想理论化的抽象概念。这种语言不可避免地要以具体意象为基础。莱克弗与约翰逊所谓'一种文化的最基本概念的隐喻结构',即我所说的'本喻'(root metaphor)。本书中'隐喻'的使用,也许使人有点困惑。这里,我关切的不是比喻性语言的通常意义,或者用具体意象再造抽象观念的方法,而是观念最初抽象化时的具体根基。换言之,'本喻'是具体的模型,它内在于'抽象'概念的概念化过程中。抽象概念来源于类比推理的过程中,而不是用类比来说明已经形成的概念。"②"所以,我所关注的是早期中国人的概念思维所依据的原型。我的观点不是说,水和植物是文学比喻,在具体意象这一传统意义上的隐喻是用来说明与建构哲学概念的;而是说,水和植物为许多原生的哲学概念提供了'本喻'。如此之'本喻'是哲学家常说的'概念体系'(conceptual schemes)的一个面向。不少哲学家把它理解为'逻辑命题'(logical proposition)。而葛瑞汉则认为,它们应该定义为名称与范畴的原型,名称与范畴先于任何命题陈述。"③

　　从上面的介绍中,我们大体了解了关于"隐喻"的概念体系以及"本喻"作为分析平台的运用。我们在此研究中,除了体认和借鉴"隐喻"、"本喻"的分析框架之外,我们还尝试用此类方法分析河洛文化中上古时期的神话与传说、契刻符号、甲骨文、出土古器物包括陶器纹、青铜器纹样所隐喻的上古先民的法律意识及相关信息。除此之外,我们还对古文献中记述的"法"和所论述的"法"背后的"本喻"及"隐喻"特别感兴趣,并尝试作出我们自己的分析。在以往和现今的中国法律史的著述中,此类"隐喻"和"本喻"不是被忽略,就是被曲解,总之不被视为是法律在发生学意义上的最初始源。本研究则致力于这方面的探讨,冀望能

---

① [美]艾兰:《水之道与德之端——中国早期哲学思想的本喻》,商务印书馆 2010 年 11 月版,其中第一章"导论"的第 18—19 页。

② [美]艾兰:《水之道与德之端——中国早期哲学思想的本喻》,商务印书馆 2010 年 11 月版,其中第一章"导论"的第 22 页。

③ [美]艾兰:《水之道与德之端——中国早期哲学思想的本喻》,商务印书馆 2010 年 11 月版,其中第一章"导论"的第 23—24 页。

探察出法律最初生成之源,从而切合本研究的主题,即"中华法开天地——河洛文化的丰碑"。

第三节　预定目标

本研究初定目标有如下一些:

一、尝试拓展河洛文化研究的视域,有所发见

如前所述,河洛文化在当代的研究,已然蔚生大观,出版、发表了数百、千计的专论和著作,从河洛文化的总体大观到《易传》中象数理论在当代科学中的运用,从王权理论到经纶治国论,从个人的诚心正意到齐家治国平天下,从河洛移民到如今的闽台客家一脉相承,从"河图洛书"到八卦、洪范,从上古神话到初民聚落,从古文献的训释到最新考古发现的印证,从物质文明到精神文明、制度文明,从部落战争到远古族群的融合,从德、礼的教化到刑罚的严苛,等等,都被学界、方家深研和论及。河洛文化给人的印象是古远深邃、博大精深、包罗万象,让人叹为观止。然而,令我辈法律专业人略感遗憾的是,法学界特别是法史学界对河洛文化在总体上就关注不够,而对于河洛文化所蕴藏的上古先祖们法律观念、思想以及在各种先民活动中透渗出来的法律信息,更是缺少留意。长期以来对法律人类学的研习与积累,不知不觉中赋予了我们学术灵感,从人类学的立场和智识上看,世界上所有的先民都以某种方式过着群体的社会生活,这是人类的本性所决定的,而只要有社会生活就一定有某种群体共同认可和遵守的社会规范,又不论这些规范是以道德约束、风俗习惯、禁忌、祭祀等形式表现出来,必然都带有某种权威性和强制性,不论人们是否承认这些初级的社会规范是否就是法律,但从法律所具有的基本特性上看,我们都得承认先民的行为规范在本质上都具有法律性的约束力和强制力。正是基于这种有别于正统法学教义的学术体认,我们认为在中国先民最早聚落的河洛地区所创造的河洛文化中,应当或许必然蕴含着有关法律文明的信息。当然,由于年代的久远,真实的史料稀缺,又无有稽可考的文字资料所凭,这种状况极易引起法定主义的学术倾向忽视甚至否定上古法律信息的存在。我们认为情况并非如此,通过包括"隐喻"、"本喻"在内

的各种认识工具作为分析的手段,运用科学的学术智慧用心去探索,应当是有所发见的。无奈我等学识浅薄,自知学力不逮,但仍勉力一试,以求能有所发现,以补益法史学术界在这方面的缺失。除此之外,还冀望学术界先进、方家能循此径续进以发现上古河洛文化的宝藏。此为第一个目标,当不至于被认为是好高骛远之举。

二、唱和当代对优秀传统文化的研究和弘扬

近些年来,先有所谓的"国学"思潮的鹊起,一些"国学先锋"致力于国学的复兴,做了大量的研究工作或进行复兴国学的各种尝试,如办私塾从事国学教育等;继而有国家的有关部门大力支持的在世界各地举办的"孔子学院",现已建立500多所,成绩斐然,在国内的电视节目中,也安排了有关国学的知识竞赛等活动;在2011年中共中央作出了《关于深化文化体制改革推动社会主义文化大发展大繁荣若干重大问题的决定》之后,对优秀传统文化的研究被纳入正式的国家主流意识形态,即建构核心价值观的序列活动之中。由国家支持的"中华文明探源工程"也相继启动并顺利展开,已取得初步成果。但令人遗憾的是,包括法史学界在内的法学界却少有学者跟进,更鲜见热心的学者投入研究,更没有从根本上改变以往法史学者所秉持的法定主义的学术立场,从总体上讲,对中华法的起源问题仍缺乏必要的学术敏感,致使中国当代的"法治"仍处于在东西方之间的模糊地带游走。尽管有学术人尽量力倡建构具有中国特色的法制体系,但主观上良好的愿望并没有实际行动上的跟进。如果我们连在中华法在发生学意义上的起源问题上少有新知新见,又囿于对西方法治犹豫不决的跟进或疏离、引进或排斥,怎么能建构具有中国特色的法律体系和实行具有中国特色的法治?面对此情此景,我们虽力不足恃,但心有余念,率先进行这方面的尝试性探索,也有望能对中华优秀传统文化的继承和发扬有所贡献。

三、增益河洛文化的研究成果

目前,主要由河南地区的文化和社会科学界学者致力于对河洛文化的研究,前已指出,其取得的硕果累累,成绩斐然,尽管我们对河洛文化的"复兴"是否能作为学术目标的提出不太了解,但对于主要以河南地区的文化和社会科学界学

者的孜孜以求的进展却是感同身受。在拜读了大量的有关河洛文化的研究的成果之后,感佩之余,也情不自禁想跃跃欲试,步其学而跟进。当我们在拜读了所有主要的相关科研成果之后,竟发现有关河洛文化中的法律研究是如此薄弱或缺失,心甚遗憾。如果我们以法律业内的人士勉力进行一些研究,尚可对河洛文化研究中的缺失有所补充,对提升河洛文化研究的总体质量,也可望有所增益。当然,这只是我们作为"他者"的主观之见,不知河洛文化研究的主流学术群体是否认同。

四、拓展个人的学术研究空间,延长学术生命

同上述的具有使命感的"宏大目标"相比,此实也包藏个人"小我"的"别有用心"。通过三年多来对河洛文化从古籍到当代著述的广泛阅读和精心研究,真如走入了一个百花盛开的"学术花园"。河洛文化的博大精深和隽永义理,像"磁石"一样吸引了我们,让我们着迷。在我们专业学术生涯走到近乎"山重水复",难以为继的地步时,忽然"柳暗花明又一村"。在令人惊喜、振奋地仔细观审之下,可研究的领域非常广阔,有些潜在的研究主题,不仅为过往和当前的法学界所稀缺,而且具有重大的理论意义和实践价值,值得我辈学人为此付出辛劳和时间。潜在的研究领域也初步圈定,待此项目结项后即可上马前行。不过,这只是个人的小算盘,本不该登此大雅之堂当众献丑。奈何学理研情已到深处,犹如箭在弦上,不得不发耳!望众位看客,切莫笑话。

第一章　河洛文化的"根性"
及中华法的河洛文化背景

第一节　河洛文化的"根性"

　　此章的设定及论述,是基于这样一个简单的事理逻辑,即树有根,水有源。如果把中国的传统文化比喻成一棵犹如陕北黄县黄帝陵中据传是五千年前黄帝亲植的柏树的话,河洛文化是其庞大根系中的一支主根,而此主根又衍生出许多次根,法律之根当属其中重要的一支。而我们欲探究中华法之根,决不能弃中华文明之根不顾,而河洛文化正是深扎于中华文明沃土之上的一支主根。这样理顺下来,此章的设定,当是中华法之根研究的逻辑前提。换句话说,只有通明河洛文化之"根性",才能顺理成章地揭示中华法的"根性",即中华法在发生学意义上的最元始之源。

　　包括"根性"在内的河洛文化的特性,在河洛文化的研究中被许多学者所关注,也多见于学术成果之中。

　　关于河洛文化的"根性",论者所持的立论角度不同,考察的方式各异,所以在结论性的表述上不尽一致。

　　杨海中先生将这个问题的视域投放到极其遥远的历史深处,他说到河洛文化是从"黎明前的曙光文化"起步,从远古几百万年前的人类从能人、直立人再到智人循着进化论向下递进推演,经由漫长的石器时代,社会文明在距今4000—6000年前出现。再沿历史时光的"隧道"辗转来到古河洛地区的伏羲文化和五帝文化。与神话传说相对应的,则是"相衔如环的考古文化",其中包括裴李岗文化、仰韶文化、殷商王城文化;基于中原考古及历史资料,他给出的结论是:"中原(黄河)是中华民族和中华文明的摇篮",他并阐明"文明的起源和文明的摇篮是两个不同的概念。"①将河洛文化的根性直推诞生时期的历史深处。

李绍连先生在《华夏文明之源》和《河洛文明探源》两部著作中,从各个方面追溯了华夏文明和河洛文明古远的历史,他指出:"从上古各地比较看,虽在距今7000—4000年这段时间内有几个地区的新石器文化平行发展,并各具特色,甚至都在孕育文明的因素,这些都是各地分别进入文明社会,建立地方小方国的文化基础,是中华文明多源和多元的根据之一。但是在新石器时代末期只有河洛序列'一朝分娩'进入文明。其他地区进入文明则要晚1000余年甚至更晚。这个事实表明,各地文化和社会发展不平衡,进入文明阶段的时间也决不是一刀切那么整齐划一,所以笔者曾在《华夏文明之源》专著中提倡'中华文明起源多元论'和'中原文明发祥地在中华文明发展史中的核心地位。'"②他还总结说:"总而言之,河洛是中华文明最早的中心的发祥地,河洛文明是中华文明的坚实的基础,对中华文明发展史具有重大影响,它在中国历史上占有重要的不可替代的地位。"③

孟令俊在《河洛文化的几个问题》中,将河洛文化按历史顺序分为五个时期。第一个时期是远古时期,时间约为公元前100万年至公元前21世纪,这一时期是居住和繁衍在河洛一带的远古先民创造了人类原始的河洛文化。他并指出:"远古时期的河洛文化,是中华民族古代传统文化的重要组成部分,是华夏文化的源泉,是中原文化的核心,它开创了中华文明的新纪元,达到了世界文明的高峰。"④虽未明言远古时期河洛文化的"根性",但"源泉"、"开创新纪元"的意思也是"植根性"。第二个时期是夏商周时期,从公元前21世纪至公元前256年。这一时期,"中国第一个王朝在河洛地区诞生。这一创举,在中国历史上具有划时代的意义。"⑤"第一""创举""划时代",这些用词都含有最初意义上的"根性"。

① 杨海中:《图说河洛文化》,河南人民出版社2007年12月版,第117页。
② 李绍连:《河洛文明探源》,河南人民出版社2007年10月版,第158—159页。
③ 李绍连:《河洛文明探源》,河南人民出版社2007年10月版,第165页。
④ 孟令俊:《河洛文化的几个问题》,载陈义初主编:《河洛文化与汉民族散论》,河南人民出版社2006年4月版,第12页。
⑤ 李学勤:《河洛文化研究的重要意义》,发表于《光明日报》2004年8月24日。

程有为先生在《河洛地区在中国古代文明起源中的地位》一文中,虽明确表示认同中国古代文明是"多元一体"的格局的最新学术意见,但他也同时赞同权威学者李学勤所说:"但是中国地域相当广阔,各个地区在中国文明起源中的作用和地位并不相同。正如李学勤先生所说:'中国古代文明诚然是多源的、多区域的,然而也必须看到,不同时期、不同区域的文化发展是不平衡的。也就是说,在若干关键的当口,特定的区域会起特殊的历史作用。例如大家关心的'跨进文明的门槛',便不可能同时在好多地区实现。他还明确指出,中原地区是中国古代文明的发祥地。"①他在文章结束部分总结说:"历史事实表明,原始社会末期,生活在河洛地区的华夏部落率先摆脱了野蛮和蒙昧,建立了早期国家,迈进了文明社会的门槛,后来又在这里建立了统一的夏王朝。从古史传说和考古发现来看,河洛地区在中国古代文明起源中具有特殊的重要地位,起到了无可替代的作用。"②

张俊国、梁勇在《河洛文化——中华民族文化认同的根基》一文中,明确用了"源发性"表述河洛文化的"根性"。"可以说对中华民族和中国人的思想、意识和品格产生重要影响的儒学、道学、佛学、玄学和理学均产生于河洛地区,从中不难看出河洛文化对中华民族文化走向的奠基性作用。"③

廖开颜在"论河洛文化的根性特征及客家文化的根性精神"一文中,明确用了"根性"表述河洛文化的特征,他在分析"根性文化特征"之后明确表示:"毫无疑问,河洛文化是典型的根性文化,它对中华跨入文明时代以及中华文化形成的作用为其他地域文化、历史文化所不及。"④

方酉生在《伊洛地区夏、商遗址的发现表明华夏文明"根在河洛"》一文中,通过对偃师二里头遗址和偃师商城的考古发现的精细分析,得出结论说:"二里头遗址(夏都斟鄩)、偃师商城(商都西亳)位于伊洛河流域——洛阳平原,两个

---

① 程有为:《河洛地区在中国古代文明起源中的地位》,载陈义初主编:《河洛文化与汉民族散论》,河南人民出版社 2006 年 4 月版,第 96—97 页。
② 程有为:《河洛地区在中国古代文明起源中的地位》,载陈义初主编:《河洛文化与汉民族散论》,河南人民出版社 2006 年 4 月版,第 106 页。
③ 张俊国、梁勇:《河洛文化——中华民族文化认同的根基》,载陈义初主编:《河洛文化与汉民族散论》,河南人民出版社 2006 年 4 月版,第 356 页。
④ 廖开颜:《论河洛文化的根性特征及客家文化的根性精神》,载陈义初主编:《河洛文化与殷商文明》,河南人民出版社 2007 年 10 月版,第 115 页。

遗址从都城的布局,宫城、大城、护城壕,以及宫城内宫殿、宗庙的东西分列看,左祖右社,中轴线对称,宫殿后面是祭祀场所和人工建造的池苑,东西渠道与城外的护城河沟通,形成完整的都城水利系统。从这些遗物看,当时社会是开放的,它吸收四方地方性的先进物质文化为自己所用,所以能够形成全国第一个大一统的王都的繁荣昌盛的局面。当然二里头、偃师商城的先进文化、礼制也同时传播到四方。夏王朝首先进入到我国的青铜时代,很可能已经存在文字以及天文历法知识。特别是在二里头遗址中,发现各种实物龙的形象,说明龙已经深深地扎根于人们的意识形态之中,从而也可以证实,华夏子孙是龙的传人,华夏文明'根在河洛'的真实性和可靠性。"①

程有为先生在其专著《河洛文化概论》中,用一章的文字分别从河洛地区的史前考古发现、古史传说、华夏文化的源头、河图洛书四个方面比较全面地论述了"河洛文化的滥觞"。②

从上面的介绍和引文不难看出,河洛文化研究的主流群体的意见基本一致,即在共同承认中华文明的"多元一体"的格局的同时,也都认同河洛文化在多元地域文化中的特殊地位和历史意义,对于河洛文化作为华夏文化的"根文化"的基本特征作了充分的,既有史料记载,又有现代考古发现的上古遗存所证明,是言之成理,持之有故的。我们虽非河洛文化的专家,但对于学术意见是否成立还是有一定的鉴别能力的。我们完全赞同上述河洛文化研究主流群体的意见,赞成河洛文化的基本特征是中华文明或华夏文化的"根文明"或"根文化"。

关于中华文明的起源问题,在中国本土的学术界自 20 世纪 50 年代以来,张光直等考古学家认为,龙山文化是从仰韶文化发展而来,中原文化向四周发展,最终奠定中国文化的基础这种主流的起源学说,一直持续到 20 世纪 70 年代。

第二节 河洛文化"根性"学说新观察

但随着 20 世纪以降的大量全新的考古发现不断涌现,学者们对中原中心说

---

① 方酉生:《伊洛地区夏、商遗址的发现表明华夏文明"根在河洛"》,载陈义初主编:《河洛文化与殷商文明》,河南人民出版社 2007 年 10 月版,第 345 页。

② 程有为:《河洛文化概论》,河南人民出版社 2007 年 10 月版,第二章,第 20—38 页。

产生了动摇,一些其他学说鹊起,从整体上加深和扩展了中华文明起源的认识。

新的学说有如下一些:

1. 东西二元对立说。20世纪的30年代前后,考古学者先于1928年在河南省安阳山屯村发掘了商朝晚期都城"殷墟",又在30年代初在山东历城发现了"龙山文化"。以李济、傅斯年等为首的学者,提出了"东西二元对立说",即中国文化之根在环渤海湾一带,自东向西扩展,最终与自西向东发展的仰韶文化交会,形成所谓的"东西二元对立说"。此说直到20世纪50年代,其主流地位才被中原中心论所打破。

2. 满天星斗说。随着中原以外的考古发现逐渐增多,至20世纪70年代末,中华文明起源的"多元论"逐渐占了上风并取代了中原中心说。1981年,考古学家苏秉琦提出"区系类型理论",并把中国古代文化划分为六大区系。20世纪90年代,他进一步提出"满天星斗说",认为在距今6000年左右,从辽西到良渚,中华大地的文明如满天星斗般布满中国,各区系类型文化也各有自己的根源,汇合成为中国的整体的古代文明。

3. 相互作用说。随着考古发现的拓展,张光直对中国古代文明起源有了全新的看法。他在1986年提出,新石器时代以后的古代文化可分为8个"相互作用圈",各"圈"交互影响,最终形成中华文明。

4. 重瓣花朵说。1987年,严文明提出,"中国史前文化是一种分层次的向心结构,即是指史前文化呈现一种不平等的差序格局的空间关系。"中原文化犹如一朵盛开的大花的中心,在整个史前文明的发生和形成过程中起着领先和突出作用。其他地区的文化仅以"花瓣"的格局存在。这种意见正如上引所显示的,被相当多的学者所接受,目前已成为史前文化学说的主流。

5. 以中原为中心的历史趋势说。2000年,赵辉提出,在数千年中国的历史上,中原既是政治活动的核心地区,也是文化的核心地区,这是中国历史上一个连贯的主流现象。在周、秦、汉、唐、宋、明、清这几个最强盛的历史朝代尤为醒目。

6. 新中原中心论。2002年,张学海认为,"重瓣花朵说"是在多中心论基础上形成的"新中原中心论",这一新说克服了传统中原中心说的单一性中心的片面性。这一新说以"花心"和"花瓣"做比喻,形象地显明了在空间上主次之别和时间上的差序不同。就是说,中国史前文化并非同步直线发展下来的,而是以中原为中心和先导循序发展下来的。"新中原中心论"目前已被史学界所认同和接受,成为主流的历史发展观。

除了上述各说之外,还有外国人提出的"中国文化西来说"。19世纪末,法国人拉克伯里首次提出"中国文化源于古巴比伦说";1921年,瑞典考古学家安特生在河南渑池县发现仰韶文化遗址,认为仰韶文化的彩陶纹饰与中亚地区具有相似之处,故而提出"仰韶文化西来说"。20世纪20年代,此说颇为流行。但随着中国考古工作的逐渐深入,此说迅速被湮没。19世纪直至20世纪初期,西方殖民主义盛行,学术上应之而起的"西方文化中心说"势所必然。西方学者出于自身的文化偏见,加之对中国"内华夏而外夷狄"的传统立国格局和文化建构体系缺乏必要的智识储备,或许是造成"中国文化西来说"的原因,犹如西方至今有学者坚持认为全世界所有的人种都源出非洲,将在南非出土的原始人"露西"视为全人类的最早祖先一样。在中国史家看来,这种"中国文化西来说",从一提出就不足为训。

近些年来,随着史学研究的深入发展,一些更大胆、更新奇的学说不断涌现,其中最突出的一例,是中山大学、台湾中正大学历史系教授郭静云提出的。郭教授于2013年11月由上海古籍出版社出版的一部新著《夏商周:从神话到史实》,其中明确提出,中国学界受传世文献影响,创造了以中原王朝为中心的"今日神话"。她认为:"原生农耕文明发祥地应在长江流域,这是稻作文化的故乡,尤在长江中游最早形成国家文明。自旧石器时代晚期以来,至新石器时代,其文化发展一脉相承至青铜时代早期,致力于发展稻作农业生活方式。在屈家岭、石家河时期相继进入铜石并用时代和青铜时代,出现以云梦大泽和江、汉、澧渚水为枢纽的连城邦国与交换贸易网络,开启东亚最早的文明化进程。笔者通过阅读文献,发现屈家岭、石家河文明面貌符合尧舜和夏王朝的传说和历史阶段,此乃屈原描述其祖国——楚史中的尧舜时代和夏王朝。考古研究表明:天门石家河城或为夏王朝都城。距今3800年左右发生国家结构的演变:几个大城的神权中心变弱,包括以石家河为'中央'的势力也衰落,而其东邻更靠近铜矿的地区,出现更大的中央集权政体,这可能以盘龙城为代表。考古资料所反映的石家河没落而盘龙城崛起,或许正是商汤克夏故事中所隐藏的'现实',即盘龙城文化或为传世历史神话中所载汤商王朝的历史阶段。"①她进而指出:"汤商的核心位置在江汉地带,但其所代表的文化和影响力的北界到达郑洛。因此,二里头、郑偃也属于该文化脉络,后者是先楚文明的北界城邦,而非一般认为的'中央'。"②在这一"新论"中,郭教授给中国古代文明始发祥地重新做了布局,即以江、汉、澧水为"中心",但北方河洛地区的旱作农业区只是上述中心文化影响所及的"边界地"。③ 此说一出,犹如在平静的一湖春水中投入一块石头,立即引起学术界的议论和媒体关注。中国社会科学院专家许宏指出:"一元认知的'中原中心说'早已为中国学术界放弃,多元认知的'区系类型'理论成为主流,这一学说并不否认长江流域在华夏文明形成过程中的历史作用。因此,在 21 世纪的今天,以'中原中心说'作为驳议对象,可以说是无的放矢。郭静云教授《夏商周:从神话到史实》一书认为,中国学界受传世文献影响创造了以中原王朝为中心的'今日神话',提出江汉地区为东亚最早和唯一原生文明中心的'新论'。在这一'新论'的框架中,黄河流域旱作农业文明区、中原王朝发祥地成了贫瘠的'边地'。笔者认为,这一观点的立论基础还有讨论的必要。"④

关于中华文明的起源及古代主流文化问题,现在在史学界似乎正在出现一个新的百家争鸣的"春秋时代",除了上述介绍的以外,近些年来又涌现出一些新的见解。这些见解并不以质疑中原文化作为中华文明的根文化为宗旨,而立意在于深化中华文明的研究深度,并拓展其研究视野和区域文化的范围,颇值得简单地介绍一下。

程启立在《齐鲁文化是我国传统文化的主干》一文中提出:"关于齐鲁文化与我国传统文化的关系,我们可提出这样一个命题:齐鲁文化是我国传统文化的主干,即齐鲁文化在我国传统文化中占据一种无与伦比的特殊而重要的主干地

---

① 郭静云:《长江流域是中原文明发祥地——中华文明起源新论》,载《中国社会科学报》2014 年 7 月 14 日,B02 版。
② 郭静云:《长江流域是中原文明发祥地——中华文明起源新论》,载《中国社会科学报》2014 年 7 月 14 日,B02 版。
③ 许宏:《有一种"创新"不可取——小议江汉中心说的立论基础》,载《中国社会科学报》2014 年 7 月 14 日,B02 版。
④ 许宏:《有一种"创新"不可取——小议江汉中心说的立论基础》,载《中国社会科学报》2014 年 7 月 14 日,B02 版。

位。"①他根据冯友兰曾在《中国哲学史》中，将中国古代哲学分为"子学时代"和"经学时代"的分期框架，历数从"儒家""墨家""道家""阴阳家""法家""名家"直到"兵家"直到"诸子百家"中的诸多代表人物，指出他们中的"绝大多数都是齐鲁藉的学者，个别的出生日籍贯并非齐鲁，但其学术渊源自齐鲁。"②在两汉时期，他认为："自汉武帝接受董仲舒的建议而'罢黜百家，独尊儒术'之后，对儒家经典进行整理、考订和阐释的学问便正式成为具有国家法典性质的儒家经学。于是发端于春秋时期的鲁国、发展壮大于战国时代齐鲁地区的儒家学说便由地域文化上升为主流文化，确立起其在思想学术领域的主导地位，成为我国封建帝制政治统治合法性的理论依据，成为我国古代思想文化的核心和意识形态的基础。两汉儒家经学的正式奠基、形成与发展壮大实际上是齐鲁文化逐步主流化的过程。"③在列举了经学的主要体系的奠基人都是齐鲁籍学者或齐学传人之后，他指出："综上所述，我们可得出这样的结论：齐鲁文化是两汉经学的基础和主干，在整个两汉经学传授谱系中，较之其他的地域文化其占有无可比拟的重要地位。整个西汉时期的儒家经学传授谱系几乎主要为齐鲁学者所垄断。"④即使到了西汉晚期至整个东汉时期，"表面上看来是齐鲁之学在汉代经学体系中比重的下降，似乎是齐鲁文化在汉代经学体系中地位的衰微，但从深层次来说是齐鲁文化由地域文化上升为主流文化的必然结果，实际上反映了齐鲁文化在汉代思想学术领域中主流地位的确立。"⑤程文虽然主要论及齐鲁文化是中国传统文化的主干，主要局限于春秋时代的诸子百家学说及两汉的经学，并未论及上古和高古的文化，可以善意地理解为只是为了突破齐鲁文化作为中国传统文化主干的重要地位，而不是有意挑战包括中原文化在内的各种地域文化的发祥地位或重要地位。

学术界中有学者秉持"各美其美"的治学立场，是完全可以得到善意的理解的；但有些学者的研究结论对传统主流学术观念所具有的颠覆性，颇使我们业外学人一时难以辨明。据《中国社会科学报》2014 年 8 月 11 日 B03 版最新报道，

---

①　程启立：《齐鲁文化是我国传统文化的主干》，载《中国社会科学报》2012 年 10 月 10 日，B06 版。
②　程启立：《齐鲁文化是我国传统文化的主干》，载《中国社会科学报》2012 年 10 月 10 日，B06 版。
③　程启立：《齐鲁文化是我国传统文化的主干》，载《中国社会科学报》2012 年 10 月 10 日，B06 版。
④　程启立：《齐鲁文化是我国传统文化的主干》，载《中国社会科学报》2012 年 10 月 10 日，B06 版。
⑤　程启立：《齐鲁文化是我国传统文化的主干》，载《中国社会科学报》2012 年 10 月 10 日，B06 版。

有评论者对青年学者、历史学博士侯仰军的评介中宣称:"侯仰军偏爱于对历史真实的探究。他在前人研究的基础上,借鉴近年不断涌现出的考古成果,掷地有声地提出尧舜故里就在山东菏泽的观点。大禹'三过家门而不入'的故事尽人皆知,可大禹治水的真相是什么? 侯仰军认为:'所谓大禹治水不过是把济、濮流域的积水排泄出去而已。而要疏导积水,唯一的办法就是开挖沟洫,所以后来孔子论大禹的功绩,说大禹"尽力乎沟洫"。由于大禹治水卓有成效,加上人类有一种对自己崇拜的人或事喜欢加以拔高的本性,代代相传,越拔越高,大禹开掘沟洫便被夸大成开掘江河,大禹也就从人变成了神'。"①不仅如此,论者还对侯仰军《考古发现与夏商起源研究》一文做了较为详尽的介绍,指出:"侯仰军认为:鲁西南的文化遗址十分丰富,以北辛文化、大汶口文化、龙山文化、岳石文化为代表的一大批古文化遗址排列有序,在全国具有很大影响;考古发现表明,4000 年前鲁西南的地形地貌及自然环境是岗丘布野,河湖交错,林木茂盛,气候湿热,非常适合人类生存;我国历史传说中的圣君,即当时的部落联盟首领尧、舜,一生虽迁徙不定,但主要活动区域都与今鲁西南地区密切相关;虞为夏朝建立前的一个朝代,起码是一个城邦国家,它的国都和疆域就在豫东、鲁西南地区。通过对考古文献的梳理,侯仰军提出以下观点:夏后氏是颛顼氏族的后裔,兴起于豫东、鲁西南地区;大禹在这里治水,并奠定夏朝立国的根基;夏启利用其父大禹治水的威望,当了天下盟主,建立了夏王朝,都城在雷泽附近的古成阳;夏朝的政治中心一直与豫东、鲁西南地区密切相关。从文献上看,豫东、鲁西南地区曾经是许多著名氏族的发祥地,除夏后氏之外,还有与夏同姓的有莘氏、有扈氏、昆吾氏、豕韦氏、大彭氏,楚人、秦人的祖先都曾在这里生息繁衍过。商族最早的族居地是今豫东、鲁西南地区,在考古上表现为早期岳石文化或龙山文化青堌堆类型;后来一度迁到河北省中南部和河南省北部,创造了典型商文化即漳河型、辉卫型;不久又迁回豫东、鲁西南地区,并在商汤率领下,以今天的曹县一带为中心,积聚力量,于是菏泽地区安邱堌堆的岳山文化面貌在与山东内地基本一致的情况下,有些因素显然接受了冀南、豫北先商文化的影响;商汤灭夏后,商部族鉴

---

① 庚辰:《侯仰军:在考古与传说中探究历史真实》,载于《中国社会科学报》2014 年 8 月 11 日,B03 版。

于东夷势力强大,又是自己的盟友,不便向东扩张,而河南中西部原来是夏人的势力范围,便在王朝建立初期大肆向西扩张,'南关外期'文化就是其在考古学上的表现。自从大禹治理好了豫东、鲁西南地区的洪水后,这里便成了夏商周三代人口最繁庶,政治、经济、文化最发达的地区之一。"①

犹如郭静云教授的中华文明起源于江、汉、澧渚水一带的"新说"一样,侯仰军的"新论"对史学界传统主流观念也具有颠覆性。由于我们尚未拜读侯的著述,故我们不持立场,即不能肯定也不否定他的中华文明起源地之一是鲁西南、豫东地区,甚至也推翻了司马迁在《史记》所记"昔三代之居,皆在河洛"之间等早已成为史学界公认的"定论"的"历史真实"。可能是先入为主吧,我们无论如何一时难以接受中华文明的先祖们也曾起源或活动于鲁西南、豫东地区,而史学界目前已普遍接受了包括齐鲁文化在内的多元地域文化起源的"新多元论",而非单一的最早起源于中原地区或河洛地区的学术"成见"。此事事关重大的"历史事实"。冀望方家进一步研究予以求证。

值得注意的是,近20世纪80年代以来随着成都平原史前城址群、三星堆遗址、十二桥遗址、金沙遗址等重大考古发现,引起了学术界对巴蜀考古、巴蜀文化的关注,大量的研究成果相继问世。其中巴蜀文化与中原文化的关系、巴蜀文化在中华文明起源问题上的地位和作用,是研究的重点。不像在江、汉文化或齐鲁文化的研究中出现的对传统文明起源的颠覆性结论那样,巴蜀文化的研究群体基本上采取较为理性的分析态度。他们一方面对巴蜀文化的独立性和新奇性感兴趣,并做了大量的研究,另一方面,也始终将巴蜀文化放在中华文明的大背景下去评价它的价值和影响。尽管《史记》有"禹兴于西羌"的记载,古籍《世本》更记载黄帝二子青阳、昌意均降居蜀地,以及黄帝族群的两个近亲支系,早在大约5000年前就已从西北地区黄土高原南下来到四川西部,并与土著族群通婚定居于岷江、雅砻江流域。《华阳国志·蜀志》更明确记载"蜀之为国,肇于人皇,与巴同域。至黄帝,为其子昌意娶蜀山氏之女,生于高阳,是为帝喾(当为颛顼——引者按),封其支庶于蜀,世为侯伯,历夏、商、周。武王伐纣,蜀与焉。"②

① 庚辰:《侯仰军:在考古与传说中探究历史真实》,载于《中国社会科学报》2014年8月11日,B03版。
② 彭邦本:《由夷而夏:古代巴蜀与西南夷》,载《中国社会科学报》,2013年12月6日,A05版。

尽管论之者说,巴蜀文化曾与上古从皇帝到颛顼再到大禹有着源远流长的关系,并没有因此就断言巴蜀文化是中华文明的发祥地或起源地之一。

史家还有一种观点认为:"在距今 3700 年左右,二里头文化南下长江中游,并很快从鄂西沿长江西进。在这一背景下,长江中游的石家河文化走向衰落。与此同时,四川盆地东部的哨棚嘴文化和成都平原的宝墩文化也紧随其后,纷纷衰落,整个四川盆地的文化发生了大的突变,其结果是三星堆文化的兴起。

三星堆文化的年代在距今 3700—3200 年,代表性聚落是广汉三星堆遗址。三星堆社会拥有发达的青铜冶铸和玉器加工工艺,精美的艺术品作为宗教神器,用于各种宗教仪式。三星堆文化的社会相当复杂,具有系统的原始宗教,可能已跨入了国家时代,代表的是一个古代王国。

三星堆时期的人们崇拜太阳神,统治阶层创立了整套神话体系。三星堆的人们相信必须经常保持与太阳神和祖先的沟通,才能得到神的庇护。统治阶层掌握了与神沟通的神秘知识与能力,沟通的手段就是举行各种虔诚的祭祀活动,他们将丰厚的祭品奉献给神灵,用各种大型精美神秘的艺术品来增强祭祀活动的震撼力。三星堆社会是一个典型的神权政治国家,已有较为复杂的分层、规模宏大的政治中心。约 3.6 平方公里的三星堆都邑有明确的功能分区,有高大的夯土城墙围绕。三星堆社会控制着整个四川盆地,其势力所及东边可达鄂西地区,其文化的影响可达四川盆地周邻一些地区。"[①]即使持此所谓的"东进说",史学界也保持了一种清醒认识。对待古蜀文化与中原华夏文明的关系,论者持论如下:"古蜀国文化是中华民族大文化体系百花园里的一支亚文化。宝墩文化、三星堆文化以及金沙的文化面貌,同中原二里头文化、二里岗文化以及东方的良渚文化、南方的楚文化有很多共同点。相较而言,古蜀文明与中原华夏文明的认同点应多于相异点,以往的研究工作对此估计偏低,考古证明,古蜀文明是同整体大文化有认同感和向心凝聚素质的区系文化,它多于本区系相异的独立性,因而古蜀国文化很早就表现出向华夏整体主流文化凝心和聚力的流向。古蜀文明起源、发展以及同巴文化联结为文化共同体的过程,同时也就是从黄帝到夏商周

---

① 江章华:《考古证据:明晰古蜀历史与文化》,载《中国社会科学报》,2013 年 12 月 6 日,A05 版。

的华夏文明实现最广泛最深刻的文化认同的历史进程。"①还有论者出言谨慎，易于人们接受的如下观点："过去，关于中国古代文明的起源与形成只讲黄河流域"，林向说，巴蜀地区在4000多年前就已经完成了从"野蛮"到"文明"的过渡，巴蜀考古为探讨中华文明起源问题提供了新材料。"②

　　正如我们在前面一再声明的那样，我们并非史学专家，对于各种史家的论说，包括一些"标新立异"的创新之说，我们均缺乏证实或证伪的学术能力，有限的学术素养教给我们必须谨慎地对待各种学术之见，包括歧见。如果基于研究的需要，例如现在从事的主题研究需要，非要表态认从某一学术见解的话，学术直觉告诉我们应当采取如下较为妥善的做法，就是依从学术主流群体所持的公共认同观点。尽管并不是传统上认为的那样人多势众就一直站在真理一边，但众谋之见必定可先避开个人的一管之见，我们当下研究的主题是中华法的起源，正如在本题开头所说明的，中华法的起源的逻辑起点中华文明的起源，中华文明的起源多元而非单一的中原文化或河洛文化，早已成为现在学术界的公认，但不难想象，依我们作者的单薄之力，能在短时间内对所有能够成为中华文明起源的地域文化之中有关中华法的起源进行研究，就我们个人的能力而言，只研究河洛文化中的中华法的起源就已勉为其难，再研究"多元"地域文化中的中华法起源，根本就难以成行。不过，现今的学术界正如前面所引介的，学术界的主流群体包括一些权威的学者，迄今为止还认同河洛文化在中华文化中所具有的"根性"或"起源性"学术见解。我们研究的学术逻辑起点正在于此，即认同河洛文化的"根性"，并由此辨析中华法在这具有根性文化中孕育的"法律因子"，正是这些"法律因子"在中华文明母亲的哺育下，发育成胚胎，继而诞生、成长、壮大，最终毅然屹立于中国这块古老的大地上，跻身于世界法律之林。当然，我们并不否认，不仅不否认，而且坚信遍布中华大地的各古老地域文明，基于人性的普遍性和社会治理的需要或多或少，或迟或早都会孕育法律因子，并继而诞生法律文明，但这是一个浩大的工程，非我辈个人能力所能为。

———————————

①　《中国社会科学报》记者郭潇雅、吴运亮报道：《创新性解读古蜀文明生长点为研究关键——访四川省巴蜀文化研究中心学术委员会主任谭继和》，载《中国社会科学报》，2013年12月6日，A05版。

②　《中国社会科学报》记者郭潇雅、吴运亮报道：《林向：结缘考古纵论巴蜀》，载《中国社会科学报》，2014年3月10日，A02版。

第二章　关于法律起源的一般
学说及我们研究的前提预设和
河洛文化的选择

我们之所以要探讨河洛文化之于法律起源的机理,是基于如下的一些关于法律起源的一般学说。在关于法律生成的最初渊源的理论上,向来都没有一个统一的认识,古今中外皆然。现将古今中外一些有关法的起源的主要学说要点,简单梳理如下:

第一节　马克思主义的法的起源学说

马克思主义的政治经济学的一个基本理论体系,就是把人类一切社会现实放在一定历史范围内的经济基础下加以考察。人类的物质生活,包括生产力发展水平和生产关系的组织方式在内的经济基础,是决定其他社会事务,也包括法律在内的社会、国家的上层建筑都是由该社会特定的经济基础所决定的,同时反过来又对社会的经济基础起着保障和促进作用。尽管马克思主义把法律、国家等上层建筑同社会阶级的产生紧密联系在一起,但不否认在阶级社会产生之前的原始公社社会中也存在争端和纠纷,但这些争端和纠纷的解决并不是由国家的暴力工具,如军队、警察、监狱等来解决,而是由当事人所属的氏族或部落来解决,或者由各有关的氏族共同解决。解决的方式通常也是较平和的,即使是遇到以牙还牙、以眼还眼或血亲复仇的极端情况,争端的双方经过平等协商,通常也能以弓箭、食物等物质赔偿的方式加以解决,以肢解或生命的报复性惩罚并不是必然发生。在马克思主义经典理论看来,只有随着阶级的产生,随之而来的国家的诞生,法律才真正成为统治阶级镇压敌对阶级的暴力工具。尽管如此,社会物质生活条件和经济基础依然决定着法律的性质和内容,只是随着统治阶级的性质的更替,法律的性质和内容也随之发生变化。到资产阶级掌握国家政权时,法律变成由资本主义经济基础所反映的全部资产阶级意志的总和。资产阶级的法律也就变成了在社会和国家中占主导地位的法律,变成了维护和保障资产阶级统治利益的工具。马克思主义在强调法律是由社会经济基础所决定,并具有鲜明的阶级性的同时,也承认法律也受到其他各种社会现象和历史因素的影响,并不否认法律是各种社会事务综合作用的结果。这样就把法律的最初起源植根于社会和国家的最深处和古远的历史年代。

第二节　西方法学有关法的起源学说

西方法学对法律的起源研究从很早就开始了,从古希腊哲学、罗马法到中世纪的神权法、万国法,再到欧洲中世纪后期兴起的人文运动直到 17、18 世纪的启蒙运动中自然法理论的崛起至盛极一时,转至 19 世纪特别是在达尔文的进化论和英国工业革命开始以后,在西方又兴起了人文浪漫主义运动和反理性主义思潮。在法学研究领域,历史法学派、功利法学派、社会进化法学派、规范主义和分析主义的实证主义法学派相继兴起,特别是由摩尔根、马林诺夫斯基、布朗等学者创立和发展起来的人类学,之后包括文化人类学、社会人类学及至法律人类学等新学科兴起之后,通过对少数尚未开化的、尚与世隔绝的族群作为"他者"的研究,试图重新还原西方文明社会的早期社会状态。在这个过程中,西方法学在20 世纪也相继开展了古代法、原始人的法的研究工作,至中叶发表了一些权威性很强的法学术著作。

英国学者梅因在《古代法》第五章中,在以"原始社会和古代法"为题的研究中,明确指出,研究原始社会及古代法的起源,不能仅以推测理论为能事,必须强调以科学的态度从事研究的必要性。他认为在"社会契约"、"自然法"这些在当时以及曾经流行过的其他法律学中,都存在这种理论推测的理论状态。他认为,无论是"社会契约"理论还是"自然法"理论,"它们都以人类的、非历史的、无法证实的状态作为他们的基本假设,这两个理论的作者,对于社会产生前状态的各种特征,以及对于人类凭以脱离这种社会产生前状态进入我们所熟悉的仅有的那种社会组织的异常活动的性质,有着分歧的看法。但是他们却一致同意,认为在原始状态中的人和在社会产生后的人两者之间,存在着一个巨大的鸿沟把他们分离开来,我们毫不怀疑,这个观点正是他们有意识的或者无意识地从罗马人那里借用来的。如果法律现象的确像这些理论家所认为的那样——即认为是一个庞大、复杂的整体——,那么,也就有难怪人心往往要规避它所担任的工作,否则它有时候就会失望地放弃系统化的工作;而人心所采取的规避的办法,是退而求助于某种似乎可以调和一切事物的智巧的推测。"①

　　美国学者霍贝尔用一种社会进化、功能的视角研究原始人的法。他说:"如果人类学家能和现代科学保持一致,他们所重视的方面是历史的、进化的话,那么法律人类学也就是历史的、进化的。当然,我们首先要重视的是法律的功能,是法律怎样统一地发挥社会作用,它为什么会发挥那样的作用,它们相互联系的各个部分是怎样对整个社会和文化发挥作用的,为什么它的每个部分都能对整个社会和文化发挥作用。而文化和社会不是一个短期的社会历史现象,它们来自于人类的过去,今后还要延续下去,它们有历史的连续性。现在的法律是它对以前的传统和权力的斗争结果,将来的法律也是与现在的法律和传统、权力的斗争结果。如果没有过去的文化,现在和将来都无法解释,虽然过去的文化并不能作为解释现代文化的工具和预知未来事物形态的钥匙。就法律而言,我们目前最重视的是它的现状和职能。当然它的一般历史也有着同样重要的意义。"②他主张,法律的发展趋势和其他社会文化一样,是一个持续发展的复合物。在较低的原始社会中的部落,一般是由几个关系密切的同一血统的氏族组成,以亲属关系为氏族成员间的联系纽带,社会是自治的,在经济关系上,全体社会成员的关系都是直接的,共同消费非常缺乏的社会必需品,利益是共同的,基本的社会秩序是通过原始的社会控制手段来维持的,几乎很少意识到一种超越氏族之上的某种权力。即使是原始社会的整个文化的发展趋势处于一种非竞争的状态,仍需要某种法律的形式和统治方法,以解决氏族成员之间的伤害、杀人、盗窃、通

---

① 〔英〕梅因著:《古代法》,沈景一译,商务印书馆 1984 年 11 月版,第 66 页。
② 〔美〕艾德蒙斯·霍贝尔著:《原始人的法——法律的动态比较研究》,严存生等译,法律出版社 2006 年 5 月版,第 267—268 页。

奸、做恶事和破坏等现象,但原始人都以自己的法律方式加以解决。法就由此而产生。①

第三节　中国古代先哲关于法的起源学说

著名法史学家杨鸿烈将中国的法律思想史分为四个时代,分别是殷周萌芽时代、儒墨道法诸家对立时代、儒家独霸时代、欧美法系侵入时代。前两代关系到我们的研究主题,后两代因与本主题无关,故略而不论。

杨先生认为,中国有文字以来的信史,一般都从殷代讲起。"大凡研究思想史的人最先必须认清社会的来源,然后才能明了思想发生的经过情形。中国有文字以来的信史,一般都从殷代讲起,据现时所有河南省安阳县出现的龟甲骨板上刻着的贞卜文字看来,那时的文字产生还没有多久,文字还在形成的途中;再考察这种幼稚文字所记载的事实,牧畜很为盛行,还只是一个原始共产制的氏族社会。法制的规定虽然还说不上,但也不无一二遗迹可以追寻。到了周代农业特别发达,既把殷室吞灭,便完成一个奴隶制的社会,那时文化较殷代确有长足的进步,在考古学上看来,算是青铜器时代,就现存《诗经》《尚书》《周易》诸书的真实可靠的部分加以研究,后此几千年的法律思想已萌芽于此时。"②在这里,杨先生一方面认为在殷代之前的原始共产制的氏族社会,法制虽无,但也有一二遗迹可循。到了周代,才真正有了法律思想的萌芽。这一见解基于两个前提:一是有文字记载的"信史"存在;二是取有文字规定的"法制"存在。在我们看来,这两个前提,虽然具有真实性、科学的可验证性,但也限制了人们向更远古的历史深处去探寻中华法的起源的目光。中华法起源于殷代说似乎已成为法史学界的共识,被至今差不多所有的法史学著述所延用。但就是在杨先生的两部最权威性的法史著作中,我们也看到大量引用古代先哲们关于法律起源的论述,有些论述甚至溯及到中国茹毛饮血、穴居洞处的初民时代。现借花献佛,转引相关论述如下:

---

① ［美］艾德蒙斯·霍贝尔著:《原始人的法——法律的动态比较研究》,严存生等译,法律出版社2006年5月版,第267—311页。
② 杨鸿烈著:《中国法律思想史》,中国政法大学出版社2004年4月版,第5—6页。

先看法家:《商君书·画策篇》:"神农之世,男耕而食,妇织而衣。神农既没,以强胜弱,以众暴寡,故黄帝作为君臣上下之义,父子兄弟之礼,夫妇配匹之合,内行刀锯,外用甲兵。"《管子·任法篇》:"黄帝治天下,民不引而来,不推而往,不使而成,不禁而止。黄帝置法而不变,使民安其法者也。所谓仁义礼乐者,皆出于法。"《立政篇》:"藏于官则为法,施于国则成俗。"至《汉书·胡建传》犹传黄帝李法。

再看道家:《列子·黄帝篇》:"黄帝梦游华胥氏之国,其国无师长,自然而已;其民无嗜欲,自然而已。黄帝既寤,二十八年,天下大治,几若华胥氏之国。"这样说"黄帝之治"便与法家的理想立于根本相反的地位。再看——《庄子·缮性箴》:"古之人在混芒之中,莫知为而常自然;逮德下衰,及遂人伏羲,始为天下,是故顺而不一;德又下衰,及神农黄帝,始为天下,是故安而不顺。"《淮南子·俶真训》:"至德之世,甘瞑于溷炏之域,徙倚乎汗漫之宇,群生莫不颙颙然,仰其德以和顺。及世之衰也,至伏羲氏,吟德怀和,被施颇烈,而知乃始昧昧晽晽皆欲离其童蒙之心,觉视于天地之间,是故其德烦而不能一。乃至神农黄帝,剖判大宗,窍领天地,提挈阴阳,搏挠刚柔,枝解叶贯万物百族,使各有经纪条贯。于此万民睢睢盱盱然,莫不竦身而载听视,是故治而不能和下。"①

需要说明的是,道家关于"黄帝之治"、"德以和顺"虽未言及法律,但言及德治,在中华法中,"德治"延及上古时代的"礼法"、"礼治",是其最显著的特点之一,除了史学界少数拘泥于"法""律""令"等纯粹的法史观外,早已得到自上古先哲和晚世乃至现代的学术界公认。我们依从学术主流立场,在中华法的起源研究中,将德化与礼治的起源也视为中华法起源的有机构成的一部分,拟另章予以专门的论述。

到了托古较晚的尧舜时代,《书经·尧典》:"象以典刑,流宥五刑,鞭作官刑,扑作教刑,金作赎刑。"《太平御览》卷第六百四十五引《尚书大传》说:"唐虞象刑而民不敢犯。……唐虞之象刑,上刑赭衣不纯,中刑杂履,下刑墨幪,以居三十里,而民耻也。"《白虎通》又说:"犯鲸者皂其衣;犯劓者丹其服;犯膑者墨其

① 此页所引均自杨鸿烈著:《中国法律发达史》,中国政法大学出版社2009年11月版,第12—13页。

体;犯宫者锥其履;大辟之罪,则布其衣裾,而无领缘。"《玉海》卷六十七引《慎子》:"有虞氏之诛,以画跪当鲸,以草缨当劓,以复衤央当刖,以艾韠当肉。"又引朱文公曰:"象以典刑者,画象而示民以五等肉刑之常法也。"①

法家荀子虽不信"象刑"的存在,但持更激进的"肉刑"之说,在《荀子·正论篇》中写道:"世俗之说,以为古无肉刑,有象刑,墨鲸经婴共艾韠菲履;杀,赫衣而不纯。是不然矣。以为治古,则人莫触罪耶? 岂独无肉刑,亦不待象刑矣。以为人触罪矣,而至轻其刑,是杀人不死,伤人者不刑也。罪至重,刑至轻,民无所畏,乱莫大焉。"②

法家管子更是从荒远的"野蛮"时代论及法律的起源,《管子·君臣篇》写道:"古者未有君臣上下之别,未有夫妇妃匹之合。兽处群居,以力相征。于是智者诈愚,强者凌弱,老幼孤独,不得其所。故智者假众力以禁强虐,而暴人止。为民兴利,正民之德,而民师之。……名物处违是非之分,则赏罚行矣。上下设,民生体,而国都立矣。是故国之所以为国者,民体以为国;君之所以为君者,赏罚以为君。"③

另见法家及后世哲人的相关论述:

《荀子·王制篇》:"人生不能无群,群而无分则争。争则乱,乱则离,离则弱,弱则不能胜物。"

《商君书·君臣篇》:"古者未有君臣上下之时,民乱而不治。是以圣人列贵贱,制节爵位立名号,以别群臣上下之义。地广民众万物多,故分五官而官之。民众而奸邪生,故立法为度量以禁之。"《开塞篇》:"天地设而民生之。当此之时,民知其母而不知其父,其道亲亲而爱私。亲亲则别,爱私则险,民生众而以别险为务则有乱。当此之时,民务胜而力征,务胜则争,力征则讼,讼而无正,则莫得其性也。故贤者立中正,设无私,而民曰仁,当此时亲亲废、上贤立矣。凡仁者以爱利为道,而贤者以相出为务。民众而无制,久而相出为道,则有乱,故圣人承之,作为土地货财男女之分。分定而无制,不可,故立禁;禁立而莫之司,不可,故

---

① 杨鸿烈著:《中国法律发达史》,中国政法大学出版社 2009 年 11 月版,第 13 页。
② 杨鸿烈著:《中国法律发达史》,中国政法大学出版社 2009 年 11 月版,第 13 页。
③ 杨鸿烈著:《中国法律发达史》,中国政法大学出版社 2009 年 11 月版,第 13—14 页。

立官;官设而莫之一,不可,故立君。既立其君则上贤废,而贵贵立矣。"①

《韩非子·五蠹篇》:"古者丈夫不耕,草木之实足食也;妇女不织,禽兽之皮足衣也。不事力而养足,人民少而财有余,故民不争。是以厚赏不行,重罚不用,而民自治。今人有五子不为多,子又有五子,大父未死,而有二十五孙,是以人民众而货财寡,事力劳而供养薄,故民争。虽倍赏累罚,而不免于乱。"②

《吕氏春秋·恃君览》:"昔太古尝无君矣。其民聚生群处,知母不知父,无亲戚兄弟夫妻男女之别,无上下长幼之道,无进退揖让之礼,无衣服履带宫室畜积之便,无器械舟车城郭险阻之备,此无君之患。非滨之东,夷秽之乡,扬汉之南,百越之际,多无君。氐羌呼唐,突人之乡,雁门之北,儋耳之居,多无君。其民麋鹿禽兽,少者使长,长者畏壮,有力者贤,暴傲者尊,日夜相残,无时休息,以尽其类。故置君非以阿君,置官长非以阿官长也。"③

《抱朴子·诘鲍篇》:"……人与人争草菜之利,家与家争巢窟之地,上无治枉之官,下有重类之党,则私门过于公战,木石锐于干戈。交尸布野,流血绛路,久而无君,噍类尽矣。若令上世,人如木石,玄冰结而不寒,资粮绝而不饥者可也。衣食之情,苟在其心,则所争岂必金玉? 所竟岂必荣位? 橡茅可以生斗讼,藜藿足用致侵夺。"④

柳宗元《封建论》:"……生人之初,……与万物皆生。草木榛榛,鹿豕狉狉。人不能搏噬,而且无毛羽,莫克自卫。荀卿有言,必将假物以为用者也。夫假物者必争,争而不已,必就其能断曲直者而听命焉。其智而明者,所伏必众,告之以直而不改,必痛之而后畏,由是君长刑政生焉。"《贞符》也说:"交焉而争,睽焉而斗。力大者搏,齿利者啮,爪刚者决,群众者轧,兵良者杀。披披籍籍,草野涂血,然后强有力者出而治之。"⑤

司马光《稽古录》(卷之一):"惟天生民,有欲无主乃乱,必立聪明之君长以司牧之。何谓司牧? 盖民不足于衣食,则能养之;衣食足矣,或不知礼仪,相侵渔,则能教之;教之备矣,或顽嚚不从,则能威之。由是民爱之如父母,仰之如日

---

① 杨鸿烈著:《中国法律发达史》,中国政法大学出版社 2009 年 11 月版,第 14 页。
② 杨鸿烈著:《中国法律发达史》,中国政法大学出版社 2009 年 11 月版,第 14 页。
③ 杨鸿烈著:《中国法律发达史》,中国政法大学出版社 2009 年 11 月版,第 14 页。
④ 杨鸿烈著:《中国法律发达史》,中国政法大学出版社 2009 年 11 月版,第 15 页。
⑤ 杨鸿烈著:《中国法律发达史》,中国政法大学出版社 2009 年 11 月版,第 15 页。

月,信之如四时,畏之如雷霆,莫不悦服,推而尊之。"①

有意思的是,直到晚近的清代,学者在论及有关诉讼利弊时,还论及到上古时代法律的起源问题,清人崔述在《讼论》中说:"……自有生民以来,莫不有讼。讼也者,事势之所必趋,人情之所断不能免者也。故《传》曰:'饮食必有讼'。柳子厚曰:'假物者必争,争而不已,必就其能断曲直者而听命焉'。讼之来也久矣!舜避尧之子于南河之南,天下诸侯讼狱者,不之尧之子而之舜。鲁叔孙、昭子受三命,季平子欲使自贬,昭子朝而命吏曰:'婼将与季氏讼,书辞无颇'。唐虞之时何时也?诸侯犹不免于讼;昭子贤大夫也,亦不能以无讼,然则是讼也者,圣人之所不责而亦贤人之所不讳也。"②

"自有生民以来,莫不有讼",将中华法的起源断然推至人类从诞生之日起那个古远得再不能古远的时代,深得不能再深的初民社会的历史深处。

从以上的马克思主义、西方学说、中国传统文化三个方面来看,有一个共同的认识起点,那就是法律的最初起源是在古远的年代,无论是生民以来,旧、新石器时代,原始公社时代,还是有文字记述的中国殷商时代,对于当前的现时代来说,都属于遥古、上古时代,多则上百万年,少则也有五至七千年。法律从历史深处走来一直走到当代,这是中外法学的基本体认。在我们现在从事的并非以精确性为宗旨的法律史学类研究中,我们无意以准确的断代为依据,只需要承认法律起源的古远历史就足够支持我们的如下主论了,即中华法起源于中国传统中的上古时代,而河洛文化作为中华文明最古远的地域文化之一,在其中就已经孕育并形成了雏形的上古法律文化和形制。这一立论放在上述的智识背景下,并无新奇之处,在对于中国当代的学术界包括法史学界来说,应当视为一个超越,对于法史中的上古空白状态的填补应当有所裨益。

① 杨鸿烈著:《中国法律发达史》,中国政法大学出版社 2009 年 11 月版,第 15 页。
② 杨鸿烈著:《中国法律思想史》,中国政法大学出版社 2004 年 4 月版,第 27—28 页。

第四节　我们研究的前提预设和河洛文化的选择

一、我们研究的前提预设

我们对法律生成有一个前提预设,即法律既不是上天赐予的,或也可以说并非先验存在的,西方的"自然法"理论无论有多少对于人世和国家的现实价值,终归是一种形而上学的理论体系,是靠理性推导而生成的一种社会和国家的规范体系,其本身是无法以实践加以验证的。这虽然并非一定全是缺点,但终究是少数知识精英可以把握和推演的在西方称为形而上学,在中国则可称为"玄学"的理念。这其中可以探讨和研究的问题极多,学界著述甚丰,但与本题无涉,不须多费笔墨。在接下来的讨论中,我们也会与有别于现有西学和中学的全新视角探讨一下中国河洛先民的物质生活和精神世界对于法律生成的机理。换句话说,我们对法律生成的前提预设是基于人性、民生、经世治国等诸多方面的考虑,认为是社会、国家、精神各种因素综合作用的结果。

二、基于便利主义的原则的选择

尽管从理论上说,所有中国古代的地域文化都存在产生和发展法律的观念和体系的机理,如果假以时日,或许可能都能衍化出像河洛文化那样的丰富多彩和博大精深的法文化。倘若如此,后世辈出再多的法史学家也不愁无用功之地。可惜历史就是历史,容不得假设。历史给定的基本现实就是,既见诸于丰富的典藏古籍,又有越来越多的被发现的考古资料,这些都是后世的史学包括法史学研究取之不竭,用之不尽的考据和析理资料,不可多得,难以再现。这就是我们选择河洛文化作为研究中华法元始创生和具备雏形的原因,便利可行不失为学术研究的一个价值取向。其他地域文化虽然都可以作为此类研究的基地,但无论是地下的考古发现,还是留存下来的文化典籍,获取都极为困难。像西夏典籍、敦煌文献早已流失国外,获取更是难上加难。清史满文档案浩如烟海,如有能力细读详析当可找出上古满族乃至辽海文化中丰富的法文化。但可惜早在十多年前,报端就披露现在能够阅读满文的专家已不足百人,时至今日或可只减无增。故虽有宏志大愿,也难以从事此类研究。反观留存于世的先秦典籍,源自河洛文化的已不在少数,虽有些古文语言艰涩、佶屈聱牙,但经过一代又一代鸿儒大师的章句解读、意义训诂,已大大方便了今人的读研。这就是我们选择河洛文化作为中华法起源与生成研究的基础文化的现实原因。至于其他古代地域文化的法律创生和生成,我们只期待有关方家去从事研究了。

第三章　中华法起源于河洛文化的
内在机理

这一章着重探讨作为中华远古文明之一的河洛文化是如何催生中华法最原始的法观念及法律形制的雏形的。

第一节　河洛初民的民生是催生中华古法的
观念及法律规范的社会基础

在前面我们已经反复用经典理论和公认学说强调,只有具备一定的社会经济基础,法律才能据以产生并得到真正科学的解释。基于这种理论信念,我们确信河洛地区是古中国最早具备法律得以起源的社会经济基础的地区之一。我们探讨中华法的元始,就从这个社会经济基础做起。

河洛地区并非是一个严谨的地理概念,各方家虽看法各异,宽狭有别,但从总体上来说,是泛指以河洛为中心包括周边或大或小的一片地区。有一些学者主张,以河洛为中心,东至郑州、中牟一线,西抵陕西潼关、华阴,南以汝河、颍河上游的伏牛山脉为界,北跨黄河、以汾水以南的济源、焦作、沁阳一线为界,这是被河洛文化研究主流群众所公认的学理划分,也有学者认为向北再可以延至河北省的南部,向东延至山东西南一带,也是被认可的。不管怎样,"河洛"在古籍中就是指黄河与洛水交汇的周围一带,古今约定俗成,并无异议,河洛地区地处中原腹地,自古即获有"天下之中"的美誉。这种称谓和赞誉的背后,蕴含其被国人承认为中华文明的古老、先进和重要地区的价值内涵。

一、河洛地区是上古初民最早聚居的地区之一

河洛地区之所以被承认是中华文明的最早发祥地之一,首先是由考古发现的史前聚落所证明。初民聚落是社会进化的标尺,至今仍以城市化和是否具有特大城市作为一个国家发达程度的标识。河洛地区是考古发现的最早由生民聚居的地区之一。表明河洛生民已经跨越穴居野处、茹毛饮血的蛮荒时代,开启了向更高级文明进步的新阶段。

据考古学者和河洛文化学者的研究,从旧石器时代开始,远古生民就生息繁衍在河洛地区。考古虽然发现河洛生民的洞穴遗址和旷野遗址已然分布在河洛山地和河谷黄土的台地上,但尚未发现有农业聚落的遗址,表明河洛生民在那时仍以采集和狩猎为生。到了新石器时代中期,在嵩山周围的山前地带,发现了生民聚落的遗址,聚落面积多为2—5万平方米。但当时尚处在定居聚落的起始阶段,并未达到农业聚落的发达程度。

在裴李岗文化时期,河洛地区已形成初民农业定居聚落。据对现在新郑市西北约7.5公里的裴李岗村西边双洎河北岸岗地的遗址发掘和钻探资料发现,聚落总面积约2万平方米,遗址地下发现居住区和墓葬区。在居住区发现了陶窑、窖穴、墙壁和广场的遗存,这些与生民有关的经济设施的出现,已具雏形聚落形态也基本定型,这说明,当时生民已经过上定居的聚落生活,从事农耕以获取生计;也表明当时的社会结构依然是以氏族和家族为基本的社会单元,各聚落之间和聚落内部为平等的关系,尚未出现阶级分化。墓葬区已发掘114座墓葬,分上下两层,主要由墓群、墓地两个层次构成,但无明显的社会分级结构迹象,同聚落一样,表明当时的社会没有出现明显的等级分化。

河洛地区继裴李岗文化之后,进入仰韶文化的早期时期,距今大约5000—4000年。聚落遗址分布在黄土丘陵区的河谷地带,表明生民已走出山地,在更宜生活、生产的丘陵河谷地带定居。遗址面积在数万至30万平方米之间,依面积大小可分为大中小三级聚落区,这标志着河洛地区的聚落已进入一个新的发展阶段。遗址内部常有深厚的文化层,表明生民定居的时间长,日常活动频繁。聚落结构一般都由房基、窖穴、墓葬等构成。在同时期汝州洪山庙遗址还发现了大型合葬墓,现存瓮棺136个。这种大型的瓮棺葬同样表明,当时聚落而居的生民至少是一个氏族或家族,合葬表明未发生等级分化,聚落成员身份平等。

仰韶文化晚期的河洛文化聚落状态又进入一个新的发展阶段,聚落密度增大,规模较前扩展许多,人口大量增加。更重要的是,当时生民为争取生存空间和生活资料,已经出现原始城堡建筑,表明当时部落间战争的频仍与激烈。聚落内部成员分化显出明显迹象,这是仰韶文化前期所未见。

距今约 4500 年至 4000 年前,河洛文化进入史称中原龙山文化时期。其发掘的遗址地在五湾,属中原龙山文化五湾类型三期。考古发现有改进的石质和骨质生产工具,还出现了制陶所用的快速转轮,冶炼的青铜器,广泛使用的水井,等等。这种新生产技术及其工具的使用,表明当时的居住和农耕较前更广阔和稳定,相应地,初民的聚落形态也发生了重大变化:一是聚落分布密度加大,二是聚落地转向平原地带,建立地超过了以往的山地区和黄土丘陵区,最终形成了以河洛地区为中心的密集聚落群。与此同时,原始城堡遗址比以往更密集。表明当时的战争频仍,社会分化明显。[1]

河洛地区的原始聚落依历史发展的顺序次第进步的步伐,必然导向河洛文化向更高级的形态发展,中原龙山文化就历史地进入夏文化时期,河南偃师二里头遗址的考古发掘,已发现大型建筑基址,似宫殿类建筑遗址,有学者认为可能就是《史记》所记载的大禹在为舜帝守孝三年后所居的"阳城",以后也就建都于此。也有学者认为是夏代都城之一的斟鄩所在地。[2] 对于二里头考古发掘所揭示的都城之宫城与宫殿建筑遗址布局结构,出土的最早的青铜器与绿松石龙形器,著名考古学者刘庆柱认为:"二里头文化是河洛文化的重要内容,是河洛文化在中国古代文明形成与早期发展的核心作用与历史地位的考古学的佐证。"[3]

在殷商时代,考古发现偃师商城和郑州商城以及安阳殷墟,都是殷商时代的都城。至周代,洛邑又始见都城。不过,这已经超出了史前生民聚落的范畴,属于河洛文化中更高级的文化形态,不再予以论列。

---

[1] 此处关于河洛地区史前聚落的内容,主要综述于李龙的文章《河洛地区史前聚落研究》一文,详见陈义初主编:《河洛文化与殷商文明》,河南人民出版社 2007 年 10 月版,第 283—288 页。

[2] 参见易德生:《从河洛地区都城的规划及其影响看河洛文化的正统性》,载陈义初主编—《河洛文化与汉民族散论》,河南人民出版社 2006 年 4 月版,第 563 页。

[3] 刘庆柱:《中国古代都城考古反映的河洛文化历史地位》,载陈义初主编:《河洛文化与汉民族散论》,河南人民出版社 2006 年 4 月版,第 4 页。

二、河洛地区是上古农耕文明最早发祥地之一

中华文明区别于西方欧洲的海洋文明或蓝色文明,世称农耕文明或土地文明或黄色文明。值得注意的是,近几十年的考古发掘,在长江流域和辽海地区相继发现了中国早在新石器时代就有稻作农业,这虽然打破了中国土地文明主要以粟和黍为主要旱地作物的历史定论,但并不影响中华文明作为土地文明的基本特征。而基于黄色的土地文明之所以成为中华文明的历史定论,主要还是根据黄河流域是中国最早的土地文明的发祥地的定见,而在黄河流域真正最早发展起来农业文明的,正是史称的"河洛地区"。

古地理学所称的"小冰河"期结束以后,距今几万至一万年,古河洛地区森林茂盛,水源丰富,空气潮湿,气候温和,土地肥沃,从已经发掘的新石器时代农耕文化分布来看,大部分在黄河的支流或更小的支流流域,耕作面积一般都高出河面十余米到数百米的黄土台地或小丘岗地带,离水源近便于农业和生活用水,又因地势较高,可免水灾之患。

在洛阳北的邙山上,可以在雨水冲刷形成的沟壑面上,清楚地看到黄河沉积得很厚的黄土层,土质富含钾、磷等植物生长所需要的元素,土壤极其肥沃,且没有砂石,非常适应耕种农作物,特别适合粟和黍,即我们现在通常所说的谷子和糜子的旱地作物生长,粟和黍加工后统称小米或黄米,其营养丰富,食之养人给力,成为初民乃至今人的主食。与此同时,在洛阳龙山文化时代和夏商周时期的遗址考古中,还发现了大豆、小麦、稻的遗存,加上粟和黍,恰好是古籍《孟子·滕文公上》所记载的五谷"稻、黍、稷(粟)、麦、菽(豆)。五谷的种植历史如此久远,从一个侧面反映出河洛地区的农耕文明在史前和上古时期就相当发达。被国人称为中国农耕文明的最早发祥地之一,是当之无愧的。

除了上述考古发现和农耕自然环境及农作物的实际证明之外,有关的农业文化传说则同样证明了河洛地区农业文明发端的古远。中华民族流传下来的几千年的神农氏炎帝尝百草,教民种植五谷的神话传说之所以发生在河洛地区,并留存神农氏炎帝在上古时期活动的遗迹,决不是偶然的,这或许就是河洛先民创立农耕文明之初流传下来的古远记忆。

炎黄二帝自古至今都是被中华各民族共同承认的人文始祖,河洛地区正是

传说中的炎黄二帝活动的核心地区。相传"炎帝神农氏人首牛身",将农耕中最重要的两个劳动力要素结合为一个文化符号,这决不是偶然的;与此同时,古时将神农氏称为"炎帝""地皇""烈山氏",这些与火和土地相关的称谓,都反映出当时的放火烧山,刀耕火种以及平整土地的农耕方式。

关于炎帝神农氏亲尝百草,教民农作的记载,更是史不绝书。《汉书·古今人表》记载:"以火德王,故号曰神农。"《白虎通》说:"古之人民,皆食禽兽肉。至于神农,人民众多,禽兽不足,于是神农借天时,分地之利,制耒耜,教民农作。"《绎史》卷四载,神农"作陶冶斤斧,为耒耜锄耨,以垦草莽,然后五谷兴动,百果藏实。"①《水经注》记载:"神农既诞,九井自穿,汲一井而众水动。"神农不仅推广水井技术,还观察、了解植物的属性,发明医药,以和药济人。《新语》说:"至于神农,以为行虫走兽,难以养民,乃求可食之物,尝百草之实,察酸苦之味,教民食五谷。"《淮南子·修务篇》说:神农"尝百草之滋味,水泉之甘甜,令民知所避就,当此之时,一日而遇七十毒。"《绎文》卷四引《周书》云:"神农之时,天雨粟,神农遂耕而种之。"古代神话小说《拾遗记》描述:"炎帝时有丹雀衔九穗禾,其坠地者,帝乃拾之,以植于田,食之老而不死。"《绎文》引晋皇甫谧《帝王世纪》云:"炎帝神农氏人首牛身。"《山海经·中次六经》记载:"缟羝山之首曰平逢山,南望伊洛,东望谷城之山,无草木,无水,多沙石。有神焉,其状如人而二首。"②

又据康熙《孟津县志》记载:龙马古堆自古就有炎帝庙,供奉着始祖炎帝神农氏。今孟津古县故称"谷城县",具有平逢山,相传就是炎帝神农氏成年后从平逢山出发,带领部族来到谷城一带,见其"平岗之上,突起重峰,上腴泉甘,湾环如抱"就定居下来,之后,又"砍木为耜,揉木为耒","教民耕耨"、"播种百谷",于是"民始食谷",以至当今。从此,河洛初民就从茹毛饮血的蛮荒时代,进入了吃五谷杂粮的农业文明阶段。③

---

① 张玉芳、乔德位:《河洛农业:华夏文明之源》,载陈义初主编:《河洛文化与殷商文明》,河南人民出版社 2007 年 10 月版,第 359—360 页。

② 张玉芳、乔德位:《河洛农业:华夏文明之源》,载陈义初主编:《河洛文化与殷商文明》,河南人民出版社 2007 年 10 月版,第 360 页。

③ 张玉芳、乔德位:《河洛农业:华夏文明之源》,载陈义初主编:《河洛文化与殷商文明》,河南人民出版社 2007 年 10 月版,第 361 页。

20 世纪以来,在河洛地区进行了一系列大规模的考古发掘,大量的出土文物和古遗迹也都有力地证明了河洛地区早在旧石器时代,在距今约 10 万年至 3 万年前,河洛先民就在此繁衍生息,从事采集和渔猎生产,出土的生产工具有石片、石核、尖状器、砍砸器、刮削器等 650 多件,还发现灰烬和动物骨骼化石,说明当时人们已经学会了用火。人类社会在这个阶段,通常已经知道种植、栽培一些植物,驯养一些动物,从而产生了原始农业的萌芽。河洛先民自然也不例外,距今 9000 年至于 5000 年的裴李岗文化时期,农业生产已经进入锄耕农业阶段,出土的石器属新石器时代文化。根据不完全统计,目前在河洛地区发现的新石器时代遗址有上百处之多,重要的如五湾遗址、孙旗屯遗址、西昌庙遗址、后李遗址、偃师高崖遗址、伊川官庄遗址、孟津寨根遗址和姊娰遗址等,其中尤以寨根遗址和姊娰遗址更具代表性。

在仰韶文化时期,中晚期出土的生产和生活工具有石斧、铲、锛、凿、镰、刀、矛、网坠、研磨器等,新出土的翻土工具石耜,说明当时的农业以从锄耕进入耜耕阶段。生产工具的改进,说明当时已粟和黍为代表的旱地农作物及饲养的家畜已经成为河洛先民的主要食物来源。

到河洛龙山文化时期,已由耜耕农业阶段进入犁耕农业阶段,出土的生产工具有石质的斧、锄、锛、刀、犁、磨盘、磨棒、杵石等,还出土了蚌质、骨质的镰、刀等工具,还发现了少量酒器爵、杯等,说明当时粮食充裕得可以用其中一部分进行酿酒。水井的发现,也能说明当时的农业和手工业也发展到较高的阶段。[①]

河洛地区的历史进入到夏、商、周时期,由先前时代确立的由种植粟和黍为主的农作物种植结构,逐步转变为包括稻、麦、大豆等在内的多品种的农作物结构,并逐渐向周围扩展,最终形成中原大地的农业结构体系,保持至今。农业经济的发展,又促进了手工业的发展,并相应地促进了天文、历法、水利、算术、文字和其他人文符号的空前进步。特别是为适应农业经济的发展和小农社会的调解社会关系和治理的需要,以儒、道、法、墨、名等为主要代表的社会伦理观、世界观相继诞生并通过"百家争鸣",最终使儒、道、法、墨以及后世的禅宗佛学的主导

---

① 张玉芳、乔德位:《河洛农业:华夏文明之源》陈义初主编:《河洛文化与殷商文明》,河南人民出版社 2007 年 10 版,第 363—364 页。

观念融为一体,形成极具中国特色的传统核心价值观和传统的中华文化总体,这一传统中华文化总体中的优秀内容,至今仍值得我们认真地发掘、研究、继承和弘扬。除了以上由农耕文明衍生的"软实力"之外,农耕文明催生的制度文明,特别是兴起和发达于河洛地区的上古三代王国文明所集中体现的河洛先民朴素的原始治国经世的政治理念及社会治理经验,都值得我们今人认真地加以发掘、研究,用以丰富当代治国理政和经世致用的政治和社会智慧及相应的政治、社会治理的技术与技巧。

第二节　河洛文化中的王国文明是催生中华法的制度基础

一、河洛地区上古王国文明中孕育了丰富的制度文明

按照马克思主义的国家学说和法学理论,法律与国家密不可分,法律被视为统治阶级手中镇压敌对阶级的主要工具和武器之一,但马克思主义法学理论内容极其丰富,在当代中国,法律更多地被用做治国的战略方针和实现国家和社会长远目标的主要工具之一。后世的这种法律和法治思想,早在上古时期的河洛文化中就被我们的先祖原始朴素的治国理念所发现和接纳。在上古河洛地区兴起和发展起来的夏、商、周三代王国文明中,基于原始治国理政的需要,河洛先民就乘立国之势,自然地同时也是刻意地催生、强化了法的观念和法律制度,并巧妙地利用法的技术与技巧配合以德治国的原始治国方略,恰当地处理了德治与法治的关系,做到了治国"德与法双""德主刑辅""明德慎罚",有力地维护了新生的王国政权的统治地位,使夏、商、周三代王国均立国"各百千岁",实现了上古时期王政政治少见的长治久安。

史称的"三代",具体是指在中国历史上具有重要地位和影响的夏、商、周三个朝代。三代的王国不仅有典籍的明确记载,自20世纪以来特别是近几十年以来的考古发掘中发现的大规模王城的遗址及其史迹,都确凿无误地证实上古三代王国的存在,包括没有文字记载的夏王朝的确实存在。更为重要的是,自上古传说到司马迁《史记·封禅书》中关于"昔三代之居,皆在河洛之间"的记载,再到如今的考古发现,都明确无误地表明三代王国均建国在河洛地区。河洛文化的重要地位和史学价值,因是三代王国文明的发祥地而得到彰显。

　　当前的史学界、文化学界包括河洛文化研究领域的一些学者,在研究三代王国文明时,多从夏、商、周三朝的"王都"遗址的发现、考古发掘所发现的大量三代实物遗存等方面进行详尽的介绍和综合分析,以证实三代王国文明确实存在以及三代在中国历史上的重要地位和影响,这种"实证性"研究在古代史研究的初始阶段,确实重要而且必不可少。但在今天,大量的古籍记载佐之以考古发现的实证,应该说,三代的有无问题确切地说只是有夏代传说而没有夏代的文字记录的历史悬疑问题,已经解决了,在三代的断代工程之后,专家们甚至能确定出三代各自起始和消亡的准确时代。在这种情况下,如果再一味地用考古发现的三代王城以及实物论证三代的确实立国史实,未免有些滞后于人们对三代王国文化深入研究的期待。尽管在学术界,目前仍有个别学者对此另有新解,例如前面介绍的郭静云教授在其专著《夏商周:从神话到史实》中认为,位于湖北武汉附近的盘龙城或许就是商汤克夏后建造的都城。在山东最近举行的"王懿荣甲骨学国际学术研讨会"上,郭静云、郭立新再次论证盘龙城遗址文明形成年代应早于一般所认为的公元前 15 世纪左右,其意是说,盘龙城作为中央王国王都的"史实"早于二里岗,即二里头文化时期发现的夏王朝的都城。这一看法也被与会的专家所批驳。① 从史学的立场上看,专家们对于殷商王朝的王城遗址进行探讨,"新论"的推动和"定论"的维护,对于发行真正的"史实"乃至中华古史的研究,都是极有意义的大事。不过,这不是本研究所关注的。我们所关注的,就是上古时代,包括传说中时代所有"建国"所必须的"立制"问题,因为只有这个问题才是上古法律催生的国家制度的基础。但我们仍需偏重三代古国文明,因为有文字追述和记录,更适合此类研究。单就古来的建国的历史来说,现今的考古发现在与河洛文化的各个时期,包括更古远的时期相对应的同时期,从西方的古蜀国、巴国到南方的古越国以至北方的古渤海国等等,不仅都已被证实为中华各地古国,而且还各自都有自己盛极一时的灿烂文化。只是由于缺乏相应的记载史料,我辈后人不得其详,故不能堂而皇之地对其作为古国的政制加以研究而已。而对于河洛地区的古国,特别是三代的王国政制,由于大量存世的文史资料

① 详见记者张清俐的报道:《盘龙城建城时间仍难有定论》,载《中国社会科学报》2014 年 8 月 20日,A02 版。

以及出土文献及文物的日渐丰富,得以供我们进行较为详尽的研究。

当原始的氏族社会,经过漫长的部落结合以部落联盟形成国家雏形的阶段之后,随着社会阶级的分化以及矛盾和冲突的加剧,所有阶级社会都或早或迟地要进入建立国家的阶段。这种社会规律发展的必然状态的出现,是有其深刻的内在根源的。简单说来,就是社会发展到这样一个阶段之后,对内需要镇压反叛和敌对势力的同时,也要实现对国家的有效治理和对社会的调控,否则社会就永不得安宁,国家也不可能安定;对外则要抵御外敌的入侵或自己用兵去扩展疆土,掠夺自然资源和劳动力。要做到这一切,没有一个凌驾于社会所有阶级、势力和成员之上的公共权力是不可能做到的。而公共权力的设置和运行又必须依赖于某些人为的制度。于是,古代王国文明中的制度文明就成为推动社会文明进步和国家机器进一步完善的推进器,法律文明及相应的法律制度及形制由此就相应地诞生了。河洛地区的社会发展是最早进入王国文明的地区之一,从传说时代起,王国政制就伴随"三皇五帝"的传说而予以建立,及至三代文明古国时期,王国政制已经发展到当时所能达到的最高级形态。中华法从中发源、发展、成型定制,也就是顺理成章的事了。

古代的政治观念及制度建设远不如当代,但中国先民对王国政治及相关制度的关注度,一点也不逊于当代人。今人耳熟能详的政治、政治制度或简称的政制,在中国古代一般简称为"政事"。"政事"之丰有书为证。《尚书》的内容基本上都与"政事"有关,如有人称其为是一部古代的"政事文献",大致不谬。古人亦有此论,荀子在《荀子·劝学篇》中说:"故《书》者,政事之纪也。"①司马迁在《史记·太史公自序》中也称:"《书》记先王之事,故长于政。"②如前所述,有论者将其视为如今日之"政治文献",似乎并无不可。国家本质上就是在特定社会经济基础之上建立的政治机器,是政治斗争、政治妥协的产物。政治斗争有时很激烈,甚至斗到你死我活的程度,但都是在国家这个大政治舞台上进行的,总是离不开国家,政治斗争和妥协的最高宗旨和归宿,就是为了维护或争夺国家的政治权力。但政治斗争或妥协并不是在毫无秩序的混乱状态下进行的,国家这

———————

① 王威威译注:《荀子·劝学篇》,上海三联书店 2014 年 1 月版,第 10 页。
② 司马迁撰:《史记·太史公自序》,中州古籍出版社 1996 年 10 月版,第 916 页。

个大政治舞台就必须预先设定和安排好角色,制定斗争和妥协的规则。

　　从上述粗疏的分析可以看出,上古时代的古国,从最初的部落联盟、酋邦国、诸侯国到中央统一王朝,首先就确定了古国中最重要的三大因素或角色,即国君、臣僚和民众。三个因素或角色中的每一个都势必要以相应的制度为依托和载体;同理,三个因素或角色的相互关系也必然要求有特定的关联机制和运转模式,这些机制和模式同样需要特定的制度作为依托和载体。总而言之,这些制度到头来都会演化成为法律制度,特别是国家的主权制度、官僚制度,即今日之国家法和行政法律制度,以及古之治民即今日之社会治理制度。法律制度从国家制度中诞生和源起,特别是严谨意义上的国家法律制度从国家制度中酝酿和产生,是势所使然、势所必然的结果。

二、河洛地区王国文明中的王制孕育了国家主权法律制度和礼法制度

　　国君最初由家庭的家长、宗族的族长、氏族的酋长、部落联盟的首领递次衍化而来,这是由政治的统一、权威的本质而决定的国家必备建构,诚所谓“国不可一日无君”是也。在上古时代特别是在夏、商、周三代,国君称为“王”或“后”,是世俗国家的最高长官或今日之称的“最高统治者”。为了强化“王”或“后”的至高无上的地位,往往借“天命”、“天帝”的名义以增加其神圣性。不过,在中国的上古时代除了对天神的崇拜和信仰之外,还同时崇拜、信仰先祖以及更先前时代的“圣王”。在上古人文始祖的传说中,先民巧妙地将先王和先祖融为一体。据《史记·五帝本纪》记载,自黄帝起始颛顼、帝喾、尧、舜,五帝皆出于同姓、同宗,一脉相承。传至夏禹,依然是“禹者,黄帝之玄孙而帝颛顼之孙也。”[①]在上古时代,就这样将天帝、先王、先祖紧密地结合在一起,创造了中国古代特有的“圣王”神话和传说,由此奠定了中华传统政治文明的一个基本价值体系,一直流传数千年而至于今。《尚书·舜典》记载舜即帝位之事,就把对天帝、先祖、天地四时、山川和群神、具有象征意义的圭玉都糅合在一起,以增强舜帝位的神圣性、合法性和权威性。其记载如下:“正月上日,受终于文祖。在璇玑玉衡,以齐七政。肆类于上帝,禋于六宗,望于山川,遍于群神。辑五瑞。既月乃日,觐四岳群牧,

---

①　司马迁撰:《史记·五帝本纪》,中州古籍出版社 1996 年 10 月版,第 6 页。

班瑞于群后。"①

还值得进一步分析的是,通过"类"这种特殊的祭天仪式向天帝报告即帝位之事,固然可以增强帝位的神圣性和合法性,但仅仅是对天帝"告而知之",对于强化帝位的至高无上的神圣性,显然还不够给力。强化帝位神圣性和权威性,显然还需要神权政治哲学有进一步的作为。上古政治哲学适应了这种需要,适时地增加了"天罚"和"天德"的实质性内容。这在禹接班即舜帝禅让的帝位后,不失时机地增益了这方面的内容,《尚书·虞夏书》又记载,禹召集诸侯之君誓师征伐三苗时说,三苗由于种种恶行,最终招致"天降之咎",而辅佐禹的功臣劝其罢兵修德,以教化三苗时,说:"惟德动天,无远弗届。"②

在《尚书·皋陶谟》中,通过皋陶之口,进一步强化了"天命"观,并相应地增加了天功人代、天人感应的内容。他说:"无教逸欲,有邦兢兢业业,一日二日万几。无旷庶官,天工,人其代之。天叙有典,勅我五典五惇哉! 天秩有礼,自我五礼有庸哉! 同寅协恭和衷哉! 天命有德,五服五章哉! 天讨有罪,五刑五用哉! 政事懋哉懋哉!""天聪明,自我民聪明,天明畏,自我民明威。达于上下,敬哉有土!。"③其中将"天功""天叙""天秩""天命""天讨""天聪明""天明畏"等都与禹王在"政事"上应勤勉、努力联系起来,意指王的作为实际上是在做"天命"所让他做的事,而其所致力于实现的最高目标,不过是由人即"王人"代替老天做的事。如此一来,作为王不仅具有神圣的帝位,他的使命其实也是代天行事而已。王权与天命由此融为一体,王的至高无上地位和神圣性也因此得以彰显。

在《尚书·益稷》中,记述禹作为辅臣时对舜帝说:"俟志以昭受上帝,天其申命用休。"④意思是说,王用人要等待有德的人明白地接受上帝的命令,那么,老天就会再三地赞美你。这一表述,进一步强化了天与王之间的联系。看,天与王并非遥不可及,就像一个慈爱、充满爱心的长辈助你治理国家和天下,不是么,

---

① 江灏、钱宗武译注,周秉钧审校:《今古文尚书全译·虞夏书》,贵州人民出版社 1990 年 2 月版,第 24 页。

② 江灏、钱宗武译注,周秉钧审校:《今古文尚书全译·虞夏书》,贵州人民出版社 1990 年 2 月版,第 48 页。

③ 江灏、钱宗武译注,周秉钧审校:《今古文尚书全译·虞夏书》,贵州人民出版社 1990 年 2 月版,第 54 页。

④ 江灏、钱宗武译注,周秉钧审校:《今古文尚书全译·虞夏书》,贵州人民出版社 1990 年 2 月版,第 59 页。

老天会将有德之人送与你任用为辅臣,而你接受了天的馈赠,老天自会高兴因而反复地赞美你。

当禹传位于子启以后,夏的同姓诸侯有扈氏不服,启举兵讨伐,启在战前誓师的言辞,史官记述下来,定名《甘誓》。其中王说:"嗟!六事之人,予誓告汝:有扈氏威侮五行,怠弃三正,天用剿绝其命。今予惟恭行天之罚。"①其中的"天用剿绝其命"和"行天之罚"的"天罚"观在《尚书》中首次出现。当然,在《尚书》中的《洪范》一节,对鲧治水失败曾出现过"帝乃震怒,不畀洪范九畴,彝伦攸斁。鲧则殛死,……"②此事也可视为上帝对人间犯错之人的惩罚。事虽发生在启的祖辈,但《尚书》的记载却在千年之后。话说回来,"天罚"与《益稷》中提到的"天赞"、"天赏"相互结合,"赏""罚"相配,不仅突出了王权的神圣性,而且更进一步丰富了王的权能和治国手段。在后续的几千年的王权统治的整个时期,王、君主、皇帝、天子等王权执掌者惯用"功赏罪罚"、"恩威并施"的统治手段,成为王权政治的一大特色和长久传统。究其元始,可追溯于禹开启的夏朝最初时期。王权的神圣性和至高无上性,从此被确立和被延续下来直至晚近至清末。

王的地位确立并使之具备足够的合法性和神圣性之后,政治哲学的逻辑的发展则要求赋予王权相应的权能。王或后作为国家的最高统治者,应当被赋予哪些权能,哪些该做,哪些不该做,作为支撑王权合法性和神圣性的"天"、"天帝"是不会给出具体答案的,这要由"天子"自己,实际上是由上古政治哲学给出答案。换句话说,政治施为的目标是以实现"天功"为最高宗旨,但施政的大政方针及相应的作为,则放权给"天子"及其辅臣去选择。治国实难,经世不易,先哲们念兹在兹,不断地探索,由粗到细,由简入繁,逐步探索和总结出一套治国理政的一整套有关"政事"的政治哲学,成为中国王权政治的一项重要组成部分,日积月累,最终形成中国王权的一大特色,建构了传统王权政治的强大、稳固的价值体系。

开国之初,王国新立便并不意味着"政事"自然简单。《史记》记载,轩辕被

---

① 江灏、钱宗武译注,周秉钧审校:《今古文尚书全译·虞夏书》,贵州人民出版社 1990 年 2 月版,第 93 页。

② 江灏、钱宗武译注,周秉钧审校:《今古文尚书全译·周书》,贵州人民出版社 1990 年 2 月版,第 233 页。

尊为"天子",成为"黄帝"后,所做之事主要有以下几项:

第一,巩固王权。包括用兵征伐"不顺者";向四方巡视,可视为初置疆界,安抚诸侯、黎民,协和万方;建置王权象征,如"获宝鼎"。第二,任命官员。"官名皆以云命,为云师。置左右大监,监于万国";还"举风后、力牧、常先、大鸿以治民"。第三,进行经济和基础设施建设。其中包括:"披山通道";"时播百谷草木,淳化鸟兽虫蛾,旁罗日月星辰水波土石金玉"。但不过度开发自然资源,做到了"节用水火材物"。第四,进行精神文明建设。包括"封禅";"顺天地之纪,幽明之占,死生之说,存亡之难"。第五,以身作则,勤勉治国。"未尝宁居";"劳勤心力耳目"。第六,加强国防和军事建设。"以兵师为营卫"。从以上记述看来,中国人文始祖在开国之初所从事的"政事",大概与今日之国家竟相差无几,只是有些内容和精细程度的不同而已。①

至五帝之中的帝喾时,《史记》记他:"取地址财而节用之,抚教万民而利诲之,历日月而迎送之,明鬼神而敬事之。"②虽无细节,但其"政事"可知大略。

《史记》记尧帝的"政事"是"能明驯德,以亲九族。九族既睦,便章百姓。百姓昭明,合和万国"。③ 这可视为统一和巩固政权,团结、和睦天下。除此之外,尧帝还把大量的精力用于任命官员和考察接班人方面。对舜的考察和重用颇下了些工夫。

《史记》记舜帝的"政事"主要是摄政时期的作为:"舜乃在璇玑玉衡,以齐七政。肆类于上帝,禋于六宗,望于山川,遍于群神。辑五瑞。既月乃日,觐四岳群牧,班瑞于群后。岁二月,东巡狩,至于岱宗,柴;望秩于山川;遂见东方君长,合时月正日,同律度量衡,修五礼、五玉、三帛、二生、一死为挚,如五器,卒乃复。五月,南巡狩;八月,西巡狩;十一月,北巡狩,;皆如初。归,至于祖祢庙,用特牛礼。五岁一巡狩,群后四朝,遍告以言,明试以功,车服以庸。肇十有二州,决川。象以典刑,流宥五刑,鞭作官刑,扑作教刑,金作赎刑。眚灾过,赦;怙终贼,刑。钦哉,钦哉,惟刑之静哉!"④值得注意的是,第一次提到"七政"。虽不明其祥,但意

---

①　司马迁撰:《史记·五帝本纪第一》,中州古籍出版社 1996 年 10 月版,第 1 页。
②　司马迁撰:《史记·五帝本纪第一》,中州古籍出版社 1996 年 10 月版,第 2 页。
③　司马迁撰:《史记·五帝本纪第一》,中州古籍出版社 1996 年 10 月版,第 2 页。
④　司马迁撰:《史记·五帝本纪第一》,中州古籍出版社 1996 年 10 月版,第 2 页。

义重大。在黄帝立国之后,至少一百年间经几代帝王的修政,终于在舜帝时"七政"以齐,即"政事"的系统化、规范化,再不是先前几帝期间修政似"摸着石头过河"的探索行为。除此之外,刑法及刑罚的出现,也表明舜帝时治国有着里程碑式的进步,不再像先前那种"以兵代刑","以讨代罚"的初始粗犷的惩罚状态。"象以典刑"及其施刑原则的确立,可视为国家法制已经成为治国的重要工具和手段,从而开启了中华法最初的活水源头。

自大禹立夏,经殷商再到周代,对王的"政事"的记载从《尚书·周书·洪范》的记载可观全貌。关于《洪范》的"大法"意义及其在上古文明起源中的地位,我们还将在后面做详尽的分析。这里只重申一点,就是其中明文记载的"八政"的内容,即"一曰食,二曰货,三曰祀,四曰司空,五曰司徒,六曰司寇,七曰宾,八曰师。"①较之舜帝时的"七政",不仅增加了一"政",而且分门别类地列举出来。这表明在周朝立国之初,王权的修政行为有了明显的精确化、系统化和规范化的发展。

综合以上论述,在河洛地区的王国文明中所蕴含的王权合法性、神圣性以及王治国理政中丰富的"政事"内容,不仅开启了中华文明中传统的王政文明以及相应的政治思想和政治哲学,而且还孕育了中华法传统的主权法律制度和古代的法律制度,特别是其中的古代宪法制度和行政法制度。不同于中国法史界关于中华法起源于夏代甚至更后来的春秋时代的主流认识,我们认为,中华法的最初源头应发端于河洛地区上古的王国文明时期。

三、河洛地区上古王国文明孕育了中华法传统的官制即今日之国家组织法和行政法律制度

河洛地区上古王国文明中蕴含了丰富的"官制"或"王制"思想与制度。《史记》和《尚书》等典籍对此记载颇详。

前已引述,《史记》记载黄帝"得其志",即登王位之后,遂设立官职,"官名皆以云命,为云师",这是内设的中央行政主官,此外,还设立管地方的官员:"置左

---

① 江灏、钱宗武译注,周秉钧审校:《今古文尚书全译·周书》,贵州人民出版社 1990 年 2 月版,第236 页。

右大监,监于万国";还设立行政管理类官员:"举风后、力牧、常先、大鸿以治民"。

尧帝时已有百官之设,要者有:"乃命羲、和,敬顺昊天,数法日月星辰,敬授民时。分命羲仲,居郁夷,曰旸谷,敬道日出,便程东作日中,星鸟,以殷中春,其民析,鸟兽字微。申命羲叔,居南交,便程南为,敬致。日永,星火,以正中夏,其民因,鸟兽希革。申命和仲,居西土,曰昧谷,敬道日入,便程西成,夜中,星虚,以正中秋,其民夷易,鸟兽毛毨。申命和叔,居北方,曰幽都,便在伏物,日短,星昂,以正中冬,其民懊,鸟兽氄毛。岁三百六十六日,以闰月正四时。信饬百官,众功皆兴。"①值得注意的是,其中"信饬百官,众功皆兴",除了任用的官员数量较大之外,还含有对"百官"的有效监督、管理之类,之所以有"众功皆兴"这样的良好政绩,是尧帝以诚恳的态度予以告诫、劝勉的结果。还特别值得关注的是,尧帝还任命名为"四岳"的官员,按理"四岳"是掌管四方的诸侯之长,但《史记》记他们曾被尧帝咨询过谁可接班之事,可见他们虽为地方长官,或许常在中央办公,不然,尧帝怎能如此方便地向他们咨询接班人的意见? 除此之外,他们的地位似乎也较百官更高,所以尧帝才向他们征询帝位继承这样的关乎国家命运的大事,《史记》中的这些记载,泰半源于《尚书·虞夏书》的记载,后者对此记载更为详尽些。

至舜帝时,《尚书·舜典》记载已有"百揆"之设,尧帝在经过长期的考察之后,认为舜可以接班即帝位,但更须履职历练,于是任命他为"百揆",总理一切政务,其职位类似后世的政府总理,为行政之最高首长。《史记》还记载舜继帝位后,尧帝的旧臣禹、皋陶、契、后稷、伯夷、夔、龙、倕、益、彭祖等"皆举用",但鉴于尧帝对他们"未有分职"的状况,在征求四岳的意见后,便将政务分门别类设立官职,然后任命上述旧臣各任相应的职务,其中的司空、司徒等官职在后世沿用了几千年,更值得关注的是,当时还专门设立"士"的官职,专掌司法之责。除以上之外,舜帝还建立了地方巡视和考察地方长官的制度。《尚书》记载说:"五载一巡守,群后四朝。敷奏以言,明试以功,车服以庸。"②用现在的话说,就是硬

---

① 司马迁撰:《史记·五帝本纪第一》,中州古籍出版社1996年10月版,第2页。
② 江灏、钱宗武译注,周秉钧审校:《今古文尚书全译·周书》,贵州人民出版社1990年2月版,第25页。

性规定每五年都要到地方巡视一次,四方诸侯之长,即地方最高首长都要来朝见,并陈述各自的政绩,光自己报告还不行,舜帝还要亲自实地考察其政绩是否属实,只有证实之后,才赐以车马衣服等作为奖赏。舜帝在遥不可知的古远时代,就建立了亲自下地方考察,听取地方首长的汇报,实际验证以防造假、作伪、虚夸等不实情事的发生,对确有政绩的官员予以适当的物质奖励的一套完备的"巡视制度"。"巡视制度"的建立在世界政治史和官制上都是一个创举,意义非凡,当之无愧地应当视为中华传统文化和政治制度史上一大特色,其制的深厚政治功效和影响力,影响了中国政治制度史几千年。在后世实行的帝王和大官的"微服私访"、八府巡按、钦差大臣等正式、非正式的"巡视制度",都可视为是舜帝建立的"巡视制度"的继承和沿用。更有意义的是,现今中央领导到地方视察、指导工作以及近几年中央正式建立和实行的"巡视员"、"巡视组"制度,我们都不难从古老的政治传统和优秀的政治文化中找到现今"巡视制度"建立的合理性和必要性。

至禹时,《史记》记载:"帝禹立而举皋陶荐之,且授政焉,而皋陶卒。封皋陶之后于英,六,或在许。而后举益,任之政。"①舜帝旧臣皋陶和益先后任政务主官,总揽朝中政务。在《尚书·大禹谟》中,在舜帝与禹谈话中,禹把政绩归于用皋陶做"士"的舜帝,而舜帝也赞扬皋陶善用刑罚,帮助他治理政事的功劳。更难能可贵的是,在《尚书·皋陶谟》中,还假皋陶之口,在古典籍中明确提出了帝王用人应掌握的贤德原则,百官相互学习、效法相互关系处理原则,忠于职守、向善的行政原则,忠于、顺从君王的原则。"九德咸事,俊乂在官。百僚师师,百工惟时,抚于五辰,庶绩其凝。"②在《尚书·益稷》中,通过舜帝与禹君臣对话,进一步申明了君臣相互关系应遵守的准则,主要是君王要用正直的人为官,任命之后要谨慎地对待他们,顾虑到他们的安危,奖赏取得政绩的官员,还要教育他们敢于提出意见,纠正君王的不当行为;而臣子也要明察做臣子的道理,要光明磊落,不能当面顺从,背后又去议论;臣与臣之间要和睦,不能中伤别人,上级官员要采纳下级官员的意见,好的就称赞宣扬,正确的就进献君王以便采用。如果官员不

---

① 司马迁撰:《史记·夏本纪第二》,中州古籍出版社 1996 年 10 月版,第 9 页。
② 江灏、钱宗武译注,周秉钧审校:《今古文尚书全译·虞夏书》,贵州人民出版社 1990 年 2 月版,第 52 页。

听教诲,不按上述要求去做,就用射侯之礼教训他们,用棍棒鞭打警戒他们,并将他们的罪过记录在案,让他们改过上进! 在《尚书·益稷》的后两节,还有声有色地描述君臣载歌载舞,相互对歌以资勉励的和洽景象,其乐融融。皋陶还念念不忘地提醒:"率作兴事,慎乃宪。"①让人感动。

在夏代立国之后,夏启的儿子太康就因无道失去了帝位,而有些臣子也开始腐化、堕落。不仅前代的明君、圣王不再,而且前代的恪尽职守的臣子有的也开始变质。在《尚书·益稷》中描述的君臣相协、臣与臣和睦的融洽局面也丧失殆尽,上古历史第一次印证了中国古代王朝的"黄金定律",即开国之初君臣抱持雄心大略,勤勉治国理政,以达到开太平盛世的社会理想,然而,在或早或迟的三五代君临天下之后,新君便贪图逸乐,而臣子们除少数外,也开始腐化,于是政事开始颓废,国势渐失以及最终走向丧权亡国的结局,也有些"明君"和重臣试图力挽狂澜,做出种种努力,以图"中兴"或"末兴"。其中不乏成功者,但也有以失败而告终。《尚书·胤征》就记述了夏的第四代王仲康所做的一次努力。仲康(《史记》记中康——笔者按)即位后,原由尧帝任用的掌管根据日月星辰运行情况而厘定历法的羲氏与和氏,已不再忠于职守,在自己的领地纵酒淫乐,不履行自己的职责,以致没有预报日蚀的发生,致使天象混乱,官民受到惊扰。按照先王的政典规定:历法所定比天时出现得早,应当杀头不能赦免;比天时出现得晚,也应当杀头不能赦免。于是,仲康命令胤侯率领将士去征讨羲氏与和氏,胤侯出征之前还郑重地聚众誓师,发布庄严誓词,史官记为《胤征》。对《胤征》可从多种角度进行分析,我们在后面的"刑起于兵"部分还要提及。这里只想说明,上古王权对官吏的管理是极为重视的,不仅有考核、擢升、奖赏、劝勉,也有对他们不当和失职行为的惩罚,对少数严重变质,影响社稷安危的腐败官员,甚至以武力讨伐,定杀无赦,不仅明定于政典之中,而且还付诸行动。这种宽严相济的治吏手段一直为后代的王朝所沿袭,至今也有现实的借鉴和启迪意义。

到了殷商时代,《史记》《尚书》等典籍中记载的官制不多,但有两个明显的特点值得关注。

---

① 江灏、钱宗武译注,周秉钧审校:《今古文尚书全译·虞夏书》,贵州人民出版社 1990 年 2 月版,第 67 页。

第一，成汤用人不论阶级出身，唯贤德和才能而用。《尚书·商书·汤誓》中，成汤之所以以伐桀成功取得天下，全赖名为挚的大臣辅佐有力。挚的官职名"伊尹"，大致相当于后世的丞相之类的官职，他本人出身卑微，只是一个汤妻陪嫁的奴隶，不久，离开商汤跑到了夏桀处求发展。后来，他厌恶夏桀的暴虐，又回到商汤处。商汤非但没有责罚他，反而委以重任，任"伊尹"。挚不负汤望，助其伐桀成功。商朝建立后，挚又训导嗣王太甲改邪归正，安定了新建的王朝。一个奴隶出身的人始得重任，终成大业。

其实，在商的官职中，有一类称为"臣"的职官，都是奴隶出身。因为奴隶贴身服侍王，其中有些能力的又对王忠诚的，便会受到王的宠信，上升为奴隶头目，受到重用，如伊尹最终被王任用为"相"。商王盘庚第五次迁都于殷，"震动万民"，官民反对声一片。盘庚或许向宠信的内臣求助，两次提到用"旧人"即宠信的内臣以联络感情，望得到理解和支持。"古我先生，亦惟图任旧人共政"；①又借贤人迟任的话说："人惟求旧，曰非求旧，惟新。"②看来，任用贴身服侍的奴隶为内臣，委以重任，是商朝用人为官的一个传统。其中的用人之道对于商朝乃至后世的吏制都具有重大的启迪价值，值得关注和研究。

第二，殷商的大臣对于王的决定如有不同意者，可以公开表示不满和反对。在王权神圣、一统的政治局面下，在中国历朝历代虽不乏敢于"死谏"的谏官和大臣，但绝对只是少数，绝大多数的官吏都慑于王权的威严，都选择了唯唯诺诺的无原则服从的为吏之道。在殷商时代，臣民对王的重大决策公开表示不满和反对的，可不是少数，而是大多数。这在盘庚王做出迁都居殷之后，表现得尤为突出。《尚书·盘庚上、中、下》三篇对此有详细的记述。在《盘庚上》篇中，由于"民不适有居"③和"小人之攸箴"④，无奈之下，盘庚只好"率吁众慼出。"即召集亲近的贵戚大臣，请他们发表意见，而有的大臣则直言不讳："于今王邦！今不

---

① 江灏、钱宗武译注，周秉钧审校：《今古文尚书全译·虞夏书》，贵州人民出版社1990年2月版，第158页。
② 江灏、钱宗武译注，周秉钧审校：《今古文尚书全译·虞夏书》，贵州人民出版社1990年2月版，第161页。
③ 江灏、钱宗武译注，周秉钧审校：《今古文尚书全译·虞夏书》，贵州人民出版社1990年2月版，第156页。
④ 江灏、钱宗武译注，周秉钧审校：《今古文尚书全译·虞夏书》，贵州人民出版社1990年2月版，第156页。

承于古,罔知天之断命,矧曰其克从先王之烈?"①盘庚无奈,只好力陈迁都的好处,又威逼恐吓,以为此举可以息事宁人。然而,尽管他做到了"今予其敷心腹肾肠,历告尔百姓于朕志"②,并声言"罔罪尔众,尔无共怒,胁比谗言予一人"③。其意是说,我与你们臣民推心置腹地交心,表明我的志向,也不惩罚你们中任何一个人,就是希望你们不要一齐发怒,共同起来攻击我一个人。

盘庚王在迁都于殷过程中的所做所为,无论出于什么原因,譬如王权不足够强大,百官正直敢谏,民众人多势大,或其他的原因,在王、臣、民之间还存在一丝原始朴素的民主气息。无论是王放下身段,开诚布公地向臣民讲清迁都的道理,还是百官敢提反对意见,还在行动上不配合,以及民众的犯怒与"谗言于王",都表明国家大事,人人都可关心,个个都能参与,有不同意见,相互沟通,做思想工作。这种通过讨论发表不同意见,然后取得共识,齐心协力做好国家中的大事的做法,即使在今天,也可视为一种民主协商的精神。我们说河洛地区的上古传统文化中,不乏一些优秀的元素,包括"原始的民主协商",这决不是妄言,盘庚迁殷的史迹,可以说就是其中突出的一例。

在周朝时代,官制进一步发达、完善。周朝的官制的详尽建制,史学界已作了详尽的研究。④ 限于主题和篇幅,这里不重作论列,只就《史记》《尚书》《春秋左传》等古籍的记载,就其主要特点作一简略的梳理。这种梳理不仅具有史学分析的意义,更重要的是揭示其中蕴含的法律起源的内在机理。

周代的官制是适合政情,刻意谋划而建构的。《史记·鲁周公世家》记载:"成王在丰,天下已安,周之官政未次序,于是周公作《周官》,官别其宜。作《立政》,以便百姓。百姓说。"⑤《尚书·周书》中专设《立政》和《周官》两篇,详细介绍了周公如何根据政情的变化对周代的官制精心作出的谋划。就当时的政情而

---

① 江灏、钱宗武译注,周秉钧审校:《今古文尚书全译·虞夏书》,贵州人民出版社 1990 年 2 月版,第 156 页。
② 江灏、钱宗武译注,周秉钧审校:《今古文尚书全译·虞夏书》,贵州人民出版社 1990 年 2 月版,第 170 页。
③ 江灏、钱宗武译注,周秉钧审校:《今古文尚书全译·虞夏书》,贵州人民出版社 1990 年 2 月版,第 170 页。
④ 笔者认为,由白钢主编的《中国政治制度通史》中由王守信、杨开南著的第二卷,先秦部分较为详尽,其中将典籍的记载和出土的青铜器铭文紧密结合,相互印证,是其最大的特色。详尽的内容请参阅该书,人民出版社 1996 年 12 月版,第二卷第四章第三、四、五节。——笔者注
⑤ 司马迁撰:《史记·鲁周公世家第三》,中州古籍出版社 1996 年 10 月版,第 452 页。

言,在武王死后,成王还在襁褓之中就继承了王位,"周公乃践阼代成王摄行政当国。"①尽管周公掌国忠心耿耿,兢兢业业,还是引起管叔及其群弟不满,接着管叔、蔡叔和武庚等率淮夷之民起兵造反。周公奉王命亲率大军东征,历时二年,平定了叛乱,安服了天下诸侯;与此同时,召公奉命营造成周洛邑完工,成王东迁洛邑新都;而成王既长大能听政之后,周公又适时还政于成王,于是周王成王与重臣周公、召公各就各位,中央政权随之也安定下来。就是在这种政情下,周公敏锐地意识到,要将初定的周朝治理好,欲保周王朝长治久安,光靠成王和他们几位少数重臣的协力合作是不可能的,必须对混乱无序的官僚体制进行整顿,于是向成王建议进行官僚制度的整顿、改革和重建。这无疑是根据国情和官制混乱的特殊情况进行综合考察之后,适时地作出的重大决策。这一决策在主观上表现了以周公为代表的上古先哲们的政治智慧,在客观上也体现了治国理政的规律性要素。国家总归要由人来治理的,一个强大、稳固和建制完善又监督有力的官僚集团作为治国理政的行政力量,是任何有着良制抑或欲图善治的国家的必要乃至关键的元素。时至今日,即使在现代国家中,我们也不是一再反复强调在政策和大政确立以后,干部就是决定性因素,在干部队伍建设中,反腐败固然是关系到国家生死存亡的大事,但为干部或公务员队伍建章立制,严格管理也是必不可少的、重要的。上古河洛王国中的政治先哲有此"官政"必须予以"次序"的认识,是难能可贵的,比起同时代的古希腊先哲们如柏拉图、亚里士多德的"金人统治"和"贤人政治"来说,毫不逊色,甚至有过之无不及。

第二,以史为鉴,充分吸取夏、商两代吏治的正反两方面经验。我们今人常说:"以史为师"、"以史为鉴",就是要尊重历史的经验教训,注意向古人学习正确的观念和做法,避免重蹈古人失败的观念和做法。这话说起来容易,做起来很难。由于现实的人们受个人的、社会的价值观的影响,或被某种意识形态所左右,自觉不自觉地对历史上的事件、历史人物说过的话,做过的事的决定及对事件、人物所做的评价会不尽相同,甚至是截然相对,水火不容。这不难理解,从开放的学术自由的立场上看是很正常的事,完全可以通过平等的对话、讨论、交流的方式逐渐达至对历史事实的共识和对历史事件、人物的正确评价。然而,现实

---

①　司马迁撰:《史记·鲁周公世家第三》,中州古籍出版社 1996 年 10 月版,第 451 页。

中人们并不完全按照上述科学理性的态度对待历史问题,一些人只是简单地利用"历史虚无主义"作为"大棒",对一些本来可以进行学术讨论的历史事件、历史人物持不同意见的人进行挞伐;而另一些人则通过公开否定、歪曲某些历史上早已形成,并流传久远的观念、制度,以达到他们某种现实的目的。这在当前有关宪法和与宪法密切相关的民主政治的观念和制度,即宪政的讨论中,表现得尤为明显。一些人通过否定历史上民主政治的事实或强行对其分类、排队。为达到否定当代中国社会主义性质的宪法的目的,他们竟突兀地挑起一场令人匪夷所思的关于与宪法密切相关的民主政治即宪政的大讨论,严重干扰了宪法学正常的学术研究和讨论。这显然不是一种尊重历史、尊重历史经验的理性态度和科研做法。相比之下,我们认为以周公为代表的周代先哲们,对历史事件和历史人物的认定和评价要更理性、更符合科学精神。

周公认为,"休兹知恤,鲜哉",即在美好的时代就懂得谨慎的人,少之又少。但夏王就能做到"休兹知恤",他对他的大臣们就经常嘱咐他们要长久地尊重上帝的教诲,使他们知道诚实地遵循"九德"的准则,还告诫他的诸侯说,要善于考察你们任用的官员,一定要做到用人唯德,决不可只"谋面",即以貌取人。对商朝初期的成汤王用人,更是大加赞赏,说成汤用人只取贤能俊才。他选用官员的"严惟丕式",即敬念上帝定下的任官的"大法"。他还善于利用各级官员在都城和谐百姓,在天下四方,显扬他的圣德。这其中,周公提出的用人"准则"和"大法",虽假上帝的名义,但确实直指用人的正确之道,即用人为官切不可只以貌取人,唯贤能为用;也不是任用完了就放任不管,而是要经常考察他们,教育他们要为百姓办实事,不谋私利,只彰显圣德的主旋律。这种任官的思想和做法,即使在今天也不过时,更没有完全能够做到。君不见,各种现实官场的各种腐败现象的产生,究实说来,不就是既违背选拔官员的准则,又缺乏有效的监督和教育的结果吗?对于夏代和商代的各自末王夏桀和商纣不用上帝用人任官的准则和大法,而任用一些暴虐无道之人帮他们治理国家,最终受到上帝的惩罚而致亡国绝后的沉痛教训,周公也有明晰的见识,告诫成王要记住这样的前车之鉴,务必不可任用亲幸和失德之人为官。我们今人常说反腐败是关系到执政党和国家生死存亡的大事,就充分体现了干部在国家治国理政中的关键地位和至关重要的作用。周公早在上古周王国甫定的遥远年代,就提出过这种史鉴之道,令人感佩,其意义更可令今人有所启迪和警惕!

第三,周代的官制较前代更系统化,官位配备更科学,职责划分更明确。

夏代是中国王朝的始建朝代,继之殷商时代虽有夏代的基础王制和官制可以继承和借鉴,但殷代的立国基础十分薄弱,还没有完全摆脱初民社会的蛮荒状态,为寻找一处可以作为久居之地的王都所在,至盘庚一王便五次迁都,惹得臣民普遍不满,盘庚王不得不用大量精力和时间去做臣民的说服和动员的思想工作,最终还是用严厉的强行手段完全了迁都于殷的计划。商王迁都之难,从一个侧面反映出商代的官制总体上的不成熟、不给力的状态,大臣不仅不全力支持王的迁都计划和行动,还与百姓一起共同反对迁都。在这样的官制状态下,留给周朝可继承和借鉴的官制思想和体制并不多。为此,以周公为代表的统治集团下决心、花力气去建构自己本朝的更系统化、更科学化的官制和周官制度。周朝官制的系统化和科学化,主要表现在以下几个方面:

首先,在王的身边设立“三公”之职位,作为近臣和百官之首参与建国立业的重大决策。在武王时,就命太公望为“太师”,周公旦为“太傅”,召公为“太保”,简称“三公”。太师望在辅助武王灭纣的过程中,发挥了重大作用;太傅周公对西周王朝初期许多重大决策的制定,也是厥功至伟。武王死后,子成王继位,因尚在襁褓之中,由太傅周公摄政,太保召公辅助,共同辅佐成王,其间平定三监和武庚叛乱,营造新都洛邑,即后称的成周,直至成王长大成人,周公才返政于他。先是“三公”,后是实际上的“三公”对武、成、康三王的辅佐,对于周王朝的稳定和初期的繁荣起了至关重要的作用。这在《史记》和《尚书·周书》中多有记载,应是确凿的史实。

其次,周代官制分为“外服”和“内服”两大系列。《尚书·酒诰》记载:“越在外服,侯甸男卫邦伯,越在内服,百僚庶尹惟业惟服宗工越百姓里居,罔敢之湎于酒。”“内服”就是在从旧都宗周到新都成周之间及其周围的广大地区,都都归周王直接辖制的五畿地区内,以王权中央为核心权力体系内设立的各种官职,这是系统化最严密的一个庞大官僚集团。“外服”是指京畿以外的广大地区,称为“邦外”,邦外依据分封时宗亲的远近及大小,又分为侯、甸、男及采、卫两类,侯、甸、男设邦君,各诸侯内又设“百工”,即百官。

再次,按事设官,官设职分,体现王事的内外、主次、轻重之别。《尚书·立政》记述:"王左右常伯、常任、准人、缀衣、虎贲。"①此五类官职是内廷官,因伴王左右,应是王的亲近的大臣。前"三官"因"三事"而设。常伯是治民官,即牧或管理百姓的官职;常任是治事官,掌管王家的行政之事,如当今的政务官;准人为司法官,掌管狱讼之事,如今之法官;缀衣是掌管国王衣服的官;虎贲是守卫王宫的武官,起码是负责养马的官,小尹是趣马的属官。此外,还有王的近侍官员"左右携仆",以及负责财物、券典、府藏的"百司庶府",司、府都是官名,分掌水、土、内府、外府等事务性职责。

外服是在後、甸、男、采、卫之下依等级、层次分别由中央和邦君自己任命执掌各类政务和事务的官员,也是一个较为整齐划一的官僚系统。

最后周朝初期的官制因较前代的官制有许多创新之处,尚可认为是处于初始试制阶段,在经过一段时期的运行之后,又进行了一些调整,具体在《尚书·周书》一文中,文中所记的设官、分职以及居官大法,与今存《周礼》和《立政》有所不同。宋代理学大师朱熹认为,这种不同是因为周成王实行了新官制,但史家并非都认同这一看法,包括郑玄本《周官》均收在《立政》之前,《史记·周本纪》和《史记·鲁周公世家》的记载与郑本合。我们对此并没有研究过,不过,对于《周官》与《立政》的官制不同,我们倒认为可以视为是成王时代对官制进行改革的成果。上古之人虽拘泥于效法祖先和尊重传统,但绝不意味着他们墨守成规,抱残守缺。更何况周初正值国势上升时期,呈现"成康之治"绝非偶然,成王在周公、召公等其时代哲人的辅佐下,又对运行一段时期之后发现的不完善的官制进行局部的改革,完全是在情理中的事。关于《周官》所记官制与《立政》有所不同,还是让我们看看典籍自身的记载。

"今予小子,祗勤于德,夙夜不逮。仰惟前代时若,训迪厥官,立太师、太傅、太保,兹惟三公。论道经邦,燮理阴阳。官不必备,惟其人。少帅、少傅、少保,曰三孤。贰公弘化,寅亮天地,弼予一人。冢宰掌邦治,统百官,均四海。司徒掌邦教,敷五典,扰兆民。宗伯掌邦礼,治神人,和上下。司马掌邦政,统六师,平邦国。司寇掌邦禁,诘奸慝,刑暴乱。司空掌邦土,居四民,时地利。六卿分职,各

---

① 江灏、钱宗武译注,周秉钧审校:《今古文尚书全译·尚书·立政》,贵州人民出版社1990年2月版,第374页。

率其属,以倡九牧,阜成兆民。"①

在这段记载中,第一个关注点当是明定的"三公"之设,在《立政》中并没有明确的记载;第二点是关于"三孤"之设,即少师、少傅和少保,并明定"三孤"要协助"三公"弘扬道化,敬信天地,共同辅佐周王;第三点是明定了"司徒""宗伯""司马""司寇""司空"这六卿的官职。并明确规定了"六卿"各自的职守和责任。这"三公""三少""六卿"的官职无论是从职位的设置上,还是从职责的配置上,都体现了上古官制所能达到的系统化和科学化的最高水平。正是由于这官制的设置和配置达到这种系统化、科学化的高度,所以在以后几千年的中国政治制度史上特别是官制史上影响深远,后世的官制大体上都是以此为基础建制的,虽有变革,但大同小异。周初的官制设立及职责配置,即使在今日看来,还能彰显其系统性和科学性,足以体现河洛先民中的哲人们所具有的高超政治智慧。

《周官》在明定"内服"官位与职责的同时,也对"外服"的官制作了大体上的制度规定:

"六年,五服一朝。又六年,王乃时巡,考制度于四岳。诸侯各朝于方岳,大明黜陟。"②

"外服"的官员的管理虽不像"内服"官员那样经常、严格,但也不能放任不管,必要的述职和巡视制度还是要设的。无论是"五服"的诸侯每隔六年"朝觐"述职,还是每隔十二年天子"巡狩"天下,都要进行考核,根据政绩的大小进行提职和降级。这种"朝觐"会同制度的科学性更彰显其价值。时至今日,各地大员定期不定期地进京向中央述职,而中央各级领导定期不定期地下地方进行实地视察,依然是我们现代干部制度的重要一环。这种现代"会同"制度,包括述职和视察制度,对于加强对地方各级干部的联系和考查,乃至加强中央和地方关系的现代治理,都是不可或缺的和重要的。而这一制度竟由4000年前的河洛先民政治家们始创出来,惠及当代。不由得我们不感佩中国传统政治文明和官制文

① 江灏、钱宗武译注,周秉钧审校:《今古文尚书全译·尚书·立政》,贵州人民出版社1990年2月版,第385页。
② 江灏、钱宗武译注,周秉钧审校:《今古文尚书全译·尚书·立政》,贵州人民出版社1990年2月版,第385页。

化中,确实有着重大的积极因素,值得我们尊重和进行研究。

第四,周代的官制不仅创造了古人所能达到的系统化、科学化的形制高度,而且发展了寓意隽永,影响深厚的官制哲学。这在诸多的先秦典籍中都有体现,在《立政》和《周官》中更有突出的体现。在《立政》中,提出"休兹知恤",把官制建设提高到国家层面上的居安思危的高度;将"三宅"作为设官分职、考察官员的准则和大法;将以貌取人的"谋面"和任人唯亲的"宅人",背离道德准则视为官制的大忌,甚至提高到亡国灭种的危害高度;只选贤能善良之人担任官吏;要充分信任主管官员处理各自的政务,切不可以王权滥施干涉,更不可替代官员处理狱讼和各敕戒的事务。在《周官》中,更重申了设立官职的最高宗旨只是"庶政惟和,万国咸宁"①;"明王立政,不惟其官,惟其人"②,官不在多,贵在任用得人,"六卿分职,各率其属"③,职权分明,各负其责,"钦乃攸司,慎乃出令,令出惟行,弗惟反"④;认真负责各自的工作,发号施令要慎重,号令一出,务必执行,不允许违抗;"以公灭私,民其允怀"⑤,只用公心战胜私欲,即大公无私,百姓才会拥护;"学古入官"⑥,只有学习古代典籍,增长学识,才能进入仕途为官;"议事以制,政乃不迷"⑦,按规章制度议事、办事,政事就不会迷乱;"其尔典常作之师,无以利口乱厥官"⑧,师法旧典常法,不要凭借辩言干扰属下官员执行政事;"蓄疑败谋,怠忽荒政,不学墙面,莅事惟烦"⑨,谋定之事就不在狐疑,一面疏忽荒废政

---

① 江灏、钱宗武译注,周秉钧审校:《今古文尚书全译·虞夏书》,贵州人民出版社 1990 年 2 月版,第 385 页。
② 江灏、钱宗武译注,周秉钧审校:《今古文尚书全译·虞夏书》,贵州人民出版社 1990 年 2 月版,第 385 页。
③ 江灏、钱宗武译注,周秉钧审校:《今古文尚书全译·虞夏书》,贵州人民出版社 1990 年 2 月版,第 385 页。
④ 江灏、钱宗武译注,周秉钧审校:《今古文尚书全译·虞夏书》,贵州人民出版社 1990 年 2 月版,第 388 页。
⑤ 江灏、钱宗武译注,周秉钧审校:《今古文尚书全译·虞夏书》,贵州人民出版社 1990 年 2 月版,第 388 页。
⑥ 江灏、钱宗武译注,周秉钧审校:《今古文尚书全译·虞夏书》,贵州人民出版社 1990 年 2 月版,第 388 页。
⑦ 江灏、钱宗武译注,周秉钧审校:《今古文尚书全译·虞夏书》,贵州人民出版社 1990 年 2 月版,第 388 页。
⑧ 江灏、钱宗武译注,周秉钧审校:《今古文尚书全译·虞夏书》,贵州人民出版社 1990 年 2 月版,第 388 页。
⑨ 江灏、钱宗武译注,周秉钧审校:《今古文尚书全译·虞夏书》,贵州人民出版社 1990 年 2 月版,第 388 页。

事，为官要坚持学习，不断充实自己，否则，就如同面向墙壁什么也看不透，遇事自然就烦乱失策；"功崇惟志，业广惟勤，惟克果断，乃罔后艰"①，立志高远，才能政功，勤勉从政才能取得更大的业绩，只有善于果敢决断，才不会有后来的艰难；"位不期骄，禄不期侈"②，官位虽高也不要骄傲，俸禄虽丰厚也不要奢侈；"恭俭惟德，无载尔伪"③，恭敬勤勉是美德，切不可弄虚作假，欺上瞒下；"作德，心逸日休，作伪，心劳日拙"④，做有德行的好官，日子就会过得天天安逸美好，欺骗诈伪，日子就会过得天天笨拙；"居宠思危，罔不惟畏，弗畏入畏"⑤；处在尊宠的地位，还能想到危险，就会时时、事事敬畏，不会进入危辱的境地；"推贤让能，庶官乃和，不和政庞"⑥，只有做到推贤让能，百官才能和睦相协，百官不知，政事就会杂乱；"举能其官，惟尔之能。称匪其人，惟尔不任"⑦，选拔的官员称职，是有才能的体现，选拔的官员不称职，就是无能的表现了。

如此丰富多彩，隽意深理的官制哲学，即使在今日也不失其重大的价值，无论今人用什么样时代话语阐释治吏和吏制的哲学，恐怕都难以超越上古先哲们定下的官制哲学的核心价值体系。光是这一点，就值得我们尊重并认真学习、借鉴中华传统文明中的优秀官制文化。

第五，作为上古官制，特别是夏、商、周三代的官制建立和发展的副产品，还衍生出丰富多彩的"官箴文化"，君臣之间、臣民之间，相互劝诫、鼓励尊重官职，善用其权，勤勉政事，协和官民，致力政绩，安邦定国，抚顺天下，凡此种种，也构成了中国上古官制的一大特色，影响后世几千年的官德和官制。时至今日，依然

---

① 江灏、钱宗武译注，周秉钧审校：《今古文尚书全译·虞夏书》，贵州人民出版社1990年2月版，第388页。
② 江灏、钱宗武译注，周秉钧审校：《今古文尚书全译·虞夏书》，贵州人民出版社1990年2月版，第388页。
③ 江灏、钱宗武译注，周秉钧审校：《今古文尚书全译·虞夏书》，贵州人民出版社1990年2月版，第388页。
④ 江灏、钱宗武译注，周秉钧审校：《今古文尚书全译·虞夏书》，贵州人民出版社1990年2月版，第388页。
⑤ 江灏、钱宗武译注，周秉钧审校：《今古文尚书全译·虞夏书》，贵州人民出版社1990年2月版，第388页。
⑥ 江灏、钱宗武译注，周秉钧审校：《今古文尚书全译·虞夏书》，贵州人民出版社1990年2月版，第388页。
⑦ 江灏、钱宗武译注，周秉钧审校：《今古文尚书全译·虞夏书》，贵州人民出版社1990年2月版，第388页。

可以作为净化官场,防止官员腐败的现代干部或公务员队伍建设的本土智识资源。鉴于这个问题,我们已另为立项续作研究,这里就不再深入分析和研究了。

四、河洛地区上古王国文明中孕育的中华法传统的民本思想

上古王国文明中的王权和官制文化固然对中华法的起源有着直接的、关键性的影响,但作为王国文明中基本元素除了王权和官制之外,还有一个极其重要的基本元素,那就是民众,民众作为"邦本"或"国本"的重要作用,即使在上古时期也被统治者的国王和贵族所重视,尽管他们根本不可能产生如今日之"民主"观念和制度,但对民众的依赖、敬畏、呵护的程度,一点也不逊于当代人,当代国家虽通常都以"民主国家"为名,但在实质上真正实行民主,即让人民当家作主的国家又有几多,特别是一些西方的民主国家,动不动就挥舞"民主"的大棒挞伐直至用武力征服它们眼中的"异类"甚或是"失败"的国家,它们特别是霸权主义的强权国家更认为哪些国家没有"民主",所实行的制度也是"专制"的,但他们的所作所为更是远离"民主"之实。在这些国家的国内,有权势和资本的阶级和人士,利用金钱的强势强奸民意,除了愚弄和骗取民众的选票以获取政治领导权之外,根本不会关心民众的根本利益,在国际上,以超级大国为首的霸权国家和势力,动辄对外用兵,侵占他国的领土和资源,颠覆其国家合法政权,强制改变其国家颜色,除了枪、炮、导弹直接杀灭成万乃到十几万、几十万人的生命之外,还制造了一次又一次的人道主义危机,将几十万、几百万民众推进难民队伍,让他们过着流离失所的艰难生活。由此可见,现代人对民主的理解和作为并非都是以民为国家之本,更不是对民众施以真正"民主"的关怀。反观中国上古河洛地区的王国文明中,从最初的人文始祖到夏、商、周王国政治中,一方面有时对民众的反叛行为进行残酷的镇压和杀戮,另一方面,也不乏保种、继宗及关注他们生计、疾苦的人文关怀。这在《史记》和各种上古典籍中都有诸多记载,现粗疏地列举一些实例,就可见一斑。

早在黄帝时期,赋予黄帝神圣地位和人文始祖身份的合法性之一,就源于皇帝救民众于危难之中。《史记·五帝本纪》记述:"轩辕之时,神农氏世衰。诸侯相侵伐,暴虐百姓,而神农氏弗能征。于是轩辕乃习用干戈,以征不享,诸侯咸来

宾从。而蚩尤最为暴，莫能伐。"①诸侯相互侵伐，受暴虐的总归是百姓，但神农氏炎帝已经衰落，无力拯救百姓于水深火热之中，于是黄帝应时代需要而起，修德振兵，治五气，艺五种，抚万民，度四方，最后通过与炎帝在阪泉大战中的完胜，终于赢得帝位，统一上古初民社会，拯救百姓于暴虐之初衷，抚万民之兴起之中，最后取得天下，登天子位，既是为百姓的起始、过程，又是为了万民的结果。总之，黄帝的成功端在于为民、抚民而得到百姓的拥戴。

到帝尧时期，由于尧帝做到了"能明驯德，以亲九族。九族既睦，便章百姓。百姓昭明，合和万国。乃命羲、和，敬顺昊天，数法日月星辰，敬授民时。"②又见尧帝执政的基础也是由于他做到了在亲睦九族之后，便转而关注训导、显扬百姓，在百姓明理、显扬之后，天下便和谐、安定了。尧帝最终被形塑成一个为民的圣帝形象。尧帝去世以后，《史记》记载"百姓悲哀，如丧父母"。③足见尧帝之大得民心和受到的至爱。

舜帝的亲民形象有增无减。他为百姓主要做了以下几件大事：为治理当时的水患，舜帝命禹"平水土"；命"弃，黎民阻饥，汝后稷，播时百谷。"④这就是说，命弃主持农业、教育百姓按时播种百谷，以防黎民缺粮挨饿；命契作司徒，主管教民，使民众懂得"五常"之理，宽厚之利，使百姓中的父母兄弟子女都能和睦相处；命皋陶作司法长官，阻止外族入侵，维护社会治安，明察案情，公允断案，使百姓安居乐业，不相侵害；还命垂掌管百工、兴办实业；命益掌管山丘草木及百兽等自然资源；命伯夷掌管祭祀，教民知礼以敬神尊祖；命夔掌管典乐，教民和谐、友善相处；命龙做"纳言"的官，准确传达王命和反映民众意见，防止谗毁的言论和贪残的行为迷乱和侵害百姓。这些都是上古圣王为民所能想到和做到的好事、实事。不论将这些为民施政的重大举措看作是上古史迹的记忆，还是看作是社会和国家的美好理想，都体现了为民、亲民才具有政权的最高合法性。

在夏禹时代，禹作为舜帝的重臣受命"平水土"时，就"思日孜孜，所思所虑何事？"《史记》有一段感人的记述。禹曰："洪水滔天，浩浩怀山襄陵，下民皆服

---

① 司马迁：《史记·五帝本纪》，中州古籍出版社1994年9月版，第1页。
② 司马迁：《史记·五帝本纪》，中州古籍出版社1994年9月版，第2页。
③ 司马迁：《史记·五帝本纪》，中州古籍出版社1994年9月版，第3页。
④ 江灝、钱宗武译注，周秉钧审校：《今古文尚书全译·尚书·立政》，贵州人民出版社1990年2月版，第29页。

于水。予陆行乘车,水行乘舟,泥行乘撬,山行乘樏,行山刊木。与益予众庶稻鲜食。以决九川致四海,浚畎浍致之川。与稷予众庶难得之食。食少,调有余补不足,徙居。众民乃定,万国为治。"①你看,禹为何治水竟至"劳身焦思,居外十三年,过家门不敢入?"②原因就在于他心忧百姓受洪水围困之厄,为解脱百姓的苦难,所以下决心治水,"以决九川致四海,浚畎浍致之川",于是民众可以"下丘居土"得以从事农耕。又命益教百姓种稻,发展水田农业,命后稷教百姓种植其他难得的农作物。如果食物不充足,就调有余补不足,让民众迁徙到适宜居住的地方安居从事耕作。民众一经安定,国家就稳定并得到良好的治理了。可见,舜帝之所以把帝位禅让于禹,正是基于禹关心百姓,不仅解民众水患之困,还能在整理好的土地上耕种,以获取粮食免遭饥馑这个改善民生,从而安定天下的根本原因。

在虞夏时代,先为舜帝忠臣的皋陶曾与禹共同辅佐舜治有功,禹继帝位之后,又成为辅佐禹帝的重臣,君臣之间有一次进行了有关以德治国的谈话,皋陶重点谈了"修身"、"知人"和"安民"的道理,禹听后深表赞同。关于这次谈话,有史家认为是一次御前会议,所记录的谈话内容收在《尚书》中,定篇名为《皋陶谟》。当禹向皋陶征求治国的高见时,皋陶回答说:"在知人,在安民。"③禹虽赞同此论,但也指出其中的困难之处,并说尧帝时就艰难地做到了任人唯贤,安定民心就受人爱戴,百姓都会怀念他。其意是说,要以尧帝为榜样,既要做到"知人则哲,能官人。安民则惠,黎民怀之。"④在《皋陶谟》中,皋陶还将"民意"提升至"天意"的高度,说"天意"与"民意"是相通的,暗含了"民意"神圣不可违背的政治理念与施政原则。原文是:"天聪明,自我民聪明。天明畏,自我民明威,达于上下,敬哉有土。"⑤

---

①　司马迁:《史记·五帝本纪》,中州古籍出版社 1994 年 9 月版,第 8 页。
②　司马迁:《史记·五帝本纪》,中州古籍出版社 1994 年 9 月版,第 6 页。
③　江灏、钱宗武译注,周秉钧审校:《今古文尚书全译·虞夏书》,贵州人民出版社 1990 年 2 月版,第 50 页。
④　江灏、钱宗武译注,周秉钧审校:《今古文尚书全译·虞夏书》,贵州人民出版社 1990 年 2 月版,第 50 页。
⑤　江灏、钱宗武译注,周秉钧审校:《今古文尚书全译·虞夏书》,贵州人民出版社 1990 年 2 月版,第 54 页。

在《王子之歌》中，还明确提出了"民惟邦本,本固邦宁"①的民本思想。放在"五歌"之首,唱道:"皇祖有训,民可近,不可下,民惟邦本,本固邦宁。予视天下愚夫愚妇一能胜予,一人三失,怨岂在明,不见是图。予临兆民,懔乎若朽索之驭六马,为人上者,奈何不敬?。"②民本思想表达得如此真切,令今人都禁不住感叹先哲们的至理明鉴。在第五首歌中,又悲愤地唱到:"呜呼曷归? 予怀之悲。万姓仇予,予将畴依? 郁陶乎予心,颜厚有忸怩。弗慎厥德,虽悔可追?"③普天之下的百姓都怨恨我们,我们还能依靠谁呢? 既表现了悲愤之情的沉重,又彰显了丧德失民,民心向背关乎王位和社稷安危的深理高义。

在成汤为王的商时代,当成汤用武力取代夏桀以后,心中总觉得失德惭愧,害怕成为后人的话柄。其左相仲虺用"天命"劝谕成汤,大可不必为此惭愧。为什么奉天命讨伐无德的夏桀就应当理直气壮呢? 因为天即上帝让聪明有德的您来治理乱世,以救民于艰难困苦之中。他说:"呜呼! 惟天生民有欲,无主乃乱,惟天生聪明时义。有夏昏德,民坠涂炭。天乃锡王勇智,表正万邦,缵禹旧服,兹率厥典,奉若天命。"④仲虺在这里提出了一个重要的政治合法性思想,即天生万民,但万民各有各的欲望,这些欲望并非总是一致,相互冲突的结果便会导致社会的混乱,所以天便让有天资聪明的人来治理乱世。夏桀既然丧失德性,让民众陷于水深火热之中,上天就会选用有德、有才又聪明的人来做天下的表率和楷模,您就是上天所选中的这样的人,您奉天命代替夏桀就理所应当,何愧之有? 就这样构成了一个完整的政治合法性价值链条,即天——万民——乱世——治理——天赐新王——表正万邦——天下得治——回归天命。这个链条的关键链除了天和王意外,就是百姓及由百姓构成的万邦或人世。生民、救民、治世,都是围绕民众的利益和安危展开的,这就是以民为本的政治理想和政治合法性的政治价值观体现。在《仲虺》后两段,又通过"民之戴商,厥惟旧哉"的表述,以及赞

---

① 江灏、钱宗武译注,周秉钧审校:《今古文尚书全译·虞夏书》,贵州人民出版社 1990 年 2 月版,第 97 页。
② 江灏、钱宗武译注,周秉钧审校:《今古文尚书全译·虞夏书》,贵州人民出版社 1990 年 2 月版,第 97 页。
③ 江灏、钱宗武译注,周秉钧审校:《今古文尚书全译·虞夏书》,贵州人民出版社 1990 年 2 月版,第 100 页。
④ 江灏、钱宗武译注,周秉钧审校:《今古文尚书全译·商书》,贵州人民出版社 1990 年 2 月版,第 116—117 页。

扬成汤王"建中于民"治理之道,再次强化了失去民心就亡国,民众拥戴就得天下的政治合法性价值观念。

在前面我们已对《尚书·盘庚》从多种角度进行过引录和分析。其中,如果从亲民、爱民,让人民过上安定的生活这一立场上看,《盘庚》中其实也是一篇绝佳的古典范文。先将《盘庚》引录如下,然后进行分析。

"盘庚作,惟涉河以民迁。乃话民之弗率,诞告用亶。其有众咸造,勿亵在王庭。盘庚乃登进厥民。曰:明听朕言,无荒失朕命!呜呼!古我前后,罔不惟民之承保。后胥慼鲜,以不浮于天时。殷降大虐,先王不怀厥攸作,视民利用迁。汝曷弗念我古后之闻?承汝俾汝惟喜康共,非汝有咎比于罚。予若吁怀兹新邑,亦惟汝故,以丕从厥志。"[①]

第一段交代清楚此次"话民"的背景,即盘庚从奄渡迁至殷后,因有一些民众仍有不顺从此次迁都的,盘庚就把他们召集在王宫前面来,见来的民众有忐忑不安的样子,于是王招呼他们走到他面前,用极诚恳的态度向他们讲话。一副亲民的样子跃然纸上。

盘庚在讲话中,不仅没有对民众的不顺从行为严加申斥,而且诚恳地向他们反复讲清迁都的道理。从先王到他自己,之所以不断迁都,都是为了让民众安居乐业,都是考虑民众的利益后才做出迁都的决策的。他申言自己是顺从民众喜欢安乐和稳定的意愿才决定迁到新都殷来定居的。他强调民众的不顺从并非是过错,只是想过安定的日子,所以不仅不惩罚不顺从的人们,还好言劝慰他们要安乐地居住下来,开始新的定居生活。其耐心、诚恳之状令人感动。如果只从这次召见和谈话上看,我们今人完全可以确信此次迁都确是从民众的利益考虑的,为的是让民众远离水患过上安居生活。从国王召集民众到王庭前会见到耐心地讲清道理,进行劝慰,我们今人不难体味上古王国原始"民主政治"的朴素性和真实性。即使在当代,一些事关民众利益的重大决策,从决定和实施也未必能够做到如此的耐心和细致的群众思想工作。至于西方的政治家们在竞选演说或作国政报告时,口若悬河,滔滔不绝,大话、空话连篇,其实泰半都是为了博得民众

---

① 江灏、钱宗武译注,周秉钧审校:《今古文尚书全译·商书》,贵州人民出版社1990年2月版,第164页。

选票和支持所做的政治表演秀;即使发生了大规模的街头抗议乃至骚乱事态,无论多么严重,他们都宁可动用警察甚至军队去镇压,也不愿进行面对面的沟通,更别说将民众代表请到"王庭"来"话民之弗率"了。对于中国上古时代的这种原始的朴素的民主气息及其做法,实在值得我们今人,尤其是政治家们去研究和镜鉴。

　　还想补充说明的是,上述对民众的态度和做法固堪嘉许,但对诸侯、各位官长和全体官员们的态度和做法则有所不同,在劝喻的同时,对那些"乃有不吉不迪,颠越不恭,暂遇奸宄,我乃劓殄灭之,无遗育,无俾易种于兹新邑。"① 就是说,对那些奸邪的官员不仅要杀其人,还要灭其族,使其子孙后代绝种。这显然是一种严厉的压服做法了。但威逼之后,仍有劝喻和告诫。《盘庚下》最末一段记述说:"呜呼! 邦伯师长百执事之人,尚皆隐哉! 予其懋简相尔念敬我众。朕不肩好货,敢恭生生。鞠人谋人之保居,叙钦。今我既羞告尔于朕志若否,罔有弗钦! 无总于货宝,生生自庸,式敷民德,永肩一心。"②从中不难看出,这种劝喻和告诫也是以照顾怜悯民众利益为出发点和归宿的。要求官员们养育民众并能使他们安居,还要施惠于民众,永远能够与民众同心,这样的表态再次印证了我们关于盘庚是一个亲民、爱民,体恤民众疾苦,致力于民众安居乐业和给予恩惠的上古明王的基本评价,更深层地体现了上古政治中难得呈现的为民、亲民和具有原始的、朴素的民主气象。

　　到了周代,随着天道观的树立和弘扬,国家政治也发生了两个重大转向,一是"王权神授",新的王权合法性提出和确立;另一个是"天佑下民"和"民欲天从"的民本思想向神圣性的"华丽"转身,先前的原始的、朴素的民本思想在被赋予神圣性色彩的同时,也被置放在被治、被教的"天命"平台上,变成了神权政治的牺牲品。

　　《尚书·泰誓上》就很好地诠释了这一重大的政治思想转向。

　　"嗟! 我友邦冢君越我御事庶士,明听誓。惟天地万物父母,惟人万物之

---

① 江灏、钱宗武译注,周秉钧审校:《今古文尚书全译·商书》,贵州人民出版社 1990 年 2 月版,第169 页。

② 江灏、钱宗武译注,周秉钧审校:《今古文尚书全译·商书》,贵州人民出版社 1990 年 2 月版,第172 页。

灵。亶聪明,作元后,元后作民父母。"①首先肯定天地是生成万物的父母。这里的天地,不同于道家的天地接、阴阳合,万物生的自然主义的宇宙观,而是被神圣化了的、人格化了的人性观,即"天地"是生成世上万物的"父母",而其中人又是最神灵、最为尊重之物,为万物之灵长。以往我们在引用这句话时,常常引用英伦作家莎士比亚在其名剧《哈姆雷特》中的剧辞,其实,早在中国上古典籍中就有同样的表述,大可不必舍近求远。此当别论。话说回来,人虽为万物之灵,仍需要有人治理,谁能为之治理,只有"元后",即"大君",大君乃是民众的父母,天地之允许具有"亶聪明"的人作元后,"亶聪明"者,非常人也,如同西方犹太教中上帝的"选民",是专为代天地治理民众而挑选出来加以天命的。这样,一个新的政治链条就连结成功了。天地为万物父母,此父母为人格化的神圣父母,而元后为民众的世间父母,元后代表天地治理和教化民众。《泰誓上》接着说:"天佑下民,作之君,作之师,惟其克相上帝,宠绥四方。有罪无罪,予曷敢有越厥志。"②又说:"天矜于民,民之所欲,天必从之。尔尚弼予一人,永清四海。时哉弗可失!"③就这样,天地或只以天代天地,人君(元后)与民众不仅在形式上形成了一个完整的政治链条,而且在功能上也有机地整合为一个能够运转的政治机制。前提预设是"天佑下民"和"天矜于民",然后是人君被挑选出来"作之君",又"作为君",代天行治、教。"民之所欲,天必从之",也要假手人君来实现。于是,王权的神圣性、合法性由此得到进一步的确立。中国传统文化中"君权神授"的观念在经此番的改进和提升以后,成为一种根深蒂固的政治文化,此长彼消,在夏、商政治文化中,王权和民本大体上平衡的状态发生了重大变化,随着王权的强势崛起,民本的政治地位开始走向式微,民众逐渐变成了王权的附属,沦为"被牧",即治理的对象。这种王权强势成为中国传统政治文化的价值核心,影响中国几千年。成为奴隶主、封建主和新兴官僚买办阶级专制统治的政治文化的基础。尽管如此,民众作为上古王国政治的一个重要因素的地位并没有从

---

① 江灏、钱宗武译注,周秉钧审校:《今古文尚书全译·商书》,贵州人民出版社1990年2月版,第204页。

② 江灏、钱宗武译注,周秉钧审校:《今古文尚书全译·商书》,贵州人民出版社1990年2月版,第204页。

③ 江灏、钱宗武译注,周秉钧审校:《今古文尚书全译·商书》,贵州人民出版社1990年2月版,第207页。

根本上动摇,上古至后来的历朝历代的统治者在对待民众的因素上,基本上都是自觉或不自觉地按历史运行的政治逻辑而循行,即"得民心者兴,失民心者亡"。

《泰誓上》定下了上述政治格局的基调之后,在后面《尚书》各篇中,除偶尔见之于"护民""爱民""顺民"的表述外,通常都是"治民"之类的措辞,各篇基本上都是围绕王与重臣的诰、命等王权与周重臣之间的言或事展开,《尚书》后半部的记述所体现的核心政治理念,正印证了我们关于民众这一上古王国重要政治因素走向式微的分析和结论。

五、本节总结

为本主题的研究,我们在本节中颇费了一些笔墨来综述和分析上古河洛地区的王国文明。我们的综述和分析当然不是以发现上古河洛地区古国文明的史实为目的和宗旨。如果从"史实"的角度看,这种综述和研究是远远不够的。上古王国文明是一个极为复杂的庞杂体系,决不是我们截取的三个层面所能涵括的。我们研究的目的和宗旨是上古王国文明如何启动和推进了中华法的萌动和起源。上面的综述和分析充其量也只是为中华法这种萌动和起源打下王国文明方面的一个基本的基础。从"史实"的立场上看,上述综述和分析无论多么粗疏和欠周全,但对于揭示中华法的萌动和起源来说,我们认为已经够充裕的了。可以从以下两个方面将我们主题研究的目的和宗旨与上述的综述和分析进行基本的勾连。

从王国文明的上述三个层面分别来看,都需要法律特别是古之大法或今之基本法律来规范、调整和保障。王权作为国家主权,光是由来自上天的"大命",充其量也只能增强王权的神圣性和合法性。说到底,王权是世俗性的,最根本的目的和宗旨是为了夺权、维护和保障统治阶级或集团、个人的统治利益,无论是设官分职,还是亲民、爱民抑或为了镇压反叛的民众,都需要王权这个最强有力的统治机器。今日之国家主权的观念和制度,对任何国家来说,都是必需的统治工具和机制,上古河洛地区的王国也不例外。但王权有强盛和孱弱之别,国家有盛衰兴亡之异,何以如此然?原因固然非常复杂多样,但王权的维护与保障有自己运行的基本规律,上古先哲们从不知凡几的遥古时代就积累了丰富的经验,形成了规制王权的基本规范和机制,其中最重要的当首推王者的圣明形象,包括天资聪慧、贤能、仁义、知事明理、知人善任,等等,特别是上古传统时代的五帝三王,足堪王者的楷模,楷模就是榜样,可以效法;楷模就是标准,可以遵循,这既然可以衍生出王者礼义、礼仪,又可以演化成规矩,法律由此逐渐萌生和启动。《尚书·洪范》就是一个这种法律产生的绝佳例证,它既是王者统治经验的总结,也是上古王国时代所能催生的大法,或今日之具有根本法性质的法典。

再从王制或官制方面看,把众多的民众置于数量不等的官僚集团的控制和治理之下,这本身就是一个十分庞大、复杂的系统工程。设什么样的官位? 这需要组织的才能和对所辖社会和国家事务的合理权量;需要选什么人担任官职? 这又需要识人的才能和善任的考量;任人的贤德和才能如何配置? 需要有一定的原则和标准厘定;官吏任命之后,又如何考核,依据什么样的业绩奖赏,或犯了什么样的过错或罪行,又给予什么样的处罚? 这又需要管理、监督的方式和机制。如此等等,既需要统治者们经验的积累,也需要运用"典章"、"法式"来规范、指引和约束。在这个过程中,催生如今日之国家法和行政法之类的古代法,则是合乎历史逻辑的必然结果。

还可以从民众的治理角度进行分析。从历史唯物主义的观点看来,人民群众是历史的主人,也是历史的真正创造者。在中华民族创造的灿烂的古代文明中,也确凿无疑地印证了中华先民,特别是最早进入文明时期之一的河洛地区先民在创造中华历史中的重要地位和作用。从农耕文明到石、金、陶等工具和技艺的发明创造,再到敬尊天地、先祖的精神世界的塑造,都是包括河洛地区先民在内的人民群众所创造的。按照历史唯物主义原理,社会和国家的政治历史也是人民群众创造的。在河洛地区开启王国政治的先民们,特别是其中占统治和主导地位的先哲们,一方面承认"民为邦本","本固邦宁",要取得和维护政权,关键在"得民",即赢得初民的拥护和支持。在上古王国中,逐渐培育出"得民国兴"、"失民政丧"的政治文化,以及如何赢得民心,让人民群众支持自己建国、兴政的政治智慧,坚定了"水能载舟亦能覆舟"的政治理性;另一方面,王国政治家们出于对人民群众力量的忌惮,不断培育出如何"牧民"、"治民"的政治技艺和手段,甚至发展出对敢于不服从他们意志的民众以及对敢于反叛的民众的威吓技艺和"杀无赦"的镇压手段。这种相互矛盾的政治心理、恩威并施的政治文化和统治技艺,一直伴随着王国政治的发展历程,以致影响后世封建王朝两千多年的皇权政治史。从我们研究的主题上看,对于上古王国的政治统治者、政治哲人来讲,上述的矛盾心理、恩威并施的政治技艺或手段,都需要以确立性的规范、固定性的程序,要么以习惯性的做法,要么以典章、制度的形式确立下来,以免政治统治行为失序或失范。这可以说是势所使然,势所必然。在我等后人看来,这就构成了中华法的起源。

总而言之,上述王国政治文化的三个基本方面,都从不同侧面开启了中华法的起源。由于中华王国政治有着几千年的持续不断的发展史,中华王国文明的相应的政治法的发展历程也有着几千年赓续不断、逐步积累的历史发展历程,因而形成稳定的政治价值观和深厚的政治、法律传统。时至今日,我们仍能感受到这种王国政治文明传统的影响,也构成了对中华法认识态度上的差异。作为上古河洛地区王国政治文明对中华法的起源地位是确定无疑的。我们今人的历史使命是要做好研究工作,继承和发扬其中优秀的法律因子,剔出和扬弃其中的糟粕。如果还停留在有无的争辩上,或是如何进一步在"批儒"之后再进行一次彻底的"批法"的问题上,只会空耗我们宝贵的智力和时间,对于中华法的起源、价值、体系、优劣这些具有实质性的"真问题"并无多大的益处,甚至有害于对于包括中华法在内的优秀传统文化的甄别、继承和发扬。

第三节　法始于兵

一、两个相关概念的辨析

在上古文献中有很多关于刑与兵相关联的记述,从而在"兵伐"与"刑罚"之间建构起可以引发联想的桥梁。史家对此也多有研究,并在这个研究的基础上,确立了两个较为明确的概念,即"兵刑一体"和"刑始于兵"。但史家并未在这两个概念之间做出必要的区分,致使每一个概念的阐释都会引发歧义,难以形成共识,而这种状况又会引发中华法起源问题的深入理解。这一节的研究,就从这两个概念的辨析开始。

（一）"兵刑一体"

"兵刑一体"也称"兵刑合一",是后代史家对上古兵伐、刑罚紧密相联的总体状况的概括。有人称为中华法学的一大特征,也有称为中华法律思想的一个重要方面。① 无论如何,这一概括既符合上古兵、刑密切相关的基本史实,也是上古法律的一大特点。持此论者的主要根据有如下四点:一是有古籍或明或暗的记载可凭;二是从古文字的考释而得出的看法;三是从军官兼充法官的关联上联想;四是从先秦兵家与法官同为一人的推断。也有持不同意见者,反对的主要理由也有四点:一是上古神话与事实分辨不清,关于"兵"与"刑"的关联分析不免失之穿凿,理论与事实参半,令人难以信从;二是军官兼充法官并没有对上古和后代法律的内容产生明显的影响;三是现代"军法"与"刑民法"界限分明,并没有实现互通或互代的"一体"状况;四是"兵刑一体"的思想在两千年以来就被看作是古老陈旧的事,并无新意。②

在我们看来,"兵刑一体"无论从法律思想史的演革上看,还是从法律制度史发展上看,都有研究的价值。当代中国的法史学界的主流群体,将这一理论和制度边缘化,很少见到有深入研究的成果。之所以出现这一令人缺憾的状况,我们猜想是与对中华法研究所持的立场有关。在大量的法律思想史,特别是法律制度史起源的研究中,并没有从真正的"元点"起始,正是上古时代"兵"与"刑"的密切相关的"古老陈旧"的样态,才是中华法最古老的起源。基于我们研究的主题,认为研究上古河洛文化中"兵"与"刑"的关系,是揭示中华法最古老起源中一个不可或缺的方面。

(二)"刑始于兵"

"刑始于兵"也称"刑起于兵"。这一概念的最大可取之处,就在于它既可成众家都能言说,又不致于引起争议,较之"兵刑一体"的表述更为可取。考虑到只有在探究中华法起源这一特定语境下,"刑始于兵"才能从一个方面真正揭示中华法的最初渊源的意义,这正符合我们主题研究的宗旨,因而选择了"刑始于兵"这一概念。它只关涉法,严格地说刑的起源问题。至于它在上古时期究竟是否"合为一体",还是在后世"分道扬镳",都不是我们需要关注和探讨的。

但是,"刑始于兵"又会引起其他的学术争议,它会牵涉到"刑"与"法"的关

---

① 杨鸿烈在《中国法律思想史》中指出:中国法律思想史除了"阴阳五行"、"德主刑辅"等论而外,还有"兵刑一体"也值得关注。详见杨鸿烈:《中国法律思想史》,中国政法大学出版社 1999 年 8 月版,第 146 页。——笔者注

② 杨鸿烈:《中国法律思想史》,中国政法大学出版社 1999 年 8 月版,第 146—149 页。

系问题。在中国法史学界，"诸法合体，民刑合一"向来是法史学界研究和争议的主要话题，近几年对这一表述引发的反思和质疑之声颇多。先是由著名法史学者张晋藩在近几年发表的几篇文章中提出了相应的分析和补正，后由著名法史学家杨一凡明确指出："诸法合体"和"民刑不分"都不是中华法学的特征。①这种争议之所以长期存在，愚以为主要是以往由刑法史家主导的法史研究中，给予了刑法的历史地位和功能更多的学术偏好，上古时期的法律思想史和法律制度史，从古籍的记载上，确实存在偏重于"刑""刑罚""殛刑""杀无赦"等有关刑事法律和刑事法律制度的记载，其他的法律思想和法律制度，如宪法、行政法、民法、商法、土地法等，由于文献所记载的欠缺，在学术研究上缺乏关注，当也是情理之中的事，连孔子都感叹他虽然知道何为殷礼和周礼，但文献不足征，也难以进行深入研究。法史学家以刑为主的传统观念是如此的强势，以致连本为宪法类文献的《洪范》都理解成为是中国最早一部"刑法典"，其偏颇之处由此可见一斑。这些我们在前面已详加分析过了，不须赘述。现今法史学界对"以刑为主""诸法合体""民刑合一"的质疑和反思，可以说是对法史学界长期以来"以刑为主"的基本认识的一次纠偏，可以视为法史学界在这方面的研究的一次理性回归。

基于以上考虑，我们本题以"刑始于兵"为题，是为了避免又陷入上述学术争议之中。从我们的学术视域上看，我们既没有更无必要恪守"以刑为主"的观念偏好。但从另一个角度上看，与"兵"或"戎"关联最密切的当是"刑"和"刑罚"，这是确定无疑的，虽然"兵"或"戎"也关系到组织法、行政法、官制之类的法律思想和制度，也绝不限于血腥的"肢体残害"甚至"杀戮"，但无论如何是与惩罚最为相关的，从这个意义上来说，"刑始于兵"并没有错，只是稍嫌"以偏赅全"罢了。当然，"兵"与"戎"并非完全与惩罚相关联，在后世战国时代的商鞅，在秦王主持的"变法"中，其中最重要的一项重大举措，就是奖励"军功"，士兵杀敌立功予爵位和土地的奖励。不过，那是后话，在法的上古创始时期，"兵"与"戎"确实与"刑"和"刑罚"紧密相关。

---

① 杨一凡：《重新认识中国法律史》，社会科学文献出版社 2013 年 4 月版，第 69—92 页。

二、上古河洛地区战事和武备

上古时期乃至春秋战国时期,以河洛地区为中心战事频发,乃至在秦以前的两千多年的漫长时期内,初民、先民的重要社会活动之一,就是发动战争或抵御侵占和掠夺。所以有"国之大事,在祀与戎"①的史籍记载,祀且别论,光看"戎事",显者可简述如下:

在传统时代,《史记·五帝本纪》记载,"轩辕之时,神农氏世衰,诸侯相侵伐,暴虐百姓,而神农氏弗能征。于是轩辕乃习用干戈,以征不享,诸侯咸来宾从。而蚩尤最为暴,莫能伐。炎帝欲侵陵诸侯,诸侯咸归轩辕,轩辕乃修德振兵,治五气,艺五种,抚万民,度四方,教熊罴貔貅驱虎,以与炎帝战于阪泉之野。三战,然后得其志。蚩尤作乱,不用帝命。于是黄帝乃征师诸侯,与蚩尤战于涿鹿之野,遂禽杀蚩尤。而诸侯咸尊轩辕为天子,代神农氏,是为黄帝。黄帝从而征之,平者去之,披山通道,未尝宁居。"②可见当时的战事是多么频繁,连我们的人文始祖炎帝都"欲侵陵诸侯",黄帝与炎帝战于阪泉之野,三战而胜才"得其志",之后又马不停蹄地又与蚩尤战于涿鹿之野,胜后被尊为天子,是为黄帝,刚登上黄位,皇帝又开始了征讨"天下有不顺者"的征程,鞍马劳顿,未尝宁居,甚至"迁徙往来无常处,以师兵为营卫"③,完全是一种军旅生活的写照。关于黄帝之后直至因大道衰微而开启的春秋时代期间的战事及"立武足兵"的大致经历,班固在《汉书·刑法志》中有一段简略的综述:"自黄帝有涿鹿之战以定火灾,颛顼有共工之陈以定水害。唐、虞之际,至治之极,犹流共工,放讙兜,窜三苗,殛鲧,然后天下服。夏有甘扈之誓,殷、周以兵定天下矣。天下既定,戢臧干戈,教以文德,而犹立司马之官,设六军之众,因井田而制军赋。地方一里为井,井十为通,通十为成,成方十里;成十为终,终十为同,同方百里;同十为封,封十为畿,畿方千里。有税有赋。税以足食,赋以足兵。故四井为邑,四邑为丘。丘,十六井也,有戎马一匹,牛三头。四丘为甸,甸,六十四井也,有戎马四匹,兵车一乘,牛十二

---

① 《春秋左传·成公十三年》,载陈襄民等译:《五经四书全译》(三),中州古籍出版社 2000 年 8 月版,第 2250 页。
② 司马迁:《史记·五帝本纪》,中州古籍出版社 1994 年 9 月版,第 1 页。
③ 司马迁:《史记·五帝本纪》,中州古籍出版社 1994 年 9 月版,第 1 页。

头,甲士三人,卒七十二人,干戈备具,是谓乘马之法。一同百里,提封万井,除山川沈斥,城池邑居,园圃术路,三千六百井,定出赋六千四百井,戎马四百匹,兵车百乘,此卿大夫采地之大者也,是谓百乘之家。一封三百一十六里,提封十万井,定出赋六万四千井,戎马四千匹,兵车千乘,此诸侯之大者也,是谓千乘之国。天子畿方千里,提封百万井,定出赋六十四万井,戎马四万匹,兵车万乘,故称万乘之主。戎马、车徒、干戈素具,春振旅以搜,夏拔舍以苗,秋治兵以狝,冬大阅以狩,皆于农隙以讲事焉。五国为属,属有长;十国为连,连有帅,三十国为卒,卒有正;二百一十国为州,州有牧。连帅比年简车,卒正三年简徒,群牧五载大简车、徒,此先王为国立武足兵之大略也。"①

从综述中可以看出,灭凶、平叛,天下既定之后的文教、设官、经济建设、军赋立制、武备建设,等等,无一不是围绕"立武足兵"而行。足见当时国之大事确有其戎。

征讨诸侯、平定叛乱,讨伐凶顽用兵,这很自然。因为世界上的事情就是,面对强敌不用足够强大的武力不能制胜。这种"立武足兵"的道理,即使在当今的现代国家也不过时,尽管当代在解决国内或国际更大政治争端方面的手段有了很多的选择,但立足于战备永远不失为护国强国之本,一时一刻都不能放松。

上古河洛地区的频繁战争,不仅灭掉了千百之国,也迎来了上古河洛地区的各朝各代王国的诞生。王国文明可以说都是战争的产儿,即使在三代圣王的禅让逊位时代也不例外,更不待说启征有扈、汤伐桀、武伐纣的夏、商、周三代三朝的建立了。战争在此过程中,确实发挥了新朝代建立如马克思、恩格斯所言的"助产婆"作用。指出这一点固然重要,但从我们的主题上看,我们更关注上古河洛地区的战事和武备这种"兵"或"戎"是怎样导致法律的产生的,即"兵"或"戎"何以成为中华法创生之最初渊源的。

三、关于"法始于兵"现有的成果的简介与分析

关于"法始于兵"或传统史学表述的"刑始于兵",如上所述,在河洛地区上古人文始祖传说和三代王国乃至托古较近的春秋、战国时代,战争频仍是一个不

---

①　班固撰:《汉书·刑法志第三》,中州古籍出版社 1996 年 10 月版,第 444 页。

争的事实,开疆扩土,掠夺资源,强掠人口,包括反向的反扩张、反掠夺,在缺少其他可资利用的政治、法律资源与技术的情况下,初民别无选择,只有以最具权威和力量的军事力量解决问题,兵戎相见因而成为所有初民社会向文明进化的基本形式和手段,尽管这背后隐藏着可以想见的抢掠、杀戮等人世间最残酷、惨烈的人类苦难,如同当今战乱、侵略战争所造成的严重的生命牺牲和人道灾难一样。然而,我们研究的主题并不是上古战争的伦理性和正义性问题,我们只是想揭示这些客观上频发的战争是怎样开启和促进中华法的生成的,即是要揭示中华法起源中必不可少的战争因素究竟怎样与法有着内在关联和融汇的意义。

今之史学界并未建树对"兵"或"戎"与"刑"或"法"内在相关的深入研究成果。现将我们所能见的研究成果作出引述,并加以简单分析。首先介绍和分析陆绍明发表在《国粹学报》第十六期《政篇》中名为《兵戎为法之源论》的文章。现转述于下:

"绳墨断吏由来久矣,溯其发端,道术为之远因,兵戎为之基源也。今试言其基源,铜头铁额,跳梁神州,黄帝作兵,荡海夷岳,其兵也,其法也,而又何可以歧视之哉?兵为法之大者也,法为兵之小者也。凶暴而不可以法制,举兵以敌之;凶暴而可以法制,举法以裁之,兵也乎哉?谓之法可也;法也乎哉?谓之曰兵可也。且古人无意于民之善恶,锱铢必较,而创一禁暴之政也;若夫兵也者,则古圣不获已创作,所以不较锱铢而禁巨恶者焉;而所谓锱铢必较之为法者,盖由兵而演成也。黄帝作兵而又作法,此可推仁圣之心,由兵而演及法也;顾蚩尤亦作兵而又作法,此可知凶顽之意,喜兵而自繁及法也;夫亦可悟法之原于兵,为进化之公理者矣。

"今详究刑法,更觉原于兵戎。请申言之。夷吾谓兵为尊主之经,则可知兵寓于法。《抱朴》谓法为捍刃之器,则可知法本于兵。兵戎有书,《六韬》、《三略》为之宗;刑法有律,《六典》、《三章》为之要。兵法之书,其旨相同,不外繁简相副,宽猛相济,兵有甲兵斧铖之威,即法有甲兵斧铖之刑。兵法似殊,其义则一,无非劝善罚恶,禁暴除凶。兵以伐谋为上兵,法以合心为至法。兵法精神皆偏重于方寸,用兵宜审乎时,用刑当察其国。兵法权变,皆有因于时势,兵则见可知难,量敌论将;法则稽貌察情,辩处察辞。兵则审赏审罚,为法律之嚆矢;法则求生求杀,为兵戎之滥觞。兵则始柔而后刚,如用法之先和后励;法则训人而齐众,如治兵之炼士训戎。兵则明法审令,如持法之尚严;法则烈火秋霜,如发兵以赴义;法原于兵,岂虚言哉?

"且法有肉刑,其表面更与兵相类;四肢重罚,五虐峻刑,劓象七政,膑像七精,肉刑之属,繁不胜论,要无非如将士之罚吏卒,兵家之坑敌军也。

"夫法之原于兵,观法家之学,更有征矣:管子,法家也,而谈兵首重节制,此则法家兵家合一之证,亦为法原于兵之一证;商子,法家也,而兵学自得精蕴,此则法家、兵家合一之证,亦为法原于兵之又一证;韩非子,法家也,而兵机洞若观火,此则法家、兵家合一之证,亦为法原于兵之三证;邓析子,法家也,而兵法自有心得,此则法家、兵家合一之证,亦为法原于兵之四证。"①

对于上论,杨鸿烈先生的评价是:"陆氏此文论'兵'、'刑'的关系极详,但不免失之穿凿,且神话和史实也分辨不清,是很大的缺憾。究竟'兵刑一体'是学者的理论,还是历史的事实? 著者可以说理论占了一大半,事实也不能说完全没有,因为上古是游牧时代,部落很多,时有争斗,只要看商承祚类次罗振玉考释的《殷墟文字类编》的许多文字,就可推想那时战斗颇是频繁。"②

我们认为,陆氏能把"兵"和"法"联系起来看,视"兵为法之大者也,法为兵之小者也",有其可取之处,尽管大小之分未必恰当。又指出无论用兵还是用刑,都具有甲兵弃铖之暴力性质;"兵法似殊,其义则一,无非劝善罚恶,禁暴除凶"这些看法虽失之简单,确也指明了"兵"与"刑"或"法"共同的基本特征,以及所用的宗旨类同,这些都是可以引起我们关于"兵寓于法"和"法本于兵"的联想,自然也是可取的。

杨鸿烈先生指出的陆说中"不免失之穿凿之处",确实存在的,如将论法之书与论兵之书的简单对比,用兵与用法的简单映照,法家兵家合一等,都有"穿凿"之嫌。但如果说到"传说和史实也分辨不清,是很大的缺憾",则与我们在前面所展现的研究进路立论不同。因为在我们看来,如果将传说与史实严格区分开来,如杨先生和法史学界长期以来所秉持的治学态度那样,我们研究中华法史只能从见到第一有关"法"的文字,或第一本《法经》《法论》,再或者从见到第一

① 杨鸿烈著:《中国法律思想史》,中国政法大学出版社 2004 年 4 月版,第 146—148 页。
② 杨鸿烈:《中国法律思想史》,中国政法大学出版社 2004 年 4 月版,第 148 页。

件有关"法"器物或出土文物开始进行研究。如此一来,我们就会失去对中华法最古来的起源——无论是观念起源还是实体起源——的研究立意,现今中华法起源,特别是最古远的起源研究之所以如此薄弱,愚以为正是上述的治学态度所造成的。因此,研究中华法起源,包括"法始于兵"或"刑始于兵",从遥不可确知年代的上古河洛地区的传说乃至神话时代探索其最古远之源,或许是一个非常可取的研究视角和路径。

除了陆绍明的上述研究成果及杨鸿烈先生的评价之外,法史大家章炳麟先生在《文录·古官制发源于法吏说》中曾说:"法吏未置以前,已先有战争矣。军容国容既不理,则以将校分部其民,其遗迹存于周世者,传曰官之师旅。……及军事既解,将校各归其部,法吏独不废,名曰士师,征之《春秋》,凡言尉者皆军官也,及秦而国家司法之吏亦曰'廷尉',此(比)因军尉而移之国中者也。"①

又陶希圣在《中国政治思想史》中,也有说:"古代的刑罚是由兵政主持者掌管。士、司寇、尉,这都是军官也都是法官。魏纬'请归死于司寇'(《左》襄三年)。公孙黑将作乱,子产曰:'不速死,司寇将至'。司寇或称司败,子西说:'臣归死于司败'(《左》文十年)。季孙谓臧武仲曰:'子为司寇,将盗是务去'。(《左》襄二十一年)军官兼法官又兼警察了。"②

此两说都是从军职与法吏的紧密关系上谈及法与兵政的关联,其立论的本意并不是阐明"法始于兵"或"刑始于兵"的论题,我们从中只能间接地体悟法与战争、法吏与兵政官职的渊源关系。

今有方家田成有撰有专文《酋邦战争与中国早期国家法律的起源》一文,其在引言部分指出:"笔者认为,法律的起源问题多少年来一直在困扰着历史学、人类学、民族学、社会学和法律学的研究者。在中国法学界,围绕法律的起源曾有过激烈的争论,至今没有明确定论。近年来,中国文明的起源问题不断地引起争论,并对传统观点提出了疑问,笔者认为中国国家的产生不同于西方国家产生的模式,局限于摩尔根、马恩对西方国家的理解,并以此为依据来推论中国法的产生和法律的起源是不合时宜的。法律的产生不能以国家的产生作为唯一的分

---

① 杨鸿烈:《中国法律思想史》,中国政法大学出版社 2004 年 4 月版,第 148 页。
② 杨鸿烈:《中国法律思想史》,中国政法大学出版社 2004 年 4 月版,第 148 页。

水岭进行简单的一刀两断,在国家产生前,已孕育着法律的胚胎或种子,在国家形成以前的酋邦时代,即传说中的炎、尧、舜时代,就有了中国早期的法律形式。"①该文接着从战争中发生的长官与士兵、士兵与士兵、征服者与被征服者之间的特殊关系,从军前誓言、军纪、军令、军法等方面,论证了酋邦战争中往往要颁布一些誓词、军纪、军令,《汉书·刑法志》在追述中国古代刑法的起源时,认为"黄帝以兵定天下,此刑之大者",对于本酋邦以外的异族部落采用作为大刑的"兵"去征伐,对掳获的俘虏也需要残暴的刑加以镇压和管束。王充曾说"过案尧伐丹水,舜征有苗,四子服罪,刑兵设用。成王之时,四国篡叛,淮夷、徐戎,并为患害。夫刑人用刀,伐人用兵,罪人用法,诛人用武。武法不殊,兵、刀不异,巧论之人,不能别也。"古法音废,废、法往往通义,废有废止、禁止、限制的意思,另外古音法、伐相近,法借为伐,具有攻击、惩罚的意思。中国法之所以没有一种亲切感,不具有西方法的民主性和妥协上的平等性,是一种恶的象征和暴力的工具,就在于它原本就是为了在战争中对付外来酋邦或异族人的。"刑始于兵""兵刑合一""法就是刑"的这种传统在史前和上古三代形成之后,对中国法都有重要影响。据《尚书·甘誓》载"启与有扈,战于甘之野,作甘誓"……《甘誓》就是夏启与扈氏大战中而颁布的军令,是禹刑中的一部分;"商有乱政,而作汤刑",商汤时候的《汤誓》《汤征》等都是商汤王在战争中攻打夏桀时发布的法令。随后晋国的《被庐之法》《常法》,楚国的《矛门之法》等都是在战争中颁布的。这种法起源于酋邦战争中的方式深深影响了中国的法观念,法被看成是恶的象征,是暴力和专政,是用来对付野蛮人、无视道德的坏蛋、不可救药的罪犯的武器。酋邦战争中刑的广泛使用不仅对王权和奴隶制国家的形成起了重要作用,而且加速了法律的最终形成。② 他也指出了战争的结果是增强了审判活动,导致司法官的产生。该文的结论是:"可见酋邦之间的战争对法律的产生起了催化剂的作用,在研究中国法起源时,不能不正视这种作用。战争是'每一个孕育着新社会的旧社会的助产婆'。战争使社会日益分化,各种矛盾加剧,通过战争

---

① 田成有:《酋邦战争与中国早期国家法律的起源》,载《广东民族学院学报》(社会科学版),1996年第1期,第12页。
② 田成有《酋邦战争与中国早期国家法律的起源》,载《广东民族学院学报》(社会科学版),1996年第1期,第14—15页。

推动了酋邦慢慢过渡为国家,在战争中使用的刑,在后来也慢慢演变为法。所以部落之间的战争是中国古代法形成的特殊形式,战争中刑的使用是法律产生的重要根源。"①

该文能将酋邦战争与中国早期国家法律的起源联系起来,从而揭示战争在中国早期国家法律起源上的地位和作用,这与前述的"兵刑一体"或"刑(或法)始于兵"的义理是相通的,应予肯定。但上古的战争并非都是酋邦战争,也不能简单地认为只有酋邦战争才是早期国家法律的起源。酋邦战争、国家、法律相互之间的关系还需要进一步理顺。我们认为,战争,也包括甚至主要是酋邦战争"助产"国家是一个层面;上古国家的王国文明创制法律是另一个层面,这一点我们在本章第二节作过详尽的分析;再有就是战争与法律的层面,史学界方家通常都在"兵刑一体"或"刑始于兵"的范畴进行论述。不分层面地将战争,即使是酋邦战争与国家和法律捆绑在一起,并不能给人司法上"法始于兵"的明确印象和认识。

综合以上介绍和分析,足见中国史学界一些方家对"兵刑一体"或"刑始于兵"有不同层面的研究,所涉及到的战争、官制、军誓亦法等层面,也都有助于揭示中华法最古远的起源问题。然而,在我们看来,中国史学界,至少就我们所介绍和分析的有代表性的各方家的论说,给人留下的总体印象还处于形制方面,从战争到国家再到法律,反过来也一样,基本上还是一种外在的联系,而这种联系有的有史实为凭,而有些则是依推理所据,很少甚至完全没有从内在的有机关联来研究"兵刑一体"或"刑始于兵"的问题。在这一点上,我们还是应当向上古的先哲们学习,从他们留下的典籍中,我们并不难发见先哲们是如何既将"兵与伐"或"兵与讨"和"刑与罚"或"刑与罪"分开来看,又将两者看作一个有机的整体,以至古法音废,废、法通义相互借用;而古音法与伐音近,法借为伐。然而,之所以有如此的"兵刑一体"或"刑始于兵"这样只取"兵"与"刑"或"法"外在形式上的关联的法源之说,充其量也不过是揭示中华法起源的一个窗口而已。

---

① 田成有《酋邦战争与中国早期国家法律的起源》,载《广东民族学院学报》(社会科学版),1996 年第 1 期,第 15 页。

四、从"取象比类"到"取法于象"的认识论根源

上古河洛地区的法律起源,还可以溯源于上古先民的认识论,即对世界特别是对自然与人自身的朴素的感性认知与意象联想,这便是中华传统文化中最具特色的"象形思维"。这种象形思维对于法律的起源有一定的观念引导和造型作用。

(一)从古"法"字——灋说起

"灋,刑也。平之如水,从水。廌所以触不直者去也。法,今文省;水,准也。北方之行,像众水并流。中有徵阳之气也。凡水之属皆从水;廌,解廌兽也。似山牛一角。古者决讼,令触不直。象形,从豸省;廌,兽之所食草。从廌从草。古者神人以廌遗黄帝。帝曰:何食何处? 曰:食廌,夏处水泽,冬处松柏。去,人相违也。从大声。——东汉许慎:《说文解字》"①

有趣的是,这个形单影只的一个中国古汉字,却引来了古今学者颇多的关注和研究,中国传统文化的博大精深,由此可见一斑。在西方的拼音文字中,任凭何方的"天人"也想象不出来这样的文化情景。概括说来,对古"法"字的研究具有如下的多角度和多视域。

有一些学者如史学大家杨鸿烈从"神判法的思想"角度立论进行研究。在这种视域下,对其有关从"水"的文字解说置之不论,但从"廌,解廌兽也。似牛一角。古者决讼,令触不直。象形"②的角度进行分析:"按神兽'廌'究竟像牛? 还是像羊? 还是像鹿? 还是像熊? 古书里有很多不同的解释,如——

"一、像牛说 《说文》(见前),《山海经》说:'东北荒中有兽,如牛一角,毛青,……见人斗则触不直,闻人论则咋不正,名曰獬豸。'③

"二、像羊说 王充《论衡·是应篇》说:'鲑𥚤者,一角之羊也,性知有罪,皋陶治狱,其罪疑者,令羊触之,有罪则触,无罪则不触,斯盖天生一角圣兽,助狱为验,故皋陶敬羊,起坐事之。'梁元帝《金楼子》也说:'神默若羊,名曰獬豸。'《后

---

① 武树臣:《寻找最初的法——对古"法"字形成过程的法文化考察》,载《学习与探索》1997 年第 1 期,第 87 页。

② 杨鸿烈著:《中国法律思想史》,中国政法大学出版社,2004 年 4 月版,第 19 页。

③ 《山海经》中并无《神异经》篇,《神异经》乃汉人东方朔所撰。查《四部丛刊》影印明成化六年国子监刻本之《山海经》,及清文渊阁本《神异经》,并无此段引文。——校勘者。

汉书·舆服志》也说:'獬豸神羊能别曲直。'《墨子》"明鬼"篇且有一段记事如下:'昔者齐庄君之臣,有所谓王里国、中里徼者,此二子者讼三年而狱不断,齐君由(欲)谦(兼)杀之恐不辜,犹谦(兼)释之恐失有罪,乃使之人共一羊盟齐之神社,二子许诺,于是泏洫。恶羊而漉其血,读王里国之辞,既已终矣,读中里徼之辞未半也,羊起而触之,折其脚,祧神之社而橐之,殪之盟所,当是时,齐人从者莫不见,远者莫不闻,著在齐之春秋。'

"三、像鹿说　《汉书·司马相如传》注,张揖说:'解廌似鹿而一角,人君刑罚得中,则生于朝廷,主触不直者。'

"四、像麟说　《隋书·礼仪志》引蔡邕说:'獬豸,如麟,一角。'

"五、像熊说　《山海经·神异经》说:'东北荒中有兽,……毛青四足似熊,见人斗则触不直,闻人论则咋不正……'

"这五说都属于神话,所以无从判别其是非,但以像羊说较占优势。又这种神兽裁判法的思想对后代的御史台、刑部的官吏的服饰颇有影响。"

如《后汉书·舆服志》说:

"法冠,一名獬豸冠。以铁为柱,其上施珠两枝,为獬豸之形,左右御史台流内九品以上服之。"

《旧唐书·舆服志》也说:'法冠一名獬豸冠,以铁为柱(同后汉书)。……'"

《宋史·舆服志》也有说:"御史则冠獬豸。"

直到清代,据程树德先生《说文稽古篇》说:"前清凡执法者,犹用獬豸为补服云。"

可见神兽裁判思想的流风遗韵至为深长了。①

近代另一位杰出法史学大家蔡枢衡也不赞同"平之如水"来释法。他说:"'灋'字结构表明:灋是廌触水去。换句话说,解廌触定,放在水上,随流漂去便是法","'平之如水'乃'后世浅人所妄增'。"②这个释意似乎表明:"灋"只是一种单纯的司法性表意,而无关乎法的规范性的"准则"之意。

---

① 杨鸿烈著:《中国法律思想史》,中国政法大学出版社2004年4月版,第19—21页。
② 蔡枢衡著:《中国刑法史》,广西人民出版社1983年版,第170页。

当代学者梁治平也不赞同"汉字'法'在语源上兼有公平、正义之义",一如其他语族中'法'的古义,……考察这个字的古义,当从人类学角度入手,这里,水的含义不是象征性的,而纯粹是功能性的。它指把罪者置于水上,随流漂去,即今之所谓驱逐。在远古社会,这应当是一种很厉害的惩罚了。"①又说:"总之,纵观各家对'法'的诠释,平之如水也好,使罪者随水漂去也好,都没有超出一般程序上的意义,当然更不曾具有政治正义论的性质。把这种公道观与表现在 Jus 一类词中的正义论混为一谈,实在不甚妥当。更何况,这种文字学上的考辩只揭示出'法'在语源学上的浅显含义,要真正把握其具体而丰富的内涵,还必须看它与其他字、词的关系。"②

当代另一个学者苏力也说过:"仔细琢磨起来,许慎的揭示在词源学上就是值得怀疑的。法的这个水旁为什么在这里就意味着公平?不错,水在静止状态下的特征之一是'平',但这并不是水的全部特征或'本质'特征,甚至未必是其最突出显著的特征。水也是流动的,水还是由高处向低处流淌的,水是柔和的,水是清的水,水又是容易混浊的,等等,在所有的这些明显可见的特征中,为什么单单'平'的特征被抽象出来,构成了这个法字,并且一定代表象征或指涉了法律要求公平这一高度抽象了维度?"③

对于上述两位学者的意见,另一位学者王人博评点说:"然而,质疑者忽略了许慎定义中前面的那句话:'灋,刑也。'被忽略的原因很简单:既然法被定义为惩罚性的规则或制度,那它又如何与'水'、'平'联系起来呢?其实,从文字学不难理解的问题,恰恰容易被我们现代人所误读。许慎这里的'刑'言指的并不仅仅是与现代的杀戮、惩罚有关的规则制度。'刑'在中国古文字学上有不同于现代的语义解释。"④又进而指出:"质疑者的质疑让人尊重,但他们没有注意到一个关键之点:中国古人对水的观审并不是对水的'分析',其方式不是逻辑的、智性的,而是想象的、诗意的。作为文字家,许慎也许并不是基于他对水的诗意想象创设了具有'平正'之义的法的意象,他只是对中国哲人有关水——法的这

① 梁治平编:《法律的文化解释》,生活·读书·新知三联书店1994年10月版,第283页。
② 梁治平编:《法律的文化解释》,生活·读书·新知三联书店1994年10月版,第283页。
③ 苏力文:《法的故事》,载《读书》1998年第7期。
④ 王人博:《水:中国法思想的本喻》,载《法学研究》2010年第3期,第190页。

个本喻做了一个文字学的解释而已。质疑者不缺乏智性,但少了一种中国古代哲人的诗意的眼睛和心灵。"①

另一位当代学者武树臣也认为:"综上所述,古代'法'字中的'水',并无公平之义,其本义是消除犯罪和确保平安,是强制性行为规范的符号。至于公平、公正之义,是战国法家为了以'法'去取代'礼'而给'法'字新加上去的'添加剂'。"②

王人博本人对水与法的概念之间的关联作出了深刻的思考,认为通过中国先哲如孔子、孟子等的"观审"而呈现出的意象成为他们对法之思的基础,借用西方人创设的"隐喻结构"或"本喻"的概念,即是"水是构成法的概念最基本的'隐喻结构',即'本喻'"。③ 他引用了艾兰和巴士拉两段如下的话:"水与人类行为一致性的观念,是以这样的假设作为它的合法性的,即支配自然和人类的原则是一样的。"故此,孔子对水进行沉思遐想,儒家的荀子试图把水的各种现象与人的道德品质之间的关系系统化。体现在水与人类行为的原则间的相互关联的假设,并不囿于儒家;它是所有中国早期哲学文献的一般性假设。在这里,自然与人类行为的一致性并不是通过逻辑建立起来的而是得之于丰富的想象力。"想象首先从遥远的形象中汲取养料;想象面对广阔的远景展开;它从中划出一块隐蔽之地,汇集起更富有人性的想象。它从视觉的享受发展为更内在的欲望。"即是说,水的各种形态在孔子的视野里并不是一种自然现象,而是一个蕴涵了道、德、义、勇、法、正、善、志等人类属性的喻象形态。孔子在此确立的是立足于自然与经验对人类准则进行思考的一种方式。"④

(二)上古河洛地区先民的"观象拟类"和"取象比类"的思维方式

人之初,放眼寰宇和大地,只见天苍苍,野茫茫。立足于苍茫的天地之间,人第一个会想到的问题,或许就是哲学上第一个追问:"我是谁,我从哪里来,我又

---

① 王人博:《水:中国法思想的本喻》,载《法学研究》2010 年第 3 期,第 190 页。
　武树臣:《寻找最初的法——对古"法"字形成过程的法文化考察》,载《学习与探索》1997 年第 1 期,第 89 页。

② 王人博:《水:中国法思想的本喻》,载《法学研究》2010 年第 3 期,第 190 页。
　武树臣:《寻找最初的法——对古'法'字形成过程的法文化考察》,载《学习与探索》1997 年第 1 期,第 89 页。

③ 王人博:《水:中国法思想的本喻》,载《法学研究》2010 年第 3 期,第 186 页。

④ 王人博:《水:中国法思想的本喻》,载《法学研究》2010 年第 3 期,第 191 页。

到哪里去？""我是天生的吗？我是地育的吗？我与天地究竟是什么关系？我为什么会在这里？我为什么会这样生活？我为什么能耕作衣食，有居处，能服牛乘马以远行？为什么有圣人和百官为我而治？如此等等，这些问题想必为上古河洛地区的先民，或者更广义地说，为中国先民所困惑、所迷茫。直到有一天，包牺氏为天下王，才对上述的困惑和迷茫做出富有哲理的回答。《易经·系辞下传》这样记述："古者包牺氏之王天下也，仰者观象于天，俯者观法于地，观鸟兽之文与地之宜，近取诸身，远取诸物，于是始作八卦，以通神明之德，以类万物之情。"①

　　这段短短的文字，看似简单，实际上蕴含着极其丰富的哲理。限于主题，这里仅就其所蕴含的河洛先民对宇宙和人世的认识论，或先民对世间万物与自身关系的认知方式和思维模式作一简略的分析。这方式或模式可以简单地概括为"取象比类"。所谓"取象"，就是采集图象，即用人体的各种感官直接与观察对象进行联系、交流，形成所谓的"直觉"。"直觉"是古今中外哲学上的重要概念，是所有认识论乃至宇宙的起点。作为中国先民的"直觉"的形成，首先是直接、仔细地观察大自然中的万物，从苍茫的青天，到浑厚的大地；从飞禽走兽毛皮上纹理，到适应生存在地上的种种事物；从近处的人身上的各种器官，到远处的各种物形，都是中国先民"观象"的范围和形成"直觉"的对象。何为拟类？《易经·系辞上传》自说："圣人有以见天下之赜，而拟诸其形容，象其物宜，是故谓之象。"②《易经·系辞下传》又说："象也者，像此者也"③，即是模拟世上万物以乾坤为代表所显示的情景。这种从天地万物和人自身所取得的"直觉"印象尽管真实可靠，但也只是初民认识宇宙和自身的一个起点，如果只停留在这个"直觉"层面上，则与其他高等动物并无太大的区别。人类作为"万物之灵长"，还在于能透过"直觉"的印象，经大脑的加工形成"意象化"的分类系统，即意识到万物表象之后还蕴含某种"意义之象"。"意义之象"显然具有深化认识论和宇宙观的意义，人们不再简单地满足感知外部世界，而是通过对世上万物的感知意识到这个世界除了具有表面上的"具象"之外，其背后还隐藏着一个有"意义"的世

---

① 　陈襄民等注译：《五经四书全译》（一），中州古籍出版社 2000 年 8 月版，第 238 页。
② 　陈襄民等注译：《五经四书全译》（一），中州古籍出版社 2000 年 8 月版，第 221 页。
③ 　陈襄民等注译：《五经四书全译》（一），中州古籍出版社 2000 年 8 月版，第 236 页。

界。只有进入到认识论的这个阶段，初民便不再只是一个懵懵懂懂的或自自然然的生物存在，而是作为一个有意义的人在一个有意义的世界存在和生活，从而开启向文而化的关键进程。但河洛先民还没有进化到如今人这般认识地步，或者更确切地说，还没能用现代的哲学概念来表达自己认识论上的这种进步，而只是用有些高深、玄妙的"神明之德"来表达。这个"神明之德"，即是神赋予世上万物的意义，用现代哲学概念表达，就是万物的"本质"或"实质"。早在民智初开的人类智力进化阶段，河洛先民有此见识，实在说来仍是一个了不起的进步，比起同时代或更晚世的古希腊先哲们执着地用火、用原子来认识世界上万物的起源和本质来说，应当说更胜一筹。

　　然而，从观察天地到世上万物到"神明之德"之间，不啻万千里之遥，而且远隔千山万水。初民经历了不知多少世代才终于走完这段艰苦漫长的旅程。好一个"通"字，便使从观世上万物之观而达于"神明之德"的意义世界，天堑变通途。作为这个"通"的工具，既非舟楫，又非牛马，而是中国上古先民中的哲人最伟大的人文发明——八卦。"八卦"就是"会通"自然的具象与通过人的观审而形成意象之间的途径、工具或方法。"八卦"、"会通"自然与人的思维之功，不仅表现在从具象到意象的认识过程，而且还体现在具有使意象的高度抽象化之后，又通过反向的"取象比类"成为人认识世上万物包括人自身从躯体到精神的认知工具或认识平台。"八卦"是初民认识世界使之具有系统化、规律化第一次在认识方法论上的一个尝试，同时又是一个创举。河洛先民生于天地之间，虽昧于天泽不分，但长期的生活、生产经验使他们萌生了宇宙运转的"时"序观念和"天秩"的规律，既然天地按照自己的时序或规律性日出日落、四季轮换有时成序，从而使宇宙万物和谐共存、生生不息，那么，人如果法天、效地，与四时合其序，与天地合其德，自然也会使人个体自身及他们社会群体也能和谐相处，并使得趋利避害的自然人性得以维护和显扬。正是基于河洛先民在广义上的中国先民的这种天人合一、道德自然统合的宇宙观和人性观，"八卦"的"会通"作用才突显其重大的人文意义。它表明初民是如何努力认识自己和把握自然的规律性，并力求按自然规律生活、生产和经世治国的，从而创造出人类历史上独具中国特色的人生经验哲学、思维模式和生活方式。

　　写到这里，心中不免有些忐忑。原因是在本人所能见到的治《易经》著述中,还未见有方家从唯物主义认识论的角度来看待"观象拟类"和"取象比类"的深论。论者基本上都是取《易经》中已经格式化、固定化的"八卦之象"或"卦象"和"爻象"来分析"象"及其意义的,这在《易经》的《经》中也多有此解释,这本身并没有错。我们在下面也要进行进一步分析。但愚以为今人解《易》如果仅从这一立场出发,从唯物主义认识论的立场上看,似缺乏一种科学认识论的基础。不是《易经》本身就缺乏这个基础,上引经文中所引的仰观于天,俯观于地,观鸟兽之文与地之宜,近取诸身,远取诸物,就明白无误地表明八卦成象并非来自人们玄想或冥想,而是基于现实的具象。我们以为,只有持此种立场解《易》,才不致于陷入形而上的片面性。

《易经》"八卦"在后世逐渐被视为纯是卜筮之书,或认为易学为隐奥难明之学。用于卜筮,不仅在官道盛行,而且为民间方术之人用以养家糊口之技;难明之学的后果,有人望而生畏,唯恐避之不及,有人则视其范围天地之书,广大而无所不备,于是九流百家无不跃跃欲试,各成其说,终致形成两个极端:一端则以孔子为代表的正统儒家在治易和解易之学中,又结合本派学说创造了许多不朽的传世经典,而一些九流百家结合本派、本己之学所演绎的易学,虽有些也是于学有利的学说,但也有不少的所谓学说却与《易经》的本意甚远,以致成为谬论。然而,不论怎样,《易经》的博大精深以及内涵的科学机理,对现代科学学术界的吸引力丝毫未减。在 21 世纪的今天,国内外的学术界,包括自然科学界和社会科学界,不断用现代的科学知识研究《易经》,以求解现代各种科学和社会问题之道。治易热情的高涨俨然成为科学界的一大奇观,足见《易经》中所含的科学因素并不因时代的变异而泯灭,并能吸引一些顶尖的自然科学家和社会科学家热情地投入对其研究之中,据说还用易取得了最现代高端的科学成果。但不管怎样,《易经》毕竟是四五千年之前的河洛初民本于生活和生产实践的需要,观天察地,远在六合之外,近在一身之中,极其数以天下之象,而又着其象而类比天地万物之情状。虽能"开物成务",即开启智慧,成就事务,皆能顺性命之理,尽变化之道,但终究在显扬人生经验哲学之外,隐含着内在结构和机理上的重大缺陷。如爻象与爻辞虽有重大的人文创造意义,分开来解读也能反映出许多的自然之规律和人生哲理,但两者之间并无对应的逻辑联系,用于预测吉凶,就不免穿凿附会,毫无可信的规律可言。此外,为了彰显《系辞下传》八卦的"通神明之德",竟将河洛先民质朴的原始生活和向文而化的各种表征说成是"盖取诸"各种卦象。这就与第一章所表述的"寻象以观意"、"观象拟类"的朴素的唯物主义认识论反其道而行了。虽然对此可以理解为现时生活而寻求最初的源泉、合理性乃至神圣性,但终究误入了现实源于观念的唯心主义认识论。尽管"神明之德"、"类万物之情"源于人的从直观和会意的唯物主义的合理性和必然性这个最科学的原初认识论链条,但《易经》并没有一以贯之这个科学的认识论,反其道而行之则必然会落入认识论的误区。孔子在解《易》也作此表述。《易经·系辞上传》说:"子曰:'书不尽言,言不尽意'。然则圣人之意,其不可见乎?子曰:'圣人之象以尽意,设卦以尽情伪,系辞焉以尽其言。变而通之以尽利,鼓之舞之以尽神。'"①

最后还需申明一点,愚本人虽对《易经》、易学极感兴趣,但深感其中的奥妙难懂,不敢贸然涉入其中。在读了一些治易的著述之后,畏难之心不仅未消,反而更觉艰深,以至望而却步。前述所及的极为粗疏之见,本不足训,也可归类为"强不知以为知"或"明知不可为而为之"的又一例吧!但在此悲观和气馁之余,又颇有一丝得意之念。因为在我看来,从上古至今,从中国到国际的治易大军何止百千万,其著述简直可以说浩如烟海,然细察之下,基本上都是以"本体论"的立场进行研究和探讨的,而基于人类认识论立场研究的研究成果则少之又少。本人的上述分析不论是否能站得住脚,但至少从朴素的认识论立场作出的发扬。愚以为,从直觉到会意再到自觉,从物象到意象,取象比类,以类志情这样原初认识轨道,也应当成为研究易学的一个重要途径和方向。不知学界以为然否,敬祈求教于各位大方。

话归本题,本部分的"取象比类"的探讨,最终是要返回证立古今之学者关于古"法"字,即对"灋"的分析上来。在我们看来,放在"观象拟类"和"取象比类"的这样上古初民思维或认知的大视域上看,水可以观象,法可以比类。"观水拟法"正是切合了"水象比类"的思维或认知的模式,只是一个大的面向和其中一个观审点的关系而已。由此观之,上古之人特别是上古先贤从观水得到的印象和有关水的性状联想到社会生活中某些强制性或习以成俗不由得不遵行的

---

① 陈襄民等注译:《五经四书全译》(一),中州古籍出版社 2000 年 8 月版,第 233 页。

行为规范的意象,即以"法"表征行为规范,是极其自然,合于情理的对自然和人事密切相关的认知过程和结果。从这个意义上来说,初民通过对水的观审到法的意念、结构、功能意识的萌生、形成和定型这一认知和创意的哲学链条,是完全顺畅的,说"法"是观审水的思辨结果,尽管不一定表述为水是生成法的"本喻",这在哲学上是可以成立的,在大方向上并不错。相反,通过对古"法"字的结构分析,虽承认法的产生与水有关,但只是功能性,只是用神兽触有罪者入水,任其漂去,犹如刑名之一的"流放",再或者由于初民的群体由于"名川大山"的阻隔而附会"血缘"与"地缘"联为一体之后,便生成"同性不婚"的原始"禁忌"。对这些直接、浅白的联想,尽管有讨论的余地,但我倒不认为持此观点的"质疑者不缺乏智性,但少了一种中国古代哲人的诗意的眼光和心灵。"①我也不确知具有了诗意的眼光和心灵能对法的起源的认识是否具有深化认知作用,或能起多大的作用。我更应当说的是,论者真的低估了河洛先民的理智和认知能力。"观象比类"和"取象比类"是一个极其复杂的思维模式和认知过程,是在长期的生活、生产、经世治国的过程中逐渐形成的,看似简单,却深蕴"大义",对此"大义",不论是思而不及,还是刻意回避,既可以说是"观水无术",也可以说对法从最初的发生学意义上就内含的公平、公正的"平之如水"的价值,以及法作为人类社会行为"准",即"准则"的行为规范的固有意义,缺乏应有的体认。从这个意义上来看,凡是将水的性状,哪怕只是部分性状与法的意象和价值中的公平、曲直、规范性和强制性联系起来对古"法"字的解读,都是应当予以认肯的。相反,凡是不从水和法在上述意义和价值内涵上解读古"法"字的,都难以令人信服。其原因很简单,如果只取两者的功能性的联系,站在古人的立场上,"从水"即可到达惩罚罪犯的目的,那么,就没有理由拒绝用"从火"、"从崖"之类的功能性方法或手段惩罚罪犯的目的。譬如"从火",把讼之两造置于火堆旁,令鹰去触,使罪者入火,如果罪不至死,还可以及时将其从火中拉出来,在受到轻重不同的灼伤惩罚后,还可以保全生命。再譬如"从崖",将讼之两造置于山崖边缘上,令鹰触去,有罪者当落下山崖,跌落深浅不同的谷底,罪犯不死即伤,也受到了惩罚。这两种刑罚较之"从水",即触入水中,且不论水有深浅、急缓之别,人也有

---

① 王人博:《水:中国法思想的本喻》,载《法学研究》2010 年第 3 期,第 190 页。

无通水性会游泳的差别,对于不识水性,不会游泳的人来说,一旦被触入较深或较急的水中,泰半会被溺水,绝少有生还的可能,哪怕其罪轻不至于处死。可见,如果单从功能上的手段或方法上看,"从水"可一点都不比"从火"、"从崖"来得更优越些。我们猜想,如果剥离水与法联系上的意义和价值,就没有理由不让人们如我等做如上的设想。然而,历史再久毕竟是历史,历史事实毕竟也是事实,我们今人已不再可能再用"火"或"崖"之类的"隐喻"或"本喻"再造一个"法"字,古"法"字早已定格在历史之中和上古先民关于法的意象之中,我们后人不再可能详察其本来缘由,只能理解为上古先哲出于对水的偏好进而达致"观水有术"的哲学思维的高度。至于我们今人,只能从现存古"法"字结构去分析先民关于法"从水"的意义联想。

总而言之,古"法"字从水,取其"平之如水"、"准也",切合上古河洛先民的"观象拟类"和"取象比类"的思维模式和认知世界的方式,此一立论当无可置疑。

(三)取象于法

如果只从"观象拟法"和"取象比类"的象形思维来看待中华法的起源,包括从古"法"字的结构中解析古人观水形成的意象进而与社会规范的情状形成的意义联想,对于揭示中华法起源的思想基础或思维模式来说,仍有一些值得深入分析的方面。其中应作重点分析的,当是"取法于象"的问题,其次还要分析一下"取法于象"作为思想基础或思维模式的架构,在中华法起源的总体机理中究竟起多大的作用,或者我们应当将其安排在这个总体系中什么适当的位置上。

按系统论的学说,如果说"观象拟类"和"取象比类"是一个总的系统,那么"取法于象"则是一个子系统,是专门描述"法"是怎么从"象"中"取来的"。这不是文字游戏,而是中国上古河洛先民对法的意识生成和法的价值观念的定型是基于与人类生产、生活息息相关的自然物质的情状联想的概括表述。不待说,此"取法于象"中的"象"与"取象比类"中的"象",同为一个大类项,理论上应当包含世界上的万物,绝非特指哪一种或哪几类的自然物。在古"法"字构造中,只取水象用以造字,如前所述,可能是初民对水的之于人的重要性和利害性有更深切的体会,才导致上古先哲对水有特殊的偏好,以致对水的观审更深切些,在造象形的"灋"字时,便优先选择了水的象形,或许认为取"三点水"旁造字也更便利些,也未可知。但这绝不意味着,中国河洛先民,乃至中国其他地区的先民对其他与人类生产、生活密切相关的物质就不关心、无兴趣,在中国传统价值观的形成过程拒绝利用除水以外的自然物质的意象与情状。当然,先民蒙昧初开,所认识自然物肯定不多,即使在今天,如此自恋和高傲的人类,包括他们中的顶尖科学家,对于繁复的广袤世界和变化无穷的大千世界,又认识几何? 就以动、植物和微生物来说,世界就没有人能精确地知道有多少,只能以十、百、千、万等百万计。动物学家告诉我们,每几小时、每几天或每个月都会有一种物种灭亡,但他们不能告诉我们,照这样的速度灭亡下去,这个世界除了人之外,到什么时候会灭绝干净,因为没有人知道那些物种的总数。所以古人"观象拟类"和"取象比类"也好或是"取法于象"也罢,只能取其极有限数量的"物象",特别只取那些与人的生产、生活、经世治国密切相关的自然物之象,察其形容,观其情状,悟其意象,凝为象征,以充实人们的精神世界,包括对法的体悟和创造。

在万千的自然物中,中国河洛先民特别关注天、地与地上的"金、木、水、火、土"这五种自然物,并巧妙地、入情合理地与法的创生、功能、价值联系起来,令人充满遐想,启迪人的理智和智慧哲思,充分体现了中国传统优秀文化的鲜明特色。

在《易经》中的经、传两部分来说,在经中的卦、卦辞和爻辞大多数都与天、地及其四时或天空中的事物以及动物有关,如雷、风、云等自然现象以及龙、麟、凤、龟等动物。河洛先民通过观察天地以及宇宙万物的运动变化规律,在启蒙初民的混沌世界观、人生观这个总的"向文而化"的过程中,没有遗漏,也可以视为对法律之于社会的规范及法意的建构,予以了特别的关注,请看:

《易经·系辞上传》第六章:"夫《易》,广矣,大矣! 以言乎远则不御,以言乎迩则静而正,以言乎天地之间则备矣! 夫乾,其静也专,其动也直,是以大生焉。夫坤,其静也翕,其动也辟,是以广生焉。广大配天地,变通配四时,阴阳之义配日月,易简之善配至德。"①

这里意旨《易经》并非寻常之书,而是涉及到极远的地方以至没有止境,无边无际,及至近处,有可看得见、摸得着,并可予以验证。这就是说,《易》所象征

---

① 陈襄民等注译:《五经四书全译》(一),中州古籍出版社 2000 年 8 月版,第 220 页。

和蕴理于天地万物之中，应有尽有，广大而不备。这一简单的表述，将天、地以乾、坤两个概念予以概化作为象征，指出其中各自的内涵，并归纳出动、静、变通的阴阳的配置和变化机理。阴阳的概念可以说是中国上古先民在哲学上的最伟大的创造，它不仅贯通和光大中华传统文化几千年，其范围扩及到亚洲的儒家文化圈，以至远播于晚近的中世纪欧洲。从这里，我们也不难发现中国大一统、天人合一的宇宙观、世界观的最初活水源头。

有了上述自然万物，人与社会的总体展开，并不表明就此可以形成人类看待世界的具体路径和方式。河洛先民并没有止于宏大宇宙观体系，而是循序依次前行。再看《说卦传》第十一章：

"乾为天，为圜，为君，为父，为玉，为金，为寒，为冰，为大赤，为良马，为老马，为瘠马，为驳马，为木果。

"坤为地，为母，为布，为釜，为吝啬，为均，为子母牛，为大舆，为文，为众，为柄；其于地也，为黑。

"震为雷，为龙，为玄黄，为旉，为大涂，为长子，为决躁，为苍竹，为萑苇；其于马也，为善鸣，为馵足，为作足，为的颡；其于稼也，为反生；其究为健，为蕃鲜。

"巽为木，为风，为长女，为绳直，为工，为白，为长，为高，为进返，为不果，为臭；其于人也，为寡发，为广颡，为多白眼，为近利市三倍；其究为躁卦。

"坎为水，为沟渎，为隐伏，为矫𫐓，为弓轮；其于人也，为加忧，为心病，为耳痛，为血卦，为赤；其于马也，为美脊，为亟心，为下首，为薄蹄，为曳；其于舆也，为多眚，为通，为月，为盗；其于木也，为坚多心。

"离为火，为日，为电，为中女，为甲胄，为兵；其于人也，为大腹，为干卦，为鳖，为蟹，为蠃，为蚌，为龟；其于木也，为科上槁。

"艮为山，为路径，为小石，为门阙，为果蓏，为阍寺，为指，为狗，为鼠，为黔喙之属；其于木也，为坚多节。

"兑为泽，为少女，为巫，为口舌，为毁折，为附决；其于地也，为刚卤，为妾，为羊。"①

这不仅所能列举天地世间的万物和行为确立各自的象征，为天地、世间万物

---

①　陈襄民等注译：《五经四书全译》（一），中州古籍出版社 2000 年 8 月版，第 268—269 页。

在宇宙中确立了基本的位置和归类标准,为五行概念的确立及相生相克的机理奠定了基础。大千世界由此被系统化地展开与运转,其中就包含着作为社会规范的法的思索与运用,该段说卦中直接就提到"绳直"和"为盗",就是明证。顺便提及,前述有论者论及古哲"观水有术",遂而将水演绎为"法的本喻",而在此段说卦中,水由于"隐伏"而喻为或象征"盗寇"。又有坎卦上六说:"系用徽(索三股)纆(索二股),置于丛棘,三岁不得,凶。"即用绳索把犯人捆绑起来,并囚禁于荆棘丛中,三年不予解脱,必有凶险。程颐解释说:"上六以阴柔而居险之极,其陷之深者也。以其陷之深,取牢狱为喻,如系缚之以征缠,囚寘于丛棘之中,阴柔而陷之深,其不能出矣。"丘濬说:"'坎'为刑狱,……《传》曰:"丛棘如今之棘寺,'蒙'、'坎'二卦,圣人作《易》皆取象于刑狱。……"①这两种意象似乎有些相悖,值得深入体味和分析。如果并无相违之处,那就是说"观水有术"并不限于孔子等先哲,早在上古时期初民早已从水的意象中悟出了刑狱的类项了。

中国先民在人文领域最伟大的创造并没有止于"阴阳"这一影响中国几千年精神领域的重要概念,也没有止于阴阳交泰化育万物而致世界生生不息。"阴阳"作为变化的机理源于大道,是一种不可名状、玄而又玄的形而上之理,这个机理如果脱离现实的真实的物质世界,可能只能停留在"玄妙之门"的虚无状态,虽可供贤人雅士作为思辨而赏析之,终究不过只是娱人乐己,于现时人们的生产、生活并无多少实际的益处。以河洛初民为代表的中国先民伟大的创造性,就体现在他们进而又创造了"五行"的概念,并使之与阴阳实现了无缝对接,创立的"阴阳五行"的概念,成为影响中国几千年的宇宙观、社会观和人生观的重要元素。"五行"理论与"阴阳"理论的结合,不仅解释了大千世界,从天到地的万事万物何以能够成为这个样子,以及为什么能够生生不息,循环往复永无止境;而且——不论今人如何视为牵强——通过与社会和人生的结合与适用而使社会和国家得以维系和更新,阴阳和五行理论甚至直接渗透和影响了中华法几千年。包括"德主刑辅"的法理和哲学,我们都可以从后人汉儒董仲舒所总结的"阳为德,阴为刑;刑主杀而德主生"②中找到活水源头。当禹的儿子启继禹帝之

---

① 转引自杨鸿烈著:《中国法律思想史》,中国政法大学出版社1999年8月版,第26页。
② 班固:《汉书》,中州古籍出版社1996年10月版,第778页。

位成为夏天子后,同宗有扈氏不服举兵反抗,启在征讨前在甘地举行誓师大会,所作的誓词中,所列举的有扈氏的罪行中,就有"威悔五行,怠弃三正"①之重罪。此罪之重,足以使启承天命"剿绝其命"。

"五行"的概念或可最早出现在上古传说中的舜帝时代,当周武王灭殷之后,访求箕子咨询治国的"彝伦攸叙"的治国大法,箕子回答说:"我闻在昔,鲧陻洪水,汩陈其五行。帝乃震怒,不畀洪范九畴,彝伦攸斁。鲧则殛死,禹乃嗣兴,天乃锡禹洪范九畴,彝伦攸叙。"②在《洪范》中,还首见对"五行"的明确记载:"一、五行:一曰水,二曰火,三曰木,四曰金,五曰土。水曰润下,火曰炎上,木曰曲直,金曰从革,土爱稼穑。润下作咸,炎上作苦,曲直作酸,从革作辛,稼穑作甘。"③

阴阳五行学说的理论化、系统化,最先由孔子发端。《汉书》记载:"周道敝,孔子述《春秋》。则《乾》《坤》之阴阳,效《洪范》之咎征,天人之道粲然著矣。"④

至于"汉兴,承秦灭学之后,景、武之世,董仲舒治《公羊春秋》,始推阴阳,为儒者宗。宣、元之后,刘向治《穀梁春秋》,数其祸福,传以《洪范》,与仲舒错。至向子歆治《左氏传》,其《春秋》意亦已乖矣;言《五行传》,又颇不同。是以槩仲舒,别向、歆,传载眭孟、夏侯胜、京房、谷水、李寻之徒,所陈行事,讫于王莽,举十二世,以傅《春秋》,著于篇。"⑤不过,这是五行之说在后世的发展,已超出本论的范围,不再论列。

五行学说在当代科学语境下,无论是其概念还是相生相克的变化机理,早已被排除在现代科学理论体系之外。在我们致力于发掘中华优秀传统文化的积极因子之中,上古的阴阳五行学说仍值得我们予以特别的关注,除了关于何为中华传统文化,以及现时的意识形态特别是扎根于民众和社会深层的种种社会观念,包括宇宙观、人生观、价值观等何以是现在的这个样子而不是如西方的那个样

---

① 江灏、钱宗武译注,周秉钧审校:《今古文尚书全译·商书》,贵州人民出版社1990年2月版,第93页。

② 江灏、钱宗武译注,周秉钧审校:《今古文尚书全译·周书》,贵州人民出版社1990年2月版,第233页。

③ 江灏、钱宗武译注,周秉钧审校:《今古文尚书全译·商书》,贵州人民出版社1990年2月版,第235页。

④ 班固:《汉书》,中州古籍出版社1996年10月版,第502页。

⑤ 班固:《汉书》,中州古籍出版社1996年10月版,第502页。

子,除了源出天人合一,阴阳五行的天经地义、人伦和人性之外,别无他途可通,他理可解。即使是对于极为现实的一些灾害性事件,追根溯源,我们或许可以从传统的阴阳五行学说中得到某些启示以减少此类灾害事件的发生。就以近些年来频繁发生的自然灾害来说,就与阴阳五行中的金、木、水、火、土密切相关。从阴阳来说,由于人类毫无节制地乃至掠夺式地开发利用自然资源以满足日益膨胀的物欲和井喷般的享乐主义需要,造成了地球及其大气层用几千万年形成的相对稳定的环境和生态系统的破坏,用河洛上古初民的话表述,就是"天秩"受到了扰乱和破坏,从而失去了阳生阴抑,阴长阳消的平衡状态。极度干旱之后必然暴雨成灾,而洪水泛滥之余,必然迎来大旱之年,天地就是以极端的方式纠正人类活动所造成的阴阳极度偏差。天地自身的本来秩序,用现代话语表述就是客观的自然规律。再从金、木、水、火、土的"五行"来说,更与山体滑坡和泥石流有关。久旱不雨,再加上地球升温和阳光灼烤,犹如"火烟昆冈",地表开裂,土质疏松,这可以归于"火"的范畴。一旦遇上暴雨,大地会饱含渗水而迅速膨胀,这是"水"的作用。长期滥砍乱伐,森林和灌木、杂草附着地表土的能力大大减弱,也加速了地表水分的蒸发,这是"木"的作用。土地在长期的"火""水""木"的作用下,再加上其本身就是疏松的特质,极易被水挟裹而垮坡或形成泥石流,这是"土"的作用。至于"金"看似与山体滑坡和泥石流无关,其实非也。2014年西部地区发生的巨大的山体滑坡,造成整个村庄被埋和重大人员伤亡的灾害事件,就可能与当地长期挖矿被掏空了山体,悬空的山体不堪饱含水分的土壤重压,终致惨痛的山体滑坡灾害的发生有关。以上的原因或可不被当地和有关方面所承认,因为这涉及责任问题。责任可以不被人负,但原因当不容置疑,许多重大的自然灾害事件,除了自然本身方面的原因之外,其实寻根究源,也是人为造成的,天灾、人祸都各有其份,只是由于各种主客观原因,正如孔子早就指出的,"今人愚也诈",不愿承认罢了。

　　话归"取法于象"的本题,上述简括的分析表明,上古河洛先民的形成法的意识,创造法的活动,包括创造象形的古"法"字,所取之"象"绝不止于"水",而是"众象",即自然界和人世中的各种"象"。如果这种分析还嫌空泛的话,我们还可以从其他具象再做深入的分析。

　　以"火"为例,俗话说"水火不容"。在前引和分析的水之道与德之端和水为中国法思想的"本喻"的著作和专论中,就以极深厚的学术热情详尽论述了水的特质和前人的"观水有术"最终形成的对水的意象,铸就了中国早期哲学的"本喻"和法思想的"本喻"。有关论述只是关注和研究"水"及其"水道"是论者选择的研究主题的需要,或许论者本人对水有特别的学术偏好使然,也未可知。这是可以被旁观者所能理解并应当予以尊敬的治学态度。我们尽管不能苛求在论"水"的著述中也顾及一下"火"在形成中国早期哲学思想和法思想中的地位和作用。但从总体学术的背景上看,确也没有发见有"火"在中国早期哲学思想和法思想中的地位和作用,当然更无所谓的"本喻"之说。这只能视为是学术研究上的缺失或偏差,并不表明中国河洛先祖就不重视火,更不表明火的意象在"取法于象"中不在其列。试析如下:

传说中的"三皇","第一皇"便是燧人氏,上古先民愚昧初开,仰观于天,朗朗乾元,一轮红日当空照耀,给人以明亮、温暖的强烈印象。后观大地野火灼热明光,一场燎原大火之后,玉石俱焚,万物化为灰烬,火之猛烈威力如此之大,又给人以强烈印象,又取食被野火烧熟的动物,顿觉远胜于茹毛饮血。于是初民设法保存火种,这在穴居野处的时代,对人类的生存至关重要。正因为火对人类生存是如此重要,先祖们终于在生产、生活中发现了摩擦生火的现象,进而发明了钻木取火。到这时,人类才在自然界脱颖而出,成为能够驾驭自然的全新人类。中国河洛先民率先进入了人类发展的这一重要阶段,作为古远的记忆和对先祖的崇敬,在上古传说中,人们便将这一重要时期及当时的先祖以一个象征性符号,或以拟定的一位人物形象名为"燧人氏",成为上古传说中中国"三皇"中的第一位"皇"。"燧人氏"因与天空中的太阳、光明和钻木取火密切相关,故取火德之瑞,成为"天皇",其他的两位伏羲氏和神农氏因结网农食、创设八卦和农耕、尝百草分别取人德之瑞和地德之瑞,而称为人皇和地皇。由此可见,河洛先民对火的观察、利用、发明、崇敬,一点也不比对水的观察、利用和崇敬逊色。从"三皇"的传说中,甚至可以推断火受关注的程度先于水。

再从《易经》上看,八卦中专设"离卦",《象辞上传》是这样说的:"离",丽也,日月丽乎天,百谷草木丽乎土。重明以丽乎正,乃化成天下,柔丽乎中正。故"亨"是以"畜牝牛吉也"。意即"离"象征附丽,所谓"丽"意思就是附丽;其情状有如日月附丽于天上,百谷草木附丽于地面。天地光明相重而附丽于正道,就能够化育生物以及天下万物。光明由火而生,光明得正就能化育天下万物,用现代的语言表述,就是"万物生长靠太阳"。相比之下,在《坎卦》中,只是赞美"险"之时用,才能取得巨大的功效。孰轻孰重,孰本孰末,河洛先祖们心中早有定数。《象辞上传》也释"离"为日、月生明。《说卦传》又说离为"干卦",为火为日,火、日皆为干燥作用。干燥对应水湿,以燥气平抑湿气,于天地万物,人身健康,也是不可或缺的自然机理。火在先祖心目中的地位和作用,决不可小觑。

　　观火比象,即使在象征"文饰"的卦象中,也可以与"折狱"的意象联系起来。《易经·象辞上传》说:"山下有火,贲,君子以明庶政,无敢折狱。"[1]对此卦象,宋儒程颐解释说:"君子观山下有火明照之象,以修明其庶政,成文明之治,而无果敢于折狱也。……"又说:"火之在高,明无不照,君子观明照之象,则以明慎用刑,明不可恃,故戒于慎,明而止,亦慎象,观火行不处之象,则不留狱,狱者不得已而设,民有罪而入,岂可留滞淹久也。"丘濬说:"朱熹谓'贲'与'旅'卦,皆说刑狱事,但争'艮'与'离'之在内外,故其说相反,止在外,明在内,故明庶政而不敢折狱;止在内,明在外,故明慎用刑而不留狱。粗言之,如今州县治狱,禁勘审覆,自有许多节次,过乎此而不决便是留狱,不及乎此而决,便是敢于折狱……由是观之,'贲'、'旅'二卦盖交相成而互相用也。……治狱君子必象'离'之明以为之体,象山之止以为之用,明矣而犹不敢折狱,明矣而犹必慎而不留,皆止之象也。狱不难于治而难于用,故'噬嗑'卦辞曰:'利用狱'。"[2]

　　那么,河洛先民是否也观火比象,并以火的意象与法的创生与价值联系起来呢? 答案是肯定的。在《尚书·虞夏书·胤征》中的征讨"湎淫,废时乱日"的羲和的誓师公告中有如下的誓辞:"今予以尔有众,奉将天罚。尔众士同力王室,尚弼予钦承天子威命。火炎昆冈,玉石俱焚;天吏逸德,烈于猛火。"[3]对此,注家都诠释为犯下"废厥职,酒荒于厥邑"的那类官吏,其所犯错误之大,犹如猛火,这种猛火甚至比"火炎昆冈,玉石俱焚"的山火还要猛烈。这种诠释顺和事理,无可厚非,但我们认为,结合上下文综合考虑,似有引申为"承天子威命"而行将

---

① 陈襄民等注译:《五经四书全译·易经·象辞上传》(一),中州古籍出版社2000年8月版,第168页。

② 杨鸿烈著:《中国法律思想史》,中国政法大学出版社1999年8月版,第24页。

③ 陈襄民等注译:《五经四书全译·尚书·虞夏书》(一),中州古籍出版社2000年8月版,第346页。

进行的重兵讨罚是非常严重的、惨烈的,以照应上文的"杀无赦"和后文的"歼厥渠魁"的《政典》规定和此次征伐的最终宗旨。如果这种理解站得住脚的话,那么,以火的"威""猛"意象隐喻法的严酷,也就应该说得通了。如此看来,火同水一样,也是可以作为法的隐喻的,尽管不一定就是"本喻"。

除了以上的"火"以外,按前引《易经·系辞下传》所述:"重门击柝,以待暴客,盖取渚豫",以照应豫卦中如果因喜好欢乐而闻名,将有风险的卦像。这就将用来打造的多重门户与打更用的柝子的"木"与防盗贼的"法"联系了起来。

《上经·噬嗑卦》:"噬嗑:亨,利用狱。初九屦校灭趾,无咎。六二噬肤灭鼻,无咎。六三噬腊肉,遇毒,少吝,无咎。九四噬乾胏,得金矢,利艰贞,吉。六五噬乾肉,得黄金,贞厉,无咎。上九何校灭耳,凶。"①

此卦就是象征刑罚的,即刑罚之象。对此《象辞上传》诠释说:"颐中有物,曰噬嗑;噬嗑而'亨'。刚柔分,动而明,雷电合而章。柔得中而上行,虽不当位,'利用狱'也。"②意即"噬嗑卦象征刑罚,在卦象上表现为口中咬着食物,所以称噬嗑。由于咬合,而能把食物嚼碎,所以'亨通顺利'。刚柔先上下分开,然后交相咬合,动作有力而分明,犹如雷电交击而使咬合之理昭著彰显。此时柔顺者处于中道并能向上奋进,尽管不当纯柔之位却能刚柔上济,这对于施用刑罚是适宜的,所以说利于施用刑罚。"③

对此,程颐也作如此解释:"刚爻与柔爻相间。刚柔分而不相杂,位明辨之象,明辨察狱之本也,动而明,下震上离其动而明也。雷电合而章,雷震而电耀,相须并见,和而章也,照与威并行,用狱之道也,能照则无所隐情,有威则莫敢不畏。六五以柔居五为不当,而利于用狱者,治狱之道,全刚则伤于严暴,过柔则失于宽纵,五为用狱之主,以柔处刚而得中,得用狱之宜也。"丘濬在《大学衍义补》也说:"先儒有言,噬嗑震上离下,震雷离电,天地生物有为造物之梗者,必用雷电击搏之,圣人治天下,有为生民之梗者,必用刑狱断制之。故噬嗑以去颐中之梗,雷电以去天地之梗,刑狱以去天下之梗也。……"④

---

① 陈襄民等注译:《五经四书全译·易经·上经》(一),中州古籍出版社 2000 年 8 月版,第 28 页。
② 陈襄民等注译:《五经四书全译·易经·上经》(一),中州古籍出版社 2000 年 8 月版,第 109 页。
③ 陈襄民等注译:《五经四书全译·易经·上经》(一),中州古籍出版社 2000 年 8 月版,第 110 页。
④ 杨鸿烈著:《中国法律思想史》,中国政法大学出版社 1999 年 8 月版,第 23 页。

《易经·象辞上传》对此解释说:"电雷,噬嗑;先王以明罚勑法。'屦校灭趾',不行也。'噬肤灭鼻',乘刚也。'遇毒',位不当也。

"'利艰贞',未光也。

"'贞厉无咎',得当也。

"'何校灭耳',聪不明也。"①

程颐说:"电明而雷威,先王观雷电之象,法其明与威以明其刑罚,勑其法令,法者明事理,而为之防者也。"

吴澄说:"明者辨别精审之意,勑者整饬严警之意,明象电光,勑象雷威。……"

丘濬说:"制宪于平昔者谓之法,施用于临时者谓之罚;法者罚之体,罚者法之用,其实一而已矣。人君象电之光以明罚,象雷之威以勑法。……"

这样像"口中有物必齧之而后得合"到像"雷震电耀"以阐明刑罚的必要,可谓圣人极尽"象征主义"的能事!②

现在说说风,象征诚信的"中孚卦",《象辞下传》解释说:"泽上有风,中孚;君子以议狱缓死。"③意即大泽之上和风吹拂,象征"内心诚信";君子观此卦和卦名,便以诚信之德审断狱讼,宽缓死罪。程颐也说:"水体虚,故风能入之;人心虚,故物能感之;风之动乎泽,犹物之感于中,故为中孚之象。君子观其象,以议狱与缓死。君子之于议狱,尽其忠而已,于决死极其恻而已,故诚意常求于缓。缓,宽也,于天下之事无所不尽其忠,而议狱缓死最其大者也。"④

再说"丰卦·象辞下传"释其卦象之义:"雷电皆至,丰;君子以折狱致刑。"⑤

隆隆的雷声与闪亮的电光一齐大作,声威与光明具备,足见其"丰",象征事体"丰厚盛大";君子观此卦象和卦名,便效法雷之威与电之明审断狱讼,以体现

① 陈襄民等注译:《五经四书全译·易经·象辞上传》(一),中州古籍出版社 2000 年 8 月版,第 167 页。

② 杨鸿烈著:《中国法律思想史》,中国政法大学出版社 1999 年 8 月版,第 23—24 页。

③ 陈襄民等注译:《五经四书全译·易经·象辞下传》(一),中州古籍出版社 2000 年 8 月版,第 208 页。

④ 杨鸿烈著:《中国法律思想史》,中国政法大学出版社 1999 年 8 月版,第 25 页。

⑤ 陈襄民等注译:《五经四书全译·易经·象辞下传》(一),中州古籍出版社 2000 年 8 月版,第 202 页。

法的震慑力量,同时也暗含公正、公开断案的价值内涵,必要时可动用刑罚,以体现法的威力和震慑力。

还有《旅卦·象辞下传》释其义:"山中有火,旅;君子以明慎用刑,而不留狱。"①

烈火在山上燃烧,火势必不能长久,象征短暂的"行旅",君子观此卦象和卦名,便明智而又审慎地施行刑罚,不让嫌犯久留狱中。在今天看来,无论从旅卦的卦象和卦名上比类刑罚和不留狱有多么牵强,但其所申明的法理都是深义隽永,即使在当代也是应当大力弘扬的法的机理和价值。首先,从"明慎用刑"上看,对嫌犯用刑,不死即伤,对嫌犯本身就是一种伤害乃至性命的丧失,因此断狱者不可不明智而又要慎重,以免误判造成冤、假、错案,伤害无辜,此其一。其二,明智、审慎地断狱判案,也是法理上公开性、公正性的绝对要求。断狱判案先要查清事实,以犯罪实情真相为依据,然后才可据法以断,还要求断狱判案之人必须公正司法,不循私情,不枉法条,做到公开、透明,不冤枉无辜之人,这就排除了不负责任、轻率怠慢的态度和滥犯刑罚的粗鲁、随意行为。"不留狱"表明上古先民早在四五千年前就体察到今人有关诉讼的法理和真谛。所谓"留狱",在外表明狱讼永拖不决,在内则是由于对法理的幽暗不明和对久拖不决危害的无视或忽视。其危害不仅在于狱讼者本人,更伤及法的公正性,还造成了司法资源的浪费和国家资财的经济损失。正是由于"留狱"有如此种种弊病的体察,所以近、现代人创判和发展起了一种名为"诉讼法"的法律机制和制度,规定种种在诉讼中司法人员必须遵守的规范和规程,特别是在诉讼流程的各个环节上,都规定了严格的时间限制。从全部诉讼法,特别是刑事、民事、行政、宪法的诉讼法的立法目的上看,除了以保证公开、透明、公正的立法宗旨的实现外,就在于通过时间的严格限定以取得"不留狱"的实效,防止久拖不决,浪费司法资源和资财的现象在司法领域的发生。近、现代法律有些体认和发展,固然是近、现代法制的一大进步,实足令人欣慰。然而,现实司法中由于种种原因,诉讼各环节的时间限定并没有得到很好的贯彻执行。就以中国为例,就在二三年前,最高人民法院

---

① 陈襄民等注译:《五经四书全译·易经·象辞下传》(一),中州古籍出版社2000年8月版,第203页。

曾作出并推动了一个重大的司法举措，就是"清理积案"，限定在一定的时间内清理全部久拖不决的"积案"，要求该判的判，证据不足的先放人，限令到期必须全部清理完毕。这一举措彰显了今日司法观念的提升和法治的进步，实在值得肯定和嘉许。但如果反观四五千年前的河洛先民和中国的古哲，早有明确见识在先，我们后人迟至法制昌明的当代和今天，才真正有此明确的体认和举措出台，在令人感慨法制和法理的深奥的同时，又对治法的无力显得有些无奈。我们今人实足应当放下高度文明、进步的自恋心态，虚心向古人学习，从优秀的传统文化中吸取营养，以彰显今日法治之"不留狱"的价值。

写到这里，恰遇一则有关美国最高法院患有严重"拖延症"的报道。看来，今之"留狱"的现象不独中国有，连号称法治高度发达的美国也不例外。现附上此篇报道，以今之镜鉴反观中国上古"不留狱"观念之深厚与深远。

"据美国华盛顿大学官网10月2日报道，目前，美国最高法院召开2014年秋季会议，会议面临几项重大裁决，包括对言论自由、监狱中的宗教自由、怀孕歧视和同性婚姻等做出相关裁决。但研究人员提醒公众，别期待这些问题会在明年6月之前获得肯定答案，最高法院向来患有严重'拖延症'，尤其是针对一些重大问题。

"研究人员分析了美国最高法院1946—2013年间的7219项案例。他们发现，越是重大的案件，最高法院做出相关判决或裁定所需的时间越长。

"当然，重大案件通过情况下面临更加复杂的情况，人们的观点和态度往往分化严重，因此将经历更长时间的辩论。然而，研究人员发现，这一因素只能解释其中的部分案件，大部分案件却另有原因。

"根据分析，研究人员提出了造成美国最高法院'拖延症'的三大因素。首先，出于对声誉的考虑，在面临社会重大问题和案件时，最高法院希望做出的决定符合人们的期待，并且能够维护最高法院的尊严，所以，最高法院往往需要较长时间来做决定。其次，出于对公共关系的考虑，对重大案件判决结果的快速宣布可能会分散媒体的注意力，无法引起媒体对这些特殊案件的充分关心。最后一个原因是对第二个原因的延伸解释。大多数法官在华盛顿参加会议期间有着繁忙的日程安排，他们不希望公众对案件的关注分散他们的精力，所以，他们往往等到离开华盛顿后或者在夏季休会的空档期间来发布可能引起热烈讨论的意见。"①

关于《易经》卦象和卦名所蕴含的法制与法理,先儒的见识也值得我们在此作一介绍,以作为这一部分论述的总结。

丘濬在《大学衍义补》中说:"卦象言刑狱者五卦:噬嗑、贲、丰、旅、中孚也。噬嗑、贲、丰、旅皆有丽象,而噬嗑、丰则兼取震,贲、旅则兼取艮,盖狱以明照为主,必先得其情实则刑不滥,然非震以动之,则无有威断;非艮以止之,则轻于用刑;惟中孚一卦,则有起于巽兑,先儒谓中孚全体似离,互体有震艮,盖用狱必明以照之,使人无隐情;震以威之,使人无拒意;而又当行而行,当止而止,不过于用其明而恣其威也。夫然后兑以议之,巽以缓之,原情定罪,至再至三。……"②

"观象拟类"和"取象比类"是古国河洛先祖,也即中国先祖独创的思维模式和认识宇宙、人类社会与人身自身的独特方式。它既是人类理智论的基础,也构成了中国传统价值观的核心理念。我们从哪里来,我们为什么会以这样的方式、这样的独特的理念看待世界?中华民族生生不息的源头在哪里,这个历有五千年的古老东方古国为什么在世界其他地区的古代文明相继消失一两千年之后,仍然屹立不倒,又在新的环境和条件下焕发了生机,为什么经过外敌的侵凌、亡种亡国的摧残之后,以孔子为代表的儒家学说又受到了国际上的高度重视,以至争先恐后地开办"孔子学院"加以光大和传承? 又在中国近代以来,在几次大规模地批孔、批儒和批法之后,儒法之学不仅不倒,反而历久弥新,现在公认为其中有不少内容是构成优秀传统文化的重要组成部分,以至被认为是中国文化的基本元素乃至"因子"? 以上林林总总,绝非偶然,我们都可以从"观象拟类"和"取象比类"中找到古老的根据。中国的法就是这样的一种法,它不是源自上帝的赐予,也不是源自所谓的"自然法则"。尽管我们的先祖也凭借"天秩""天命""天罚"的概念创制他们的古法,但法的真正活水源头仍深深地嵌在现实世界及其社会生产、生活之中,是河洛先民关于如何过合乎自然秩序、规范社会行为和

---

① 引自侯丽编译:《美最高法院患有严重"拖延症"》,载《中国社会科学报》2014 年 10 月 10 日,A03 版。

② 丘濬:《大学衍义补》卷之一百,第 9—10 页。转引自杨鸿烈著:《中国法律思想史》,中国政法大学出版社 1999 年 8 月版,第 25 页。

人生举止的深切思考得出的理智成果。我们认为,中国法的创生的源头,必须从大一统的宇宙观或综合的世界这个宏观的总体背景中去寻找,中华法源起于先祖们对大千世界的直接观察而生成的直觉,经归纳加工以意象或抽象的形式形成类别化、抽象化的符号体系;再以这个唯物认识论为平台,进行演绎,从规范化的抽象体系中用以观审和推论显示中的矛盾,以及由这些矛盾引发的争讼。这是一个完整的关于中华法的认识论链条,中华法来源于现实,又返还于现实,最终引导人们过上合乎自然、情理和有秩序的社会生活。"我们到哪里去?"中华法以自己的独特的方法引领人们达至这个"至善"的境地和世界。从这个宏观的视域上看,任何希望从某一种单一的因素来看待法的元起和生成,都可能是失之偏颇和片面的认识。这也正是我们不惜耗费笔墨,对中华法的起源问题有别于学术界一般习惯性认识的根本动因。

第四章　河洛先民的人性理念对中华法创生的独特贡献

这一章将全面地探讨河洛先民在生产、生活中形成的人性观,这样的人性观又是如何催生中华法的观念以及如何塑形而成法制的。

第一节　河洛先民的人性理念

一、引言

河洛先民,或者说中华民族先民,同所有人类初民一样,在上古时代都经历过天泽不分、人兽不辨的蒙昧时代。为了生存,只能从大自然获取生存的必需生活资料,广泛采取的生产和生活方式,主要就是捕鱼、狩猎、采集植物的果实及茎、叶、根等,以维系个人的基本生存及繁衍子孙的需要。尽管先民们在渔猎、采集生产和生活中练就了一双远比今人更加锐利的目光,但他们对自己周围世界的认识是懵懂的、茫然的;更不可能了解自己与他人,与自然万物,特别是天、地之间有什么意义上的关联,甚至还不可能意识到"我是谁,我从哪里来,我又将到哪里去"这类有关人性及其存在意义的哲理性问题。但这无妨,只要大自然为人类的生存提供一个稳定的生态和自然环境,只要生于斯、长于斯的人类在这个稳定的生态系统和自然环境中,哪怕极其艰难,也要顽强地生存和繁衍下去,假以时日,譬如经历500万年、300万年、100万年,或者50万年、20万年、几万年直到距今大约一二万年之后,人类社会在普遍的进化链条上,终于进入了史称"旧石器"时代,更至距今7000年之后,人类开始进入"新石器"时代,人类的智力就在这漫长的岁月中逐渐积累,终于进入了我们今人称之为"文明"的时代,包括中国河洛先民在内的人类终于跨过了"蒙昧"历史阶段的门槛,而进入了"向文而化"的全新的历史时期。

作为古代文明的受益者和经历千百代繁衍至今的我们,已经不能再回到人类历史的深处,去还原我们先祖经历过的那段漫长而又艰苦历史的真实样态。但我们可以利用万千年先祖们遗传下来,并累积起来的智识资源,通过现代发达的科学与技术工具和手段,对上古的遗存,包括旧石器时代和新石器时代的考古发现进行深入地分析,更辅之以渐次发达和丰富起来的各种"古生物学"、"社会学"或"文化人类学"的新知识、新视野,都可以使我们今人对远古祖先的生产、生活以及所思所想,进行不一定十分精确,但大体上是可信度很强的先祖生活过的那个世界进行基本的还原。不待说,我们的先祖在距今三四千年前,还创造出了文字,从最初的契刻符号,到蝌蚪文,再到甲骨文及金文,直到秦始皇统一中国文字乃至"书同文"。有了文字之后,先民们就开始记载他们生产、生活及至治国理政的各种事迹,从先王的"有典有册",到民间大众诗歌等各种记事,为我们留下了丰富的典籍。这些典籍流传下来就构成了历史的记录,成为我们今人研究中国先民初期社会生产、生活和治国理政等方面不可替代的重要史料。我们今人无疑应当尊重历史,要尊重历史,就要以虔诚和敬畏之心对待历史典籍,特别是极其珍贵的先秦典籍。本部分内容,就是研习这些典籍而受到启发写就的。

中国特殊的文化情境显著区别于西方的文化情境。在西方,除了古希腊哲学家们曾深切地关注人的本性及人世治国理政之外,就其总体的文化情境来说,更热衷于关注人世以外的世界,并视之为人生及人世的本原。从古希腊的"神话体系"到基督教的"上帝"及"天国",从黑格尔的"历史精神"到康德的"道德原则",直至经济学中的"看不见的手",都视为是人生及人世存在的依据及基础。神人相分、主客相离这种"二分法",就构成了西方人认识世界,也包括对人性思考的认知模式。相反,在中国的文化情境中,我们先祖出于智识未开,蒙昧不明,面对变幻无常,威力巨显的自然现象,特别是对能造成重大灾害的自然现象,也会产生从惧怕、恐慌再到尊重自然、敬畏自然、祈求自然消灾赐福的社会心理转换。中国古人还成功地把自然转换成为一个"天"的概念,以"天"代指"自然",不仅简单明了,而且便宜地将其人格化,化成上帝、天帝、神的独特体系,以"人"形成既相互独立,又相互依存的宇宙观,形成"人"以及认识自然和人类自身的认识论起点。在这种文化情境下,中国先民的宇宙观和认识论始终持守中道,既不偏向于"天",也不倾斜于人。不偏向"天",就不能形成像基督教或伊斯兰教那样的对神的崇拜,或宗教式神圣信仰;不倾斜于人,也就意味着通过适当地"出世",可着眼于从形而上的世界吸取资源,以建构人类自身的精神家园。中国先民对人性的思考,就是在这样独特的文化情境中展开的。

还有一点需要强调指出,包括当代史学在内的后世、近世史学,在研究人性的思想史时,呈现出一种共同的学术志趣和倾向,即是先从孔子的"性相近、习相远"作为起点,然后重点论及孟子的"性善论"和荀子的"性恶论",也旁及一些"人性有善有恶"和"性无善无不善"之类人性观念。这些"人性"观念当然值得关注并应作为重点加以研究。但不适合我们目下的研究志趣。我们认为传统的人性观研究的视域,主要存在以下的不足之处:

一是起点较晚,孔子(前551—前470年)生活在春秋时代,孟子(前390—前305年)更比孔子晚一百多年,而荀子(前340—前245年)生活的年代已在战国晚期。显而易见,这就遗漏了有稽可考的夏、商、西周所经历的两千年左右的漫长时期,从而使人性的研究错过了最初形成的元点。而这元点的重要性,或中国人性论最初形成的机理的重要性,是不应当长期受到学术研究所忽视的,因为这关系到中国人为什么有这样的人性观而不是有那样的人性观,这个带有根本性的人性认识论的问题。

二是缺乏对人性的综合体认和把握。人性的善、恶,有善有恶和无善无恶,都是以"善"、"恶"为轴心展开的。无论这种人性观有多么重要,但它决不是代表中国先民的全部人性观念。事实上,中国初民社会形成的人性观,是一个综合的、庞大的体系,它通过对人的生死、衣食、种的繁衍,人与自然的关系,人与人的关系等一系列复杂的关系网的观察,形成关于人的生、死、性命、性情、食色、欲望、天命、命运等一整套的概念体系。只有对这一整套的概念体系及其相互关系的机理的全面把握,我们才能形成中国先民的人性论的综合认知知识。

三是缺乏对人性形成过程中"本始材朴"所起作用的深切关注,而把主要注意力集中于人为的价值因素上,即所谓的"伪"的问题。"本始材朴"和"伪"[1]的

---

① 王威威译注:《荀子译注》,上海三联书店2014年1月版,第208页。

概念是荀子始创的,他以此作为分析平台展开其关于人性的全部认识论。荀子首先将其关注点放在关于人的本性原由人的"本始材朴"所生的认识上。所谓"本始材朴",即人的自然资质和与生俱来的生理欲望。这些都是人人共同具有的,是先天得来的,或"凡性者,天之就也"。①　而"伪"则是人为的意思,与"虚伪"、"作伪"具有完全不同的意义。他认为人也有后来形成的伦理道德规范,是圣人所思虑和倡导的,而非生于人之本性。他说:"不可学、不可事而在人者为谓之性,可学而能、可事而成之在人者谓之伪。是性、伪之分也。"②

在这里,我们无意讨论荀子的人性观,而对他所提出的"伪"的概念及相关机理或可在其他场合,譬如说"礼"部分再加以讨论。这里就借用他的"本始材朴"或"天之就"的人性概念及相关机理加以分析,以引出我们这部分主题,即人性是法产生的基础问题。

二、食之性

关于食作为人性,孔子是较早提出来的。《礼记·礼运》记载孔子曾说:"饮食男女,人之大欲存焉。"③他还谈到人的"礼"也是始于饮食:"夫礼之初,始诸饮食,其燔黍捭豚,污尊而抔饮,蒉桴而土鼓,犹如可以致其敬于鬼神。"④其意是说,本来礼最初是从饮食开始建立的,先民将黍米用水洗净后,放在烧石上烧熟,把豚肉切开放在烧石上烤熟,在地上挖个坑当作酒樽,用手捧当酒杯喝酒。孔子还对初民社会人们的饮食状况做过生动的描述:"昔者先王未有宫室,冬则居营窟,夏则居橧巢。未有火化,食草木之实,鸟兽之肉,饮其血,茹其毛;未有麻丝,衣其羽皮。后圣有作,然后修火之利,范金,合土,以为台榭、宫室、牖户。以炮以燔,以亨以炙,以为醴酪;治其麻丝,以为布帛,以养生送死,以事鬼神上帝,皆从其朔。"⑤"茹毛饮血,穴居野处"这样的原始人生活状态,至今常被我等学人引用。

比孔子晚生 80 多年的告不害(前 420—前 360 年)曾提出:"生之谓性"。认

---

① 王威威译注:《荀子译注》,上海三联书店 2014 年 1 月版,第 305 页。
② 王威威译注:《荀子译注》,上海三联书店 2014 年 1 月版,第 305 页。
③ 陈襄民等注译:《五经四书全译·礼记》(二),中州古籍出版社 2000 年 8 月版,第 1343 页。
④ 陈襄民等注译:《五经四书全译·礼记》(二),中州古籍出版社 2000 年 8 月版,第 1335 页。
⑤ 陈襄民等注译:《五经四书全译·礼记》(二),中州古籍出版社 2000 年 8 月版,第 1335 页。

为人性始于人的出生延至整个生命存在的全过程。而人一出生便要吃食物,故"食"是作为生物的人的本能,绝对是"天之就"的"本始材朴"世人皆知,"民以食为天",告子曰"食色,性也",是继孔子之后又一次在先秦文献中提出的人性观念。既然"食"是人与生俱来的生理要求,便具有普适性,但凡人一出生,没有不进食而能够生存和成长起来的。人是大自然的产物,是地球在几十亿年的发展变化中,各种不可多得的机遇才演化成为这个适宜繁衍生物的星球,而人的诞生,更是经过亿万年生物进化的成果,可遇而不可求。"食"作为人"本始材朴"的性,当之无愧,确凿无疑。

作为人性的"本始材朴"的饮食,并不像大多数今人所认为的是"饭来张口"那么简单。饮食对于中华民族和从古至今的国家和社会的影响,其至大至深的程度,早已被繁华升平世界的人们,包括学术界所忽视。

在中国古老的神话系统中,人从一诞生到生存乃至繁衍后代,都是与自然息息相关的,如女娲用一把黄土和成泥,捏成了人形,然后吹了一口气,泥人就活了,在乡土观念中还时常会提及"人是由泥做成的"。如此一来,我们今人都是这种用土做成的人的后代。黄土即土地,大地厚德载物,不仅刻意捏合成活人,还能生成出各种食材为人所食用。

在上古的"三皇"时代,有关的传说都是围绕"饮食"而展开的。被尊为"天皇"的燧人氏,发现并教会初民用火,火的使用使人类的生存状况得到了极大的改善,加速了人类体质,特别是大脑的进化;"人皇"伏羲氏"作结绳而为网罟,以佃以渔",意即教人结网打渔,并以打猎为生;而"地皇"神农氏"斲木为耜,揉木为耒,耒耨之利,以教天下。"这就开启了农耕文明,传说神农氏还遍尝百草,教人识别,以可食可药。神农氏通常被中国人视为"炎帝",与后世的"黄帝"共同成为中国人的始祖。

除上述传说之外,考古发掘也发现了大量中国先民为生存而用火及农作的遗迹。如18000年前左右的北京山顶洞人,就已经会用钻木取火,以烤熟捕猎来的动物。在河南渑池地区发现的仰韶文化遗存中,发现水稻、小麦等农作物的种子,以及饲养家畜的遗迹。

到了皇帝时期,《史记》记载黄帝"时播百谷草木,淳化鸟兽虫蛾,旁罗日月星辰水波土石金玉,劳勤心力耳目,节用水火材物。有土德之瑞,故号黄帝。"①

至尧帝时,当时正是"汤汤洪水方割,荡荡怀山襄陵,浩浩滔天。下民其咨,有能俾乂"。②尧帝为解民众因洪水之困而导致的粮食短缺,在征询四岳意见后,便命鲧去治理洪水。

鲧治水失败,由舜帝再命鲧的儿子禹再去治水。平水土,再三嘱咐他要勤勉努力,务保治水成功。而禹则向舜帝劝喻"德惟善政,政在养民。水、火、金、木、土、谷维修,正德、利用、厚生惟和,九功惟叙,九叙惟歌。"③这里明确地提出了水、火、金、木、土的概念,这五个概念对于人生饮食的关系,下面还将申述之,此处尚且不表。

禹治水历经十数年,千辛万苦,三过家门而不入。终于披九山、通九泽、决九河、定九州,使洪水得到根治。然后再进行水土治理,终成沃土良田供民众耕种,中国初民社会跃上了一个新台阶,国家也随之诞生了。

在夏代,有关农时、农事之于民生的重要性,通过《胤征》这篇古文,得到了突出的体现。太康失德丧位之后,由有穷国侯后羿立仲康继位,是为仲康帝。早在尧帝时就任命羲氏与和氏掌管根据日月星辰运行规律而制定历法,指导民众按时令节气从事生产活动,以满足人们的饮食需要。自尧至夏,羲氏与和氏世世代代掌管此项工作。然而,到夏代仲康时期,"羲和湎淫,废时乱日"。④于是仲康命胤侯统率六师,前去征伐。在今人看来,羲氏与和氏腐化堕落,荒废政事,撤职查办也就是了,为什么还要大费周折,兴兵率师前去征伐?放在当时的社会情境中去看,这一点也不难理解。民以食为天,农作物靠天才能生长,依节令播种、耕作、收获才能获得人们生活所必需的粮食。错了节令,便无所收获,民众一旦遭遇饥荒,就会引发社会动荡。国家统治者为了自身政治统治的稳固,势必极为重视民生问题。重民生就必须重农时,所以当时已有《政典》规定:"失时者杀无赦,不及时者杀无赦。"⑤意即历法所定的节令无论比天时出现得早,还是晚,都

① 司马迁:《史记》,中州古籍出版社 1994 年 9 月版,第 1 页。
② 陈襄民等注译:《五经四书全译·虞夏书》(一),中州古籍出版社 2000 年 8 月版,第 295—296 页。
③ 陈襄民等注译:《五经四书全译·虞夏书》(一),中州古籍出版社 2000 年 8 月版,第 310 页。
④ 陈襄民等注译:《五经四书全译·虞夏书》(一),中州古籍出版社 2000 年 8 月版,第 340 页。
⑤ 陈襄民等注译:《五经四书全译·虞夏书》(一),中州古籍出版社 2000 年 8 月版,第 346 页。

一律杀头,绝不赦免。可见,当时的统治者对于民众的农耕生产和粮食的收成,看得是何等重要。明白了统治者对民生的这种关切,就不难理解,夏王仲康何以要派胤侯兴师动众前去征伐丧德渎职的羲氏与和氏两位官员了。

到了商代,成汤灭夏之后返回大埛,商汤左相仲虺作诰,劝勉成汤放心执政。其中借用农殖事理述说夏桀的倒行逆施,以证明成汤推翻夏朝,建立商朝的合法性。他是这么说的:"肇我邦于有夏,若苗之有莠,若粟之有秕。"①用莠、秕自比,表明夏族对商族的轻视、无理。

在成汤向天下诸侯申述伐桀原因的《汤诰》中,成汤又用草木的繁茂比喻千万百姓也因此重获生机。他在诰词中说:"贲若草木,兆民充殖。"②

在商代中期,商王苦于商都奄地连年水患,百姓不得安居乐业,直接影响国家的安定,于是决定迁都于殷,即今日的河南安阳。大臣及民众都不愿搬迁,埋怨迁都后会过得不习惯,直至闹到怨声载道的程度。盘庚无奈,写下三篇诰词,反复申说迁殷的必要性和好处,并施之以恫吓及高压,终于迁都成功。为了增强其劝说的说服力,他多次用与生活、饮食相关的事例进行比喻。如他说:"予若观火,予亦拙谋作,乃逸。若网在纲,有条而不紊;若农服田,力穑乃亦有秋。"③意思是说:"对于你们的所作所为,我洞若观火,看得清清楚楚,只是我用来对付你们的策略不够巧妙,这不能不说是一种失误。譬如结网,只有结在纲上,才能有条有理而不至于乱成一团;又譬如种田,只有努力耕作,才会取得好的收成。你们如果能抛开私心,给予百姓和你们的亲友一些实实在在的好处,你们才有资格大言不惭地说你们积了大德!"又说:"惰农自安,不昏作劳,不服田亩,越其罔有黍稷。"④意思是说:"你们如果不怕将来、甚至目前就会发生大灾大难,像懒惰的农夫一样只知道追求安乐,不去努力操劳,连田地也不去耕种,就不会有所收获。"⑤

殷高宗武丁任命山中野老傅说为相,作《说命》诰,诚心实意地向他请教治国理政的大道理,其中用煲汤及用汤做比喻,十分贴切,很是生动:"王曰:'来!

① 陈襄民等注译:《五经四书全译·尚书》(一),中州古籍出版社2000年8月版,第352页。
② 陈襄民等注译:《五经四书全译·尚书》(一),中州古籍出版社2000年8月版,第355页。
③ 陈襄民等注译:《五经四书全译·尚书》(一),中州古籍出版社2000年8月版,第370页。
④ 陈襄民等注译:《五经四书全译·尚书》(一),中州古籍出版社2000年8月版,第370页。
⑤ 陈襄民等注译:《五经四书全译·尚书》(一),中州古籍出版社2000年8月版,第373页。

汝说。台小子旧学于甘盘,既乃遯于荒野,入宅于河,自河徂亳,暨厥终罔显。尔惟训于朕志,若作酒醴,尔惟曲蘖;若作和羹,尔惟盐梅。尔交修予,罔予弃;予惟克迈乃训。'"①用现代语言表述,就是君王说:"来吧,傅说! 我起初向甘盘学习治国之道,可是不久就跑到荒野,躲在黄河边,后来又从黄河边去到亳地,这期间,我在品德、学业各方面始终没有取得显著进步。因此希望你对我加以训导,使我志向远大起来。打个比方说,如果我酿造美酒,你就充当发酵的酵母;如果我做羹汤,你就充当调味的盐和青梅。你要从多方面教导我,不要厌弃我;而我一定能够遵从你的教导。"②

到了周代,武王杀纣灭商后所做的大事中,就有"散鹿台之财,发矩桥之粟,大赉于四海,而万姓悦服。"③又"重民五教,惟食丧祭"。④ 无论是散财放粮济民,还是教民劝耕,这些都是安定民心的重中之重的要事,对于稳定新生的周王朝政权起了至关重要的作用。

至于在《洪范》中,更是将"五行"作为"彝伦攸叙"中的头等大事,有关的分析还将在下面做出,此处暂且不论。而"八政"中前两政"一曰食,二曰货",则是与饮食、生活息息相关。在具有根本大法性质的《洪范》中,将发展农业、管理民食及财货作为头等大事,其意义非比寻常,表明在上古时代,中国就开启了以农立国,管理民食的治国理政的历史进程。

武王死后,周公相成王,时逢三监和淮夷叛乱,周公代成王拟《大诰》决心征伐武庚和三监,面对大臣们的反对,其中有两处用与饮食和居住有关的比喻以申明其征伐有理。先是说:"若考作室,既底法,厥子乃弗肯堂,矧肯构? 厥父菑,厥子乃弗肯播,矧肯获? 厥考翼,其肯曰:'予有后,弗弃基?' 肆予曷敢不越卬敉宁王大命? 若兄考。乃有友伐厥子,民养其劝弗救。"⑤意思是说,譬如父亲要盖房子,怎么盖都已经确定下来了,可是儿子不去打地基,房子怎么盖起来呢? 又好像父亲新开了一块田地,可是儿子却不去播种,怎么会有收获呢? 我是文王的后代,所以要助成王完成文王从上天那里承受的大命,有人群起攻击文王的儿

① 陈襄民等注译:《五经四书全译·尚书》(一),中州古籍出版社 2000 年 8 月版,第 385 页。
② 陈襄民等注译:《五经四书全译·尚书》(一),中州古籍出版社 2000 年 8 月版,第 386—387 页。
③ 陈襄民等注译:《五经四书全译·尚书》(一),中州古籍出版社 2000 年 8 月版,第 406 页。
④ 陈襄民等注译:《五经四书全译·尚书》(一),中州古籍出版社 2000 年 8 月版,第 406 页。
⑤ 陈襄民等注译:《五经四书全译·尚书》(一),中州古籍出版社 2000 年 8 月版,第 426—427 页。

子,你们这些身为百姓长官的,怎么能够阻止文王的儿辈们相互救助呢? 后又比喻说:"……尔亦不知天命不易! 予永念曰:天惟丧殷,若穑夫,予曷敢不终朕亩?"①意思是说,你们不是也知道天命不可改变吗? 我曾长时间这样想:上天既然要灭掉殷周,我就应当去消灭它,这就像农夫耕种田地一样,我怎敢不细心耕作,把田地耕种好呢?

周公曾对在封地卫国的康叔发布了一项严格的禁酒诰命,又称《酒诰》。在诰词中,周公多次直接提到爱惜"土物",即爱惜粮食,要求卫国的人尽力劳作,专心致志地种好庄稼。只有在做完农事之后,才可以牵牛赶车,到外乡去做生意,用自己赚来的钱财孝敬和赡养父母。只有在父母用丰盛的饮食招待你们时,才可以饮酒。周公还用殷商盛世时的历史经验和亡国中的教训来教导封地的臣民,不要沉湎淫乐和纵酒。

在周公告诫康叔如何治理殷民的诰词《梓材》中,周公再次用农耕和民宅建筑以及木材的使用理喻治民之道。他说:"惟曰:若稽田,既勤敷菑,惟其陈修为厥疆畎。若作室家,既勤垣墉,惟其涂墍茨。若作梓材,既勤朴斫,惟其涂丹雘。"②意思是说周公认为治理国家好比种田,既然已经辛勤地开垦了田地并播下了种子,就应当修整地界和开挖水渠;又好比盖房子,既然已经辛勤地垒起了墙壁,就应当用泥巴堵住墙洞和用茅草盖好房顶。还好比用名贵木材做家具,既然已经辛勤地把木材制作成了家具,就应当考虑油漆彩饰以增加其美观和耐用。这些比喻让人容易明白和接受。不待说,这也与人们的饮食和日常生活息息相关。

周朝建立初期,稳定政权,安抚殷民,镇压殷民和淮夷的反叛,始终是头等大事。为此,成王及重量级辅臣周公和召公决定在洛邑建立新都,希望通过政权中心的东移的方式,彻底地解决殷民的归附和安定问题。经多年的努力,在召公的主持下,新都终于建成,取名"成周",意为"周道始成"。周公和召公都劝告成王东迁,以实现居洛亲政,而成王则认为当时殷民民心仍然不稳,需要周公继续居洛以安抚殷民。君臣为此反复商讨,最后还是决定由周公继续居洛,安抚殷民。

---

① 陈襄民等注译:《五经四书全译·尚书》(一),中州古籍出版社 2000 年 8 月版,第 427 页。
② 陈襄民等注译:《五经四书全译·尚书》(一),中州古籍出版社 2000 年 8 月版,第 447 页。

在这次讨论中,史官记录下了他们的谈话内容,定篇名为《洛诰》。诰词中,周公谈及曾进行三次重大占卜:先卜黄河以北的黎水一带是否吉利,得到的是不吉利的兆果;又占卜了涧水以东、瀍水以西一带地方,得到了吉兆;接着又占卜了瀍水以东一带地方,得到的结果也是吉利的。这两次吉兆说明在洛水一带适合让百姓长久居住,这里种田吃饭不成问题。原文是:"我卜河朔黎水。我乃卜涧水东、瀍水西,惟洛食;我又卜瀍水东,亦惟洛食。"①

周公还政于成王后,担心周成王贪图享乐,荒废政事,于是向成王发表一份诰词,题为《无逸》。其中两次提及,要做到无逸,就要知道农业生产的艰难,为民谋食的不易,有了这样的思想基础,就不会贪图安逸享乐,而一些平民百姓中的子女们,由于不懂得父母农耕劳作的艰辛,他们不仅自己贪图安逸,还耻笑上了年纪的人无知无识,什么也不懂。原文是:"呜呼!君子所其无逸。先知稼穑之艰难,乃逸,则知小人之依。相小人:厥父母勤劳稼穑,厥子乃不知稼穑之艰难,乃逸乃谚,既诞,否则,侮厥父母,曰:'昔之人无闻知。'"②

从上述史迹的传说到古籍《史记》《尚书》的记载中,我们得到了一个十分深刻的印象,就是我们的先祖在初民社会的起始到建国阶段,都始终对饮食问题以及扩展开来的土地问题、治洪平水问题、农耕和稼穑问题等保持高度的关切;即使在治国理政方面,也时常借用农耕和稼穑不易与艰难,以强调重视民生、培养王者和众臣道德品质的重要性。我们仅从上述并不周全的引用与介绍,就不难看出我们先祖对饮食以及相关的民生问题的重视。这种重视程度之高,远远超出后世特别是生活在衣食无忧时代的我们今人。在后工业化、信息化时代,传统农耕方式已渐渐趋于消亡,饮食已不再是至少在社会层面不再是值得特别关注的大事,"家中有粮,心中不慌"的古训已在富庶的时代,渐渐被人遗忘。在政治方面,从朱元璋接受周巅提议"广积粮、高筑墙、缓称王"以得天下,到李自成"跟闯王,不纳粮"而壮大起义队伍,再到毛泽东在 20 世纪 60 年代提出的"备战、备荒、为人民"的国家政治战略,如此等等,无一不把粮食放在建国、立国和护国的战略地位上。至今在执政党和国家领导进行社会主义现代化建设的过程中,也

---

① 陈襄民等注译:《五经四书全译·尚书》(一),中州古籍出版社 2000 年 8 月版,第 456 页。
② 陈襄民等注译:《五经四书全译·尚书》(一),中州古籍出版社 2000 年 8 月版,第 469 页。

没有忘记在"农为大本"这个战略基点上,规划出全国必须保留18亿亩耕地作为"红线",不得逾越。然而,随着土地资本的增值和市场化的买卖机制的建立,18亿亩的"红线"早已接近被突破的极限。尽管执政党和国家再三坚持和强调,一些地方和部门仍然置若罔闻,大片良好的耕地被利益所驱使而被挪作他用,令人痛惜但又无奈。又见到电视公益广告上讲,现实中国人在餐桌上浪费的粮食,每年高达2000亿公斤,足够2亿人一年的口粮。时代无论如何进步,但我们国家的人民基于饮食的本性永远不会改变,想想我们的先祖在那极其艰苦的状况下生存,以及几千年以农立国,逐渐发达的土地文明,我们今人对自己毫无顾忌地浪费粮食的行为,真应该感到汗颜并加以深刻地反思。

时值2014年12月5日上午11点写完这部分内容,恰逢当日中午的电视新闻报道,国务院发言人一方面报告全国农粮生产连续11年丰收的喜讯;另一方面又报告国务院将18亿亩农业用地的单一"红线"调整为"双红线",即保留16亿亩耕地为一条"红线",而保留14亿亩耕地用于种植粮食作物为另一条"红线"。这种大幅度地减少农业用耕地的改变,不知是受到了粮食增产的大好形势的鼓舞而凭添信心所致,还是对以往被突破的现实的无奈认可。既然总是可以"突破",所谓的"红线"也就没有了强制性的约束了。饱时思饥,莫到无时想有时,居家过日子应当如此,那国家呢?无论如何,头顶上悬着一把"粮食安全"的利剑,让人们时刻记起这是保障民生的饮食之必需,不仅是治国之大本,也是人性中最基本的"本始材朴"的构成因素之一。

为了深化这部分内容的研究,我们在下面还将上古典籍中的与饮食有关的内容,分别做一些引介和分析。

(一)《诗经》中的饮食之性

《诗经》最初叫《诗》或《诗三百首》,约编成于春秋中期,其中包括从公元前11世纪到公元前6世纪500多年间的305首诗歌。

《诗经》以诗歌的形式描述和表现了宏阔深邃的社会生活画面,其中涉及的内容涵盖社会生活的方方面面,包括政治、军事、祭祀、英雄业绩、国家和民族历史等各个方面。而其中又有大量的诗歌集中描述古时人们的生产劳动、家庭生活、爱情婚姻、宴饮等生活气息极为浓厚的情景和场景,读了仿佛能把后世的人拉回到那原始、拙朴的社会生活中去。与本题相关的关于人的饮食之性,也得到了丰富多彩和生动的体现。现举显要者如下：

世人耳熟能详的开篇之诗《关雎》，就用"参差荇菜，左右流之。""参差荇菜，左右采之。""参差荇菜，左右芼之。"①的采集野菜的劳动，在形容采集女的温柔、动作轻盈和形体苗条的同时，也赞美了"窈窕淑女"热爱劳动、勤俭持家的美德。采野菜自然与饮食相关，隐喻了古人的择偶观和对美好、宁静婚配和家庭生活的向往。

在《卷耳》一诗中，也是借"采采卷耳，不盈顷筐"②的采集卷耳的劳作开始，而抒发主人的切肤思念亲人的情感的。

在《樛木》一诗中，则借用野葡萄藤上结满的野葡萄来祝贺新婚之喜。"南有樛木，葛藟累之。""南有樛木，葛藟荒之。""南有樛木，葛藟萦之。"

在著名的《桃夭》一诗中则借助桃树的茂盛、桃花的鲜艳、果实的硕大，引出出嫁姑娘的美丽及与新郎的两两钟情。"桃之夭夭，灼灼其华。之子于归，宜其室家。桃之夭夭，有蕡其实。之子于归，宜其家室。桃之夭夭，其叶蓁蓁。之子于归，宜其家人。"③

在《芣苢》一诗中，则是少见的专门描绘一群妇女采集车前子的情景。"采采芣苢，薄言采之。采采芣苢，薄言有之。采采芣苢，薄言掇之。采采芣苢，薄言捋之。采采芣苢，薄言袺之。采采芣苢，薄言襭之。"④

在《汝坟》一诗中，则集与饮食有关的烧柴、如早晨般的饥饿及鲂鱼尾的红艳来畅叙丈夫远行服役归来，妻子喜不自胜的情景。"遵彼汝坟，伐其条枚。未见君子，惄如调饥。遵彼汝坟，伐其条肄。既见君子，不我遐弃。鲂鱼赪尾，王室如毁。虽则如毁，父母孔迩。"⑤

在《诗经·国风》中，还有一首《野有死麕》的诗，猎物作为爱情的信物，表述了一个年轻猎人于郊野丛林中偶遇一如花似玉的少女，便将猎物作为爱情的信物向少女表达爱慕之情，该少女也正值春情萌动，含苞待放之时，两两相悦，一下子就进入热恋的状态。诗中用野有死麕作为引线。生动传神地表现古代青年男

---

① 陈襄民等注译：《五经四书全译·诗经》（一），中州古籍出版社 2000 年 8 月版，第 551—552 页。
② 陈襄民等注译：《五经四书全译·诗经》（一），中州古籍出版社 2000 年 8 月版，第 554 页。
③ 陈襄民等注译：《五经四书全译·诗经》（一），中州古籍出版社 2000 年 8 月版，第 558 页。
④ 陈襄民等注译：《五经四书全译·诗经》（一），中州古籍出版社 2000 年 8 月版，第 560 页。
⑤ 陈襄民等注译：《五经四书全译·诗经》（一），中州古籍出版社 2000 年 8 月版，第 563 页。

女纯朴无邪的感情表达和恋爱情景。原诗如下："野有死麕,白茅包之。有女怀春,吉士诱之。林有朴樕,野有死鹿。白茅纯束,有女如玉。舒而脱脱兮! 无感我帨兮! 无使尨也吠!"①

在全部305首诗歌中此类与饮食相关的食材的诗句有很多,简直多到不胜枚举的程度。除了借用饮食作为政治、社会生活,恋爱和婚丧嫁娶的比喻、隐喻或象征等修辞手法之外,从另一个侧面也反映出饮食对于古代民众生活的重要性。饮食作为人类的本性,早已渗透到民众社会生活的方方面面,无论是甜美静谧的田野生活,还是炽热如火的爱情期盼,也无论是因官场失意或被丈夫抛弃而生的愤懑、哀怨、凄婉,或是政治上的险恶与诡谲,无不可以用饮食及其相关的质料来加以借喻、比喻或反讽。表面上看来是人类情感的表达和诗歌创作生动的笔法,但在其背后,我们可以或明或暗地看到,作为人类"本始材朴"的饮食已然深深地熔铸于人类的本性之中。

还有一个特点,在这里有先行指出的必要,即《诗经》有一些有关"饮食"的辞句,其实指的不是用于获取生存必要营养的饮食,而是隐喻男女的性行为。此类诗句,已然将"饮食"和"性交"合为一体。使"性交"这类羞于出口的行为,以"饮食"来暗喻,这真是一个天才的人性表达和创造,令人不能不感叹我们先祖的聪明与智慧。详细的分析,留待下面展开"色之性"部分进行。

(二)《易经》中的食之性

《易经》最早只叫《易》,后来又叫《周易》,成为儒家经典后,才称为《易经》。《易经》的编排分为《经》与《传》两部分。《经》又分为卦、卦辞和爻辞三部分。卦是用来象征宇宙万物形象和运动变化图式的一套符号系统,分为三爻卦和六爻卦两类,古时占卜时用做"取象比类"以测吉凶,但只有方术之士及专家才能应用,属于非科学理性的内容。辞就是通常所说的"经文"或"古经",卦辞、爻辞则分别揭示每卦、每爻的意义。"传"是解"经"的说明,共十篇,也称十翼。《易传》经历代哲人诠释,特别是经儒家诠释以后,被赋予了儒家理念,构成了一套深刻的世界观和方法论。在中国的传统文化中,成为重要的经典文献,至今国内外对其研究不绝如缕,新见迭出,蔚然成为一大学术景观。我们即将展开的有关

---

① 陈襄民等注译:《五经四书全译·诗经》(一),中州古籍出版社2000年8月版,第578—579页。

人的食之性探索,或可视为《易经》研究中一个全新的视角。

　　《易经》有相关可观的关于饮食或与饮食相关的内容,涉及的面也很广泛,据我们粗略地梳理,与饮食及相关内容的数量,竟有 50 多处。如《需卦第五》九五爻辞:"需于酒食,贞吉。"①需于酒食,意即在酒宴中等待。《讼卦第六》六三爻辞:"食旧德。贞厉,终吉。或从王事,无成。"②食旧德即安享旧日俸禄。《师卦第七》六五爻卦为"田有禽,利执言,无咎。……"③意思是说,田野有禽兽出没,宜于捕猎。《比卦第八》初六爻卦为"有孚,比之无咎,有孚盈缶,终来有它,吉。"④意思是胸怀诚信之心前来辅佐,没有灾祸。假若诚信之意如美酒盈缸,最后纵然发生意外情况,仍然吉祥。用美酒盈缸,隐喻人的诚信满满,如同美酒,既形象,又贴切。《剥卦第二十三》上九爻辞为"硕果不食,君子得舆,小人剥庐。"⑤意思是说,果实硕大却未被摘食,君子摘食,将会得到大车运载;小人摘食,房屋将会被拆毁。《无妄卦第二十五》中六二爻辞说:"不耕获,不菑畲,则利有攸往。"⑥意思是不耕耘而收获,不垦荒而有良田耕种,则有利于有所举动。此言虽违背事理,但言及耕耘及收获,垦荒而有良田耕种,都与民食攸关。《大畜卦第二十六》在卦辞中就有"不家食"⑦,即不求食于家,而食禄于朝的意思。也与饮食有关。《颐卦第二十七》卦辞说:"观颐,自求口实。"⑧这是说要观察人的颐养行颐养之道,就要自谋口中食物。这就直接谈及饮食与人的健康关系。初九爻辞说:"舍尔灵龟,观我朵颐";六二:"颠颐,拂经于丘颐";六三:"拂颐";六四:"颠颐,吉。虎视眈眈,其欲逐逐,无咎";上九:"由颐"。这些爻辞,说的都是两腮不停地颠动动作,自然都与吃食有关,其中六四爻辞特别提出的"虎视眈眈,其欲逐逐,无咎",更是第一次用兽中之王做比喻,形容人为了解极度饥饿之困,像老虎那样双目圆睁注视一切,急欲不断地得到食物的急迫之状,生动传神,充分表现了人类在极度饥饿的状态下,不顾一切地想得到食物的急迫状况。如

①　陈襄民等注译:《五经四书全译·易经》(一),中州古籍出版社 2000 年 8 月版,第 8 页。
②　陈襄民等注译:《五经四书全译·易经》(一),中州古籍出版社 2000 年 8 月版,第 9 页。
③　陈襄民等注译:《五经四书全译·易经》(一),中州古籍出版社 2000 年 8 月版,第 11 页。
④　陈襄民等注译:《五经四书全译·易经》(一),中州古籍出版社 2000 年 8 月版,第 12 页。
⑤　陈襄民等注译:《五经四书全译·易经》(一),中州古籍出版社 2000 年 8 月版,第 31 页。
⑥　陈襄民等注译:《五经四书全译·易经》(一),中州古籍出版社 2000 年 8 月版,第 33 页。
⑦　陈襄民等注译:《五经四书全译·易经》(一),中州古籍出版社 2000 年 8 月版,第 34 页。
⑧　陈襄民等注译:《五经四书全译·易经》(一),中州古籍出版社 2000 年 8 月版,第 35 页。

果一个人如此也就罢了,如果众人都是如此,恐怕就有一争或一抢了,由此引发争斗,必然会有一伤或两败俱伤。为了避免人类自相损伤或残杀,就需要定下规则,由大家共同遵守,这种规则世人称之为"法"。从这里,我们不难发现如后面还要讲到的《易经》中"有食必有法"的问题,人类饮食引发的法的起源问题,已经渐渐地浮出水面。不过,这是后话,这里只就饮食的"本始材朴"的人性问题进行梳理。除此之外,我们还不应忘记,《颐卦》六四所列如下爻辞"虎视眈眈",早已成为中国语言文字中的成语,几千年来,为人们熟悉和引用,令我辈后人不得不感佩先民们观察事物精细入微,用做比喻形象传神,令人过目不忘。还不应当忘记的是,"其欲逐逐"虽不为今人所常用,在从我们梳理的人性意义上说,将"饮食"与人的"欲"结合起来,也有深化人性之意。相关的分析,还将在下面的"欲之性"部分论及,此处暂放下不表。

在《坎卦第二十九》六四爻辞中说:"樽酒,簋贰,用缶,……"①

意思是把一樽薄酒,两筐淡食,用瓦罐盛起来……。不待说,这里的樽酒、筐食、瓦罐都是饮食和与饮食有关的器皿。以上就是《上经》中卦、爻辞中与饮食相关的信息内容。我们之所以详细加以列举,就是想说明我们此本题的立意,即古代先民为在生存环境险恶及科学技术知识的匮乏所困的情境下,曾经做出艰苦的努力,以求得生存所必需的食物。在一部原本只为卜巫的经文中,之所以如此密集、频繁地借用饮食来说事、推理、测吉凶,从根本上来说,古代先民智识所限,只能用自己最熟悉、最求知容易的日常饮食及其相关的事理来说事。从这一侧面证明我们先祖对饮食这个"本始材朴"极为珍视,不仅视为生存所必需,更可用来作为认识世界的途径或方法。总之一句话,"饮食"作为人的本性,早已深深透射进人类生活的方方面面了。

在《下经》的 34 卦中,涉及的卦爻辞更是为数众多。限于篇幅,这里只简单地列举出来,不再进行详解和分析。

《咸卦第三十一》上六:"咸其辅颊舌",牙床和面颊,都是与饮食相关的人体器官②;《恒卦第三十二》九四:"田无禽",猎杀禽兽,自然属于食材③;《遯卦第三

---

① 陈襄民等注译:《五经四书全译·易经》(一),中州古籍出版社 2000 年 8 月版,第 38 页。
② 陈襄民等注译:《五经四书全译·易经》(一),中州古籍出版社 2000 年 8 月版,第 41 页。
③ 陈襄民等注译:《五经四书全译·易经》(一),中州古籍出版社 2000 年 8 月版,第 42 页。

十三》六二："执之用黄牛之革，莫之胜说"，黄牛革自然取之食后的黄牛①；《大壮卦第三十四》九三和上六都用了"羝羊触藩"做比喻以及六五："丧羊于易"，所谈及的羊，自然都与饮食有关②；《晋卦第三十五》卦爻辞所说的"锡马蕃庶""鼫鼠""晋其角"，也都与饮食有关③；《明夷第三十六》初九："……君子于行，三日不食，有攸往，主人有言"，更是明言，君子匆忙出行，三天没饭吃，一旦向他人乞食，便遭主人责备；又九三："明夷，于南狩，得其大首"，也与饮食材料有关④；《家人卦第三十七》六二："无攸遂，在中馈"，直接谈及炊事⑤；《睽卦第三十八》六五："厥宗噬肤"，直言同本家族的人一同吃肉⑥；《解卦第四十》九二："田获三狐，得黄矢"，狩猎有所收获，即得到食材和毛皮⑦；《损卦第四十一》卦辞："曷之用二簋"，即用两簋淡食祭祀神灵自然与饮食有关⑧；《夬卦第四十三》九四中的"牵羊悔亡"和九五中的"苋陆夬夬中行"，也都是用羊做比喻⑨；《姤卦第四十四》初六："羸豕孚蹢躅"；九二："仓有鱼"，"仓无鱼"，九五："以杞包瓜"，都与饮食有关⑩；《升卦第四十六》六四："王用亨于岐山"，祭祀神灵自然离不开作为贡品的食物⑪；《困卦第四十七》九二："困于酒食"，也直言饮酒⑫；《井卦第四十八》更是用水井做卦名，其中初六："井泥不食，旧井无禽"，九二："井谷射鲋"，九三："井渫不食。为我心恻。可用汲"，六四："井甃"，九五："井冽。寒泉食"，上六："井收勿幕"。所有这些与水井有关的卦爻辞，自然都是取自饮用水之喻⑬；《革卦第四十九》初九："巩用黄牛之革"，九五："大人虎变"，上六："君子豹变"。黄牛、虎、豹在这里虽不直指食用，但隐含食性⑭；《鼎卦第五十》："鼎为上古时代蒸

---

① 陈襄民等注译：《五经四书全译·易经》（一），中州古籍出版社 2000 年 8 月版，第 43 页。
② 陈襄民等注译：《五经四书全译·易经》（一），中州古籍出版社 2000 年 8 月版，第 44 页。
③ 陈襄民等注译：《五经四书全译·易经》（一），中州古籍出版社 2000 年 8 月版，第 45—46 页。
④ 陈襄民等注译：《五经四书全译·易经》（一），中州古籍出版社 2000 年 8 月版，第 47 页。
⑤ 陈襄民等注译：《五经四书全译·易经》（一），中州古籍出版社 2000 年 8 月版，第 48 页。
⑥ 陈襄民等注译：《五经四书全译·易经》（一），中州古籍出版社 2000 年 8 月版，第 49 页。
⑦ 陈襄民等注译：《五经四书全译·易经》（一），中州古籍出版社 2000 年 8 月版，第 52 页。
⑧ 陈襄民等注译：《五经四书全译·易经》（一），中州古籍出版社 2000 年 8 月版，第 53 页。
⑨ 陈襄民等注译：《五经四书全译·易经》（一），中州古籍出版社 2000 年 8 月版，第 56 页。
⑩ 陈襄民等注译：《五经四书全译·易经》（一），中州古籍出版社 2000 年 8 月版，第 57 页。
⑪ 陈襄民等注译：《五经四书全译·易经》（一），中州古籍出版社 2000 年 8 月版，第 60 页。
⑫ 陈襄民等注译：《五经四书全译·易经》（一），中州古籍出版社 2000 年 8 月版，第 61 页。
⑬ 陈襄民等注译：《五经四书全译·易经》（一），中州古籍出版社 2000 年 8 月版，第 62 页。
⑭ 陈襄民等注译：《五经四书全译·易经》（一），中州古籍出版社 2000 年 8 月版，第 64 页。

煮食物的器皿,以鼎为卦名就是直接用象征鼎器的卦爻辞隐喻人间事物(务),如生育、疾病、鼎足损坏后引发的各种吉凶之象。"①《渐卦第五十三》六二:"鸿渐于磐,饮食衎衎吉",也是直接提及饮食;②《归妹卦第五十四》上六:"士刲羊,无血",也与饮食有关。③《丰卦第五十五》六五:"来章,有庆誉",虽未直接提及饮食,但逢丰盛之时举行祭祀大典,也必然含有丰衣足食之意。④《旅卦第五十六》六五:"射雉",上九:"鸟焚其巢,……丧牛于易,……"其中的野鸡、鸟巢和耕牛,都直接、间接与饮食有关。⑤《巽卦第五十七》六四:"田获三品",直言猎取三种禽兽为食材⑥;《涣卦第五十九》卦辞:"王假有庙",君王亲到寺庙祭祀祖先自然离不开牺牲以供奉神灵⑦;《节卦第六十》中的"苦节"、"不节"、"安节"、"甘节",都言节俭,肯定与饮食有关⑧;《中孚卦第六十一》中的用豚和鱼祭祀祖先。直言牺牲供品,九二:"我有好爵",即我有美酒一爵,直接言及饮酒⑨;《小过卦第六十二》六五:"公弋取彼在穴",猎得巨鸟,可以食用⑩;《既济卦第六十三》九五:"东邻杀牛",杀牛作为牺牲以及简朴祭祀,都与食材有关;⑪《未济卦第六十四》上九:"有孚,于饮酒",直言饮酒无度而受到责罚。⑫

　　从以上简单的梳理和列举可以看出,在《易经·下经》的各卦中,除三五个以外,基本上都在其卦爻辞中提及了饮食,或者与饮食相关的器皿、事物、食材等,其密集和频繁出现的程度,足以彰明先民们对与自身生存利害攸关的饮食及相关事物的高度关注。在初民社会,由于人的生存条件极为严酷,先祖从生存下去这一极简单、质朴的本能出发,关注饮食及与饮食相关的事物,是极其自然的,饮食于是融入人性之中,也就成为必然的结果。后人将饮食提升到人性的高度,

---

① 陈襄民等注译:《五经四书全译·易经》(一),中州古籍出版社2000年8月版,第65页。
② 陈襄民等注译:《五经四书全译·易经》(一),中州古籍出版社2000年8月版,第69页。
③ 陈襄民等注译:《五经四书全译·易经》(一),中州古籍出版社2000年8月版,第70页。
④ 陈襄民等注译:《五经四书全译·易经》(一),中州古籍出版社2000年8月版,第71页。
⑤ 陈襄民等注译:《五经四书全译·易经》(一),中州古籍出版社2000年8月版,第73页。
⑥ 陈襄民等注译:《五经四书全译·易经》(一),中州古籍出版社2000年8月版,第65页。
　 陈襄民等注译:《五经四书全译·易经》(一),中州古籍出版社2000年8月版,第74页。
⑦ 陈襄民等注译:《五经四书全译·易经》(一),中州古籍出版社2000年8月版,第76页。
⑧ 陈襄民等注译:《五经四书全译·易经》(一),中州古籍出版社2000年8月版,第77页。
⑨ 陈襄民等注译:《五经四书全译·易经》(一),中州古籍出版社2000年8月版,第78页。
⑩ 陈襄民等注译:《五经四书全译·易经》(一),中州古籍出版社2000年8月版,第79页。
⑪ 陈襄民等注译:《五经四书全译·易经》(一),中州古籍出版社2000年8月版,第81页。
⑫ 陈襄民等注译:《五经四书全译·易经》(一),中州古籍出版社2000年8月版,第83页。

可谓切中肯綮。

三、色之性

（一）易经中的色之性

恩格斯曾经指出，作为自然人有两大原始素质，一是通过劳动以获取生存必需的物质资料；二是种的繁衍。种的繁衍就是人类自身通过生育以延续种的传代。可见，马克思主义也是承认人的本性中有性的内在因素的。

在人类已知的几百万年的进化史中，通过人的自然生育，将人种的基因一代一代地传递下来以至于今。在科技远不发达的古代乃至不久前的近、现代，人种的繁衍只有靠自然婚配生育，绝无他法。如今，生物医学和生物细胞学的发展，人类可以通过无性繁殖在试管内孕育婴儿，这是一项了不起的科技成就，但试管婴儿也需要男子的精子与女子的生育卵子结合才能孕育成婴，初始并不能离开人类生育的基本元素，只是无人身性交过程罢了。待科技发展到能够成功地提取人体细胞中的脱氧核糖核酸，即所谓的 DNA 之后，标志着人类在能够解读自身"生命之书"，即"基因"方面，取得了令人难以置信的进步与成就。在此进步与成就的基础上，在生物和生命科学的"细胞核转移技术"，即我们通常所称之为"克隆技术"，也得到了高速的进步与发展。到 1997 年，世界上第一只克隆羊诞生。有了此种技术，只要允许，克隆人的出现（或许已经出现）已不存在技术上的困难。为此，有的科学家甚至放言，从生物学的意义上来说，这个世界已不再需要男人，女人完全可以独立担当繁衍后代的角色。这绝不仅仅是一句戏言，完全可以变成现实。问题是，人类自身的生命伦理和生育伦理是否允许这类高科技如此毫无节制地发展下去。现代人类的染色体较之我们遥不可及的先祖已经消减了近半，人的生物生理机制已经处在退化的进程中，即使没有任何外来的干扰，人类这个生物最终都是走向灭绝。假如再通过自然和生态环境的急速改变，各种污染物对人的生物生理机体不断侵袭，无疑会加速人类自身的灭绝。这是一个漫长的历史过程，大概不会像有的科学家所断言的那样，说最多只用几百至千年，现有人类就会消亡，人类只有与"电脑控制技术"相结合，才能以全新的"人类"存在并延续下去，到那时，我们虽然可以叫他们或他们也可自称是"人类"，但早已经是"名是人非"了。作为传统人类的我们，尽管极其感叹科学技术的飞速进步,也敬佩少数天才科学家的"创新"精神和能力,但我们还是更应当庆幸在遥不可及的未来,人类从创生以来的生物生理的本质及其机制还未彻底改变。毕竟,现实世界不是少数科学狂人所主宰的,而是由有良知的政治精英和基本的社会大众所统治和治理的。即使在科学界,有远见卓识的科学家和主流群众仍然保持高度的科学理性自觉,科学伦理得以坚守和高扬仍然是主旋律。科学可以也应当进步,但科学理性和生命伦理必须坚守,这也是包括自然科学界和社会科学界所达成的基本共识。

既然我们仍会继续生活在这个几百万年以来庚续不断的生物进化和人文进步的发展链条上,那么关于我们自身的人生哲学的追问就不会停止。换句话说,我们仍须探索我们是谁,我们从哪里来的人生及其伦理问题,这或许是一个无止境,永远得不到彻底解决的问题。古代先民们,从最初的脱离动物时起,就在不断地追问和探索这个问题了。丰富的上古文献以及其他众多的典籍记录了他们探索的历程和成果。有关的"生""性""命""婚姻""嫁娶"等一系列的概念和义理,是极其丰富的。而所有这一切,在我们本研究的主题视域下都可以归于"色之性"的总类项下进行探索。

关于《易经》中的色之性,还是让我们从"六经"(后改"五经")之首的《易经》开始我们的梳理和分析。

作为人性"本始材朴"的"色",在《易经》中也极其丰富,不仅见诸于"取象比类"的"卦名",还大量分布在"卦辞"、"爻卦"及"爻辞"中,而且,还更多见于各种《传》中,让我们首先还是从卦名、卦辞、爻卦、爻辞的检讨做起。

《蒙卦第四》九二:"纳于妇,子克家",意思是迎娶贤淑的女子为妻,连儿辈也会有家室。在人类尚处于蒙昧时期,就懂得了娶什么样的女子为妻,如何使家丁兴旺,香火传递永无止境。人虽被愚昧所包围、蒙蔽,但由于本性,仍然从人类最初的童稚时期起,就懂得了人类自身婚配和生育之理,足见其是"色之性"的先天本能。六三:"勿用取女,见金夫,不有躬,无攸利",则是从反面强调了娶女、婚配、稳定家庭的重要性,这一正一反,强化了人的生命之性。[①]

---

① 陈襄民等注译:《五经四书全译·易经》(一),中州古籍出版社 2000 年 8 月版,第 7 页。

《剥卦第二十三》六五:"贯鱼以宫人宠"①虽说是君王让宫中妃嫔鱼贯入宠,但总离不开"色之性"。

《大过卦第二十八》九二:"枯杨生稊,老夫得其女妻";九五:"枯杨生华,老妇得其士夫",虽说是老少的婚配,其实也是为了维护家庭,繁衍后代。②

《咸卦第三十一》卦辞也有"取女",即娶女为妻,意义同前述。③

《遁卦第三十三》九三:"畜臣妾",畜臣妾虽说是奴隶制所致,但总不离"色之性";九四:"好遁,君子吉",则言君子不可一味地心怀恋情,应当有所退避。就是叫人不可失于纵色欲,要有所节制。这是首见的对人色欲的道德规范。④

《姤卦第四十四》卦辞:"女壮,勿用取女",其意虽偏邪,但也是言及嫁娶之事。⑤

《困卦第四十七》六三:"入于其宫,不见其妻",意为返回自己家中,不是妻子。⑥

《鼎卦第五十》初六:"得妾以其子",也与婚配生育有关。⑦

《震卦第五十一》上六:"婚媾有言",此虽毫无根据,但也是虑及婚媾的适当、和谐。⑧

《渐卦第五十三》卦辞"女归",九三:"夫征不复,妇孕不育",也言及嫁娶和生育。⑨

《归妹卦第五十四》卦辞和爻辞都言及嫁娶之事,有些在今人看来,颇显得荒诞不羁,但从我们的主题上看,以嫁女为卦名,言及多方面的嫁娶之事,也凸显了上古之人的对婚姻的重视及种种婚嫁习俗和观念。⑩

《丰卦第五十五》初九:"遇其配主",言及喜配佳偶,也属于婚媾之事。⑪

---

① 陈襄民等注译:《五经四书全译·易经》(一),中州古籍出版社2000年8月版,第30页。
② 陈襄民等注译:《五经四书全译·易经》(一),中州古籍出版社2000年8月版,第36页。
③ 陈襄民等注译:《五经四书全译·易经》(一),中州古籍出版社2000年8月版,第41页。
④ 陈襄民等注译:《五经四书全译·易经》(一),中州古籍出版社2000年8月版,第43页。
⑤ 陈襄民等注译:《五经四书全译·易经》(一),中州古籍出版社2000年8月版,第57页。
⑥ 陈襄民等注译:《五经四书全译·易经》(一),中州古籍出版社2000年8月版,第61页。
⑦ 陈襄民等注译:《五经四书全译·易经》(一),中州古籍出版社2000年8月版,第65页。
⑧ 陈襄民等注译:《五经四书全译·易经》(一),中州古籍出版社2000年8月版,第66—67页。
⑨ 陈襄民等注译:《五经四书全译·易经》(一),中州古籍出版社2000年8月版,第69页。
⑩ 陈襄民等注译:《五经四书全译·易经》(一),中州古籍出版社2000年8月版,第70页。
⑪ 陈襄民等注译:《五经四书全译·易经》(一),中州古籍出版社2000年8月版,第71页。

以上列举虽不如"食之性"那样的丰富,但也足见初民社会早已将"色之性"纳入自身高度关注之中。在这样一部原为卜筮的典籍中,竟如此密集地出现与"色"有关的卦辞和爻辞,显见"色"作为人之"原始材朴"已经渗透到人的本性之中。

(二)《诗经》中的色之性

《诗经》作为上古的诗歌选集,内容极其丰富,涵盖社会生活和国家治理的方方面面,几乎无有不及。其中与本主题相关的,就是描写爱情婚姻、家庭生活的内容上有相当大的比重,展现古代先民丰富多彩的情感世界和与"色"相关的婚姻家庭生活。

《关雎》作为《诗经》开篇之作,向我们展示了温馨的求偶场景,那位痴情的"君子",不论是平民百姓,还是"周王"[1]见到"窈窕淑女",急切地想与之结好婚配的欲火燃情,日思梦想,直至"辗转反侧"的焦灼,急不可待的情状,跃然纸上,令人难忘。传唱千古,直到今日读来,仍使人心驰神往,心旷神怡。一首小诗,何以在两千多年来仍具有熠熠生辉的艺术感染力?从我们研究的主题上来看,这不难理解:男大当婚,女大当嫁,人种繁衍的本能与冲动,是人最有"原始材朴"的本性。[2]

《葛覃》中所描述的一位外出打工女仆告假回家"归宁父母"即探望父母的急切心情。家是古人的重要的社会关系纽带,人生于父母,子女与父母的深厚情感,仍然是人类最永恒、最真挚的情感之一。这是因血缘关系而放大了的和延伸开来的人之色的本性体现。[3]

《卷耳》描述的是一位在外服役的小官吏,坐着车子走在艰阻的山路上,边走边怀念家中的妻子的情景,也有另说认为是家中的妻子怀念远征的丈夫。夫妻之间的恩爱和刻骨铭心的思念之情。虽为夫妻伦理之爱,但本源也是"色之性"。[4]

---

[1]　有最新考证说,诗中的君子系指周王。详见陈襄民等注译:《五经四书全译·易经》(一),中州古籍出版社2000年8月版,第552页的注释(1)。
[2]　陈襄民等注译:《五经四书全译·诗经》(一),中州古籍出版社2000年8月版,第551页。
[3]　陈襄民等注译:《五经四书全译·诗经》(一),中州古籍出版社2000年8月版,第553页。
[4]　陈襄民等注译:《五经四书全译·诗经》(一),中州古籍出版社2000年8月版,第554—555页。

《樛木》表现的是人们对新婚男子的祝福。"乐只君子,福履绥之"是也。①

《螽斯》描述的是今人称之为"生育崇拜"的情景。螽,即蚱蜢,以其多卵的特性,比喻多子多福。原诗第一节是:"螽斯羽,诜诜兮。宜尔子孙,振振兮。"②

《桃夭》是一首至今广为传诵的名诗,描写的是美丽的姑娘嫁与钟情的郎君的美好情景。"桃之夭夭,灼灼其华,之子于归,宜其室家"。自然与"色"相关。③

并非都像"之子于归"那位姑娘那么幸运,有一位痴情的郎君就因追求一位在汉江出游的美丽的女子无果而垂头丧气。《汉广》一诗就描述了这位男子的失望神态。原诗为:"南有乔木,不可休思。汉有游女,不可求思。汉之广矣,不可泳思。江之永矣,不可方思。"④

《汝坟》表现的是,丈夫远行服役日久归来,妻子喜不自胜的情景。第一节如是写:"遵彼汝坟,伐其条枚,未见君子,惄如调饥。"想得如早晨饥饿难耐一样的愁肠。这自然是人的本性和夫妻情感所致。⑤

《麟之趾》表现的是豪门贵族子孙兴旺而多仁德的情景。原诗是:"麟之趾,振振公子。于嗟麟兮! 麟之定,振振公姓。于嗟麟兮! 麟之角,振振公族。于嗟麟兮!"。这既表现了传统多子多孙的生育观念,也表现了仁义、仁德、仁道对于家族兴旺的重要。归根到底也是源于仁德繁衍后代的本性使然。⑥

《草虫》一诗描述了一女子由思念情人到会见情人,因"觏",即阴阳和合,男女欢合而转忧为喜的情景。诗句优美感人,请看:"喓喓草虫,趯趯阜螽。未见君子,忧心忡忡。亦即见止,亦即觏止,我心则降。陟坡南山,言采其蕨。未见君子,忧心惙惙。亦即见止,亦即觏止,我心则说。陟坡南山,言采其薇。未见君子,我心伤悲。亦即见止,亦即觏止,我心则夷。"其中的因"亦即觏止"而致的"我心则降"、"我心则悦"和"我心则夷",生动地描述了人的性心理满足的情状

①　陈襄民等注译:《五经四书全译·诗经》(一),中州古籍出版社2000年8月版,第556页。
②　陈襄民等注译:《五经四书全译·诗经》(一),中州古籍出版社2000年8月版,第557页。
③　陈襄民等注译:《五经四书全译·诗经》(一),中州古籍出版社2000年8月版,第558页。
④　陈襄民等注译:《五经四书全译·诗经》(一),中州古籍出版社2000年8月版,第561页。
⑤　陈襄民等注译:《五经四书全译·诗经》(一),中州古籍出版社2000年8月版,第563页。
⑥　陈襄民等注译:《五经四书全译·诗经》(一),中州古籍出版社2000年8月版,第564页。

与心态。①

《殷其雷》中的连续三叠句"振振君子,归哉归哉!",描述妇女思念在外的丈夫的深切思念之情,自然也是源于夫妻之情。②

《摽有梅》描述了上古自由恋爱之风。按《周礼·媒氏》记载:"仲春之月,令会男女。于是时也,奔者不禁。司(伺)男女之无夫家者而会之"。在中国漫长的历史中,此风传承赓续不绝,遂演变成一个古老的民风。至今在西南一些少数民族地区,仍在延续此传统。每当阴历三月初三(即所谓的仲春之月)成千上万的青年男女会聚在某一历史传承下来的固定地点,通常是偏远的山坡或河边地带,青年男女以对歌的形式自由恋爱或选偶。双方情投意合的青年男女,则会离开各自群体,成双入对地转到林间深处进一步交流、交换定情信物等,直到五七日后,此类"歌会"曲终人散,各自归家一如既往地从事农耕生计。待到来年的同一时日,男女青年再次欢聚。此等习俗在"文化大革命"期间被视为有伤风化之事,强行禁止,虽经历多年派政府官员和民兵上山驱散,但仍屡禁而不止。如今,风气开放,此等每年一次的盛大"歌会"都会如期举行。可见社会习俗之所以有如此顽强的生命力,端赖其有深厚的民众基础和人本性的力量。试想想看,在改革开放前的传统农耕社会中,地处偏远、交通不便,又终日忙于生计而生活在一个狭小的社会环境中,青年男女的择偶和婚配由于具有天然的障碍,而可能导致人类自身的繁衍和子孙的繁衍难以为继的问题。此等"歌会"实在说来,可以弥补上述的社会缺陷,称之为一项伟大的社会发明也不为过。《诗经·摽有梅》以梅喻媒,以抛梅的方式,挑选自己的意中人,然后择吉日完婚。诗中"求我庶士,迨其吉兮!""求我庶士,迨其今兮!""求我庶士,迨其谓之!"三句,表述了求婚女子的急切心情,特别是"迨其谓之!","谓"为"会"的借字,意即趁早现在就同居,更描述了该青年女子急不可待的心情和样态了。所有这些生动传神的诗意表达,从我们研究的主题上看,隐含着人类深沉的、与生俱来的"色"之本性。③

人世间的事情总是好坏、喜忧参半,人类的爱情生活也不例外,有的婚姻很

---

① 陈襄民等注译:《五经四书全译·诗经》(一),中州古籍出版社2000年8月版,第568页。
② 陈襄民等注译:《五经四书全译·诗经》(一),中州古籍出版社2000年8月版,第574—575页。
③ 陈襄民等注译:《五经四书全译·诗经》(一),中州古籍出版社2000年8月版,第575—576页。

美好,有的则令人悲伤。《江有汜》描述的是一位被抛弃的妻子怨忿而伤感的情
状。全诗如下:"江有汜,之子归,不我以! 不我以,其后也悔。江有渚,之子归,
不我与! 不我与,其后也处。江有沱,之子归,不我过! 不我过,其啸也歌。"①如
果说"不我以,其后也悔"、"不我与,其后也处",还有一丝望夫回心转意再叙夫
妻情意的话,那么"不我过,其啸也歌",则表现了她因绝望而"长歌当哭"的悲切
情状了。由此,我们便看到和领会了爱情也会带给人的不幸和伤害之深了。在
《野有死麕》一诗中,描写青年猎手将猎来的獐子用白茅包裹起来,送给意中的
姑娘作聘礼,而情窦初开的少女,则以如玉笑脸欣然收下,而对于小伙子的调情
挑逗和动手动脚的粗鲁举动,假装嗔怪叫他不要急躁,不要掀开围裙乱动手脚,
实际上依然是半推半就,只要不要把动静搞得太大就好,以免惹得狗儿汪汪叫!
原诗是:"野有死麕,白茅包之。有女怀春,吉士诱之。林有朴樕,野有死鹿。白
茅纯束,有女如玉。舒而脱脱兮! 无感我帨兮! 无使尨也吠!"如此优美的诗
句,把上古青年男女及于纯朴的爱情以及相亲相爱的情景,生动、传神地表现出
来,准确地表达了人的"原始材朴"的情动基质和力量。②

　　《诗经》中像上述描述"色之性"的诗还有很多,涉及到热恋、求偶、结婚、抗
婚、遭弃而生怨忿等各个方面,限于篇幅,我们只举有代表性的一些诗句,已基本
涵盖了上述各个方面,就不再一一列举和分析了。

　　不过,《诗经》作为上古时代伟大的诗作,还有一些特别的表达"色之性"的
笔法,包括巧妙地用比喻、隐喻的手法,构成了《诗经》不同于其他古典文献的特
色,这不仅表现了中国语言的深邃隽永,而且显见了古代先民的智慧和幽默的浪
漫主义情怀。

　　先看几首有代表性的诗:

　　《丘中有麻》

　　(一)

　　"丘中有麻,

　　彼留子嗟。

---

① 陈襄民等注译:《五经四书全译·诗经》(一),中州古籍出版社 2000 年 8 月版,第 577—578 页。
② 陈襄民等注译:《五经四书全译·诗经》(一),中州古籍出版社 2000 年 8 月版,第 578—579 页。

彼留子嗟，

将其来施。

（二）

丘中有麦，

彼留子国。

彼留子国，

将其来食。

（三）

丘中有李，

彼留之子。

彼留之子，

贻我佩玖。"①

如果说"将其来施"的"施"表达喜悦之情，现代译家将其译为"等他再来共销魂"；又将"贻我佩玖"译为"赠我宝石共交欢"，其中多少隐含身心交融之意的话，那么，"将其来食"中的"食"，就是双方娱乐性行为的委婉说法，"食"实际上是借用来表达性行为的隐语。此解可见之于闻一多《诗经通义》："古谓性的行为曰食。"

同样隐喻性行为的诗句还见之于"有杕之杜"。诗曰：

（一）

"有杕之杜，

生于道左。

彼君子兮，

噬肯适我？

中心好之，

曷饮食之？

（二）

有杕之杜，

---

① 陈襄民等注译：《五经四书全译·诗经》（一），中州古籍出版社2000年8月版，第657页。

生于道周。

彼君子兮，

噬肯来游？

中心好之，

曷饮食之？"①

对其中的"中心好之，曷饮食之"双叠连用的"饮食"，表面字意虽可释为"让他来喝酒"，其隐含之意，闻一多认为"饮食"象征男女情欲的满足。

《衡门》中也有假乐饥、食鱼象征情欲的隐语。先看全诗：

（一）

"衡门之下，

可以栖迟。

泌以洋洋，

可以乐饥。

（二）

岂其食鱼，

必河之鲂？

岂其取妻，

必齐之姜？

（三）

岂其食鱼，

必河之鲤？

岂其取妻，

必宋之子？"②

其中的"乐饥"和"食鱼"，也是诗中常用的得遂情欲的象征。

同样隐语还可见之于《候人》，描述的是一少女对一青年军官的爱慕，前三段都说那位军官英俊、雄壮，但他因不解男女之间的风月事，徒穿华丽的军服，不

---

① 陈襄民等注译：《五经四书全译·诗经》（一），中州古籍出版社 2000 年 8 月版，第 722—723 页。
② 陈襄民等注译：《五经四书全译·诗经》（一），中州古籍出版社 2000 年 8 月版，第 745—746 页。

能成就好姻缘。第四段又反转言自己的怀春之情犹如饥渴。原诗是：

"（四）

荟兮蔚兮，

南山朝隮。

婉兮娈兮，

季女斯饥。"①

其中的"季女斯饥"中的"饥"也是性欲的隐语。

《诗经》中另有些诗篇，以"束薪""束刍""束楚"为婚姻和爱情的象征。先

看原诗：

"绸缪

（一）

绸缪束薪，

三星在天。

今夕何夕？

见此良人！

子兮子兮，

如此良人何？

（二）

绸缪束刍，

三星在隅。

今夕何夕？

见此邂逅！

子兮子兮，

如此邂逅何？

（三）

绸缪束楚，

三星在户。

---

①　陈襄民等注译：《五经四书全译·诗经》（一），中州古籍出版社 2000 年 8 月版，第 761—762 页。

　　今夕何夕?

　　见此粲者!

　　子兮子兮,

　　如此粲者何?"①

　　其中的"绸缪束薪""绸缪束刍""绸缪束楚"都是分别以木柴、秆草、荆条紧紧缠绕为象征,蕴涵婚姻的稳固或爱情的缠绵之意,自然都是基于"色之性"。

　　同样象征性用法还见之于《小弁》一诗,其中第七节有:

　　"伐木掎矣,析薪扡矣"②的诗句,"伐木"、"析薪"同"束薪"一样,都是比喻婚媾,自然与"色之性"相关。

　　从以上引介和分析的诗句不难看出,在古朴的初民社会,作为人性中的"本始材朴"的"色"的诗歌,在全部诗篇中占有相当大的比重。这从一个侧面反映出,在一个单纯、未被纷繁复杂的社会因素所浸淫的先祖们的头脑中,他们之所以在一个较为清纯的社会中,人们所思所想,包括初期的诗歌创作,更乐于和多见于取诸自身天然而生、不离不弃的人的本性,即"食"与"色"。

　　在上古典籍中,如在《史记》《尚书》《左传》等文献中,也散见大量的有关"色"的本性的记事和义解。但纵观这些记事和义解,都用于起信人的伦理、道德和政治方面。究实说来,这些记事和义解已然超越了人性中的"本始材朴"的层次,上升到更高一级的"人文"层次。为此理解,本部分不再引介和论及其中的"色本性",但这绝不意味着这些典籍中的"色本性"并不重要,相反,那些也是中国传统人性文化中的一个重要组成部分。下面还要专辟篇幅加以申说,此处暂不续说。

四、"欲之性"

　　《尚书·仲虺之诰》有一经典论述,作为这部分写作的引言是再恰当不过了。书曰:"惟天生民有欲"③,真是一语破的。它告诉我们:民有欲,是与生俱来

---

　　①　陈襄民等注译:《五经四书全译·诗经》(一),中州古籍出版社 2000 年 8 月版,第 716—717 页。
　　②　陈襄民等注译:《五经四书全译·诗经》(一),中州古籍出版社 2000 年 8 月版,第 875 页及其注释(44)。
　　③　陈襄民等注译:《五经四书全译·尚书》(一),中州古籍出版社 2000 年 8 月版,第 352 页。

的,无人能成为例外。由此可见,人之有"欲",犹如人有"食"、"色"一样,都是具有"本始材朴"性质的"本性"。

还需要说明的是,"食"、"色"二性本也属于人性之"欲"的范畴,所谓饥欲食,渴欲饮;男大欲婚,女大欲嫁,都是本性驱使使然。"欲"就是人的生物生理机制驱使人去做本然之事,是与生俱来的,不关涉任何后天的社会等因素。人之"欲",本质上,即在生物生理机能上是"本始材朴"的,或者说,是一种本能的类属。

(一)《易经》中的"欲之性"

初民如何看待人之"欲"? 从"本始材朴"的意义上来说,除了饥餐渴饮、以婚媾传宗接代之外,最重要的,也是最常见的"人欲",非"趋利避害"莫属。趋利与避害,是两个相辅相成,又截然相对的两个面相。

河洛先民对上述两个面相都很关注。这在《易经》的卦爻辞和各类解经的"传"中,得到了鲜明的体现。

刚刚出生在荒山野岭或莽莽草地的禽、兽等小动物,不待父母施教,展现出的最初本能之一,就是善于利用地形、地物予以藏身。这种本能是一代又一代基因累积而成,不待教育,自己就天然具有,否则,它们不是被其它的动物吃掉,就是被同类杀死。藏身的本能就是人类理解的"避害"本能,凡是生物都具有这种本能,故谓之"生存之欲"的本性。

作为最初作《易》的初衷,就是基于趋利避害的本性之欲,通过占卜这一技术手段,以预测吉凶,最终使人的行为达到趋利避害的目的和效果。这就是《易经》中的"经文"的真谛。

《需卦第五》象征等待,从卦辞到初九、九二、六四、九五、上六五个爻辞,都是指明如占得此卦或诸爻,都能获得吉祥,至少必无灾祸;只有九三爻辞说,在泥泞中等待,会招到贼寇到来。[①]

即使是《讼卦》,也没有像今人中不少人所认为的那样,总把诉讼同一些负性或阴暗面联系在一起。卦辞说:"讼,有孚,窒惕,中吉,终凶。"意思是说,即使有争讼,只要心怀诚信,追悔警惧,持守中和之道而不偏不倚,终可获得吉祥。初

---

① 陈襄民等注译:《五经四书全译·易经》(一),中州古籍出版社 2000 年 8 月版,第 8—9 页。

六:"不永所事,小有言;终吉";九二:"不克讼,归而逋,齐邑人三百户无眚";六三:"食旧德,贞历,终吉。或从王事,无成";九四:"不克讼,复即命,渝,安贞吉";九五:"讼,元吉"。① 这几个爻辞,用现代话说,大意分别是:包围争讼之事纠缠不休,因为应当减少口舌是非,最终可获吉祥;争讼失利,返回之后就应当逃避,如逃到三百户小邑便无灾祸;安享旧日俸禄,占筮虽有危险,但最终可获吉祥;争讼失利,回心归于正理,改变争讼初衷,则平安无事,占筮可获吉祥;审断争讼,判明是非曲直,大吉大利。上古先民,在那民智初开的年代,竟有如此浓烈的理性认识和正确态度,对至今我们仍对争讼抱持顽固的负性观念并坚守拒斥态度的人来说,该是多么值得感佩并顿生惭愧之心。对于"争讼"这类的负性社会行为,我们的先祖竟可以抱持如此乐观向善的态度,足以表明他们对自身"趋利避害"的本性之"欲",只是由人性的自发而驱动,而非人为心智主观激发而有目的的行动,这就是所谓的"性动之欲",而非人的主观心智催生的"智用之欲"。

"避害"的爻辞见之于《大畜卦第二十六》,初九:"有厉利己",这是告诫有危险,宜于暂时停止工作。②

《颐和卦第二十七》六四:"虎视眈眈,其欲逐逐,无咎"。意思是说,像猛虎那样双目圆睁注视一切,急切想得到食物,必无灾祸。③

《大过卦第二十八》初六:"藉用白茅,无咎"。意思是用洁白的茅草铺地以陈设祭品,没有什么灾祸。④

《坎卦第二十九》初六:"习坎,入于坎窞,凶"。警告人们如果面临重重险难,又落入险穴深处,必有凶险。九二:"坎有险,求小得"。告诉人们在险穴中遭遇险难,从小处谋求脱险必能如愿。上六:"系用徽墨,置于丛棘,三岁不得,凶"。说的是用绳索把犯人捆绑起来,并囚禁于荆棘丛中,三年不予解脱,必有凶险。⑤

《离卦第三十》初九:"履错然,敬之,无咎。"意思是办事举动谨慎,态度恭敬,必无灾祸。九四:"突如其来如,焚如,死如,弃如"。意即不孝之子返回家

---

① 陈襄民等注译:《五经四书全译·易经》(一),中州古籍出版社 2000 年 8 月版,第 9—10 页。
② 陈襄民等注译:《五经四书全译·易经》(一),中州古籍出版社 2000 年 8 月版,第 34—35 页。
③ 陈襄民等注译:《五经四书全译·易经》(一),中州古籍出版社 2000 年 8 月版,第 35 页。
④ 陈襄民等注译:《五经四书全译·易经》(一),中州古籍出版社 2000 年 8 月版,第 36 页。
⑤ 陈襄民等注译:《五经四书全译·易经》(一),中州古籍出版社 2000 年 8 月版,第 38 页。

中,家人将他焚烧、治死、抛弃,这是警告为人不孝,后果该有多严重。①

《损卦第四十一》象征减损。窨卦辞说,胸怀诚信之心,大吉大利,没有灾祸。初九:"已事遄往,无咎;酌损之"。意思是说停下自己的事情,赶快去帮助别人,就没有灾祸,但要酌情而行,量力而为。将无私助人这类行为视为善举,好人得好报,就没有灾祸,尽管与"助人为乐"还有一步之遥,足见古我先民已在倡导与人为善的本性发扬。②

《兑卦第五十八》六三的爻辞:"来兑,凶",很有意思,警告人们如有人前来献媚以求欣悦,会有凶险。可见古人都厌恶献媚之举,对献媚之心发出会招致凶险的警告。③

《小过卦第六十二》九四:"无咎。弗过遇之,片厉,必戒。勿用,永贞"。上六:"弗过遇之,飞鸟离之,凶,是谓灾眚"。两爻到强调不过分求进而强与他人遇合,此举便会招致灾祸,以致凶险。"弗过遇之"一连两次在同一卦辞中出现,这在《易经》的经文中绝无仅有,彰显了在人性趋利避害的强烈欲望中,把不要过分求进而强与他人遇合这类举动,视为招致灾祸和凶险之举,勿必慎而戒之。④

《诗经》中像上述的卦辞、爻辞比比皆是,作为原初立意占筮吉凶的古籍,都是先民在恶劣的生存环境中,为了生存和繁衍下去,基于趋利避害的本能,利用他们感官所能看到、体察的功能,远取诸物,近取诸身,利用他们所能掌握的象、数、事、理的知识和技术,意欲通过取象比类,演绎推理,想尽可能地把握自身及其生活的周围环境,并力求寻找从天体到周围环境再到自身及其家庭的客观运行和协调规律,然后再虔诚地遵循这些规律,以达到趋利避害的实际效果。这就是古我先人的生存智慧,一切从实际出发,从感同身受出发,通过总结生活经验以发现客观规律,使自己更好地适应生存环境,以达到尽可能最大限度地减少伤害,并从极其恶劣的环境发现和找出有利于取得更多的有利生存的元素以改善自身的生存条件。中国先祖们也敬天地,尊祖宗,也举行各种形式的祭祀,以满

---

① 陈襄民等注译:《五经四书全译·易经》(一),中州古籍出版社2000年8月版,第39页。
② 陈襄民等注译:《五经四书全译·易经》(一),中州古籍出版社2000年8月版,第53页。
③ 陈襄民等注译:《五经四书全译·易经》(一),中州古籍出版社2000年8月版,第75页。
④ 陈襄民等注译:《五经四书全译·易经》(一),中州古籍出版社2000年8月版,第79页。

足自身精神上需求和依托。但他们并不迷信,并不把自身的安危福祸全部托付给上帝和祖先,而是通过自己的经历和实践力求尽可能地认知世界,把握其运行、发展、变化的规律,在尽可能减少伤害的前提下,力求更有利于生存和发展的机遇。

(二)《尚书》中的"欲之性"

作为上古重要政治典籍的《尚书》,在论及圣王之治的政治理念和道德规范的过程中,也必然会涉及人的本性问题,除食、色之外,还有欲。本节在开头所引用的"惟天生民有欲",就是突出一例。对此,后文还将申说之,暂存不论。

作为政治文献的特点,《尚书》在将"人欲"提升为道德理念和规范的高度上,书写了浓重的一笔,如"猷黜乃心","以公灭私,民其允怀"等,后文还要继续这方面的讨论,此处且先不表。

从"本始材朴"的角度看,《尚书》着墨不多,但也有一些,试举例如下:

《洪范》中,有"庶民惟星,星有好风,星有好雨"的表述,是说老百姓就像星星一样,有的星星喜欢风,有的星星喜欢雨,所好有所不同,以此比喻老百姓在人生目的的欲求方面各不相同,由此而形成的性情自然也各有所别。《召诰》中也说:"若生子,罔不在厥初生,自贻哲命。"①意思是说,这好像教养小孩子一样,父母无不在他情欲初生、开始成长的时候,就亲自向他传授明哲教导,即做人的道理。此处的"初生",即是说人有与生俱来的情欲,而且是"本始材朴"的情欲,必予教导才能走向正路。这里除了表明"人各有欲"之外,也蕴涵了如后世儒家学说的"仁教",奠定了人性的最初基础。

《秦誓》中有"古人有言曰:'民讫自若,是多盘。责人斯无难,惟受责俾如流,是惟艰哉。'"②意思是说,古人有句名言:"人们都喜欢随心所欲,并以此为最大的快乐。然而如果就此责备别人,并不是什么难事,如果因此而受人责备却能从谏如流,就非常困难。"这里的"民讫自若",也是一个中性的表达,属于"本始材朴"或"性动之欲"的性质,而无善恶之别的"智用之欲"的意义。

"人欲"是一个庞杂而又深奥的系统,像生物学家和心理学家所研究的一些

---

① 陈襄民等注译:《五经四书全译·尚书》(一),中州古籍出版社 2000 年 8 月版,第 450 页。
② 陈襄民等注译:《五经四书全译·尚书》(一),中州古籍出版社 2000 年 8 月版,第 537 页。

成果所表明的,人性中还有基于"血清素那样的神经传导物质"作用下而产生了充当领袖的欲望;①此外还有"好奇心"、"创造力"等等,都值得和应当在"人欲"的标题下进行深入地研究。鉴于在上古文献中这类表述并不像"趋利避害"那样明显,即使有这方面的内容,也需要假以时日进行深入的专门研究才能发现。限于时间和能力,暂不能就此进行讨论和论述下去了。

写到此,还想就此话题与西方学术界一些研究成果进行一番比较。在西方的社会科学中的诸学科中,通常认为经济学是一门特别强调理性分析方法的学科,甚至可以说理性是经济学中的核心概念。西方学者斯科特在其《弱者的武器》一书中,通过对缅甸、越南农民经济行为的田野研究,为"农业生产是为了满足家庭消费需求"的目的,提供了新的经验证据。论者认为,农民生活仍处在生存线的边缘,受自然条件和社会条件的限制,农民在生产活动中始终遵循"安全第一"的原则,以此最大化地回避各种生产风险;同时,在亲属、村社和国家各个层面,他们利用包括"互惠原则"在内的一切手段,抵御自然可能造成的各种伤害。相反,农民对传统的和新古典主义经济学所倡导的"功利原则",即谋求利益的最大化,几乎没有进行计算的机会。论者的结论是:农民经济行为遵循的是生存伦理,而非经济理性。其他学者如马克斯·韦伯、帕森斯、西蒙、康德、弗洛伊德、加缪等研究的成果,也从生存理性、价值理性和实践理性等方面,印证了斯科特的观点。②

上述的研究所用的西方经济学概念框架以及所得出的结论,与我们上述粗浅的分析恰似形成鲜明的对照。西方经济学中的"安全第一""生存伦理""理性行为"等可以用中国传统文化中的"趋利避害"加以置换,即是说,中西方所用的概念不同,但分析的却是同一个问题,即传统农民在生产、生活中,究竟是遵循"安全第一"或是"避害"第一,还是"功利第一"或是"趋利"第一,抑或是同时并举。我们的上述研究,颇与西方学者的研究结论不同。在中国先民中,应当是"趋利避害"同时并举,不分先后。如果非要分个先后、主次的话,至少在《易经》

---

① 详细分析可参见《参考消息》译制的西班牙《趣味》杂志一篇题为《领袖的思想》的文章,《参考消息》2003年1月6日,第9版;或可参见陈云生:《宪法监督司法化》,北京大学出版社2004年1月版,第377—378页。
② 郝大海:《从农民理性看社会学的理性概念》,《中国社会科学报》2014年12月12日,B01版。

中,预测吉兆和无灾祸的比重,要远远高出于预测凶兆的比重。

在古代典籍的《史记》《春秋左传》《国语》等文献中,也有一些"性动之欲"的描述。但不明显,鉴于篇幅所限,这里就不一一引介和评说了。

作为人性的"本始材朴"的食、色、欲,源于人类的生物生理机能和本能。所有的动植物,在本质上都是一个对外开放的系统,就是说,只有在特定的生存环境中,通过了吸收外来营养物,在各自的机体里进行复杂的生物生理转换,变成适合和可以吸收的营养素,在滋养自身的同时也得以养育和繁衍下一代。

大规模的复杂生态系统为何能保持稳定是自然界的一大谜题,过去几十年来科学家曾经推测,这是因为生态系统具有某种特殊的结构所致。近日,有科学家发现,这种未知的结构特性是一种被称为"营养一致性"的数学特性,它使地球各个大小生态系统不至于因规模和复杂性增加而变得不稳定。"营养一致性"理论提出者认为,"营养一致性"在生态系统中的作用,就相当于建筑物的金属或木质的支撑结构,这种结构性特性是一切生态系统存活的关键因素。进食,这并不意味着自然界是出于此种谜底而进行选择的,大多数动物都不会选择性进食,无论这对其生态系统是否有利。但幸运的是,"一致性"源自同一物种倾向与选择相似的食物。科学家指出,自然界看似充满随机性,但在随机性的表象背后,是"营养一致性"保证其在增长的同时维持稳定。①

古我先祖们肯定不懂这些现代的科学道理,但他们用自己切身的生物生理体验,以古朴的思维同样诠释了人何以表现出如此的一致性。在他们的观念中,是人与生俱来的饮食、性动、欲望使人成为同一类的生物。人生具有基本相同的感性欲求,包括"食""色""欲",这是维持自然生命存在和种族延续的本能欲求,具有天然之质,无须人为教养。这就是古人最质朴的人性观和对人相同特性构成的基本依据。这种深沉博大的人性观念,至今仍充满生命力和科学价值,是我们理解"人何以为人,我们是谁,我们从哪里来"问题的最基础的哲学先导,也是奠定人性普遍性、一致性的理论基石,相比之下,我们今人仍有人执着地否定人性的普遍性和一致性,进而对一系列复杂的社会和政治问题持一种偏激的立

---

① 王悠然编译:《"营养一致性"有助于稳定地球生态系统》,《中国社会科学报》2014 年 12 月 26 日,A03 版。

场,以致造成对社会和国家一系列重大事项的误判,并影响一系列事关社会和国家重大事项的决策和政治决断。这就是为什么我们今人仍需要放下比先人进步和先进的架子,虚心地向古人学习的原因。中国自古就是一个人性观念和理论发达的文化大国,传统中的优秀人性理论,至今尚未得到今人的体认,更不要说进行过深入研究并择其优者加以发扬光大了。

第二节　人性中“本始材朴”的人文化

如果我们的先祖的“本始材朴”的本性,只停留在“食”“色”“性”的生物生理的本能方面,那人类就不会与其它动物特别是灵长类动物有什么本质的区别,今人如此自恋地傲称我们是“万物之灵长”,也就根本不会出现。人在生物生理机体的历史进化中,由于某种特殊的机缘,致使人类的基因发生了突变,于是产生了具有特殊机能的大脑。大脑作为基本的精神活动器官,再加上日复一日在大自然中生存的体验积累下来的生存、繁衍后代和趋利避害的感性经验积累,使人类终于从其它动物,也包括我们近亲的灵长类动物中脱颖而出。究实说来,地球上之所以出现我们自视为宇宙主宰者的人类,本身就是一个偶然,就连我们生存的地球的自然环境,也是在宇宙形成、太阳系演化过程中,诸多不可思议的巧合恰遇在一起而形成的天体奇迹。从“本始材朴”的“食”“色”“欲”这些生物生理本能的意义上来说,人与其它动物包括我们的近亲灵长类动物,并没有什么不同。现在有生物学家通过对动物的深入研究和长期的野外生物观察和试验,已经确凿无疑地证明了动物也有悲喜、愤怒、爱怜、恤幼、相互扶助和乐于协调合作的情感。大象和猫科动物虎、豹、狮子等动物都有这类情感,而灵长类动物如黑猩猩、狒狒等更有许多类似人类的行为表达这类情感。这就是说,人之所以为人,还需待“本始材朴”的本能方面有所提升。这个提升的机会也是大自然的“造化”提供给人类的,那就是让人类进化出一个不同寻常的大脑,而这个大脑最终衍生出超动物之群的智力活动。智力活动最终进化成我们今天的人类。这个智力进化的过程,有一个重要方面的显著进步,就是对“食”“色”“欲”这些“本始材朴”的人性提升,这个提升在学术上通常称之为“人文化”,是人“向文而化”的一个重要步骤。人由一般性动物变成高级生物,这是一个重要的过渡阶段。在我们研究法律创生的主题下,探讨这一过渡阶段,同"本始材朴"一样,都是基础性工作,不能回避,也不能超越。

"食""色""欲"的"人文化",在人类各个原始种群中并非循着某种固定的轨迹,人文化的形态和结果也各个相异,但殊途同归,最终进化成为高级智能生物的人类。人类学研究的最初目的,就是想通过对至今仍处于较低社会阶段的原始种群的"他者"的研究,还原我们今天人类是怎样从历史深处一步步地走到今天的。这且不论。

就中国河洛先民的"人文化"提升,也是一个极其漫长、复杂的过程,需要从人类学、考古学、文献学、自然史、地理学、思想史等学科的专门知识,综合利用包括现代科技在内的科学方法和手段,深入地进行研究。从我们个人有限的知识和视域下,我们拟就"人文化"中的两个重要方面,即人生观和宇宙观的形成和定型方面进行初步的探讨。不待说,这两个方面构成了中华优秀传统文化的基础和重要元素,也是我们探讨中华法创生的一个基础平台。

河洛先民,即中华先祖的人生观的形成,也是一个漫长而又复杂的过程,它关涉到人类本身,包括天地在内的自然环境、精神世界对上帝和先祖的信仰等各个方面,除了人自身的生育之外,也包括天地化育性命、天命、命运等诸多概念体系。这里就其要者加以初步粗疏而已。不待说,限于主题,我们着重从先秦典籍中发掘有用的史料,以佐证我们提出的观点。

一、河洛先民的生命观

先说生命之元始,即我们在上文已经重复了多次的问题——"我从哪里来?"在《易经》经文的乾卦和坤卦中已经蕴涵了生命之源。在《传》文中,对此多有详解。《乾文言》解《乾卦》精义指出:"飞龙在天,乃位乎天德。"①指的是"巨龙飞上云天"则说明阳气旺盛,正当天位,其造就万物之功已成,具备了天之美德。这就暗示世间万物都由天,即太阳造成。这一推断与现代高科技的研究结果完全吻合。天体物理以先进的科技证明,地球包括地上的万物生灵均由太阳在 50 亿年间的天体演化而成。《坤文言》也指出:"坤至柔而动也刚,至静而德

---

① 陈襄民等注译:《五经四书全译·易经》(一),中州古籍出版社 2000 年 8 月版,第 88—89 页。

方。后得主而有常,含万物而化光。坤道其顺乎,承天而时行。"①意思是说,大地性情极为柔顺,但是一旦变化却显出刚健有力;性情文静,但是一旦运行其美德却能流布四方。"大地承奉天之施予而后主持生养万物",这位就是自然常理或自然规律;包容孕育万物而使之运化光大,乃是其本能。大地的德行是如此柔顺,它承奉天道、顺依四时的变化而运行。先民此说的极可贵之处,不仅在于鲜明地指出,人及万物都是在地球自然环境中化育而成的生灵,而且还恰当地摆正了地与天的关系,指出地是承奉天道而行,并非独自运行。这与现代的天体物理所揭示的天体诸如太阳系中太阳与行星、卫星的关系多么贴切,充满着原始朴素的辩证唯物主义的思想光辉。相比基督教神学上帝造人和万物说更是贴近真理。至今仍有一些基督教神学家仍在不遗余力地宣扬"上帝创造了物理规律"的理论,希图以"智能设计论"批判并取代达尔文的生物起源学说,即"进化论"。两相比较,应当给予我们探讨中华优秀传统文化,包括其中的万物生成论的生命观的探讨热情与信心。中国"天人合一"的生命观由来有自,不深入研究河洛先民的天地化育的观念,就不会得其要领。西方基督教神学的"智能设计论"苦心孤诣地想在科学与神学之间搭建直通的桥梁的说教,其旨趣与中国的天地化育自然生人的生命观相去何止十万八千里。②

　　如果上述的《乾文言》和《坤文言》的解释还嫌有些隐晦的话,那么,在《象辞上传》中对《乾卦》和《坤卦》两卦的要旨,说得更明白了。对《乾卦》释义说:"大哉乾'元',万物资始,乃统天。云行雨施,品物流形。大明终始,六位时成,时乘六龙以御天。乾道变化,各正性命,保合太和,乃'利贞'。首出庶物,万国咸宁。"③大意是说,满布宇宙的"元气"才是开创万物的基本元素,万物凭借"元气"才能萌发、生成。"元气"由太阳发布流传宇宙四方。宇宙不停的运转变化,万物就在这种运动变化中生成,各自确定本身的属性。总之,太阳生发流布的"元气"才是世界的本原,它开创万物,成为万物之母。不待说,人也是"元气"即太阳生发的"乾元之气"所创生。

---

①　陈襄民等注译:《五经四书全译·易经》(一),中州古籍出版社 2000 年 8 月版,第 91—92 页。
②　习五一:《公立世俗大学没有上帝和神灵的位置》,《中国社会科学报》2014 年 12 月 26 日,A07 版。
③　陈襄民等注译:《五经四书全译·易经》(一),中州古籍出版社 2000 年 8 月版,第 94 页。

又解释《坤卦》说:"至哉坤'元',万物资生,乃顺承天。坤厚载物,德合无疆。含弘光大,品德咸'亨'。'牝马'地类,行地无疆,柔顺'利贞'。'君子'攸行,'先迷'失道。'后'顺'得'常。'西南得朋',乃与类行;'东北丧朋',乃终有庆。'安贞'之'吉',应地无疆。"①大意是说,光有"元气"还不足以直接生成万物,还需要象征大地的"坤"秉承天的意向,以自己宽厚的大地容载万物,使万物在大地上生长、繁茂。大地对于万物的容载,是大地的最高美德,它长久无极,辽远无疆。

《象辞上传》中对《屯卦》解释值得一谈。《屯卦》释义说:"屯,刚柔始交而难生。动乎险中,大'亨贞'。雷雨之动满盈,天造草昧。宜'建侯'而不宁。"②大意是说,屯卦象征初生,犹如阳刚阴柔之气刚刚开始交合。其时,雷雨将作,阴阳二气郁结交密充塞于天地之间,恰似大自然始创万物之时那种混沌状态。现代天体物理学认为,宇宙形成最初的起点始于一极小物质在瞬间发生"大爆炸","爆炸"威力强大到把大量细微物质及各种放射线包括磁线抛向空无一物的广袤宇宙,形成"云气团",此为宇宙的初开的混沌状态。之后"云气团"在磁力和引力的作用下开始激荡、旋转,最终形成各种星系天体,包括我们的银河系和其中的太阳系。目前,这种"宇宙大爆炸"说虽在理论上有争议,仍有许多谜团需待解决,但基本上已形成天体物理学的共识。令人不可思议的是,我们的先祖在那样民智初开的上古时代,竟如此精准地推论到宇宙初生时,曾经历一场混沌状态,并认识到是通过雷雨的激荡使阴阳二气交互郁结、运转,最终创始天地及宇宙万物的情景,虽然用中国特有的古老概念中阴阳二气、雷雨之类的观念体系作为宇宙初始认识的推论工具,所得出的结果却与现代科学天体物理学的结论极为吻合,这不能不让人感叹我们先祖的认识宇宙的智慧和能力。

初民对宇宙万物生成的认识并没有止于乾阳与坤阴二气的简单并立及相交郁结和激荡的简单认识上,而是进一步抽象化地结合成为一个统一体,这就是传统中国文化包括生命文化的精髓的"道"的概念和体系。《象辞上传》第五章说:"一阴一阳之谓道,继之者善也,成之者性也。"③这就是说,阴阳各自独立,但又

---

① 陈襄民等注译:《五经四书全译·易经》(一),中州古籍出版社 2000 年 8 月版,第 95 页。
② 陈襄民等注译:《五经四书全译·易经》(一),中州古籍出版社 2000 年 8 月版,第 96 页。
③ 陈襄民等注译:《五经四书全译·易经》(一),中州古籍出版社 2000 年 8 月版,第 218 页。

可以交结,并在相互转化中构成一个全新的不可名状的实体,这就是"道"。承袭阴阳变化之"道",并加以发扬光大,就能创始世上万物,也包括人;阴阳之"道"能够柔顺持守而生成万物的,就赋予万物各自的本性。值得注意的是,世上各类万物的本性的形成也是阴阳变化促成的,出自自然而非人为。这就是中国先民关于事物本性的认识超过西方基督教神定论的过人之处。在此章中,还有"生生之谓易"①之说,是指阴阳互转、交合而使万物生生不息,永远变化以至无穷。这就更为古朴的唯物主义赋予更生动的辩证法的特质,彰显了中国河洛先民在宇宙生成论及万物起源、变化机理上的原始理性及早熟的特质。

《易经·彖辞下传》引用了或者借用孔子的话说:"天地烟缊(即氤氲),万物化醇;男女构精,万物化生。"②孔子将天地烟缊与男女构精恰当地结合起来,以阐明上古之民的生命观,这较之前文所引介和分析的单纯以乾阳坤阴化育万物,更能显出万物生成,特别是人的创生的理性原则。天地化育万物及人,虽然能够说明世上何以有万物和人,而不是什么也没有,但这种认识毕竟过于抽象,只适合在哲学层面上展现其创生的理论。而如果加上世上的男女两性交合精华,生儿育女,就人的创生的意义上,则把天地化育的宏大记事的高处又拉回到男女交合的行为与床笫之上,这就是又回落到人何以能够繁衍不息,子子孙孙延绵不绝的实处。《易经》就这样亦幻亦真,亦玄又实地抒发了古我先祖们的生命观,其哲思和实际巧妙结合之玄妙,怎不令我辈后世子孙孙既感佩先祖们的睿智和精于事理,又诚服其创始的"天人合一"的义理的恢宏致远,博大精深,以致构成中华传统文化中最精华的内核之一。

河洛先民即中华先民的过人之处还在于,他们不仅孜孜不倦地追求万物包括人类自身的起源,而且还在不断追问对既有万物和人是否可以探寻生命的发展和变化的规律? 是的,这正是古人另一令今人敬佩的地方。《说卦传》第二章有言:"昔者圣人之作《易》也,将以顺性命之理。"③原来古人作《易》,其初衷从表面看来,就是预测人的吉凶、悔咎,以趋利避害,但在其深处却隐藏着更深刻的人生哲理的欲求,以及探寻万物特别是人的本质特性、性命的生成和变化的规

---

① 陈襄民等注译:《五经四书全译·易经》(一),中州古籍出版社2000年8月版,第219页。
② 陈襄民等注译:《五经四书全译·易经》(一),中州古籍出版社2000年8月版,第244页。
③ 陈襄民等注译:《五经四书全译·易经》(一),中州古籍出版社2000年8月版,第261页。

律。为了实现这一崇高理想,一代又一代的上古先哲们"抟心揖志"(《史记·秦始皇本纪》),历经数百或许千年才著成号称"六经之首"的《易经》。相比之下,我们今人对生命的态度,除了严肃的科学家们仍在努力探寻其规律外,世俗上的人生态度的某些状况仍令我们担忧。许多人不再关注人生的意义和存在的价值了,最突出的表现就是视人生只有享乐主义而行止,就像"过把瘾就死"的人生态度竟也成为文艺影视题材的标题,真是令人唏嘘不已。

在《序卦传·上经》中,又重申"有天地。然后万物生焉",而《序卦传·下经》再更明确申明古人的生命观:"有天地,然后有万物;有万物,然后有男女;有男女,然后有夫妇;有夫妇,然后有父子。"①如前所述,将天地化育生万物,递次从万物中分出人,又将人分为男女两性,两性匹配成为夫妇,夫妇交合繁衍后代,从而产生父子关系。如前所论,这是一个从玄虚到真实,从精妙到体会,从宏远到近前这样一个完整的生命创生链,赋予天、地、人无缝对接的有机整体,从而更坚定了中国先民"天人合一"宇宙观的精神内涵。

从我们上述并非十分专业的粗疏引介和分析,我们不难得出结论,河洛先民对人的生命在基于"食""色""性"的"本始材朴"体认之上,也在孜孜探索生命从何而来的真谛,从而使人的生命在本能的基础上,提升到生命观的认识层次,并在此基础上,建构了古人"天人合一"的信念和对生命起源的原始理性思维。从较低的层面上看,古人有了生命观之后,就远远脱离了作为一般动物的本能性质,并使人的生命有了意义;从高一级的层面上看,生命观的建构,就等于使人对自己生命的体验上升到哲理的高度,从而使古人对生命全部哲学意义的探索,有了一个重要的维度和支撑点。从此,人类除了吐故纳新,新陈代谢,代代相传的生物生理机能之外,又获得了弥足珍贵的一隅精神家园。人也就最终脱离一般性动物范畴而成为真正意义的称为人的高级生物和种属。从这个意义上来说,《易经》可以当之无愧地称之为"生命之书",其蕴涵的深刻生命哲理,值得我们深入地发掘和研究。

《尚书》作为上古的另一部典籍,其立书的基准与《易经》迥然不同。它极少关注一般的生命观,只有罕见的几处论及人的自然寿命的长或短,例如《高宗肜

① 陈襄民等注译:《五经四书全译·易经》(一),中州古籍出版社2000年8月版,第276页。

日》中有"降年有永有不永"。不过,《尚书》在人性的文化提升方面,却发展出了另一个更高的层面或维度,这就是"天命观"。"天命观"是贯穿《商书》叙事论理的一条主线,同样构成了传统文化价值的一个重要向度,其传递和流传下来的虽非全是观念或思想上的"正能量",但在中国人的思想史和政治史、法律史上占有一席重要的地位。在整体的传统文化和思想史的研究中,不可或缺。"天命观"现在虽然被排除在现实的思想视域之外,但作为传统文化和传统思想,在民间仍有广泛的遗存和影响,潜在地影响着中国百姓的世俗生活,因此现时仍有研究的价值。不过,从我们研究的主题上看,天命观在催生中华法的创生和发展方面,在历史上特别是在上古史上曾发生过重要作用。为此,我们仍需要对此进行研究。本书的下一个章节,就简单地以《尚书》为标本,对天命观进行粗疏的引介与分析。

二、河洛先民的天命观

"天命观"是中国传统文化中的一个重要组成部分。如前所述,古我先民们生活在极其艰难、险恶的自然条件和人文环境中,不仅生存物资缺乏保障,就是人身安全问题也完全不由人自身掌控,天灾、人祸会随时伤害他们甚至使他们丧命。在朴素的生命观中,如《易经》所显示的,人们希望通过天地自然环境的密切观察,力求寻求其运行变化的规律,并努力适应这些规律所给定的"秩序"和"安定"环境,以最大限度地趋利避害,以保全自己并延续后代。在这样生命观的潜移默化的熏陶下,人们自然把自己的与安危、生死攸关的"命运"问题与"天"连结在一起,这就是"天命观"所由产生的最初基础。"天命观"之于我们先祖的精神世界和精神生活来说,可以视为一把双刃剑。一方面,我们先祖可以把自身的安危、祸福的命运从与天相连的思想意境中,获得极大的慰藉和安全感,并铸成了"听天由命"的人生态度。从现代心理学的立场上看,这是一个极其重要的心理调节机制,我们的先祖同他们后世子孙的我们一样,虽人生艰难、凶险,但也不能时时生活在惊恐的精神状态之中,为了不使自己沦落到精神崩溃的境地,"听天由命"或在极其艰难时刻仰天长啸,吁请天助,即使在今天,也不失为符合现代的心理学和神经病学原理的解脱精神困境之道乃至"移情"之法。同理,"听天由命"也有同样的心理调节机能。另一方面,普通民众的"天命观"

也有消极作用的一面。一些人不思进取,放弃个人主观能动性,任凭"命运"的摆布,放任自流,缺乏社会责任感和积极进取的自制力也泰半源于对"天命"的或明或暗的信托和依赖。

在当今的养生观念中,所倡导的"任其自然"其实也是把双刃剑。三国时魏王曹操曾写过一首《龟虽寿》的诗,其中有两句是"盈缩之期,不但在天。养怡之福,可得永年。"可知曹公既信天命,又不迷信"天命",人的天然寿命有长有短,并不都是由上天先定的,而是在于个人的养生观念及其修炼。要想长寿,还要靠个人努力和善于养生。可惜当今很多人都不懂这个道理,正如英国首相丘吉尔曾用反语谈及健康之道时说过的话,大意是:"第一要抽烟,第二要大吃大喝,还不要忘记最重要的第三:就是不要锻炼。"这种现象在时下国人中的普遍存在,或许就是造成国民体质普遍下降,医药费用高起,医患矛盾加剧的一个重要原因,值得我们从历史上延续和传承下来的"天命观"进行反思和矫正。

"天命观"并不止于在民间精神生活的向度,在帝王政治的时代,"天命观"还有向王政向度的一个显著发展。在这个意义上,可以说"天命观"被帝王政治绑架或俘获为一个巩固或改变政治统治的政治武器。"天命观"在这个向度又循着两条路径发展,一条是通过将"天""天帝""上帝"这类的观念的抽象形态予以拟人化或人格化。这个"人格化"的"天""天帝""上帝"像一个高高在上的至高统治者,向凡界,通常通过号称"天子"的人间帝王向民众直接下达"命令",这个"命令"具有极大权威,不能违抗,只能遵照执行。这就是"执天命"。另一条则向"天秩""天规""天运""天势"的方向发展,即通过作为抽象化的天、天帝、上帝在亘古漫远之期于冥冥之中,预先布置好的规则和途径,以引导世间凡人在政治上应当如何作为或者不作为。这种"天命观"虽是超验的,同样也具有极大权威,世间凡人只能遵循而不能违逆。这两种"天命观"的政治向度交互使用,共同构成了政治合法性的最高渊源,也就是实现世间帝王统治的政治基础。著名典籍《尚书》对这种"天命观"的政治向度作了极好的阐释和表述,值得我们今人深入地加以研究。下面,就其中的要者简单梳理和分析。

在《大禹谟》中,舜帝鉴于大禹治理好了遍地泛滥成灾的大洪水,人又贤德,天下没有人能与他争功,决定将帝位禅让给大禹,于是说:"予懋乃德,嘉乃丕绩,天之历数在汝躬,汝终涉元后。"①意思是说,我(指舜帝)称道你有大德,我褒奖你的大功绩,帝王继统的运数已经显应在你的身上,最终应当由你承继君王大位。又通过"官占惟先蔽志,昆命于六龟",结果又是"鬼神其依,龟筮协从"②,大禹承王位就这样定下来了。在这里,第一次将"运数"即"天运"引入到帝统的继位上来,展现了最古老的"天命观",即帝王的承继是由天运决定的,人只能顺从,不能违背。这就使大禹继承帝位,开中国父死子继帝统的先河,具有了最高的合法性。看来,在古人的观念里,即使是在"禅让"的政治王权时代,"禅让"行为并不像一样物品的馈赠行为那样简单,只要一个愿意送,一个愿意接受,又不违背法律就交接完成了。"禅让"同所有帝王王权转移或继承一样,都是最高的政治行为。这种政治行为的完成,都需要以实际或假以最高的权威支持以满足其合法性的要求。不仅在传说中的上古时代如此,即使在当代,如何满足政权转移的合法性,都是政权掌握者不能掉以轻心的重大事项。其中也包括对上帝、真主之类的"天命"的利用。这从当今世界上许多国家的宪法序言上就可以看出。

在《皋陶谟》中,"天命观"又有延伸,皋陶在向大禹王申说了治国理政的重大政事时,强调了五个方面都是直接承受上天的安排应当去做的事。原文是:"无教逸欲,有邦兢兢业业,一日二日万几。无旷庶官,天工,人其代之。天叙有典,勅我五典五惇哉! 天秩有礼,自我五礼有庸哉! 同寅协恭和衷哉! 天命有德,五服五章哉! 天讨有罪,五刑五用哉! 政事懋哉懋哉!"③这里的"天工"是指"天命之事";"天叙"是指"天规定的人与人的伦理秩序";"天秩"指"天规定人的尊卑等级秩序";"天命"指"天安排天子、诸侯、卿大夫、士和庶人这五种人应当遵循的礼节,并且使它经常化,君臣之间应当互躬互敬、协同一致、和睦相处。各级各类的官员要勤勉、努力,处理好各种政事";"天讨"指"老天要惩罚的行为和人"。既然这治国理政的五种大政都是由天规定和安排的,天子和各级各类官员都不过是"承天之命","代天行事"而已。可见,人世间的政治行为都被"天命"化了。这种"天命政治观"一方面赋予治国理政以最高的权威性的合法来

---

① 陈襄民等注译:《五经四书全译·尚书》(一),中州古籍出版社 2000 年 8 月版,第 311 页。
② 陈襄民等注译:《五经四书全译·尚书》(一),中州古籍出版社 2000 年 8 月版,第 312 页。
③ 江灏、钱宗武译注,周秉钧审校:《今古文尚书全译·虞夏书》,贵州人民出版社 1990 年 2 月版,第 54 页。

源,另一方面,也是一个利好的方面,就是强化了人的政治责任。既然治国理政成为天子和各级官员的"天职",正像上述行文所强调的"无教逸欲,有邦兢兢业业,一日二日万几。无旷庶官,天工,人其代之。"就是说,治国理政的人不要贪图安逸和私欲,要兢兢业业,因为情况一天一天地千变万化。不要虚设各种职位,老天命定的工作应当由人代替完成。上古之人为此谆谆教诲,历久弥新,值得我们当代所有从政的人员深刻体察、反思和警惧。

　　在国家最初建立的年代,尽管政治权威建立在"天命"的最高合法性基础上,也告诫天子和各级各类官吏要恪尽职守,做好上天命定的各项治国理政之事。但是,与此同时,上古政治并没有完全忽视或根本无视民众在国家政治中的地位和作用。我们今人习惯将"民主"与近现代联系起来,视为近现代产物,这在一定的意义上不能说是不对的。但是,"民主"毕竟也是一个历史的产物,也有其最初的起源、形态和演化规律。不待说,早在原始社会时期,早就有被马克思、恩格斯所肯定的"原始民主",就是在国家产生之后的夏代,也产生了"民为邦本"的早期国家以民为本的政治理念。请看《皋陶谟》中是怎么说:"天聪明,自我民聪明。天明畏,自我民明威。达于上下,敬哉有土!"[①]意思是说,"老天听取意见、观察问题,是从臣民听取意见、观察问题中得来的。老天表彰好人、惩治坏人,是根据臣民的意见表彰和惩治的。老天的意旨和臣民的意见是相通的,要谨慎啊,有国土的君王!"[②]把"天命"和"民意"巧妙地糅合在一起,可以看作是一种高明的政治智慧。上古之人已经明白,人们的政治生活不能只在虚无缥缈的老天或上帝的玄虚的意境中进行,人类终归还是要在地上的王国中生活,包括国家政治生活,民众的意愿、好恶、顺逆更直接地关乎到国家的兴亡和社会的盛衰,这才是一个真正决定国家命运的根本力量,任何国家的当权者都不可以对此漫不经心,更不可以无视其伟力。有鉴于此,借助上天的权威办好地上的百姓民生的事,遵从民众的意愿以安邦固国,即使是上古时期的天子和诸大臣们都必须努力做好的事。后世王朝的更替则从反面进一步对此原始政治理性加以证实。

---

① 江灏、钱宗武译注,周秉钧审校:《今古文尚书全译·虞夏书》,贵州人民出版社1990年2月版,第54页。

② 江灏、钱宗武译注,周秉钧审校:《今古文尚书全译·虞夏书》,贵州人民出版社1990年2月版,第56页。

下面还要对此加以分析。

《益稷》中有两处提到"天命"。一处大禹说的："徯志以昭受上帝,天其申命用休。"①意思是说,要等待有德的人明白地接受上帝的命令,那么,老天就会再三地赞美你;另一处则是舜帝说的："敕天之命,惟时惟几。"②即是要像这样勤劳的命令。这两段丰富了虞舜时代的"天命观"。

到了夏代,"天命观"又有了进一步的确立。《甘誓》记述的是大禹的儿子启继父登天子位后,同姓诸侯有扈氏不服,举兵反抗。启讨伐前在甘地誓师,誓词中说："天用剿绝其命,今予惟恭行天之罚。"③即是说老天要剿灭他的性命,我现在就奉老天的命令惩罚他。"恭行天之罚"就是代天行罚,简称"天罚"。《胤征》中也有"奉将天罚"④之说。如果说对政权合法性的继承是老天对有德才之人的褒奖,那么,"天罚"就是对恶人实行的最严厉的惩罚。一奖一惩,进一步彰显了上帝的权威,"天命观"由于兼顾了正反两个方面,更显得完整,体现了原始质朴的正义观。

到商代,"天命观"发展到了顶点。在《商书》首篇《汤誓》中,汤假天命去征讨夏桀,多次用到"有夏有罪,天命殛之。"⑤"尔尚辅予一人,致天之罚。"⑥这种假"天命之罚",给予汤出兵伐桀以最高的合法性。但成汤建立商王朝后,唯恐后世以他用武力夺取王位"为口实",总是心生惭愧。这时他的左相仲虺便用天命、天意以及民心所向劝慰成汤,让他安享天下,为民造福。仲虺对成汤说："惟天生民有欲,无主乃乱,惟天生聪明时乂。有夏昏德,民坠涂炭,天乃赐王勇智,

①　江灏、钱宗武译注,周秉钧审校:《今古文尚书全译·虞夏书》,贵州人民出版社1990年2月版,第59页。

②　江灏、钱宗武译注,周秉钧审校:《今古文尚书全译·虞夏书》,贵州人民出版社1990年2月版,第67页。

③　江灏、钱宗武译注,周秉钧审校:《今古文尚书全译·虞夏书》,贵州人民出版社1990年2月版,第93页。

④　江灏、钱宗武译注,周秉钧审校:《今古文尚书全译·虞夏书》,贵州人民出版社1990年2月版,第104页。

⑤　江灏、钱宗武译注,周秉钧审校:《今古文尚书全译·虞夏书》,贵州人民出版社1990年2月版,第112页。

⑥　江灏、钱宗武译注,周秉钧审校:《今古文尚书全译·虞夏书》,贵州人民出版社1990年2月版,第113页。

表正万邦,缵禹旧服,兹率厥典,奉若天命。"①意思是说,天生下老百姓就有七情六欲,如果没有天命的君主加以掌控,天下就会乱起来,只有通过天生聪明的人的治理才能避免祸乱。夏桀昏乱失德,使人民陷入水深火热之中,天赐给您勇气和智慧,使您成为所有邦国的表率和楷模。您只要继承禹所实行过的一切,遵循禹的律典常规,就是奉顺天意,没有什么可惭愧的。又说:"夏王有罪,矫诬上天,以布命于下。"②既然欺骗老天,假托天的意旨,失去臣民之心,夏桀就应当败亡。"钦崇天道,永保天命。"③告诫成汤要敬奉老天的意旨,永远保守老天的教导。如此一来,成汤不仅用武力夺取政权,就是坐天下、直面称王由于都是顺敬天命,都得到最高合法性的支撑。由此"天命观"在商代又延伸到政权的合法拥有和改朝换代的合法性支持。

在《商书》的其他一些篇章,如《汤诰》《伊训》《太甲上、中、下》《盘庚上、中、下》等都有一些关于"天命"、"皇天"之类的陈述,限于篇幅,就不再一一引介和分析了。

不过,《咸有一德》一篇中有"天难谌,命靡常"④一说,倒值得分析一下。表面看来这两句说的是"老天很难相信,因为天命无常",似乎与商代崇信"天命"有不协调之处。然而看下文:"皇天弗保,监于万方,启迪有命,眷求一德,俾作神主。"⑤以及"惟吉凶不僭在人,惟天降灾祥在德"⑥的表述。原来,"天难谌,命靡常"并不是对天命的不信任,而是并仅仅是关于"天命"并没有一个一成不变的标准,而是看负有天命的人的修德状况而有所区分。你修德,并且"咸有一德",上天就赐吉祥与你;你丧德如夏桀那样,上天就降灾祸予你,直至让你"九

---

① 江灏、钱宗武译注,周秉钧审校:《今古文尚书全译·虞夏书》,贵州人民出版社 1990 年 2 月版,第 116—117 页。
② 江灏、钱宗武译注,周秉钧审校:《今古文尚书全译·虞夏书》,贵州人民出版社 1990 年 2 月版,第 117 页。
③ 江灏、钱宗武译注,周秉钧审校:《今古文尚书全译·虞夏书》,贵州人民出版社 1990 年 2 月版,第 120 页。
④ 江灏、钱宗武译注,周秉钧审校:《今古文尚书全译·虞夏书》,贵州人民出版社 1990 年 2 月版,第 147 页。
⑤ 江灏、钱宗武译注,周秉钧审校:《今古文尚书全译·虞夏书》,贵州人民出版社 1990 年 2 月版,第 147 页。
⑥ 江灏、钱宗武译注,周秉钧审校:《今古文尚书全译·虞夏书》,贵州人民出版社 1990 年 2 月版,第 147 页。

有以亡"。这里只是强调负有"天命"之人修德,特别是修有"一德"的重要性,原无不相信或亵渎皇天的意思。

值得一提的是,商纣王最终变成了一个"天命观"的牺牲品。本来,如上面所介绍的上古"天命观"并非一成不变的绝对命令,而是要依赖与负有"天命"的王及大臣个人"承天命"、"顺天命"的个人在人世间的作为,特别与个人的修德优良劣相关。"天命"与"人事"浑然一体,顺之者成,逆之者亡。而商纣王由于迷信"天命",全然放弃自己作为君王应负起的道义责任。在商王滥行腐败之事发展到天怒人怨,行将灭亡之际,谏臣祖伊力劝纣王改邪归正。纣王不但不听,反而质问祖伊:"我生不有命在天?"①盲目地听天由命,最终导致败亡的下场。

在周代,诸多《周书》的篇章也有许多关于"天命观"的表述,其详且繁,实难一一列举,也似无细述必要。各种表述也只是人物、场景不同,但"天命"的要旨皆大同小异,前述的引介与分析,足以见其端详。

史家普遍认为,上古的"天命观"在政治权力、语境中的主导地位,从虞舜到夏代又到商代、周代,作为强势的时代意识形态,纵贯了上古两千年以上的漫长历史时期,直到东周时期,即"春秋时代","天命观"才从其顶峰跌落下来。斯时人们只以弱肉强食的"丛林法则"为最高的政治原则,力求富国强兵,以实力称霸天下的强权结果,"天命"已不再能左右位高权重的霸权之国和称霸之君。一切看实力说话,胜者王侯败者贼。有意思的是,这一转变竟在《尚书》最后一篇的《秦誓》中表现了出来。其时已经处于春秋时期,秦穆王伐郑大败而归,作《秦誓》以表悔恨之意。文末两句是:"邦之杌隉,曰由一人,邦之荣怀,亦尚一人之庆。"②看来,时人已不再盲目地迷信"天命",更看重君王个人的作为了。因为秦穆公认为:"国家的危险不安,由于一人;国家的繁荣安定,也常是由于一人的善良啊!"此即是事在人为,"天命"早已置之者脑后了。

《诗经》作为我国第一部诗歌选集,用诗歌的形式呈现了上古时期丰富多彩的社会生活画卷,其中也包括历史和意识形态。古人普遍认为"诗以言志",又

---

① 江灏、钱宗武译注,周秉钧审校:《今古文尚书全译·虞夏书》,贵州人民出版社1990年2月版,第194页。

② 江灏、钱宗武译注,周秉钧审校:《今古文尚书全译·虞夏书》,贵州人民出版社1990年2月版,第460页。

能"诗与政通",他们用诗言说自己的志向和价值观。在形式上通过赞美、歌颂圣王的功绩和高尚的品德,先祖创业的经历与艰辛,表达了他们对政治上良善与邪恶的鲜明立场和爱憎分明的情感;与此同时,也表达了他们对"天命观"的信奉和天与人,上帝与圣王之间相互关系的哲学思辨式的思考与探索,并试图把握政治兴亡,王朝更替背后潜在规律,省察政治运行的机理。从这个意义上来说,《诗经》绝不仅仅是表现上古先民的爱情、婚姻和家庭生活,以及通过田园美景的描述,表现出来的乐观、热爱大自然和追求幸福,向往自由的纯朴的精神境界;《诗经》也是一部史诗,反映国家的兴衰治乱的史实及其蕴涵的内在机理。此外,作为政治的教化素材及其功能,先民的诗作者们希望通过用诗来达到这一教化功能,正如《毛诗序》所说:"经夫妇,成孝敬、厚人伦、美教化、移风俗。"其中关于"天命观"的宣扬和教化,占有突出的诗篇和分量,值得我们关注并认真地加以研究。

《诗经》中的"天命观"诗篇,特别集中于《二雅》中的《大雅》和《三颂》之中。

《诗经》作为史诗的先后顺序排列,先从《二雅》中的《大雅》开始,顺接《三颂》中的《周颂》、《鲁颂》和《商颂》,这与诗集选辑的作者的身份、时代密切相关,表现了诗选的作者的个人倾向。从读史的立场上看,显然应当颠倒过来,先从《殷颂》起始,继而是《周颂》和《鲁颂》。但不管怎样,"天命观"都是《大雅》和《三颂》中历史贯通的一条主线,无论殷商和周两大朝代的兴衰,还是更替,都被理解为是"天命"所致的必然结果,是上帝的意志,或者说通过上帝表现出来的民众意志先使殷商从兴到亡,又使周兴以代殷商成为历史的必然进程和归宿。这种引导"国运"更替的神秘力量,就是"天命",有了"天命",就有了合法性,而且是神圣的合法性,不容置疑,只能遵顺和诚服。"天命观"以合乎"天意"和"民心"的方式消损了政治权力之争的赤裸裸的暴虐性和残酷性,平缓了人们在强大的争夺政治权力的狂风暴雨中的紧张度和危机感。从这个意义上来说:"天命观"无论对处在争夺政治权力风口浪尖上的当事人来说,还是对处在战争苦难中的广大民众来说,都不啻是一副消减焦虑情绪和战乱恐惧的"缓释剂"。用诗的形式颂扬天命更给人以温馨的感觉,实在是古我先民们的一大文化发现和创造,值得我们深刻体察和玩味。

让我们先从《三颂》中的《烈祖》谈起。这是一首祭祀商朝开国元君成汤的

乐歌,其中有两句就是颂扬祖神和上帝的:

"以假以享,

我受命溥将。

自天降康,

丰年穰穰。"①

其中的"自天降康",就是对上帝的颂扬。

在《玄鸟》中,诗曰:

"天命玄鸟,

降而生商,

宅殷土芒芒。

古帝命武汤,

正域彼四方。

方命厥后,

奄有九有。

商之先后,

受命不殆,

在武丁孙子。"②

这头两句是说,商朝始祖契是由其母简狄吞下上帝命玄鸟衔来落下的神卵而受孕生之。这显然是说,是上帝有意让契诞生以开商祀,成百代王统。值得注意的是,"天命玄鸟,降而生商"显然是一个"神迹",非常人能为,也非常理能解。"神迹者",神留下的印迹之谓也。这在古人民智未开的时代,具有极大的宣传"天命"的优势和影响力。王者和民众既信天、敬天、奉"天命"行事,那么,对神的行为和做法自然也不会置疑,坚定和笃定地信以为真。用"神迹"强大人类认识的感染力和影响力,也许是人类的一种普遍心理认同。自《诗经》时代一二千年后在中东地区出现的犹太教,在其《圣经》的《旧约》中,为宣传犹太上帝耶和华以及他的使徒、行者们具有超凡的"神力",就大量运用"神迹"作为宣传宗教

---

① 陈襄民等注译:《五经四书全译·诗经》(二),中州古籍出版社 2000 年 8 月版,第 1127 页。

② 陈襄民等注译:《五经四书全译·诗经》(二),中州古籍出版社 2000 年 8 月版第 1128 页。

的手段,以影响民众和网罗教徒。两千多年后的今天,在许多笃信基督教基本教义的信徒中,还坚定不移地相信耶稣基督死而复生,以及留下的各种神迹的存在。记得笔者在20世纪90年代作为访问学者在美国访学时,曾受邀出席一华裔基督徒的家庭宣教聚会,当笔者不知趣地问主人是否真有耶稣基督的真身存在时,她毫不迟疑地作了肯定的回答。还担心我不能信服,竟打开录放机放送各种有关基督"神迹"的录像带。我虽满心不信,但见到那些亦幻亦真的画面,也是看得目瞪口呆,一头雾水。倘若是真,也只有专家才能解释其中的缘由了。

　　话说回来,在《商颂·长发》中,再次重申了"有娀方将,帝立子生商"的"神迹"。第三节中又有两次提到"天命":"帝命不违,至于汤齐。……上帝是祇,帝命式于九围。"①在《殷武》诗中,也先后出现"天命多辟""天命降监""命于下国"等诗句,也都是颂扬上帝对商先王的眷顾和恩惠的。

　　在《鲁颂》中,《秘宫》是全《诗经》503首中最长的一首。在这首颂美鲁僖公修建寝庙的诗中,其中广为涉及其列祖功绩、祖神降福等家史追述,而其中又不忘颂扬天命对周代元祖的神迹与恩惠。该诗第一节便写道:

"秘宫有侐,

实实枚枚。

赤赤姜嫄,

其德不回。

上帝是依,

无灾无害。

弥月不迟,

是生后稷,

降之百福。

黍稷重穋,

稙稚菽麦。

奄有下国,

---

①　陈襄民等注译:《五经四书全译·诗经》(二),中州古籍出版社2000年8月版,第1130—1131页。

俾民稼穑。

有稷有黍，

有稻有秬，

奄有下土，

缵禹之绪。"①

从颂扬始祖起诗，到第二节又颂扬自古公亶父、文王、武王、成王、周公、直到周公长子伯禽在鲁地建国封侯。

第三节　描述鲁僖公当朝的丰功伟绩

"乃命鲁公，

俾侯于东。

锡之山川，

土田附庸。

周公之孙，

庄公之子，

龙旂承祀，

六辔耳耳。

春秋匪解，

享祀不忒。

皇皇后帝，

皇祖后稷，

享以骍牺，

是飨是宜，

降福既多。

周公皇祖，

---

①　陈襄民等注译：《五经四书全译·诗经》（二），中州古籍出版社 2000 年 8 月版，第 1116—1117 页。

亦其福女。"①

　　这三节中的"上帝是依""上帝临女""降福既多"都是赞扬"天命",即上帝对周朝的偏爱和福惠。

　　《诗经》从《二雅》中的《大雅》到《三颂》中的《周颂》,在多达305首诗中,从颂扬周代开朝之祖文王的厥功至伟,再到武王、成王、宣王等历代先王及文武大臣们的丰功伟绩。其中有关"天命观"的描述多次出现。限于篇幅,这里只择其要者简介评说如下。

　　《文王》一诗中,就有:

　　"有周不显,

　　帝命不时。

　　文王陟降,

　　在帝左右。

　　假哉天命,

　　有商孙子。

　　上帝既命,

　　侯于周服。

　　侯服于周,

　　天命靡常。

　　殷之未丧师,

　　克配上帝。

　　宜鉴于殷,

　　骏命不易。

　　命之不易,

　　无遏尔躬。

　　宣昭义问,

　　有虞殷自天。

　　上天之载,

无声无臭。

仪刑文王，

万邦作孚。"①

你看，一个王朝开基的先祖及其后嗣子孙有如此历久弥新的"天命"作为兴起、发达的合法根据与携同，焉有不建功立业之理！

《大明》一诗是颂扬周朝开国历程的史诗，其中更是洋溢着对"天命"赞扬与对周家天下的先祖们光辉业绩的缅怀。如第一节就有"天难忱斯"即"天命玄深难相信"②的诗句。意思是说，"天命"对世人并不专注一人，而是有"盛德"者兴，"败德"者亡的"天意"倾向。周朝由文王而建，是因为他"明明在下，赫赫在上"，感动了天帝而让他代殷而王。殷商之所以败亡，是因为商王丧德民不堪忍，天不能容所致。该诗下面还有：

"昭事上帝"。③

"天监在下，

有命既集。

文王初载，

天作之合"。④

"有命自天，

命此文王"。⑤

"上帝临女，

无贰尔心"。⑥

反复申说周文王建周朝实乃"天命"所倚，"天命"所归，非人事所能独为。

《皇矣》篇诗句又有：

"皇矣上帝，

①　陈襄民等注译：《五经四书全译·诗经》(二)，中州古籍出版社2000年8月版，第961—963页。
②　陈襄民等注译：《五经四书全译·诗经》(二)，中州古籍出版社2000年8月版，第965页。
③　陈襄民等注译：《五经四书全译·诗经》(二)，中州古籍出版社2000年8月版，第965页。
④　陈襄民等注译：《五经四书全译·诗经》(二)，中州古籍出版社2000年8月版，第961—966页。
⑤　陈襄民等注译：《五经四书全译·诗经》(二)，中州古籍出版社2000年8月版，第966页。
⑥　陈襄民等注译：《五经四书全译·诗经》(二)，中州古籍出版社2000年8月版，第967页。

临下有赫"。①

"上帝耆之,

憎其式廓"。②

"帝迁明德,

串夷载路。

天立厥配,

受命既固"。③

"帝作邦作对,

自大伯王季。"④

"载锡之光"⑤

"帝度其心,

貊其德音。"⑥

"既受帝祉,

施于孙子。"⑦

"帝谓文王"⑧

"顺帝之则"⑨

这也是一首周人开国的史诗,开疆立国的周朝,从最初时期就是"承天命"、"奉天命"行事,所以有成。

在《大雅》的其他诗篇中,颂扬"天命"无上的诗句数不胜数,就不一一引介和分析了。

在《三颂》中的《周颂》诗篇中,也有大量颂扬"天命"的诗句,以彰显周王朝的开国圣王推翻殷商王朝建立新朝的合法性。

---

① 陈襄民等注译:《五经四书全译·诗经》(二),中州古籍出版社2000年月版,第979页。

② 陈襄民等注译:《五经四书全译·诗经》(二),中州古籍出版社2000年8月版,第979—980页。

③ 陈襄民等注译:《五经四书全译·诗经》(二),中州古籍出版社2000年8月版,第980页。

④ 陈襄民等注译:《五经四书全译·诗经》(二),中州古籍出版社2000年8月版,第980页。

⑤ 陈襄民等注译:《五经四书全译·诗经》(二),中州古籍出版社2000年8月版,第981页。

⑥ 陈襄民等注译:《五经四书全译·诗经》(二),中州古籍出版社2000年8月版,第981页。

⑦ 陈襄民等注译:《五经四书全译·诗经》(二),中州古籍出版社2000年8月版,第981页。

⑧ 陈襄民等注译:《五经四书全译·诗经》(二),中州古籍出版社2000年8月版,第982页。

⑨ 陈襄民等注译:《五经四书全译·诗经》(二),中州古籍出版社2000年8月版,第982页。

《维天之命》是专门颂扬"天命"的诗篇。全诗如下：

"维天之命，

於穆不已。

於乎不显，

文王之德之纯！

假以溢我，

我其收之。

骏惠我文王，

曾孙笃之。"①

从天命至高永恒到文王盛德纯情再到子孙世代尽忠继承，将天命与王权紧密地结合在一起。

同样专门颂扬"天命"的诗篇，还有"昊天有成命"②，由于有上天的命定，所以有地上的文王、武王和成王的"受之"和"不敢康"③，由于天命秉承"天命"行事和不图安乐，勤勉治国，才有周初的兴旺发达的盛世强国的开国之功。

《敬之》是周成王的自诫诗。全诗如下：

"敬之敬之，

天维显思，

命不易哉！

无曰高高在上，

陟降厥士，

日监在兹。

维予小子，

不聪敬止。

日就月将，

学有缉熙于光明。

佛时仔肩，

---

① 陈襄民等注译：《五经四书全译·诗经》(二)，中州古籍出版社 2000 年 8 月版，第 1078 页。

② 陈襄民等注译：《五经四书全译·诗经》(二)，中州古籍出版社 2000 年 8 月版，第 1081 页。

③ 陈襄民等注译：《五经四书全译·诗经》(二)，中州古籍出版社 2000 年 8 月版，第 1081 页。

示我显德行。"①

利用"天命"的"天维显思"和"命不易"以及"日监在兹"来自诫和警惕自己要勤勉学习并修德践行,是成王获得治国良绩的重要保障。这已经超越了上述先王被动地秉承"天命"行事的"合法性"范畴,又延伸到以"天命"修德的精神境界了。

"天命观"在上古的初民特别是占统治地位的贵族、王室中,具有深远和强烈的信仰基础,并形成稳定的传统,并影响后世四五千年的皇权政治,还辐射影响到普通民众的精神和心理世界。当然,统治集团之所以不遗余力地笃信"天命观",最根本的政治驱动力就是其背后隐含的"合法性"。王权政治统治永远都是少数人及其集团对广大民众的统治,不说统治集团如何睿智或残暴,也无论是实行"善政"或"暴政",其本身的主导和支配的政治、经济等实际利益,永远都不会与广大民众的实际利益完全吻合,在常规的国家形态和政治秩序中,矛盾、冲突甚至激烈的对抗不仅不可避免,有时还会达致你死我活的暴力对抗的程度。睿智的王权统治者为了巩固自己的统治地位,总是倾向或善于利用各种治国理政的良善举措,或者以恩威并施的统治手段,尽量化解、和缓与广大民众之间始终存在的、程度不同的政治张力。但如果只做到这一点,显然是不够的。王权政治秩序始终是一个由人统治的格局,随着王位的替续及施政举措的变化,使得王权统治秩序难以始终保持在一个稳定的状态。王权统治者们对此有清醒的认识,他们试图超越治国理政的实际层面而去寻找更有持久生命力的精神力量,以维护他们的政治统治利益。于是,"天命观"就适时地登上了上古初民国家的政治舞台和人的精神世界,成为国家统治者和广大民众最惬意的"合法性"的信仰体系和历久弥新的精神境界。"天命观"之所以在上古政治境界中产生并赓续四五千年的中国政治生态环境始终不衰,最根本的社会原因,就在于"天命观"始终是服务于王权统治的有力工具;同时也是民众屈从或服膺政治统治而不致于因自己的悲惨的境遇而导致精神崩溃的"安慰剂"。

然而,世事有利则有弊,"天命观"也不例外。它也是一把"双刃剑",在它发挥稳固统治利益的最高"合法性"的同时,也成为改朝换代者手中的利器。在中

---

① 陈襄民等注译:《五经四书全译·诗经》(二),中州古籍出版社2000年8月版,第1098页。

国的上古社会和国家,"天命观"一方面以"皇矣""至高无上"的神圣样态出现,另一方面又以"天命靡常"或"天听我民"、"天视我民"为意志转移的可变性现身。正是这种两面性,暴露了"天命观"只是人的精神创造体系及工具性价值的本质。

至于广大民众中流行的"天命观",则是另一个复杂体系的精神系统,不属于本主题研究的范畴,故不予论列。

第四节　上古人性的抽象化

上古河洛先民的人性在"本始材朴"的基础上,沿着两个向度向深度和广度发展,一条就是我们刚刚在上面介绍和分析的"人文化"或"向文而化";另一条则是我们即将展开介绍和分析的"抽象化"。在这里有一点需要说明,即我们所谓的"人文化"与"抽象化"并不是一个严谨的规范界分。从广义的"人文"立场上看,"抽象"也当为"人文"类属,两者本身并无特别的个性区分因而得以判然分立。这里之所以还要作出区分,只是为了体现如下的一点自以为可以成立的个性区分,那就是"人文"至少有相关一部分内容可归属"形而下"的范畴,而"抽象"则应归于"形而上"的范畴了。

按字面意义,"抽象"就是从许多具体事物中,舍弃个别的或全部的物质本性,抽出其共同的、游离其物质的属性,而形成一个既与原物有关联又超越原物属性的独立概念。这个概念构成了人类思维的基本元素,也成为人类认识的基础和架构。

"抽象"是人类智能的典型特征,也是人类区别于其他动物包括我们的近亲灵长类动物的根本标志。人之所以能从万千的动物世界中脱颖而出,就在于人类能以"抽象"思维来认识这个世界,进而更好地利用和改造这个世界。没有"抽象"思维,人类对这个世界永远摆脱不了"本始材朴"的本能状态,我们就像所有其他动物一样,只能日复一日地过着茹毛饮血、穴居野处,再加上繁衍后代那样的"原始"本性生活,人类历史上的科技进步和社会由低级向高级的演进都是不可想象的,更不遑论及当今科技涉嫌太过出格乃至失控的爆炸性发展了。

人类的抽象思维具有普遍性,地球上各个地域的人们,不同种群和民族的群体都具有"抽象"思维的能力,否则就构不成人类的共同的"大家庭",但各个种族和民族在全球化进程之前的漫长岁月中,基本上都处于隔绝状态,各自按照给定的自然和社会条件去感知和认识自己周围的世界,于是就形成了一个不同路经和发展方向的抽象思维模式。具体说来,就在中华文化圈和欧美文化圈的民族中形成了不同的抽象思维路径、方向和模式。

一、文字的象形化与拼音的抽象化及其意义

先简单地从文字谈起。文字的发明在埃及大约是在公元前 4000 年左右。在巴比伦也晚不了太多。两国文字起初都是从象形的图画开始的,这些图画很快地就约定俗成,因而语词是用会意文字来表示的,这就是所谓的"象形文字"。但在以后的几千年的时期内,"象形文字"并没有持续沿用下来,并逐渐发展形成了"拼音文字",以较为简洁的拼音符号代替"象形文字"中的繁复体系。后来这种文字的发展又影响到后世的古希腊和罗马,"拼音文字"一直延用到今天,英语就是全世界普及最广、用得最多的拼音文字。文字的创造和演变肯定不会只是一种书写方式那么简单,文字之中肯定地说蕴涵了极其丰富的思想、观念和思维方式的信息密码。西方人从舍弃"象形文字"到致力于"拼音文字"的演进的背后,应当是由复杂的观念、社会等因素驱动的,有待于方家进行深入的研究。就我们研究的意义上来说,至少部分的原因应当是由于"抽象思维"方式的转变所导致的。西方人自古希腊时期起,在"抽象思维"的路径选择上逐渐走向了形而上学的方向,形成了与形而下截然对立的"二元"范畴,于是"象形文字"便逐步被排出了人们对文字书写方式的选择,因为文字是形而下的东西,容不得形而上的观念杂糅之间。关于这方面的信息,下面还要进行深入的分析。

反观中国人的传统观念,自始就是一个"入世"而非"出世"的,如前所述,初民对"本始材朴"的人性认识,就是从与自己的食、色、欲密切相关的人生事物起始的,及至提升到"性命观"和"天命观"的层次,已然同天地等自然现象密切相关。在中国先民看来,要从一个非物质世界诞生出一个纯物质世界是不可想象的。就是在这样强烈的传统观念指引下,古人就从与自己生产、生活密切相关的事物出发,以自己亲历的观察、揣摩得来的经验,用一种"象形"而又能"会意"的方式创造了中国的文字。中国文字现在称之为"汉字",其实早在汉朝之前文字

有着古远起源而又不断演化的历史,从最初的契刻符号到文字的转变,中间经过甲骨文、陶文、金文、大小篆书直到经秦始皇统一中国后实行的"书同文"的今文等不同的发展阶段,在这漫长的历史时期中,无论字型或繁或简,辨识或难或易,其基本的以形会意的演变模式始终未变。其结果,汉字逐渐成为世界上唯一还保留着自远古演变而来的"象形文字"风貌的文字,创下了世界文字史上的一大奇观。文字作为人类文化交换的基本工具之一的功能,在中国之所以抱持一种一以贯之的"象形"风格,这绝不是偶然的。它体现了中国人厚重的现实主义精神,中国人从自身生产、生活的现实环境中观察事物,从大到天体中的日月星辰到自己身上的各种长物,都是有形有模有样的一种客观存在,人们能够看到它们、感知它们,久而久之,便以其形状通过智识与技巧的抽象而拟诸成为各种表达符号,约定成俗后成为公众普遍认同和使用的信息代码。这样描绘中国文字的漫长历史,虽疏于简单,但也可以看出中国文字的创造的背后,其实蕴涵着中国人思维的优势和特点。在我们先祖们看来,宁可以失去文字书写的便利(如拼音化)为代价,也不愿丢失"象形文字"中所蕴涵的极丰富的人生经验、天人合一的观念和哲理等意义。中国河洛先民,或者说中国的先祖们其实并不乏形而上思维的智慧,但他们更愿意把自己丰富的想象空间更多地留给与自己生产、生活息息相关的现实世界,通过对中国文字的创造,使他们随时随地与自然环境和人伦关系中各种信息保持相通;又通过文字的辨识和书写使自身和周围事物之间架起沟通的桥梁,时时处处体验自己人生和周围事物存在的意义。近年来,西方有学者通过研究认为,中国儿童通过学习汉字在智力开发和培育度对周围世界的想象力方面,优于西方儿童从拼音文字学习中获得智力开发和想象力。这个结论也印证了我们上述的分析意见。

西方的"拼音文字"已经彻底地摆脱了与实际表达对象相关的"会意"功能与观念羁绊,变成了纯粹的人际交流和文化继承的工具和载体;而中国的"象形文字"虽也具有抽象的意义(有些文字也脱离了"会意"的功能),但是在总体上是一种有保留的"抽象",或者是有选择的、有限度、有分寸的"抽象"。这种"抽象"从一个侧面突出地体现了中国人的思维特点,它也是与即将展开讨论的与人性相关事物的"抽象"特点保持了一致。这个思维方式或特点构成了中国独具特色的传统文化的一种特点、一种风格,值得我们进行深入的研究。

二、与人性相关事物的"抽象"化及其意义

中国河洛先民早在上古世代,就在抽象思维领域取得了很高的成就,其中抽象思维的方式、路径选择及相关意义的演进,更是弥足珍贵。中国的传统文化之所以被认为基本特质是优秀的,很大的一部分原因是因为中国先民抽象思维的方式和路径选择是正确的。这种基本特质不仅关乎到中国人的思想、观念和生活方式,也关系到中国人的治国理政的理念与方式,还关乎到我们研究的主题,即古代法的创生和起源。

有比较才有鉴别,为了更清楚地阐述中国先民的抽象思维特点,才必要先对西方人的抽象思维特点作一简单的梳理和分析。

作为人类文明的最初源头,兴起于公元前 4000 年左右的古埃及和古巴比伦,大致相当于中国的神话传统的年代,或许还要早些。古埃及虽以尼罗河流域早期渐次发达起来的农业文明立国,但古埃及人相信灵魂不死,因此他们把自己的关注力放在与死亡相关的事物上,耗费巨额的财力和众多的人力修建作为国王陵墓的金字塔,不计成本地制作木乃伊,都是为了安顿逝者的灵魂,以待他们日后复生。这一人生价值观的指向,不可避免地引向宗教神灵崇拜的方向,影响后世西方世界价值观的一个重大走向。而在古巴比伦王国,由于发祥于底格里斯和幼发拉底河,农业文明兴起并渐次发达起来。古巴比伦人虽有多重崇拜,犹如同时期的中国河洛先民那样,但他们的宗教走向了与古埃及不同的路向。古巴比伦人同中国的河洛先民那样,更关心现世的生息、繁荣而不是来世的幸福。作为文化印迹的标志性精神活动,就是巫术、卜筮和占星术的知识和技能受到特别重视并渗透到社会生活和国家治理的各个层面。然而,古埃及和古巴比伦关于生命观却有一个共同的面向,那就是致力于共同的生殖性能崇拜。他们认为太阳是阳性的,大地则是阴性的,这一点与中国的河洛先民的生命观惊人的相似。在那地理位置完全隔绝的古代,为什么不同地域的先人们会不约而同地产生同一种类似或大体相同的生命观,这似乎是一个谜,学术界至今尚未对此有令人称道的研究成果出现。不过我们认为,人类因为具有相同的生物生理机能,尽管在种姓和人身状况、生活方式等方面千差万别,但必需面对相同的生存问题,所以产生相同或类似的人性问题,应当是最深层次的原因之一。古人如此,今人

又何尝不是如此？如此看来,说人有共同或相似的本性,以及某种共同的或相似的价值观,并不一定如某些持强烈意识形态的卫道者们所确信的那样,是匪夷所思,根本不会存在的。不过,这是题外之话了,就此打住。总而言之,古埃及和古巴比伦的古代文明所形成的人的精神或价值面向的两个指向,随着两个帝国的向外扩张影响到它们周围的古代王国,最终在古希腊王国落地开花,结出硕果,浓缩成为古希腊哲学的建构基质和基本价值体系格局。

关于古希腊人包括人生、人性在内的哲学的非凡想象力和创造力,至今仍为我们今人叹为观止。正如英国著名哲学家罗素所言:"希腊人在文学艺术上的成就就是大家熟知的,但是他们在纯粹知识的领域上所做出的贡献还要更加不平凡。他们首创了数学、科学和哲学;他们最先写出了有别于纯粹编年表的历史书;他们自由地思考着世界的性质和生活的目的,而不为任何因袭的正统观念的枷索所束缚。所发生的一切都是如此之令人惊异,以至于直到最近的时代,人们还满足于惊叹并神秘地谈论着希腊的天才。"①

在古希腊世代,初期繁荣起来的各个城邦国家,都相继产生了各种不同的宗教性流派和哲学体系。最先强大起来的商业城邦是米利都,在公元前七世纪至六世纪,该市在经济上和政治上都曾有过重要的发展,在此基础上。号称"米利都学派"的哲学也率先发展起来,作为该派七哲之一的泰勒斯,被学界公认为希腊哲学是从他开始的。根据亚里士多德的记载,泰勒斯认为水是世界的原质,世上的一切都是由水造成的;泰勒斯又提出大地是浮在水上的。泰勒斯还说过磁石体内有灵魂,并认为万物有灵,充满了神。我们之所以先介绍泰勒斯,并不仅仅是因为他是古希腊哲学的开山之祖,更在于他关于万物源始于水的人性观和宇宙观。我们知道,在河洛文化中,先民对水的体察、重视极为深沉,以致形成厚重的"水文化",以至之国上古先哲们由于"观水有术",最终形成了有关水的一系列哲学思想和道德观念。在东西方文明开启的曙光世代,在地理、文化相互隔绝的情况下,中西先民们就对与人生有如此密切关系和重要意义的水竟如此相同体悟并形成共同的文明开篇,实是令我们今人惊叹！这再次印证了人性的普

<hr>

① ［英］罗素著:《西方哲学史》(上卷),何兆武、李约瑟译,商务印书馆 1963 年 9 月第 1 版,1976 年 8 月北京第三次印刷,第 24 页。

遍性和文明的共通性。但须指出包括泰勒斯在内的古希腊哲学家关于万物生于水的认识,不论从现代生命与水的密切关系的知识论上多么接近科学的边缘,但终究还是停留在"本始材朴"的阶段,这与我们即将展开讨论的河洛先民进而将水抽象化之间,还有一个相当重要的生命本性认识论上的差距。

　　米利都派的第二位哲学家是阿那克西曼德。他认为万物都起源于一种简单的"元质",这种"元质"是无限的、永恒的而且是无尽的,并认为"万物所由之而生的东西,万物消灭后复归于它,这是命运规定了的……。"① 这种看法,相当于中国河洛古典哲学中的"道",或者更像"气"。"元质"虽不是具体物质,但具有朴素的唯物主义范畴。

　　米利都派第三位杰出的哲学家是阿那克西美尼,他明确提出,生成万物的"基质"或"元质"不是别的,就是"气",这种认识论与中国河洛先民的"气论"已经相当一致了。

　　古希腊另一个城邦国家萨摩出现了一位杰出的数学家和哲学家,那就是毕达哥拉斯。数学和神学的结合是从他开始的。这在其时代和后世演变成了宗教哲学。数学特别是几何学被希腊人认为是不证自明的"公理",而根据演绎的推理进程,又可达到可以证明的"定理"的目的。"公理"和"定理"都被认为对于实际空间是真实存在的,而实际空间又是经验中所有的东西。这样,首先注意到不证自明的东西然后再运用演绎法扩广开去以至万事万物,就好像是可能发现实际世界中的一切事物了。这种不证自明的先验理念影响了西方后世的认识论。从美洲《独立宣言》中的"我们认为这些真理是不言而喻的",到18世纪的"天赋人权"学说,再到牛顿的"万有引力说"和"经院哲学"以及个人源自天人感通的宗教信仰,所有这一切都源自毕达哥拉斯的认识论。这使我们不禁想到,当代中国一些法学界人士所热心倡导的"天赋人权"或"个人权利本位"之类的理论与学说,其实源自古老的西方世界。那些热心倡导者们或许并没有深察这些近代人权学说的真正来源,更遑论说这些近代人权观念与中国古老的宇宙观是如何的格格不入。在中国古老的宇宙生成论中,没有什么是不需要验证的,即

---

① [英]罗素著:《西方哲学史》(上卷),何兆武、李约瑟译,商务印书馆1963年9月第1版,1976年8月北京第三次印刷,第52页。

使是"天道"和"天命",也不例外。不过,这是题外之话了。总之,毕达哥拉斯开启了一个重要的哲学转向,把可感知的经验世界推向了神秘的宗教哲学的路径和方向了。从我们研究的意义上来说,即是抛弃了从"本始材朴"走向"抽象"的认识进程了。这后一种面向,正是河洛先祖们对宇宙生成论和认识论所做出的重大贡献,它构成了中国传统文化的精髓。以下还要逐步展开详尽的分析。

在古希腊哲学家看来,世界的性质和构造以及生成的原理,都是根据不证自明的东西进行演绎的推理而达至的结论,而不是根据已观察到的事物通过归纳的推理结果。正是运用这种推理方法所得到的惊人的成就把古代世界,进而把大部分近代世界引入了歧途。这种从公认的、不证自明的公理、推理转变成为以归纳所观察的事实而达到某种原则、定理的科学方法,在西方世界自启蒙运动以来,用了差不多四个世纪才得以完成。

古希腊历史进入了公元前5世纪,出现了一位仍被今人所乐道的哲学家赫拉克利特。他认为火是世界的根本实质,万物都像火焰一样,是由别种东西的死亡死而诞生的。他说:"一切死的就是不死的,一切不死的是有死的:后者死则前者生,前者死则后者生。世界是统一的,但它是一种由对立面的结合而形成的统一。一切产生于一,而一产生于一切;然而多所具有的实在性远不如一,一就是神。"①他认为火是万物之源的观点,与当时的河洛文明达成了不谋而合的共识;关于"一"的表述也与中国同时期的道家学说的"一""道"形成一致性,他认为"一就是神"又把他的朴素的唯物论引向了宗教,这种哲学指向恰如中国河洛文化中把"一"引向"道"。其结果就是对世界本源的总体结构的抽象把握从此认识论上分道扬镳,指向了截然不同的哲学面相了。

生活在公元前440年的恩培多克勒,把古希腊的宇宙论又推向了另一个高峰,是他在先辈们在单一的物质元素的基础上,又确立了土、气、火与水四种元素为构成世上万物的基质。他认为这四种元素都是永恒的,只要把它们以不同的比例混合起来,就会生成世上万物。这较之中国河洛文化中的"金、木、水、火、土"五种物质元素来说,除缺少金、木,多了"气"以外,在土、火、水三种物质上达

---

① [英]罗素著:《西方哲学史》(上卷),何兆武、李约瑟译,商务印书馆1963年9月第1版,1976年8月北京第三次印刷,第69页。

成了一致。但如果把他的万物生成理论与中国传统文化中的"五行"理论中的"相生相克"的万物生成论相比较,他的"爱"与"斗争"的内在机理,就显得相形见绌了。站在中国传统文化的视角来看,把人类情感中的爱与恨以及因爱而结合与因恨而斗争的行为用于解释万物生成的机理,实在太过牵强而悖于事理。不过,这种观念或许引领我们进一步理解西方自古以来的爱和斗争两大情感和生活主题的古老根源。"爱"不仅成为基督教信仰的出发点,也是文学创作一个永恒的主题;而"斗争"又演变成为一种"哲学式"的生活态度和方式,直至影响到马克思主义的哲学,使其具有鲜明的"战斗性"。西方世界至今流行的"文明冲突论"以及霸权主义、强权政治的行为方式,使我们非西方人还能感受到这种"斗争哲学"的深刻影响,西方世界现在陷入"反恐"越反越恐的泥淖而不能自拔,就其成因,除极少数有识之士外,就西方文化和政治精英的整体而言,仍然不明究竟是何深层次的原因造成的。我们认为,其原因泰半就是因为他们只关注对恐怖分子用强力弹压,而不知如何从文化层面上调节不同宗教文明之间的相互关系。"斗争哲学"用于"反恐战争"的失败,由此可见西方"斗争哲学"的缺陷。

在前苏格拉底时代,古希腊哲学又出现了以留基波和德谟克里特为代表的"原始论者"一派。他们相信万物都是有原子构成的,原子在物理上——而不是在几何上——是不可分割的;原子之间存在着虚空;原子是不可毁灭的;原子曾经永远是,而且将继续永远是,在运动着的;原子的数目是无限的,甚至原子的种类也是无限的,不同的只在于形状和大小。这些观念中的一些已经被现代物理学所证明是科学的。在哲学方面,德谟克里特还被认为是一个彻底的唯物主义者,他甚至相信灵魂也是由原子构成的,思想也是一个物理的过程;他不相信宇宙是有目的,知识就是被机械的法则所统驭着的原子。为此他不相信流俗的宗教。正是在这一点上,原子论者们在前苏格拉底时代所有的哲学家中显得极为突出。其他的哲学家都曾致力于一种明知不可为而为的努力想要了解世界,他们用自己的热情和乐观主义、浪漫主义投入想象中的世界应当和如何构成的,而不是从万物的实际中去发现这个世界及其运行的规律。他们用各种恢宏和博大的形而上学理论去设想世界,形成了主客观对立、神人相分的宇宙认知方式和思维模式,在取得空前辉煌的成就的同时,也损害了古代和中世纪西方人探索宇宙和人自身的探索之路,直到近 2000 年之后的文艺复兴和启蒙运动,这一发展势头才得以扭转到科学的方向上来。

英国著名的哲学家罗素对此段古希腊的哲学史,有一段极有见地的总结。他说:"自此而后,尽管有着空前无比的成就,然而却呈现了某些衰落的最初萌芽,然后就是逐渐地衰颓。德谟克里特以后的哲学——哪怕是最好的哲学——的错误之点就在于和宇宙对比之下不恰当地强调了人。首先和智者们一起出现的怀疑主义,就是引导人去研究我们是如何知道的,而不是去努力获得新知识的。然后随着苏格拉底而出现了对于伦理的强调;随着柏拉图又出现了否定感性世界而偏重那个自我创造出来的纯粹思维的世界;随着亚里士多德又出现了对于目的的信仰,把目的当作是科学中的基本观念。尽管有柏拉图与亚里士多德的天才,但他们的思想却有着结果证明了是为害无穷的缺点。从他们那时候以后,生气就萎缩了,而流俗的迷信便逐渐地兴起。作为天主教正统教义胜利的结果,就出现了部分的新面貌;但是要一直等到文艺复兴,哲学才又获得了苏格拉底的前人所特有的那种生气和独立性。"[①]

三、河洛先民对与人性相关事物的抽象化

有了上述关于西方人抽象思维的形成及其范式、路径的简单梳理,作为参照系的对比效用是显而易见的。生活在大体相同时代而在地理、文化、信息等方面又相互隔绝的状态的两个半球的人类,面对各自身处的自然和社会环境的巨大差异性,却在关于人性的思考、探索以及直面的现实生存的各种问题时,都不约而同地超越食、色、欲的"本始材朴"的物质层面,而形成意识、思想层面的抽象化意向,以及期待从中寻找到使自己的个体直到群体意识得以安顿的精神家园,同时满足人类自身关于"我是谁,我为什么会存在"这样的好奇心和哲理追问。尽管东西方人类在抽象思维的路径、方式的选择上出现了巨大的反差,但背后都表现了人类的基本共性,正是这种共通的人性,使我们人类从其他动物包括高等灵长类近亲动物中脱颖而出,这是地球生命史上一个了不起的进步,弥足珍贵。

[①]　[英]罗素著:《西方哲学史》(上卷),何兆武、李约瑟译,商务印书馆 1963 年 9 月第 1 版,1976 年8 月北京第三次印刷,第 106—107 页。另:此一前苏格拉底希腊哲学各种学派及其代表人物观点的综述,也来源于罗素所著的《西方哲学史》,因综述缘由,恕没有一一引注。

作为先祖们的子孙后代的我们,不论我们关于人性的生成与发展达至多高的科学程度,我们都必须承认,我们关于人性的基因及其认识,都是从我们的先祖那里继承下来的。对先祖们的睿智的敬佩与感激之情当为当代的伦理道德所嘉许。然而,今人中仍有一些不屑子孙,仍不时秉持一种历史虚无主义立场,尽力否认先祖对人性抽象化的探索努力以及诋毁他们早在四五千年前就已取得的人性抽象化的成就,尽管这些成就可圈可点,有些甚至在时代进步中已证明是错误的,因而在历史进程中被淘汰。我们今人有重新认识初民那种努力和探索性认识的必要。近代著名哲学家尼采曾经说过:"当我们言及希腊人时,我们实际上是在不由自主地谈论现在和过去。"①如果我们借用尼采的断言,也可以说:"当我们言及河洛人及河洛文化时,我们实际上是在不由自主地谈论现在和过去。"下面就让我们深入"言及"河洛文化中有关与人性相关事物的抽象化。

现在还让我们回到古籍《易经》上来。这样做是有道理的,在上古文献中,没有哪一部在抽象化的程度和成就上堪与《易经》相比。《易经》是上古之人思索人性之源及其演绎之书,正所谓"生生之谓易"。它由《经》与《传》两部分构成。《经》又分为卦、卦辞和爻辞三部分。卦是用来象征宇宙万物运动变化图示的一套符号系统,也可以说是我们言及的"抽象化"系统。它由阴爻(－－)和阳爻(一)两个基本符号相互配合而构成特殊的表征系统。卦有三爻卦和六爻卦两类。三爻卦共八个,即乾(☰)、坤(☷)、震(☳)、巽(☴)、坎(☵)、离(☲)、艮(☶)、兑(☱),合称八卦。六爻卦是由八卦两两重叠而成,共六十四个,也各有名称和符号,合称六十四卦。辞就是通常所说的"经文"或"古经"。卦辞、爻辞则分别揭示每卦、每爻的意义。"传"是解经的文字,共十篇,也称十翼。这些在前面已经介绍过了,但今人已对古籍早已失疏了,故需反复介绍以引起关注。

(一)《易经》的抽象化具有的特点

1.抽象的程度至高至简。

大千世界缤纷复杂,放眼望去,大到苍穹,中到山川,小到花鸟鱼虫,数不胜数;如果再纤察微密,从毫发必见到不可眼见的更小的微粒乃至原子、中子、介

---

① 转引自[美]埃德加·博登海默著:《法理学:法律哲学与法律方法》,邓正来译,中国政法大学出版社 2004 年 1 月版,第 1 页。

子、电子等等,更是无穷无尽。这些林林总总的世上万物,河洛先祖只用一个"易"字就都涵括其中了。《易传·系辞上传》第六章曰:"夫《易》,广矣,大矣!以言乎远则不御,以言乎迩则静而正,以言乎天地之间则备矣!"①历代诠释家也说过同样的意义,如东汉魏伯阳说:"日月之谓易"。郑玄则认为《易》具有"易简""变易""不易"三种内涵。至简是《易经》抽象化程度极高的一个重要特征。此其一也。

其二,是其抽象化的符号系统的简单做到了不能再简单的地步和程度。阴爻只用一一表示,而阳爻则只用——表示。把世上的万事万物只用这两个简单得不能再简单的符号来表征,足以显见河洛先民极高的抽象智慧和能力。他们抓住了世上万物变化生成的根本特征,即变易无穷的规律性运动,高度抽象化地用阴、阳两个概念来表征世上的万物演化进程,可以说那是上古先民所能达到的最高智识程度。我们在古希腊先民那里看到过阴阳的概念,但那象征只局限于太阳和大地,并没有涵括天地万物这种高度的抽象性。

阴阳的概念是上古河洛先民所创立的极其重要的认识论概念,也是宇宙及其万物衍化规律的极其重要的价值体系。《系辞上传》第五章有言:"一阴一阳之谓道,继之者善也,成文者性也。……阴阳不测之谓神。"②前者是说阴与阳及其相互运转变化,叫做"道"。承袭阴阳之道并加以发扬光大而始创万物,就是良善;呈现阴阳之道并能够柔顺持守而生成万物的,就是本性;阴阳互转而微妙莫测,叫做神奇。从中不难看出,河洛先民关于万物生成及其本性的确定,归根结底是世上万物自身运动变化、互相转化的结果。抽象化的阴、阳只是指代万物衍化、运动的表述,而"道"则可理解为自然发展变化的规律,阴阳的交泰、运转并不是毫无秩序的运作过程,而是遵循自然规律而运动、变化。除了这些对自然规律的客观描述外,此种阴阳变化之道还可以理解为一种初民的价值取向或价值体系,即遵循客观规律行事,就是可欲的良善行为;而顺从阴阳变化之道就可以成就世上万物各自的本性,这样就是使世上万事万物既能遵循自己的本性行事,又抱持了万物至简的和谐相处,从而造成一个虽变化无穷难以体察其中的奥

① 陈襄民等注译:《五经四书全译·易经》(一),中州古籍出版社 2000 年 8 月版,第 220 页。
② 陈襄民等注译:《五经四书全译·易经》(一),中州古籍出版社 2000 年 8 月版,第 218—219 页。

妙的世界,但客观的结果却是万物相协而处,神妙至极的现实世界。

阴、阳和道的抽象概括,不论呈现多么高度的抽象境界,但它们本身始终是源于自然、成于自然和施于自然,这是河洛先民对宇宙及世上万物密切观察得来的经验总结。在河洛先祖们看来,如果不是自然本身,而是由一种超自然的神或上帝来创造一个物质世界来,是不可想象的事,犹如希伯来人认为从一个物质世界,而不是通过一个神或上帝来创造一个客观世界,或者如柏拉图、亚里士多德不从理念、灵魂、观念和神的理智等观念出发,就无法想象会有一个现实的世界生成,是不可想象的事一样。中国河洛先祖从宇宙观和认识论上走向了与西方不同的路径,采取了自然主义而不是神秘主义的方式来看待这个世界。河洛先民的这种在认识论上高度抽象化方面表现的非凡智慧和创造力,使之有充分的理由立足于世界古代先进文化体系之列,成为世界上最优秀的传统文化之一,当之无愧。

河洛先民的阴、阳和道的极其抽象化的概念和价值体系,因为源于自然,符合自然生成发展变化的客观规律,故而十分难得,弥足珍贵。它不仅直接影响了中国四五千年的国人的世界观和社会、政治、法律等各方面的社会、国家生活,构成了中国传统文化的最基础内容,在近代还以具有唯物主义和辩证法的精神被西方认识论和宇宙观所吸收。我们现在遵奉的马克思主义的唯物论和辩证法,其最基本的核心概念如"一分为二"、"对立统一"等等,在本质上绝无与阴、阳、道等概念有根本的悖逆之处。阴、阳、道的概念虽已经退出现代宇宙认识论和分析平台,但其基本的价值内核已被现代的宇宙认识论所吸收,至今我们仍有理由对河洛先祖们对人类文化所作出的杰出贡献,表现出应有的尊重和敬佩。

2. 与人性中的"本始材朴"直接相关的抽象化。

刚刚分析过的至高至简的抽象化,应当视为河洛先民对宇宙生成、变化、运转的世界观和宇宙生成论的总体把握。这是一个"纲",纲举目张,必须先于体认。然而,我们毕竟不是在一般哲学意义上进行讨论。我们探讨的乃是人性认识上的抽象化,包括与人生密切相关的"本始材朴",即食、色、性相关事物的抽象化,以及与饮食密切相关的自然事物抽象化。这里先分析前一种"本始材朴"类事物的抽象化。

在《易经》中的卦辞和爻辞中充溢着大量与人性中的食、色、欲这些人性"本始材朴"相关的文字和资料,这些文字和资料我们已经在前面进行过尽可能详尽的梳理,并进行过仔细的分析,这里自不必重述。但这绝不意味着对于这些人性中"本始材朴"相关的内容就没有再进一步分析的必要了。原因很简单,河洛先民关于人性中"本始材朴"的认识并不局限在基于生存本能所必需的物质、繁衍后代的性行为以及趋利避害的欲望等方面,而是同时也在一定的范围内和程度上将其抽象化,从而在满足人们基本的生存本能需要的同时,赋予其更多的超越现实的意义。正是这种超越现实层面的意义,不禁使人们的生命、生理的肌体和欲望的需要得到更好的保障和满足,还能使人生过得更有意义,更有价值。这种抽象化的智识建构越精准,越能从深层次体察人生的真谛和人们在社会结构中的角色与地位。与此同时,随着对抽象化的人性的更深刻的体察和把握,人们也越来越清醒地意识到人性的复杂性、多面性以及时时处处都要面临腹背同时受敌的困窘状况,于是更宏大的社会和国家结构的建立和法律调整的必要越发显得突出。正是在这样的人性的基础上,才引发了我们关于法律创始于人性需要与满足的主题研究上。不过,这是后话,现在先是让我们梳理和分析与"本始材朴"相关事物的抽象化。

《易经》在《经文》和《传文》中充溢着大量的这类抽象化的文言和传辞。下面择其有特点的卦,从《经文》和《传辞》两方面加以分析。

《需卦第五》,以需为卦名,象征等待。先说卦意,需要什么?从人生的本性方面讲,首先需要饮食。《序卦传·上经》说得明白:"物稚不可不养也,故受之以需;需者,饮食之道也。"①这是在"本始材朴"的意义上的需要饮食。但在象征意义上,则是等待。或许古人并不认为人生需要饮食就像"饭而张口"那么简单,粮食的生产依节气生发、成长、成熟才能打下粮食,在此过程中等待则是必需的;即使有了粮食,还要经过加工、做成熟饭才能吃用,这一过程自然也需要等待。由此推及开来,世上的万事万物都是一个从幼稚到成熟的过程,这是事理的必然,"拔苗助长"之类的事情之所以不可行,就在于违背事理。

缺乏等待及在事物成长过程中还要予以精心的培育。《象辞上传》就明确

---

① 陈襄民等注译:《五经四书全译·易经》(一),中州古籍出版社2000年8月版,第273页。

地表达了这种意义上的象征："需者，须也。险在前也，刚健而不陷，其义不困穷矣。"①在古人看来，人们包括饮食在内的各种事物的等待都不应当是消极性的等待，"天上不会掉下馅饼"来的。在等待过程中，必定会遇过风险、挫折或困顿，你也不能见此就畏缩不前，而是应当发挥自身的刚健之力，勇于克服在等待过程中必然会出现的各种艰难险阻，最终达到期望的目标，而不致于陷入"困穷"的境地。这样，我们已经看到，为人做事绝不应当消极的等待，而是应当奋发进取，以积极的努力获取更高人生的目标和人生意义。

在《象辞上传》中，需卦的象征意义又有了进一步延伸。"云上于天，需；君子以饮食宴乐。"②云集于天，待时降雨，象征"等待"，古人没有"人工降雨"的观念和技术，只等自然条件成熟才能等来天空下雨，意为依自然规律行事，不可贸然行动。同样，等待并不只是消极的无所作为，而是要做好各种准备，包括以饮食颐养身体，以安乐陶冶性情。一旦时机成熟，就可蓄势而发。如果这还认为表述的这种寓意还不明白，又有"利用恒无咎"，未失常也。③"恒"者，即持之以恒；"常"者，即恒常之理，"未失常"即未曾违背常理。做事持之以恒，又不能违背常理，这时需要教给古人处事应当遵循的行为准则。这种教化之理对于今人来说，仍是极有教益的。许多人生及其事业的失败，可能既有未能持之以恒的原因，又可能失于做事违背常理。

在《易经》六十四卦中，几乎每一卦都有抽象的卦义，与食、色、欲相关事物的卦也不例外，鉴于这方面的内容十分丰富，尽书出来可成一本大书，故仅以需卦一例以析之，权当管中窥豹而也。

3. 与人性中的"本始材朴"间接相关的抽象化。

纵观《易经》六十四卦，有些抽象化直接从人性中的"本始材朴"相关，如上述的《需卦》。而有些则与人性中的"本始材朴"间接相关，例如天、光、土地、水、风、雷雨等等，这些都是粮食生产所必需的环境和条件，至少在上古和传统农业社会是这样。《易经》将这些自然之物或自然现象加以抽象化，赋予其更恢宏、深邃、博大的人文意义，大大地拓展了人们的时空视野和对宇宙万物的认知能

---

① 陈襄民等注译：《五经四书全译·易经》（一），中州古籍出版社2000年8月版，第97页。
② 陈襄民等注译：《五经四书全译·易经》（一），中州古籍出版社2000年8月版，第149页。
③ 陈襄民等注译：《五经四书全译·易经》（一），中州古籍出版社2000年8月版，第149页。

力。正是先祖们对天地间自然现象的密切观察,从感觉和经验中不断积累知识,不仅能直接感知这些自然现象,而且通过将其抽象化,最终形成了中国传统文化中的宇宙观、人生观和价值观,并以此构成了中国传统文化中的最本质,也是最具特点的核心内容。对于这方面的重大认知成果及其价值,《易经》作了最卓绝的建树,值得我们今人深入地加以梳理和研究,下面择其要者加以重点论述。

(二)对天的抽象化

首先从乾卦说起。《乾卦第一》卦辞为:"乾;元亨、利贞"[1]。乾象征天,其性刚健,具有阳刚、健美之德。何以见之?"元亨,利贞"可以见证。元者,大,起始之意也;亨者,亨通、顺利之意也。"利贞"字面上是"利于占筮"之意,不应忘记,《易经》原初是作为"占筮"、"贞卜"而成书的。但历代注家各有其诠释之说,如《周易正义》所引《子夏传》,谓有"四德"之说。其云:"'元,始也;亨,通也;利,和也;贞,正也。'言此卦之德有纯阳之性,自然能以阳气始生万物,而得元始、亨通,能使物性和谐各有其利,又能使物坚固贞正得终。"《左传·襄公九年》:"姜曰'……元,体之长也;亨,嘉之会也;利,义之和也;贞,事之干也。体仁足以长人,嘉德足以合礼,利物足以和义,贞固足以干事。'"[2]

大体相同的诠释,也可见于《文言传·乾文言》:"'元者'善之长也,'亨'者嘉之会也,'利'者义之和也,'贞'者事之干也。君子体仁足以长人,嘉会足以合礼,利物足以和义,贞固足以干事。君子行此四德者,故曰'乾:元、亨、利、贞'。"[3]

《彖辞上传·乾卦》又将其抽象寓意加以延伸:"大哉乾'元',万物资始,乃统天。云行雨施,品物流形。大明终始,六位时成,时乘六龙以御天。乾道变化,各正性命,保合太和,乃'利贞'。首出庶物,万国咸宁。"[4]翻译为现代语言则是:"伟大啊,开创万物的阳气!万物凭借它才开始萌芽发生,它统领着整个宇宙。云朵纷飞,甘霖普降,宇宙万物因此而流布成形。光辉灿烂的太阳往复运转,乾卦六爻的六个爻位按照时序排列确定,犹如阳气按时序乘着六条巨龙起伏升降,

---

①　陈襄民等注译:《五经四书全译·易经》(一),中州古籍出版社2000年8月版,第2页。
②　陈襄民等注译:《五经四书全译·易经》(一),中州古籍出版社2000年8月版,第1—2页。
③　陈襄民等注译:《五经四书全译·易经》(一),中州古籍出版社2000年8月版,第84页。
④　陈襄民等注译:《五经四书全译·易经》(一),中州古籍出版社2000年8月版,第94页。

以驾驭宇宙万物的运动变化。宇宙不停的运动变化,万物则在这种运动变化中各自确定本身的属性,并保全阴阳既对立又和谐的太和之气,以利于持守正固。总之,阳气乃是宇宙的本原,它开创万物,而成为万物之首,犹如国家君主居于万民之上,使天下万方都得到安宁。"①

　　其中最值得注意的看点是,《象辞上传》对乾卦卦义的诠释洋溢着朴素的科学精神。其中关于"万物资始,乃统天";"云行雨施,品物流形";"大明终始";"乾道变化,各正性命,保合太和,乃'利贞'",这些有关宇宙的认识,已经得到近代以来的天体物理学所证明是符合现代科学理论的。详细的分析,留待下面进行。

　　《易经》中的《象传》是《易传》之一,主要是用于解释各卦卦象及各爻爻象。其中解释卦象的叫《大象传》,每卦一则,凡64则;解释爻象者认为《小象传》,每爻一则,共386则。《大象传》的体例,是先解释每卦上下相重之大旨,再从重卦卦象中推衍出切进人事的象征意义,爻辞多以"君子"的言行、品德为喻。《小象传》的体例,则是根据每爻的内容性质、处位特点,论断爻义吉凶利弊的原由。之所以取名《象传》,正是基于象的形象,取其人事的象征意义。从我们研究的主题上看,《大象传》的象征意义更切进我们的主题,《小象传》中尽管都有象征意义,但有些象征极其勉强,且与吉凶利弊挂钩,失去了其象征的人文意义,故为我们所不取。

　　《象辞上传·乾卦》的卦象的象征意义为:"天行健,君子以自强不息。"说的是乾卦卦象两两相叠,犹如天马行空那样刚健有力,不夹杂任何柔软之气,象征做人也应当像乾象那样自强不息,勇往直前。从乾象引申的上述象征意义,极具使人奋然上进、努力进取的正能量。几千年来,"天行健,君子以自强不息"一直被国人奉为锻铸个人品格的最高标准,鼓舞和激励了数不清的仁人志士锻造刚毅奋进、励精图志的品格,使历史呈现出英雄辈出,受人尊敬景仰的志士仁人代代相传,不绝如缕的人文景象。与此同时,也锻造了整个中华民族坚毅、果敢,不畏任何艰难险阻,一往无前的民族精神和气质。在当代,中华民族正在实现伟大的复兴,其背后作为驱动力的精神力量,正是这种"天行健,君子以自强不息"的

---

　　①　陈襄民等注译:《五经四书全译·易经》(一),中州古籍出版社2000年8月版,第94—95页。

《乾卦》的象征意义。自古至今,国人之所以对此励志铭言如此耳熟能详,足以彰显《乾卦》象征的人文力量。因为只有如此巨大的精神励志和鼓舞奋进的力量,才能在历史上传承下来,历久弥新。消极的、顽废的东西因其没有生命力,终究会淹灭在历史的长河之中。

《易经》中的《象辞传》是《易传》之一,传文对《易经》经文的各个方面作了全面地分析和阐释,发《易》之精微,示读《易》之要旨,是一篇早期的《易》义通论。通过《象辞》的义解,《易》的卦象、爻象的人文意义抽象化的程度又有了进一步提升,更全面、更集中、也更深入地将《易》的人文意义哲理化,构成了中国传统文化宇宙观、认识论中最深沉、最博大的基础和核心价值观。鉴于《象辞传》的综合、统论性质,我们只取其中有关的卦辞及其义解,以彰显上古河洛先民是如何看待和重视天、地等自然现象、形状对于宇宙观、人生观、价值观形成中的重要地位和作用的。

先说乾、坤两卦。

《象辞上传》第一章就多次对乾卦的经文进行义解。如开宗明义:"天尊地卑,乾坤定矣。卑高以陈,贵贱位矣。动静有常,刚柔断矣。方以类聚,物以群分,吉凶生矣。在天成象,在地成形,变化见矣。是故刚柔相摩,八卦相荡。鼓之以雷霆,润之以风雨;日月运行,一寒一暑。乾道成男,坤道成女。乾知大始,坤作成物。乾以易知,坤以简能。"①这其中就多次精论乾卦的象征意义。第四章:"《易》与天地准,故能弥纶天地之道。仰以观于天文,俯以察于地理,是故知幽明之故。原始反终,故知死生之说。精气为物,游魂为变,是故知鬼神之情状。与天地相似,故不违。知周乎万物而道济天下,故不过。旁行而不流,乐于知命,故不忧。安土敦乎仁,故能爱。范围天地之化而不过,曲成万物而不遗,通乎昼夜之道而知,故神无方而《易》无体。"②第六章:"夫《易》,广矣,大矣!以言乎远则不御,以言乎迩则静而正,以言乎天地之间则备矣!夫乾,其静也专,其动也直,是以大生焉。夫坤,其静也翕,其动也辟,是以广生焉。广大配天地,变通配四时,阴阳之义配日月,易简之善配至德。"③《系辞下传》第六章:"子曰:乾坤其

---

①　陈襄民等注译:《五经四书全译·易经》(一),中州古籍出版社 2000 年 8 月版,第 213 页。
②　陈襄民等注译:《五经四书全译·易经》(一),中州古籍出版社 2000 年 8 月版,第 217 页。
③　陈襄民等注译:《五经四书全译·易经》(一),中州古籍出版社 2000 年 8 月版,第 220 页。

《易》之门邪？乾，阳物也；坤，阴物也。阴阳合德，而刚柔有体，以体天地之撰，以通神明之德。其称名也，杂而不越，于稽其类，其衰世之意邪？"①第十二章："夫乾，天下之至健也，德行恒易以知险；夫坤，天下之至顺也，德行恒简以知阻。"②

　　除了上述《易经》重点义解乾、坤两卦之外，还在其他各卦，尤其是八卦中除乾、坤两卦之外的象征意义，进行了深入的义解和阐释。这部分内容集中于《说卦传》中的第三章至第十一章。现将这八卦对应的象征自然实物、人身肢体以及人文事物（务）总括梳理如下。

　　《说卦传》第三章："天地定位，山泽通气，雷风相薄，水火不相射，八卦相错。数往者顺，知来者逆，是故《易》逆数也。"③这八卦，即乾、坤、震、坎、巽、离、艮、兑分别对应的象征自然现象是：天、地、雷、雨、风、火、山、泽。这八种自然现象既相互激荡，又相互和谐共处，共同交错相谐运行而构成宇宙间万象纷呈的自然界。

　　第四章："雷以动之，风以散之，雨以润之，日以烜之，艮以止之，兑以说之，乾以君之，坤以藏之。"④这一章分别阐述雷、风、雨、日、艮、兑、乾、坤八种自然现象作用于自然界的方式，以及各自相应的功能，较之第三章的两两互动作用，此章则突出了各自的作用与功能。

　　第五章："帝出乎震，齐乎巽，相见乎离，致役乎坤，说言乎兑，战乎乾，劳乎坎，成言乎艮。"⑤这一章进一步阐述万物在震、巽、离、坤、兑、乾、坎、艮中的呈现状态，间接又强调了各卦象作用于自然界的方式。此章余下还有很长的一段文字，主要解释上述各种卦象何以能以这种或那种方式发挥作用。虽然极具抽象化的人文意义，也不乏科学的因素，但其强行与东西南北的方位相联系，并无科学根据，纯属人为附会。

　　第六章："神也者，妙万物而为言者也。动万物者，莫疾乎雷；桡万物者，莫疾乎风；燥万物者，莫熯乎火；说万物者，莫说乎泽；润万物者，莫润乎水；终万物始万物者。莫盛乎艮。故水火相逮，雷风不相悖，山泽通气，然后能变化，既成万

①　陈襄民等注译：《五经四书全译·易经》（一），中州古籍出版社 2000 年 8 月版，第 249 页。
②　陈襄民等注译：《五经四书全译·易经》（一），中州古籍出版社 2000 年 8 月版，第 257 页。
③　陈襄民等注译：《五经四书全译·易经》（一），中州古籍出版社 2000 年 8 月版，第 262 页。
④　陈襄民等注译：《五经四书全译·易经》（一），中州古籍出版社 2000 年 8 月版，第 263 页。
⑤　陈襄民等注译：《五经四书全译·易经》（一），中州古籍出版社 2000 年 8 月版，第 264 页。

物也。"①这一章以雷、风、火、泽、水、艮的自然形态和风貌特点进一步诠释了第三章起信的卦义,即水火、雷风、山泽相通、不相悖、通气的妙育万物的机理,通过变化而生成万物的卦理。

第八章:"乾为马,坤为牛,震为龙,巽为鸡,坎为豕,离为雉,艮为狗,兑为羊。"②这一章是举八种动物说明八卦拟物取象之途径与方式,这是对《系辞下传》第二章"古者包牺氏之王天下也,仰者观象于天,俯者观法于地,观鸟兽之文与地之宜,近取诸身,远取诸物,于是始作八卦,以通神明之德,以类万物之情。"③中的"观鸟兽之文与地之宜"的契合与具体解说。

第九章:"乾为首,坤为腹,震为足,巽为股,坎为耳,离为目,艮为手,兑为口。"④这一章是举人体八种器官说明八卦拟物取象的途径与方式,也是对《系辞下传》第二章的"近取诸身"的契合与具体解说。

第十一章作《说卦传》最后一章,又将八卦中的拟物取象范围作了更宽的延伸,例如讲到乾卦,就说:"乾为天,为圜,为君,为父,为玉,为金,为寒,为冰,为大赤,为良马,为老马,为瘠马,为驳马,为木果。"⑤翻译成现代语言,就是"乾卦是天;天形圆,因而乾又为圆;天是主宰万物的君王,主宰家庭的父亲,因而乾又为君王和父亲;天刚健如玉,坚硬似金,因而乾又为玉为金;位于西北方向、时值秋冬的乾,象征寒冷和坚冰;纯阳的乾,是大红的颜色;乾是健行的良马,健行既久又成为老马,成为多骨的瘦马,成为杂毛的驳马;乾还是树木的果实,因为乾为圆,而树木的果实都是圆形的。

其余7卦的物、象比附的抽象化程度各有增益,恕不一一列举。

至此,我们已将《易经》从《经文》中有关与人的本性食、色、欲有关的自然界物体、人身器官(尚有一部分留待后面再加以介绍和分析)、鸟兽等动物、人类情感等各方面的观象拟义的状况,进行了有重点而又顾及全面,有选择又兼理整体的引介和分析。如果将这一观象拟义的过程倒转到八卦初创的初衷上看,则又凸显了先祖们那种"近取诸身,远取诸物,于是始作八卦,以通神明之德,以类万

---

① 陈襄民等注译:《五经四书全译·易经》(一),中州古籍出版社2000年8月版,第265页。
② 陈襄民等注译:《五经四书全译·易经》(一),中州古籍出版社2000年8月版,第266页。
③ 陈襄民等注译:《五经四书全译·易经》(一),中州古籍出版社2000年8月版,第238页。
④ 陈襄民等注译:《五经四书全译·易经》(一),中州古籍出版社2000年8月版,第267页。
⑤ 陈襄民等注译:《五经四书全译·易经》(一),中州古籍出版社2000年8月版,第268页。

物之情"①的抽象化的思维能力和令人赞叹的成就。无论世上的万事万物多么缤纷复杂，其情状多么颐、隐、深、远，便用一种"八卦"的结构体系尽网络其中，无一可漏。这种极富创造力的思考方式，犹如现代的"全息图"，使我们对世界的观察不再局限于一事一物，而是以网罗连贯全部宇宙的时空为一整体，构成了人类对大千世界的万象的统一的认识和整体的把握。这种认识和把握已经超越了人类个体对世界的认知能力和范围，而构成了一种社会化的认知能力和范围。这种社会化的认知能力和范围，正是依赖于人类对自己的本性之物质和情欲的不可分离及其对相关事物、情状的高度抽象化。没有这种抽象化的过程和成果搭就的认识平台，人类就无法形成社会化的对宇宙的统一认识，而没有这种统一认识和共同的社会行为，人类就无法应对人性中腹背受敌的生存状况，更遑论社会发展和进步了。人类之所以要建筑各种行为规范和制度，包括法律规范和制度，正是深深扎根于人性之中以及有关人性的抽象化的社会认知。至于这种人性基础及其认知如何建构了法律的基础的详细分析，下面还要进行更深入的探讨。

四、河洛文化中人性引介和分析的概括性总结

（一）人性认识论原始科学理性与现代科学理性的相通及其意义

在前面我们曾提及河洛先民关于人性观象拟义的原始科学理性问题。通过以上的大量的相关内容的引介以及分析，已经能够充分证明这种原始科学理性的判断是能够站得住脚的。为夯实这种判断，我们不妨再作一个概括的梳理。

第一，河洛先民关于人性的体认是基于人类生存所必需的基本物质资料，简单地以饮食为典型代表，饮食对人类的绝对必要性，是人类的生物生理机能或本能所决定的，凡人都必须以饮食维持生命，概莫能外。

第二，通过"色"的行为繁衍后代，也是人类代代相传的生理本能。在这一点上，甚至与其他生物——无论是高等的还是低等的——并没有区别。

第三，人类的"欲"，即我们主要探讨的趋利避害的"欲"，也是一种本能，这点也是与其他生物所共通的。否则，我们就可能见不到生物个体及其种群的延

---

① 陈襄民等注译：《五经四书全译·易经》（一），中州古籍出版社 2000 年 8 月版，第 238 页。

续。

第四,对与人性相关事物的抽象化的认知,都是"远取诸物"的自然现象,如天、地、风、雷、水、火、山、泽等等;"近取诸身"也是人体的各个器官,如头、手、足等。

第五,河洛先民对人性的认知,无论在"本始材朴"层面,还是在更高一级的"抽象"层面,都是基于人类的感官对客观世界的感觉和实践经验形成的,带有朴素的唯物论和辩证法的科学基质,视之为具有原始科学理性的精神,恰如其分,确凿无疑。

第六,与西方古代的"神创论"和近代"智能设计论"形成鲜明的分野与对抗,使中华传统文化特别是人性文化形成了与西方完全不同的独特体系和价值观。

(二)人性认识论原始科学理性与现代科学理性的相通

自上古民智初开的时代至今已历四五千年之久,人类智识在这漫长的时期的积淀、增益,已不知扩容了百千倍之巨,到如今更是到了信息时代,知识正呈现爆炸式的增长。然而,即使如此,当我们回首细观上古先民的朴素的唯物论和辩证法时,仍令我们今人在敬佩之余,也心生感叹和惊异。因为先祖们的人性认知上闪耀的原始理性精神,不仅在中华传统文化上熠熠生辉,甚至还不可思议地竟与现代科学发现而形成的科学理性信息相通。我们虽然不是天体物理学、地球物理学、气象学方面的专家,但以我们对有关知识的略知一二,大致还可以勾画出这种如上古与今天的相通之处。

古人仰望天空,只见寰宇澄明,星宿列张;日出生明,日落降暗;天行有常,天秩有礼。仅凭这些通过肉眼的观察,古人就获得了对天体丰富的心理体验,并通过抽象化的思维,将天体视为世上万物的始创者和人生之父,乃至刚健、奋发有为的精神气质。

如今的天体物理学或宇宙科学已从近、现代时空理论层面上证明了河洛先民对天体的体察及其抽象化认识是正确的,符合现代对天体或宇宙的科学认知。现代天体物理学或宇宙论尽管并未在科学家之间形成完全一致的共识,但并没有有力的证据否认宇宙始于100多亿年前的大爆炸。该理论认为,宇宙最初从极小的一点发生难以想象的巨大爆炸。爆发能量之大使大量细小物质以惊人的速度向四外喷射出去,形成最初的原始尘埃云。在宇宙大爆炸同尘埃一起创造出来的射线形成的磁力以及无处不在的引力,则充当了宇宙创造的工程师的角色。决定了宇宙从始至终的运动的根本规律,在作为宇宙初开的基本元素,在磁力和引力的作用下,原始尘埃逐渐凝聚形成星云,继而在星云被分化凝聚的基础上,形成庞大的星系,又在星系中经过几十亿、上百亿的塑造,形成几千亿颗恒星和围绕恒星旋转的卫星,以及大量由冰尘组成,环绕恒星旋转的彗星、小行星带等等。只有经过一百多亿年的演化,我们地球上的古我先民才能看到星宿列张,星光灿烂的壮美景象。现今的我们已经知道,我们身处的银河系是由两千亿颗恒星组成的星系,太阳系只是其中之一,地球就是太阳系中的一个行星,而月亮又是我们地球的卫星。不仅是地球上的山川、河海、树木、花鸟鱼虫,都是天地的创造物,就是万类生物包括号称是"万物之灵长"的我们人类都是天地所创造的。现代天体科学家已经确凿无疑地检验出,落在地球表面的外太空陨石里面,竟包含构成地球生物的各种氮、氢、氧及氨基酸等基本元素,有的天体科学家为此甚至断言,是外太空给我们地球带来了最基本的生命元素,只是在天体所创造的地球这个在宇宙中与众不同的各种适合生物诞生、演化和进化的环境里,才能把各种生命元素激活、整合而生成极低级的单细胞生命,而单细胞生物又经过二十多亿万年的进化,最后在所谓古生物纪年的"寒武纪"发生了"生命大爆发",出现了生物演化史中最重要的多样性时代,以后又经历三次生命大灭绝阶段,最终在四五千万年前,才进化出我们先祖类人猿,最近的三四百万年,人类终于在生物演化过程中脱颖而出。从那时起,人类以其特殊的进化杰作——大脑器官的诞生而形成了智力,从而主宰了地球,成为了环境的"主人"。现如今,一些科学家竟称地球的生命史已发展到"人类世"阶段。"人类世"的到来,给地球和我们人类带来的并不全是福音,由于人类肆无忌惮地挥霍自己与日俱增的智力,毫无节制地乃至掠夺式地利用、开发和改造自然,给地球的自然环境和生态系统造成了极大的破坏,正在走向毁灭地球和我们自己的灾难边缘,在毁灭地球的各种自然灾难中,与天体碰撞到较近的中子星毁灭性的辐射等等相比,来自我们人类的破坏所能造成的毁灭也许更快、更直接。

以上的分析可能被认为过于悲观,不过也有好消息传来,换句话说,也还有希望。只要我们摒弃现代人过于膨胀的欲望,放下使人本能自持的高傲和自恋,静下心来,回首向我们的河洛先祖虚心请教,我们仍然还会赢得光明的未来。先祖们并没有现如今的科学知识和科技手段,但他们从自身的观察和实践活动,已经深刻地体察了自己与世上的万物都是天地所生。他们还用乾坤两个抽象概念从更深度阐发了天地氤氲,化生万物的道理,并藉此发展出一套以天经地义、天理、人伦、人性等为核心的一系列的宇宙观、生命观、价值观。从我们在上面对《易经》的引介和分析,我们已经管见了这个精妙、意蕴深奥的观念体系。正是在这个认识论的基础上,古人才奠定了尊天敬祖,效法自然,缅怀前人的道德情怀。在古人看来,尊天敬祖乃是天经地义、人伦、人性中的应有之义,并形成最高的道德标准和行为规范。这种观念已然深入人心、渗透到社会生活的各个方面。每逢年节,人们都要敬天礼神,祭祀先祖;五谷丰登也举行仪式感谢天地风调雨顺;结婚时要"一拜天地,二拜高堂",表示对天地化育和父母养育之恩;上了岁数就要告老还乡;连死了也要"入土为安"。在尊天敬祖的深沉观念上还衍了许多禁忌,如作恶多端常被说成"天理不容",招致"天杀人罚"视为理所应当;骂人最忌骂祖宗,咒人最狠莫过于"断子绝孙";让最记恨的人死无葬身之地;人伦首恶为不孝,在任何情况下杀父都被视为天理、人伦所不容等等。这些观念和价值体系住到了中国人几千年的精神生活,时至今日,除敬拜天地之外,我们仍然能看到和感受到这些观念和价值体系的深刻影响。面对自然环境和生态系统日益恶化的"人世纪"窘状,国内外有识之士正在呼唤尊敬自然,善待我们生存环境的古老智慧和质朴情感的回归。这正是我们应当尊重历史,向古人讨教的重要一课。

"震卦"是观雷取象的卦象,故"震卦"象征雷,可以引申象征雷电,因自然天象中有雷必有电闪在先,雷不过是空中积雨云层中带正负电子云团相遇而迸发的巨大能量的释放,闪是碰撞时发出的光亮;雷是碰撞时发出的巨大声响。

《易经·说卦传》第五章说:"帝出乎震。"[①]"帝"训为"万物之主宰",古人为大自然的主宰是一位拟人化的"帝"或"上帝"。这里的"帝"绝非西方人所谓的万能的"创世主"那样的神。中国人心目中的"帝"或"天帝"其实指的是主宰大自然生机的"元气",在中国古人的"气论"秉持者看来,万物都是由于"元气"而

---

① 　陈襄民等注译:《五经四书全译·易经》(一),中州古籍出版社 2000 年 8 月版,第 264 页。

萌发生成的。不过,"元气"在静止的状态下是不能生成万物的,这需要一个条件,那就是使"元气"激荡相搏起来从而被激活的"震动"。而产生如此巨大能量的震动,只能是雷电。动辄上千万亿伏的高电压,其威力之大是难以想象的。古人虽没有今天的雷电科学知识,但他们通过感知其威力无比的震动力量,与万物生机的萌发联想起来,视为万物萌生的动力源。这种原始的朴素联想,不仅较之西方基督教讲创世,只要耶和华想创造一个世界,只要在七天当中,由上帝心一想,"事就这么成了",这是典型的"神创论"。相比起来,中国河洛先民的"雷创论"或"震创论"更切合唯物史观的科学理性,甚至较之近代英国人牛顿关于万有引力的最初来源只能是来自上帝的"第一推动力"来说,也更洋溢着古老的科学精神。

河洛先民关于万物主宰或万物萌动本于"震"的朴素唯物论,已被现代的古地球气象学的科学研究所证明,"震创论"绝不是古人的凭空臆造。古地球气象学通过研究已经得出结论:"在地球古大气形成过程中的某个阶段,大气中曾发生过持续 3000 年不断的雷电现象,正是雷电的长期不间断的释放巨大的激荡力量,才激活了从外太空通过陨石带到地球表面的各种组成生动机体的各种基质,特别是其中的氮元素,使之形成地球上最初的生命体。"古气象科学家甚至断言,如果古地球上的大气层没有这持续 3000 年的雷电发生,组成生命机体的各种元素再充足而完备,也不可能被激活而萌生地球上的生命,地球至今仍是死一般的寂静星球,如同亿万个太空中的行星和卫星一样。当代气象学家还说过,现今地球上平均每天都要发生 800 多次雷电现象。这或许并非都会带来灾难性后果,在维系地球生态平衡方面仍发挥作用。由此可见,古今关于雷电的认识在科学理性方面的相通,是一个不争的事实。不由得不让我们今人感叹古人智识的高超和神妙。

"巽卦"象征风,抽象意为顺从。风也是自然常见的现象之一,古今皆然。《说卦传》第五章说风"齐于巽,巽,东南也,齐也者,言万物之絜齐也。"[①]其中讲两个意思,一是说风的方向是东南方。这可能是古人眼界所限,因为来自中国的风向,每到春夏时节常刮起于中国大陆的东南方向,被称为"季风"或"信风"。

---

① 陈襄民等注译:《五经四书全译·易经》(一),中州古籍出版社 2000 年 8 月版,第 264 页。

这种风为中国大片地区带来温暖湿润的空气,并伴随大量的降雨,这对于"靠天吃饭"的农耕生产来说,至关重要。但地球之风包括大气环流在内,是个极为复杂的循环系统,即遵循大致的规律,每到一个季节,就必定会刮什么方向的风,故称"信风"。但由于风的种类极为复杂,如台风、龙卷风等,并非准时刮起于某地。将风向专指向东南方,是古人关于风的智识和视域所限。但仅关注东南风向,也是一项了不起的自然知识成就。在一个以农立国的古代社会,依节令和风向决定春种秋收,也是对中国农业文明的进步起着重大的知识引领和保障作用。

二是说万物并生长,都是因为风的作用调节了空气的湿度和温度,使万物在大体相同的自然空气环境中,才能表现出清新整齐的生长状态。这又从另一个侧面突出了风在自然环境中所起到的至关重要的调节作用。第六章说风"桡万物者,莫疾乎风。"①这又进一步阐释了风由于疾速而有力量。风也是吹拂万物长生长养所必须的自然能量。

当代气象学对于风的科学认识有了长足的进步,特别是对大气环流对全球空气的流动和调节作用已经有了明确的认识,发生在太平洋中部的台风和发生在大西洋西部的飓风,已经得到彻底地研究并能准确地加以预报。由于太平洋环流海水温度而引发的"厄尔尼厄"现象,也是由于风的作用才影响到地球上气候的显著变化,并造成异常的气候现象,也取得了重大的研究成果并能作出准确的预报。

当代气象学还对风在塑造地球面貌以及建立生态系统方面的科学认知,更有佳绩可赞。气象学家的研究结论说,中美洲的亚马孙雨林是地球上至关重要的生态系统和大气中的氧气的重要来源。但亚马孙地区的土壤端赖大西洋上空的环流把非洲撒哈拉沙漠的尘土通过大西洋上空而吹到亚马孙地区。这是千百万年的大自然中风的杰作。而在亚洲中部地区,在8000万年前开始的地球板块运动中,由于印度板块从下部挤压欧亚板块,造成了亚洲板块中部的抬升,至今5000万年前,终于在该地区形成了高耸入云的喜马拉雅山脉和青藏高原,向东又延伸到秦岭一线。从那时起,山南山北就形成了气候迥然不同的气候带,南方由于印度洋季风的作用,湿润多雨,北方由于高山的阻隔,气候干旱炎热,形成了

① 陈襄民等注译:《五经四书全译·易经》(一),中州古籍出版社2000年8月版,第265页。

广袤的戈壁沙漠,又在北冰洋和西伯利亚地区的大气环流的作用下,沙尘被风刮入天空,沿河西走廊一路东进,落在陕北及山西、河南的北部地区,年复一年,历经5000万年。落在上述地区的沙尘累积竟达300多米的厚度,形成了现今称之为黄土高原的地区。这种由于风的力量造成的独特的自然条件,成为中国农业文明的发祥地。中国农业文明之所以率先在如今的河南河洛地区兴起,端赖风的无私馈赠。从这个意义上说,是风塑造了中国中原及西北地区的特殊地貌,也是风吹来了上古河洛地区的农业文明。中国河洛先祖们虽没有这方面的知识,但他们通过长期亲身的观察和体悟,也深知风对他们生存的意义。为此,他们观风取象,命名《巽卦》,再加上《经文》和《经传》的义解,彰显了他们惊人的智慧和抽象能力,令人感叹,起敬之情油然升起。

水对人的生存和发展的重要性,不仅为古代各种族和群体的人们所深知,也成为当代社会和国家生存和发展亟待关注的大事,更可能是头等大事。首先,水作为世界上最具"本始材朴"物质,不仅与我们人性中的饮食密切相关,还直接构成了人类血肉之躯70%以上的基本元素。据说人不吃饭,可以在20多天时间内仍可活命,而不饮水,则在7日后必亡;有经验的医生和家长对宝宝们的感冒并不太担心,因为他们知道那对宝宝们是一种很好的自身免疫力的培育过程,只要控制体温不致高烧就会慢慢转好。如今的孩子们宝贵异常,稍有感冒,家长就急忙送去就医,而医生也就顺水推舟,立即输液施以抗生素治疗。其实,这在大多数情况下都是不必要的,属过度医疗,造成了目前抗生素用量越来越大,有医学专家警告,说这会使人类在不久的将来面临严重的医药灾难,即抗生素不再起治疗作用。话说回来,对于宝宝们的腹泻病症,任何医生和家长都切不可掉以轻心,因为水在宝宝们体重中占比比成人更大,腹泻处理不及时,很快就会使宝宝们呈现脱水状态,这对疾病的治疗和康复极为不利,甚至危机生命。此外,人类在预防灾难性事故以及对受灾人员实施救援行动中,都是将饮用水放在头等必备的位置,这自不必细说。

总之,水对人类自身来说,是极具重要性的基本物质,生物进化论告诉我们,我们的先祖最初都是生活在海洋当中,从单细胞生物到简单的腔肠动物,再到5亿年前的三叶虫等海洋生物,都是水生动物。我们就是从它们的身体里的基因,一步步地进化到今天。"我们从哪里来?"最确切的答案是从海洋中来。清末大文学家曹雪芹说过"女人是水做的",其实只说对了一半。男人同样也是水做的。其他生物也不例外。

　　水对于人体的重要性,自不必由我等方外之人更多置喙。在人文领域,水对社会的生存和发展也具有至高至大的重要性地位。地球上每个角落的人类群体,无一例外地都曾在古代过着逐水草而居的生活,现在世界上绝大多数城市包括上海、南京、武汉、广州、巴黎、伦敦、纽约等超大或特大城市,都是沿河海而建的;在人类的战争史上,从古至今有多少次都是起因于争夺水源,有的专家甚至警告,以后的大规模战争可能就是为争夺水源而起;发生在民间群体性的械斗,泰半也是因为争夺山林水利的权益为缘由的,如此等等,自不必一一列举。

　　从一定的意义上来说,河洛文化史其实就是一部水文化史。从上古传说中的大禹治水到商王盘庚前王的 5 次迁都,都是为了远避水患而不惜动迁都城,劳民伤财以动重大的土木工程。迁都之难在不限于此,我们从《尚书·盘庚上、中、下》可以看出。盘庚为从水患连连的奄地迁到能更好地安居乐业的殷地,即今之河南安阳地区,还遭遇了多少大臣们的反对和民众的抱怨,以至盘庚竟无奈地将反对动迁的民众召集到王庭,亲自讲清迁都的理由并安抚民众在新都城之地安居乐业,而对反对的大臣们则恩威并施,连哄带吓,终于平息了反对声浪,开商朝中兴的历史机遇。

　　在前面基础性的研究中,我们曾就"法"字的古写为题详细地分析过古人对水这一自然物质的微密纤察和探赜索隐而产生有关法的造字和观念的联想,尽管我们并不完全赞同只凭古人的"观水有术"而创生法字及法律的观念,但肯定相信河洛先民通过对水的深切体察而将其抽象化的过程中,以观象的形式而取"法"的意念和形制。这绝不是凭空臆想,而是有书为证,作为"五经"之首的《易经》,就明确地表明了古人是如何观水取象,又观象取法的。河洛地区在古代河网密布,气候湿润,为早期农耕文明的兴起创造了得天独厚的自然条件,这已在前面背景部分进行过讨论。

　　光是从《易经》中的卦名和卦象上看,观水取卦名和卦象者最多,其引申的象征意义也最为丰富。仅此一端,就彰显了河洛先民对水的观审和体察至精至深,并以此形成的水文化更是丰厚和赜隐。除了以八卦中坎卦为水的卦名和卦象外,还有与水直接相关的泽卦、兑卦;此外在《下经》中还有与水间接相关的涣卦、井卦等等。这些卦名、卦象和卦义都不失为与水这一自然"本始材朴"密切相关,无论其卦名、卦象还是其抽象意义,使人一看就明白,一解释就清楚。不像巽卦取象于风,引申为柔顺只有为人多思索后才能明了,但训为"本"则较为勉强和令人费解。

现代科学对水的研究已经相当深入,研究成果也极其丰富。据报载:"近日,来自美国迈阿密大学、德国马克斯·普朗克进化人类学研究所、马克斯·普朗克心理语言学研究所的三位研究人员发现,气候湿度(humidity)对人类语言进化影响较大。……据喉科学研究显示,人类喉腔中的声带会受到环境湿度的影响:高湿度使粘膜保持湿润、有弹性,湿度变化还会改变粘膜的离子平衡;在适宜的湿度下,声带能够充分振荡,发出正确的声调。因此,研究人员推测,声调语言在干旱地区少见——湿度不足时声带难以发出一系列有区别的声调,可能会导致误解。……研究人员对属于不同语系的3750余种语言中的声调与当地气候湿度之间的关联进行考察,证实了此前的猜想——在干旱地区,如中欧,声调语言明显罕见,声调语言多见于热带地区、亚洲亚热带地区和非洲中部。气候通过对语言中声调的影响塑造了信息交流的方式,即使是很小的影响,经过数代人的使用也会扩大形成普遍模式。因此,气候是语言发展的决定因素之一。"①

从这则报道中,可以看出水对人类的影响竟关乎到语言声调的形成过程和结果。水对人类身体、生活、生产等重大影响,由此可见一斑。

现代科学技术对水的利用也极其普遍和广泛。对现代人类社会而言,水的价值远不仅仅停留在饮用而维系生命的层面,现代生活、生产对水的功能的开发、利用已经达到相当高的程度。从各种大型的水利枢纽工程,各种水坝、运河、航道、核电厂的冷却系统,直到用特殊机器喷射的极细极强的水流切割坚硬的钢板等等,都得到了广泛的利用以为人类造福。

现代科学对水的开发利用还渗入到太空、海洋等更广阔的领域,典型的科技进步有人工降雨或人工止雨,潮汐发电以及海水淡化等等。

现代科学还对水在自然环境保护和生态维护方面的深入研究方面取得了重大进展。在世界各个角落,以国家的名义对森林的保护越来越受到重视,乱砍滥

---

① 王悠然编译:《气候湿度影响人类语言进化》,载《中国社会科学报》2015年1月30日,A03版。

伐被严令和法律禁止;退田还林、还草工程不断推进;围湖造田、填埋湿地都不能任意而行;排放有毒有害物质入江河湖海,都要受到严厉的查处;节约用水的号召、政策和措施也在不断施行等等。这一切都说明现代人类对水的认识、开发、利用已然摆脱了以前的盲目、不节制、浪费、认为廉价等等不正确的认识和态度,正在走向理性与科学。

不应忘记的或更应当强调的是,现代人对水的科学认识和理性开发、利用,并非仅仅是现代人的文明和科学技术进步的结果,这与文明先祖对水的深刻体察所积累的智识与能力密切相关,甚至可以说,现今对水的每一种认识和开发、利用,都可以从古我先祖们那里找到相应的知识对接点。这些知识对接点包括以下几个主要方面。

第一,《易经·象辞上传》解释坎卦的卦名和卦义说:"'习坎'重险也,水流而不盈。"①还说:"水洊至,习坎;君子以常德行,习教事。"②古人充分认识水的特性之一就是自高就下,所谓"习坎"就是水在高处向下流动时,能冲破重重险阻,一往无前,即使流进险穴也决不止息,不把沟壑填满,决不罢休。水的这种特性被当代人充分开发利用,修水坝、拦洪水、发电就是最典型的用水、治水手段,至于疏浚河道,以利航运,更是自古皆然。至于《坎卦》隐喻的不畏艰难险阻,一往无前的精神气质,当今人无论对天险、地险、人险都采取了各种有效的应对手段,不向各种自然灾害和人为破坏低头,表现了人类应有的战胜困难的大无畏的气概。"没有过不去的坎",更成为人们自勉和激励他人战胜困难的日常表达方式。

第二,《象辞上传·坤卦》说:"'履霜坚冰'。阴始凝也;驯致其道,至'坚冰'也。"③古人通过对水的各种形象转化的观察而得出水的规律性变化的认识中,悟出了事物变化都有其自然法则可循,教导人们应当顺行其中的法则,犹如天降霜雪,预示严寒必然到来那样,必须遵循事理自身的逻辑做事,才能取得预期的成果。违背事理逻辑,必遭失败。有越来越多的今人做事,无论从治国理政的大政方针方面来说,还是事业的管理,个人的生活方式的选择都得到了很好的

---

① 陈襄民等注译:《五经四书全译·易经》(一),中州古籍出版社 2000 年 8 月版,第 115 页。
② 陈襄民等注译:《五经四书全译·易经》(一),中州古籍出版社 2000 年 8 月版,第 175 页。
③ 陈襄民等注译:《五经四书全译·易经》(一),中州古籍出版社 2000 年 8 月版,第 145 页。

体现。当然,不按自然规律、事理逻辑做事的人,也大有人在,世事有成功有失败,此其一因也。

第三,《说卦传》第四章中的"雨以润之"①,第六章中的"润万物者,莫润乎水"②。这种突出水的润性推及开来的渗透性、中和性等特性,早已被古人所体察并提升到原始科学理性的高度。而如今,水的这方面的特性有了更深刻的体察和认识,并在科学理性认知的基础上,水的润性在农业、高科技领域乃至人们日常生活更至健身保康等方面,都得到了广泛的开发和利用。水的润性这一特性的普遍性和普及性,已被科技界和民众所广泛认知和利用,自不必由我们再予申说。

除上述《易经》关于水的特性的各种卦象、爻象,卦、爻的象征意义之外,水还有一些其他的特性,如"水平如镜""荡污去垢""逝者如斯夫"等等,以及因这些特征而引申的象征意义,如公平、正义、清明、罪恶等等,我们已在本研究背景部分做过详尽的论述,这里自不必重叙。

不过,关于对水资源的利用和保护,现在媒介传来的并非都是令人欣慰的好消息。坏消息不时报道出来,严重的环境污染和各种匪夷所思的生态灾难的频繁出现,是当今包括中国在内的全世界所面临的严重挑战。这不,就在笔者写到此处,恰逢世界"湿地日",据电视播报的专家称:中国原共有 5653 万公顷的湿地,现在已经减少 339 万公顷,号称"地球之肾"的湿地资源大面积和快速的消失,已经和正在以势不可当的趋势损害着中国这块古老自然生态的有机"先天体",后果堪忧。在这一点上,现代人更应当向我们先祖们学习。古今大量的事实早已证明,原始朴素的自然和生态保护意识及初民对待自然的敬畏态度和做法,较之现代人的保护意识和手段更为可取和有效。正是在这一点上,原始的科学理性反倒胜过今天的现代科学理性。这真值得我们反思、深思。

《易经》对火的体认及其抽象化的意义提升的关注度,一点也不逊于水。盖因火对于河洛先民乃至所有人类原始群体的重要性的认识,已经从人类个人和群体的感受和生活、生产经验中逐渐沉积下来,熔铸成人性中的一个重要的元

---

① 陈襄民等注译:《五经四书全译·易经》(一),中州古籍出版社 2000 年 8 月版,第 263 页。
② 陈襄民等注译:《五经四书全译·易经》(一),中州古籍出版社 2000 年 8 月版,第 265 页。

素。无论是从火的"本始材朴"的表象上看,还是从引申的社会意义上看,火都是人性中一个重要的形成机制和基本的组成部分之一。

河洛先民观火取象设卦,令卦名"离"。《彖辞上传》解释"离"卦名和卦辞的含义是:"'离'丽也,日月丽乎天,百谷草木丽乎土。重明以丽乎正,乃化成天下;柔丽乎中正,故'亨',是以'畜牝牛吉也'。"①意思是说,离卦象征附丽,所谓'丽',意思就是附丽;附丽的表象有如日月附丽于天上,又如百草、树木、谷物附丽于地表。《彖辞上传》又择其卦义为"明两作,离"②,指的是《离卦》上下均为离,离为日,为月,日、月生光明,附丽于天上,光明照耀人间。对《离卦》观物取象比类,《彖辞下传》第二章又说:"作结绳而为网罟,以佃以渔,盖取诸离。"③说的是先祖包栖氏教人采用结绳方法制作罗网,用来打猎捕鱼,因网具看起来像孔目形状,互相分离,故取其象为"离"。《彖辞》对此解释,似更贴近先民的日常劳作和生活,印证了"近取诸身,远取诸物"的取象设卦,以抽象的形式进一步认知世界的初衷。《说卦传》第四章又说:"日以烜之。"④又进一步突出了取日之光热,干燥万物的离卦卦义。第十一章再次更全面地展现了"离卦"的象征物有:"为火、为日、为电。"⑤兼具光明和灼热能致干燥的功能。对于离卦引申的人文象征意义,《彖辞上传》有"大人以继明照于四方"⑥之说,意即有大德大才之人观此卦象和卦名,便连续不断地用光辉之德照耀四方,鼓励人们修德蓄才以修身,以兼利天下,普惠大众。

从以上不难看出,古人拟火取象设计都是本于"火"这个"本始材朴"的亲身观察,以及广及日、月、雷电的发光、灼热和能使万物干燥的生活经验的总结,既符合火的真实特征,又贴近日常的生活和生产的实际。这不难理解,在那遥远的苦寒时期,人类曾穴居野处,茹毛饮血,生啖谷物和肉食,生存之艰难令人难以想象。然而,自从发现了火,进而又通过保存火种,又进而发明了钻木取火之后,火被原始先祖们得以广泛而长期地利用。中国先民也是地球上最早最广泛利用火

① 陈襄民等注译:《五经四书全译·易经》(一),中州古籍出版社2000年8月版,第116页。
② 陈襄民等注译:《五经四书全译·易经》(一),中州古籍出版社2000年8月版,第176页。
③ 陈襄民等注译:《五经四书全译·易经》(一),中州古籍出版社2000年8月版,第238页。
④ 陈襄民等注译:《五经四书全译·易经》(一),中州古籍出版社2000年8月版,第263页。
⑤ 陈襄民等注译:《五经四书全译·易经》(一),中州古籍出版社2000年8月版,第269页。
⑥ 陈襄民等注译:《五经四书全译·易经》(一),中州古籍出版社2000年8月版,第176页。

的种群之一,在北京发现的约50万年前的"山顶洞人"居住的山洞,以及近些年来发现的或早或晚的古人类居住过的山洞或古村落,都发现有大量的古人用火的遗迹,说明古人不仅用火取暖、阻吓野兽以防侵害,还能用火烤熟食物。特别是自吃熟肉之后,肉中的蛋白质更有利于人的消化和吸收,从而促进了身体的更好地发育特别是大脑的发育,这对于人类智识的提高具有重大的生物进化意义,标志着人类自此摆脱了野蛮状态,跨入了文明的行列。中国古人还率先在人类史上制造出火药,火药成为影响世界人类历史进程的古代"四大发明"之一。农耕文明的发展与火的利用息息相关,刀耕火种是最初的农业生产的方式,虽极粗放且对生态的发展在今人看来实不可取,但在原始时代及至晚近的个别地区以火代耕却不失为一种从荒草中夺粮的聪明之举。省时省力节约资源不说,还能变废(草)为宝,涵养了土壤增强了地力,今天虽然天天喊着、嚷着要生产、要吃喝无农药和化肥的"有机食品",谈何容易!在广施乃至滥用有毒农药和无机化肥的现实生产状态下,土壤、水体、空气都大范围、深程度地遭到了污染,要在这样的自然和生态环境下生产出如古人那种"纯天然"食品,已然不可能。当然,如若倡导古人的"刀耕火种"的粗放生产方式,也早已不现实,但古人利用火等自然之力或人为之力以解决自己的生存和发展的智慧的初衷和能力,依然值得我们深省和自警。我本人虚度了好多年的时光,早年曾经历过传统农耕文明的"纯粹时代",有关炊事用柴草之火做燃料燃烧后所得的"草木灰"和北方农村居室所用的火炕每隔三五年用新土坯替代下来的被火、烟熏透的旧土坯都是被视为极好的上等钾肥,被农民视作珍宝的记忆依然历久弥新。如今每见农民在收割后的田野上放火烧秸秆,因造成大气严重污染,都被当作重大的新闻报道素材,年复一年都是如此。当代人只知对农民责备和禁止,很少有人知道这种现象流传的历史如何久远,更鲜有人想用更科学的手段以代替现实仍盛行的当代版的"刀耕火种"的粗放农耕生产方式。至于我所居住的城市社区及周围闲地,原生的生态环境尚可圈可点,有野树,有杂草、有虫蝶嬉戏其间,有飞鸟树上筑巢,我等喜好自然环境之人,每日早晚散步其间,既娱心又健体。然而,一次大规模的体育比赛盛会的到来,就彻底地改变了这一切。在所谓"建绿地"的指令下,社区有关领导人竟然下令砍倒了生长了几十年壮硕的所谓"杂树",铲平了所有地上的"杂草"。在有关领导人士看来,"建绿地"就是种上外来引进的,在本土尚难生长的"绿化草"。十年过去了,引种的绿草几乎已荡然无存,而本地自生的野草又被一次次地拔掉,以致形成地面裸露,除了堆积塑料垃圾及宠物粪便,再难见到"绿色"。至于每到秋冬之季,树上落叶混同各种塑料垃圾便收集起来,运往城市垃圾处理场填埋或径直放火焚烧,再次污染了土壤、水源和大气。每见此或想到此情此景,我都心生感慨,以今人的智识、聪明和高科技手段,在处理有关环境问题上,包括用火等的手段上,远不如古人做得相宜,今人虽能在环保工作上用大手笔采取行动,却在环境的污染和生态破坏的道路上越走越远,令人痛心和惋惜。

今人已经通过火力、水力、风力、核电等各种手段将电能转换为热能,将火以高科技的形式和手段用到了极致,早已从根本上改变了原始人的生活方式。尽管有此科技上的飞速进步,但在科学理性的人文把握方面,未必超越了古人,在一些方面甚至远不如我们的祖辈,对火的利用和认识或许就是一例。

至于由《离卦》引申火的人文价值和意义,如德布四方以利民风清正,导民教化以利社会为善;光明相重而又附丽于正道,就能化育天下万物等,对于今日之道德教育,祛邪风歪气以正社会风气,以道德楷模为榜样树立高尚的道德风尚,都有重要的启发与教益之利。

最后,八卦中的《艮卦》尚须简单引介和分析一下,因艮以山为象设卦,象征山。中国地貌多山,山地占国土面积在70%以上,平原地区天然狭小,古时水患又多,所以山地对于初民的生存来说至关重要,从穴居以栖身,到山居可为初民安身;山林多野兽可利狩猎以获取动物肉食以充饥,剥取皮毛以御严寒;山林多草木,宜于采集野果和根茎食材;山中多生中草药材,可用来医病和疗伤;山高林密还利于藏匿和据守,防止外敌伤害;山林涵养水源,甘冽山泉可饮可用;山洪虽可为害,但一旦水缺少平原河流便会断流,以致无水灌溉和无法行舟船运输之利;山林大树可伐成为各种建材;还有一些少数族群以死后入葬崖洞为安,棺悬高山崖壁,以安亡灵在天等等。如此这般的感觉、经验和心灵交汇,造成了河洛初民对于山的情有独钟,尽管他们也对平原给予他们各种利益也怀有同样的依恋情感。以山形设卦,衍生各种实利和象征意义,当也是势所使然,理所当然之事,《艮卦》也自然成为先祖们展现其原始科学理性的抽象化的物象。

今人对山的科学认知,早已不是先民那样直观和浅显,古地理学对于山形成于地球板块碰撞的结果,现代气象学对于高山冰川对地球气候的影响等方面的研究,成果卓著;对山的开发利用更渗入到山体中的矿藏的勘探和开采等等。但不管怎样,现代科技关于对山的科学理性的新发展成果,与古人关于对山直观的原始科学理性的认知并无违逆之处,有些尽管显得不太衔接。

《艮卦》的抽象化意义集中在"抑止"方面,引申又为"当止则止"。《象辞下传》说《艮卦》:"兼山,艮;君子以思不出其位。"①此象辞再引申出为人要抑止内心的邪欲恶念,使自己的所思所虑都不超越本分,适当就好。这一人文意义在当代尤其值得继承和发扬。如今的世态人心已呈恶化情势,有些人为获取个人私利,满足非分的欲望,竟至邪念横生,采取一系列匪夷所思的手段损人利己,敲诈勒索,乃至杀人越货,谋财害命。此等人不仅在民间多有,在官场亦不乏见。从《艮卦》引申出来的人文教益,实足应当引起我们的关注、反思和继承发扬。古朴民众的当进则进,当止则止,守其本分,不越理违规,摒弃邪念,以正情思的原始理性,正是基于对山的抽象化认知的体认,洋溢着令人叹服的原始科学理性。如今社会以张扬个性为旨趣,见了"高山"也不思"仰止",缺乏了敬畏之心,榜样也不再具有效仿和教化的强大力量。这种社会风气的盛行,必然会突出地显扬个人的特性,使得社会的凝聚力受到相应地减损。

至此,我们已经就《易经》中最重要的八卦的卦名、卦象、爻象、卦辞、爻辞、卦义、爻义从人心中的"本始材朴"到相关事物抽象化两方面进行了较为全面的引介和分析,其中还特别突出地引介和分析了人性中原始科学理性与现代相关的科学理性之间的通联关系。我们之所以这样做,是基于如下的一种理念预设和研究设计,即古人关于人性的原始科学理性如果能得到现代的科学理性的支持的话,那么,原始科学理性就能在理论层面上和实践品格上得到证成和确立。如此一来,我们关于中华法以人性为基础的研究构想就得到了科学精神的支持。在我们看来,中华法在中国这块古老的土地上,自上古时期的蕴育生成,后又逐渐成熟并发达起来绝不是偶然的,而是坚实地站在历史唯物主义的根基之上的。法律的生成不仅要扎根在上古社会自然地理条件、历史发展机遇和社会给定的特殊环境的基础上,也是深深地扎根在生于斯,长于斯的人类社会初民的人性根

---

①　陈襄民等注译:《五经四书全译·易经》(一),中州古籍出版社2000年8月版,第199页。

基上。正是初民为了调整自身人性与生存条件和环境的协调与适应这一现实的需要,也就是从今人的立场上看,当然是历史的需要,才创造一种被今人称之为"中华法"的机制与体系,以应对人性腹背受敌的生存窘境,更好地使自身人性的显扬或扼止服膺于生存的自然环境和社会条件。我们的这一研究构想一方面是要以西方的法律神创论区别开来,另一方面也是要超越法律只是某些沉思或冥想的产物。我们认为,即使是最原始甚至带有浓重朴拙的法律,例如河洛初民的法律,肯定有其生成和发展的根基,犹如水有源、树有根一样。

第五章　中华法创生机制
及其意义解析

　　在上面的理论预设、研究构想和已经从事的大量基础性研究的基础上,我们将在这一章对中华法创生的机理这一主题进行深入地研究。这一研究既结合当代法律科学的生成理论,又不全以现代理论为依归。我们所以提出这样的研究初衷,是意识现今的法律生成理论繁复多样,流派纷呈,观点林立,此亦一是非,彼又一是非,使人难以是从;二是各种现代法律生成理论多属研究者的个人主观臆想或见解,既然观念在先,就不难从漫长的历史长河和浩如烟海的古今文献中找到相应的事实或理论支持。由于对以上这两方面的研究范式的不满意甚至有些反感,故为我们在此处的研究所不取。我们的研究旨趣依然锁定在古籍自身以及部分先哲的论述上,要让古籍和先哲们自己说话。不待说,我们对古籍的选择,是笔者有意识地进行的,其背后蕴涵了笔者赞同和肯定的意见。当然,作为任何学术研究的核心意义,都在于有价值的意义分析。本研究自不例外。在本章中就专设一节,作为笔者个人意义分析的平台。

第一节　中华法创生机理

　　我们这里用"创生机理"是刻意而为的。主要是考虑到本研究的主题是放在中华法的起源方面,而不是像法律思想史和法律制度史主流方家们所致力于研究中华法何时生,成何体例,以及如何沿革等以"史"为依归的研究。我们认为包括中华法在内的任何法律体系的产生都不是单一因素作用的结果,更不是今人通常认为的法律只是人为制定的产物。法律生成特别是成体系的、大规模的法律集群的生成是一个极其复杂的社会工程,说它是从人类社会最初的阶段伴随社会进步一点点地衍生而成的结果,似乎一点也不为过。大量的现代社会科学特别是人类学、法律社会学的研究成果,已经有力地证明了这个理论观点。我们认为,用"创生机理"的概念可以很好地表达和包容上述具有多种因素综合作用致生法律体系的学术意见。

一、人性本能致法自然天成

这个标题很可能招人质疑,因为在传统的法律观念的主导下,"法律自然天成"的形成机理既不为西方的神法、自然法理论所不能容,更不为人为制定法理论秉持者所能接受。但我们认为这个概念和法律生成机理不仅为古今之人的学理意见所能证立,而且还有古籍的文字记载所能证实;除此之外,古代先哲的深邃理解和精妙释义,更可以从理性高度展演其中的奥义。

前已详尽从河洛古籍中引介和分析了构成人性中"本始材朴"的食、色、欲及其相关事物的内容和与人性关联的机理。这些与人性直接和间接相关的物质、情感和欲望在人类的生物生理机制上是属于"本能"范畴。"本能"者,不须后天习教,从出生既会的生存本领,不独人类有生存本能,如饮食、繁衍后代,趋利避害等,动物自有其各自的本能以求生存,否则,我们今日便看不到如此千、万、亿计的生物物种。但人是社会化的动物,在由人与人相互集群而结成的社会中,人与人的各自本能在相互交往中会发生冲突和碰撞,如果得不到适当的协调,相互的冲突和碰撞就极有可能发展到激烈的程度,以致造成两败俱伤的严重后果。在这种人性必然面临险恶对立的情势下,人类为了继续生存,势必会创造出一系列的社会化的组织手段和人文安排,一方面满足人类生存的本能需要,另一方面使相互冲突乃至对抗的冲突得以适当的缓解。社会化组织、等级尊卑次序、道德伦理等就是这种调和机制,此外的法律机制在这种调节和缓冲人性的冲突中,尤其发挥重大的,任何其他机制所不能取代的作用。假如没有这些调节和缓冲人性冲突的机制,人类社会不仅不会发展到今天,甚至早已灭绝于屯蒙的人之初始阶段。当然,我们这样理解人性致法,依然是秉持人性本能所致的自然天成的立论,而非人为预设和制成的立论。关于这一点,我们认为从某些群居动物的身上可以得到证明。小如蚂蚁、蜜蜂,大如狼群或狮群等群体动物,在它们的群体中也有高度的社会组织、分工和群居生活形成的严格的秩序、等级次序和行为规范。这类高度社会化动物群体形成的社会化组织、秩序和行为规范绝非是它们智识的产物，除了本能所致的"自然天成"之外，无任何理由可以对此现象解释。群体性动物如此，人类岂能例外？下面就让我们从河洛古籍中找到这种自然天成的相关记述及其形成的天然机理。

《易经·序卦传》有句被后人经常引用作为中华法生成的渊源的经典传文，那就是："饮食必有讼"①这是与人性中饮食最为直接相关的致生法律的论述。其中最值得关注的是那个"必"定，必即必然、必定之意。放在此《易经》传文中，突出地强调了人类因为饮食而必然会生发争执以致成为法律上的诉讼。《易经》的《序卦传》及其他《传文》都没有进一步说明其中原因。其何以然？我们认为，个中原因至明且显，不言自明，甚至都无须申言。古人如此，进化了四五千年后的当代人类，为饮食而直接或间接发生的争执、激烈冲突、打斗、诉讼包括发生严重后果的命案诉讼，不是每日每时都在发生吗？"饮食必有讼"，古今皆然。虽只有短短的五个字，却道出了法律的自然天成，因为人类每天都要饮食，故为饮食衍生的争执以致于无穷无尽，人类必然会利用包括法律等各种手段调节这类冲突，产生法律的必然也就顺理成章，水到渠成。

上述"饮食必有讼"中的"饮"和"食"，今人尽可以理解为"食物"和"水"两个方面。因其争执引起诉讼的发生，势不可免，因此法必从中而生，已如上论。人类的饮料除了基本的水之外，还有以水为基质而制成的其他饮料，其中的各种酒类尤其为古今之人所好。饮酒致讼的事例，史不绝书，今日亦然。

古今国人尚酒之风早已成为悠久的传统，以至积习而成为"无酒不欢""无酒不成席""以酒浇愁"之类的"酒文化"，构成了中华传统文化的一个重要的组成部分。个中原因，需深入研究才能明了。但从我们研究的主题上看，不论饮酒对于人的生物生理心理机制有多大的益处，但过度饮酒特别是如果达到醉酒或酗酒的程度，肯定对人有害无益。这种状态的饮酒无疑会造成一系列的后果，而这些后果并非全像武松一连喝了18碗酒，虽醉醺醺上山过冈，竟神奇般地酒壮人胆，平添了一股神勇之力，以至三拳就打死了一只斑斓猛虎，成就了一段"英

---

① 陈襄民等注译：《五经四书全译·易经》（一），中州古籍出版社2000年8月版，第272页。

雄打虎"的千古传奇。饮酒由欢乐之喜转成不幸之悲,暴露了人性中具有巨大的不确定性以及难以驾驭性。一旦这种情况发生,必然会引起社会的反应,以致有必要通过法律的机制恢复社会原有的和谐状态。因醉酒生事而引发的法律后果也就势不可免。

《尚书》中的《胤征》就是一个因"羲和湎淫"①,即羲氏、和氏因沉迷于酒而引来"天罚"的严重的法律后果。据《胤征》所记,夏代仲康代失德丧位的太康成为夏帝之时,主管天地四时历数的羲氏、和氏纵酒享乐,不履行自己的职责,不仅"俶扰天纪",即搅乱了"天时",还没有及时预报出当年阴历 9 月初一这一天发生的"日蚀"。为此,"羲和废厥职,酒荒于厥邑"②,胤侯承王命掌六师之兵力带兵前去讨罚。出兵前,胤侯历数了讨罚的各种理由,从"先王克谨天戒,臣人克有常宪"③,到羲和沉乱于酒,"畔官离次,俶扰天纪","昏迷于天象"④等。其中涉及的法律概念有"谟训""天戒""常宪""常刑""干先王之诛""杀无赦",此外还有重要的上古法律思想,实质上是法理、法哲学的如下表述:"歼厥渠魁。胁从罔治,旧染污俗,咸与维新。"⑤这些上古时代法的建树和成就,竟都是由世世代代掌管天地四时的节令官的迷乱酒性引发的,可见人性对于法的发轫力量是何等之大了。饮食作为人性的"本始材朴"既可以使人以本能得以生存和进化,又可使人心迷乱而致灾祸,为了趋利避害,社会在自发间创建了包括法律在内的调节机制,纳人性之入"天命"轨道而不至于心生迷乱而搅乱人的"天命"本然。如有逾越,社会早晚都会自动或人为地启动这个法律机制,使之强行回归"天命"的本性秩序。这个法律创生机制的理解和认识意义重大,它是一切人类法律起始的最初元点,也是法律生生不息的人性内在根据。离开了这一认识,我们就不会对法律的真正起源有真正科学精神的认识。后世关于法律起源于习俗、

---

① 江灏、钱宗武译注,周秉钧审校:《今古文尚书全译·虞夏书》,贵州人民出版社 1990 年 2 月版,第 101 页。
② 江灏、钱宗武译注,周秉钧审校:《今古文尚书全译·虞夏书》,贵州人民出版社 1990 年 2 月版,第 102 页。
③ 江灏、钱宗武译注,周秉钧审校:《今古文尚书全译·虞夏书》,贵州人民出版社 1990 年 2 月版,第 102 页。
④ 江灏、钱宗武译注,周秉钧审校:《今古文尚书全译·虞夏书》,贵州人民出版社 1990 年 2 月版,第 102 页。
⑤ 江灏、钱宗武译注,周秉钧审校:《今古文尚书全译·虞夏书》,贵州人民出版社 1990 年 2 月版,第 105 页。

186   中华法开天地

社会契约、内生秩序等等,即使有可以体认的真理因素,但究实说来,只不过是人性致法自然天成的后续演绎的连接而已。由此可见,任何离开人性为法律之最初之源和基础的法起源说,在这个本始和本质的起源面前,都不过是不得要领的浅薄之见,即使这些学说并非毫无意义可言。

饮酒迷乱人性致法自然天成,绝不意味着上古法律只是自生的,而无人为的促成。上述羲和沉湎于酒因而丧德渎职引来杀身之祸,决不仅仅是个案。事实上,在夏商时期,特别是殷商时期,由于酗酒丧德失去王位乃至招致灭国的事例每代都不绝书,特别是商纣王建造酒池肉林,放纵淫乐,最终导致天怒人怨,以致焚身亡国。新登上王位的周朝君臣在巩固了王权统治地位之后,鉴于殷商酒害亡国的沉痛教训,下决心改变社会好酒成性的恶习,发布严厉的诰谕严厉禁酒。《尚书·酒诰》究实周公假用王命而发布的《禁酒令》。在历数了戒酒的必要性和重要性,以及从正反两方面总结了殷商前期戒酒兴国和后期纵酒灭国的经验教训之后,正式发布《禁酒令》如下:"王曰:'封,予不惟若兹多诰。'古人有言曰:'人无于水监,当于民监。'今惟殷坠厥命,我其可不大监抚于时!予惟曰汝劼毖殷献臣,侯甸男卫,矧太史友、内史友、越献臣百宗工,矧惟尔事、服休服采,矧惟若畴,圻父薄违、农夫若保、宏父定辟:'矧汝刚制于酒。'

"厥或诰曰:'群饮。'汝勿佚。尽执拘以归于周,予其杀。又惟殷之迪诸臣惟工,乃湎于酒,勿庸杀人,姑惟教之。有斯明享,乃不用我教辞,惟我一人弗恤弗蠲,乃事时同于杀。

王曰:"封,汝典听朕毖,勿辩乃司民湎于酒。"①

翻译成现代语言,就是:"王说:封啊,我不想如此详告了。古人有句格言:'人不要只在水中察看自己,应当在民情上察看自己。'现在殷商已丧失了他的福命,我们难道可以不大大地省察这个事实!我想你要慎重地告诫殷国的贤臣,侯、甸、男、卫的诸侯,又,朝中记事记言的史官,贤良的大臣和许多尊贵的官员,还有你的治事官员,管理游宴休息和祭祀的近臣,还有你的三卿,讨伐叛乱的圻父,顺保百姓的农夫,制定法规的宏父:'你们都要强行戒酒!'

---

① 江灏、钱宗武译注,周秉钧审校:《今古文尚书全译·周书》,贵州人民出版社 1990 年 2 月版,第293 页。

"假如有人报告说：'有人群聚饮酒。'你不要放纵他们。要全部逮捕起来押送到周的京城，我将要把他们杀掉。假如是殷商的旧臣百官沉溺在酒中，不用杀他们，暂且先教育他们。有这样明显的劝戒，竟然还有人不遵从我的教令，我不会怜惜他们，不会赦免他们，处置这类人，和群聚饮酒的人一样，一律杀掉。

王说："封啊，你要经常听从我的告诫，不要使你的官员沉湎在酒中。"①

如前所述，这是一篇发布的《禁酒令》，堪称史上最严厉的《禁酒令》。虽为帝王为巩固帝王之业的有意而为，但其最初的缘由仍是基于人性的不确定性，以及由于难以驾驭而导致人性的阴暗面或负性效应的突显。一方面人性趋利和获得逸乐的本能可以通过适量饮酒得以实现；另一方面，酗酒逸乐无度又会迷乱人心致泯灭人性从而招来杀身亡国之祸，饮酒的度与过度彰显了人性腹背受敌的状况，以法律的形式调整人性并引导人性在"天命"的轨道上运行，就成为人类理智的必然之选。在这个意义上，可以说《禁酒令》之类的人为法归根结底也是人性的"天命"性质导致法的自然天成。

写到此，我们情不自禁地想到了现实中国在一两年前刚刚修改的《刑法》，其中包括所谓的"酒驾入刑"，即饮酒致醉开车的驾驶员在接受行政处罚之余，还要入狱服刑，此刑法修改案一出就被称之为史上最严厉的惩罚醉驾的法律，在现代也许是。但较之周朝的《禁酒令》来说，刑法上的这项修改案还不算特别严厉，因为《酒诰》规定只要满足一定的条件，一律都要杀掉。这且不论，从我们研究的意义上说，过度饮酒充分暴露了人性中的弱点和阴暗面。从上古时期的殷商和周朝算起，至今已过去四千多年，作为我们先祖的后世一两百代的子孙们，仍然需要用严厉的刑法来规制我们的本性！这一事实足以显明：人性对法律的影响至迩又近，至远且深，不由得令我辈已经进化和进步了如许漫长岁月的人们唏嘘！情何以堪？如若再旁及思之，河洛先祖们除了饮食之本能需要之外，并没有以吸毒为嗜好。如今国人半数以上的男子吸食烟草，更有成千上万之人包括少数杰出的明星式人物吸食大麻、海洛因、摇头丸、冰毒之类的毒品。如此普遍而又为害甚烈的违背人之本性的行为和现象，又引发和催生了一系列相关法律

---

① 江灏、钱宗武译注，周秉钧审校：《今古文尚书全译·周书》，贵州人民出版社1990年2月版，第295页。

的产生,如禁烟法、禁毒法以及相关的强制戒毒、贩毒入刑直至极刑等矫正和处罚机制。这一现实情况表明,今人在"天命"本性的理解和把握方面甚至远不如古人那样"以食为天"般的纯朴,而人类本性的泯灭与丧失终会引发和催生法律机制予以调控以实现社会的和谐与秩序。只不过今人之法律比先祖们的粗糙范式更精致一些罢了。情理相通,古今皆然。不过,这是题外之话了,不在话下。

关于人性中的色的"天命"元素,我们已经在前面做过详尽的介绍和分析,其引发和催生的法律及相关机制,在我们看来,也具有自然天成的本然特性。这在古籍中多有记载和相关论述。

先看《易经》,《小畜卦》九三爻辞:"舆说辐,夫妻反目。"①说的是车身与车辐相脱离,夫妻反目为仇而离异。《象辞上传》为此爻辞解释说:"'夫妻反目为仇而离异',是由于不能使自己的家室归于正道。"②这虽然是从"家道"方面来解释"夫妻反目"的缘由,但若从法律的意义上来解释,世上凡夫妻反目成仇者,不论起于何种原因,都会产生相应的法律后果,如财产分配,子女抚养,财产继承等等,古今皆然,概莫能外。

《渐卦》九三及爻辞如下:"鸿雁渐于陆,夫征不复,妇孕不育,凶。"③说的是鸿雁飞行渐进小山顶上,预示丈夫出征一去而不复返,妻子在家失贞怀孕生子,在今日性开放的社会情境下或可被视为合法,但在古代的家庭夫妇伦理的观念下,是绝不被承认和允许的,为此产生一系列有关婚姻离异乃至危及怀孕妇女生命之事在所难免。爻辞所言的凶,成为必然。这种凶险可能以各种形式出现,但若从广义的惩罚的意义上说,可以视为最终要引发相应的法律机制发挥作用。

在《易经》中最能体现色致犯罪的卦是《解卦》,其六三爻辞为"负且乘,致寇至,贞吝。"④这是指身负重物而乘车出行,必然招致贼寇前来打劫,本来这是指财务的贵重与量多、出行方式的不当而招致打劫这一的事理关系,暗中含有劫掠财务的法律关系,法律总会对这类以暴力劫掠财务的行为进行惩处,古今皆然,由此法必生而禁之。但孔子治易并没有满足这一方面,又旁及色诱生法的联想。

---

① 陈襄民等注译:《五经四书全译·易经》(一),中州古籍出版社2000年8月版第14页。
② 陈襄民等注译:《五经四书全译·易经》(一),中州古籍出版社2000年8月版,第155页。
③ 陈襄民等注译:《五经四书全译·易经》(一),中州古籍出版社2000年8月版,第69页。
④ 陈襄民等注译:《五经四书全译·易经》(一),中州古籍出版社2000年8月版,第52页。

请看《系辞上传》第八章所记孔子的引申诠释："子曰：'作《易》者其知盗乎？'《易》曰：'负且乘，致寇至。'负也者，小人之事也；乘也者，君子之器也。小人而乘君子之器，盗思夺之矣！上慢下暴，盗思伐之矣！慢藏诲盗，冶容诲淫。《易》曰：'负且乘，致寇至。'盗之招也。"[①]

翻译成现代语言，就是："孔子说：'创作《易》书的人，大概都很了解盗贼的情况吧？'《易》书解卦六三爻说：'身背重物而乘车出行，必然招致盗贼前来打劫。'身背重物，本来是身份卑贱的小人的事情；而出行乘坐的华丽的大车，是身份高贵的君子的车具。小人乘坐君子的车具，盗贼自然要思谋夺取它啊！君子傲慢无礼，臣下骄横暴虐，盗贼必然思谋侵伐其国啊！不去严密地收藏财物，就等于引人行窃；妖冶地打扮容姿，就等于诱人淫荡。《易》书说'身背重物而乘车出行，必然招致盗贼前来打劫'这句话是说盗贼都是人们自己招引来的呀。"[②]

今日作为成语的"诲淫诲盗"，从我们研究的意义上来说，竟也成为由色而引发和催生法律的内在逻辑关联。在古代如此，而在当代由于"色"而引发的一系列法律制定，如传播淫秽色情的各种犯罪，性骚扰罪，直至强奸罪等等，都是为了禁色为非而建备的。

《史记》这类记史之书，在记述商纣王亡国的经历中，间接地提到了由色而引发的酷刑之法的制定。《史记·殷本纪》记述商纣王"好酒淫声，嬖于妇人。爱妲己，妲己之言是从。……大最乐戏于沙丘，以酒为池，悬肉为林，使男女倮相逐其间，为长夜之饮。百姓怨望而诸侯有畔者，于是纣乃重辟刑，有炮烙之法。"[③]这里虽说是纣王为使自己的纵欲无碍，竟至对有怨言和批评之声的臣民痛下杀手，不惜以制定严刑峻法加以惩处，杀人灭口。如此看来，"炮烙"之类的酷刑和厉法也是由"色"而催生的。虽为人定，但内在却由人性中性变态式的色欲而生成的。

在上古时代，法由色生还可以浪漫的形式呈现，有诗为证。《诗经》中有一首《行露》的诗，道出了一男子求婚不成，拉意中人上公堂逼婚，而女方坚不可从的故事，颇有些浪漫情调，耐人寻味。全诗（带译）如下：

---

① 陈襄民等注译：《五经四书全译·周书》（一），中州古籍出版社 2000 年 8 月版，第 222 页。
② 陈襄民等注译：《五经四书全译·周书》（一），中州古籍出版社 2000 年 8 月版，第 225 页。
③ 司马迁：《史记》，中州古籍出版社 1996 年 10 月版，第 12 页。

行露

（一）

"厌浥行露。道上露水湿泠泠。

岂不夙夜？哪是早晚不出行？

谓行多露。只怕途中露水浓。

（二）

谁谓雀无角？谁说麻雀嘴不坚？

何以穿我屋？为何啄穿我房檐？

谁谓女无家？谁说你家没妻子？

何以速我狱？为何拉我见法官？

虽速我狱，即使拉我见法官，

室家不足。让我嫁你难上难。

（三）

谁谓鼠无牙？谁说老鼠牙不硬？

何以穿我墉？为何穿越我墙中？

谁谓女无家？谁说你家没妻子？

何以速我讼？为何逼我公堂行？

虽速我讼，纵然逼我公堂行，

亦不女从。① 让我嫁你断不能。"

这个男子也算是个情种，自己本来有了家室，还要硬逼心仪的女子与其成婚。这类行为在上古时代也许为社会婚俗所裕纳，并不认为违背道德伦理。值得注意的是，该情种的逼迫并不采取强硬的私力手段为之，既不强抢，又不强娶，而是通过拉女方上法庭。以这种较为理性的行为，以期由法官和法庭决断以满足与其成婚的诉求。而女方的拒绝也很理性，在法官面前和法庭上力陈不同意与该男子成婚的理由（他有妻子），并表示自己坚决不嫁的强硬态度。上古这两个男女，或许广及当时的众多男女婚配的风俗，实足令我辈今人感慨良多。因为

_____

① 陈襄民等注译：《五经四书全译·诗经·国风》（一），中州古籍出版社 2000 年 8 月版，第 571—572 页。

那是发生在遥不可确考的上古时代。但从我们研究的意义上说,这可是一个由情爱、求婚到上法庭请法官决断的由"色"生法的精典证成。那样有些"奇异"而带有浪漫色彩的"婚姻法",在当代早已难觅其踪了。但毕竟表现出的是"色"之本性与法的生成的一种内在关联的形式与机制。

关于人性中的"欲"致法自然天成的记述和说明的内容,主要集中在《尚书》这部古籍中。《尚书·仲虺之诰》记的是成汤的左相仲虺劝成汤不必为用武力夺取夏桀王位而惭愧。其中就提到"惟天生民有欲,无主乃乱,惟天生聪明时乂。"①意思是说,天生下老百姓就有七情六欲,如果没有君主,就会乱起来,只有天生很聪明的人才能治理祸乱。这里尽管没有直接提及民有欲而自然生法,但从"无主乃乱"的表述上可以看出,老百姓的欲望必须有明君治理才能免于生乱。而明君治理当然也含有运用法律手段。正如仲虺接着告诫成汤的那样:"缵禹旧服,兹率厥典,奉若天命。"②就是让成汤继承大禹所实行过的一切,遵循大禹的律典常规,这就是天命所归。治"民欲"用法,这就是上古王政中的一大要义。

《盘庚》一文,前已多次介绍其成文的来历,兹不重述。其中有一段告诫、训导和恫吓对迁都不满牢骚满腹的官员的话。盘庚如是说:"王若曰:'格汝众,予告汝训汝,猷黜乃心,无傲从康。古我先王,亦惟图任旧人共政。王播告之修,不匿厥指,王用丕钦。罔有逸言,民用丕变,今汝聒聒,起信险肤,予弗知乃所讼。'

"非予自荒兹德,惟汝含德,不惕予一人。予若观火,予亦拙谋作,乃逸。若网在纲,有条而不紊;若农服田,力穑乃亦有秋。汝克黜乃心,施实德于民,至于婚友,丕乃敢大言汝有积德。乃不畏戎毒于远迩,惰农自安,不昏作劳,不服田亩,越其罔有黍稷。

"汝不和吉言于百姓,惟汝自生毒,乃败祸奸宄,以自灾于厥身。乃既先恶于民,乃奉其恫,汝悔身何及? 相时险民,犹胥顾于箴言,其发有逸口,矧予制乃短长之命? 汝曷弗告朕,而胥动以浮言,恐沈于众? 若火之燎于原,不可向迩,其

———————

①　江灏、钱宗武译注,周秉钧审校:《今古文尚书全译·商书》,贵州人民出版社1990年2月版,第116—117页。

②　江灏、钱宗武译注,周秉钧审校:《今古文尚书全译·商书》,贵州人民出版社1990年2月版,第117页。

犹可扑灭？则惟汝众自作弗靖,非予有咎。"①

在这段连训带恐吓的话中,两次提到"猷黜乃心"和"汝克黜乃心",意思是说要不满的大臣们去掉私心。在盘庚看来,是不满大臣们的私心,即个人的与利益攸关的私念导致了他们"汝自生毒",且"不畏戎毒于远迩"。其结果只能是"汝悔身何及？""汝众自作弗靖",非王有咎。这段话里包含两层与法有关的意思,一是作恶必遭罚,这里虽未明言是受法律的惩罚,但"自作自受"的语境里,确也内含有作恶必然引法致罚的事理逻辑关系,从这个意义上来说,可以视为私欲生法这个机理的非典型表述。二是商王盘庚"制乃短长之命"的君王之人为惩罚,此层意思后面还将论及。

在《尚书》最后一篇《秦誓》中,记述的是秦穆公不听老臣蹇叔的竭力谏阻,致使在崤山为晋军大败,全军覆灭。秦穆公悔恨有加,知错能改,发布《秦誓》,誓戒群臣且自表悔改之心。其中他说到:"古人有言曰:'民讫自若,是多盘。'"②前一句意思是说,老百姓总是顺着自己的心愿随心所欲地做事;后一句的"盘",训为般,古意"邪辟"之意。"多盘"即"多般"亦即多邪辟之举。至于老百姓随心所欲多邪辟之举会导致什么样的后果呢？秦穆公只为自悔自责,并未言及。我们可以循理推论会生出如下的逻辑关系,即多辟之举必然招致责错之劝,纠错之举,后者还可能包括受到法律的惩戒。民之随心所欲必然招致法律的出现及规制,此中暗含了"生法"与"民欲"相表里的内在关联。

值得注意的是,《诗经》中也有民欲与法的创生密切关联的诗意表达。《诗经·二雅·烝民》开头既是:

"天生烝民,

有物有则。

民之秉彝,

好是懿德。"③

译成现代语言,说的是苍天生下众黎民,事物法则共遵循。常人自会依常

---

① 江灏、钱宗武译注,周秉钧审校:《今古文尚书全译·商书》,贵州人民出版社1990年2月版,第158—159页。

② 江灏、钱宗武:《今古文尚书全译·周书》,贵州人民出版社1990年2月版,第459页。

③ 陈襄民等注译:《五经四书全译·诗经·二雅》(二),中州古籍出版社2000年8月版,第1053页。

理,爱好美德是同心。尽管"民各有心",①即各有所欲,但万众都必须受事物法则的约束,不能随心所欲地行事。"常理"也内含了规矩和行为规范之意,也是广义上的"法则"所属。将这四句诗理解为"黎民之欲生法进而循理守法",当不致过于出格。

民欲催生法律自然天成,在其他的古籍中还可以析出,惜不能尽书,至为憾事。

二、先民抽象思维的象征意义衍化法意和法形

前面已从多种角度阐释了对古籍《易经》的认识与理解,从眼下的主题出发,还有一个视角需要再加以强调,那就是《易经》作为河洛先民的抽象思维的典型古籍,将先民们从自己所能观察到的、接触到的生活、生产实践活动中的技艺、行止都通过形象思维,以高度、精致的抽象形式,赋予世上万事万物以某种特定的意义。然则,或问河洛先民——甚至广及古今的全人类——为何要赋予世上万物以意义? 这又回到"我是谁","我为什么要这样"这类的哲学追问原点上。原来,在生物生理的天然机理上,人类与其他动物原本无什么重大区别,生物在天然本性上只是使个体能够生存并维系种族的繁衍。食、色之所以对有生命的天性如此重要,就是因为食、色关乎到每个个体生命的存活与种的延续。从这个意义上来说,无论是生命的"本始材朴"的食和色,还是其他世上的万事万物,只要以本本然然的现实存在以供生物新陈代谢和种的延续就好,根本无须以一种有意义的形式存在。然而,自从人类进化成为高级智能生物之后,原本天然的本性就不再仅以生物生理机能的形式存在,在人类的本性之外,还致力于创造和维系一个有意义的世界。人类的全部创造力和生活、生产实践活动除了创造、积累物质财富之外,还在于使自己过上有意义的生活。既然世界上的任何事物,包括人类自身,正如现代科学家爱因斯坦曾经说过的那样,从广义上来说,人类的生存和发展也是毫无意义的,那么,所有世界上的万事万物的意义都是人类所赋予的。被赋予意义的世界在人类看来是那样的令人陶醉和向往,人类之所以

---

① 陈襄民等注译:《五经四书全译·诗经·二雅》(二),中州古籍出版社 2000 年 8 月版,第 1033 页。

对有意义的世界如此着迷和奋力进取,就是认为在有意义的世界中,过有意义的生活才是惬意的,它不仅使人的精神得以安顿,还有了生活的目标。这就是为什么人类都将意义赋予世界,并尽力过上有意义的生活的根本原因。中国河洛先民和各古老种群的人类在赋予世界以意义并力求过上有意义的生活方面,尝试了初民所能想象和利用的各种精神创造力,最终使中国先祖们的生活蒙上了至明且显,而又隽永深远的意义色彩,构成了中华传统文化的一个基因,代代传承,赓续至今。这一了不起的人类古老文明的创造,以"基因图谱"的形式集中展现在被称为"广大悉备"的《易经》中。这种富涵中华传统文化基因的"意义密码",令古今代有辈出的"治易者"们着迷,以致探赜索隐,微显阐幽赓续绵绵,史不绝书。我辈虽学殖荒谬,但愿也能通过耕耘《易经》中的象征意义,以求得对中华法起源的一点粗通浅见。

《易经》中专拟一卦曰《讼卦》,以"讼"为卦名,下坎上乾,象征争讼。正如《彖辞上传》解释《讼卦》卦名和卦义所言:"讼,上刚下险,险而健,讼。"①《彖辞上传》对讼卦的卦象和爻象又进一步解释为天与水的相违和逆行关系:"天与水违行,讼。"②说的是上卦乾,乾为天;下卦为坎,坎为水。中国古人观天上的日月星辰自东向西转;又视江河之水自西向东流。二者相背而行,是违逆的对立关系,看起来有冲突争斗之象,故观象成讼,立为一卦。此卦之设,就是象征的产物。乾象征天,其性刚健,含争胜之意;"坎"象征重重险难,意思也是陷入险恶的境地难于摆脱。当陷于险恶之境的人、事欲向上摆脱困境之时,恰好遇上刚强不肯退让的在上的人和事,两者相遇必有一争。古人称为"讼",又延展称为"争讼""诉讼""决狱""断案"等等。《讼卦》之设,表明了我们先祖在初民社会已经跨越了纯自然的原始生活的门槛,人们再也过不上完全依天然本性过自然和谐的生活了。人类一进入"野蛮时代",为生活争领地,为控制争尊卑地位的争斗就不会休止,以至延及后代的"文明时代"直到今天。《讼卦》的设立标志着人类开启了一个有争斗的生活时代,构成了人类生活必不可少的一个方面。《讼卦》

---

① 陈襄民等注译:《五经四书全译·易经·彖辞上传》(一),中州古籍出版社 2000 年 8 月版,第 98 页。

② 陈襄民等注译:《五经四书全译·易经·系辞上传》(一),中州古籍出版社 2000 年 8 月版,第 150 页。

的设立还标志着人类开始思考和尝试以某种规范的形式和手段处理相互之间的矛盾和争议,使不和谐的社会生活恢复和谐的秩序,从而使人类免于在相互争斗中两败俱伤,更不至于毁灭殆尽。《系辞上传》对此有明白的成法原理的阐释:"见乃谓之象;形乃谓之器;制而用之谓之法。"①这里的法虽可从广义上理解为"效法""方法""手段"等,但从我们研究的意义上,也可以理解为法律意义上的"成法"。如果与《象辞上传》和《系辞上传》的解释联系起来看,就会显现河洛先民观天地的表象和运行规律的背反与相违、相逆而行,联想到人世间的冲突争斗势不可免,为舒解人类生存所面对的这种危难的状态和危惧的心理,就以天、水之象拟成经纬人世的形器,谓之以"法"而制用之,以达到上述将人类生活纳入可以续进和惬意的社会秩序的目的。

《易经》明言成卦的方法并不神秘莫测,只是"仰者观象于天,俯者观法于地,观鸟兽之文与地之宜,近取诸身,远取诸物,……"②最能诠释"近取诸身"的,莫过于人类吃食物时上下颌骨和两侧腮帮的咬合动作,凡健康之人每日必定会千百次地重复这种动作,河洛先民便以此取象立为一卦,名为《噬嗑卦》。对于"咬合"这类司空见惯,通常并无人留意的动作,本身并无什么特别的意义,除非有疾病所在而致苦痛。《噬嗑卦》设立显然别有用意。卦名和卦象明言:"噬嗑:亨,利用狱。"③卦象是下震上离,象征刑罚。《象辞上传》解释其卦名和卦义有言:"颐中有物,曰噬嗑;噬嗑而'亨'。刚柔分,动而明,雷电合而章。柔得中而上行,虽不当位,'利用狱'也。"④这就是说:"噬嗑卦象征刑罚,在卦象上表现为口中咬着食物,所以称噬嗑。"由于咬合,而能把食物嚼碎,所以"亨通顺利"。刚柔先上下分开,然后交相咬合,动作有力而分明,犹如雷电交击而使咬合之理昭著彰显。此时柔顺者处于中道并能向上奋进,尽管不当纯柔之位却能刚柔上济,

---

① 陈襄民等注译:《五经四书全译·易经·系辞上传》(一),中州古籍出版社2000年8月版,第230页。
② 陈襄民等注译:《五经四书全译·易经·系辞下传》(一),中州古籍出版社2000年8月版,第238页。
③ 陈襄民等注译:《五经四书全译·易经·系辞下传》(一),中州古籍出版社2000年8月版,第28页。
④ 陈襄民等注译:《五经四书全译·易经·系辞下传》(一),中州古籍出版社2000年8月版,第109页。

这对于施用刑罚是适当的,所以说:"利于施用刑罚。"①《象辞上传》再进一步解释其卦象和象征意义为:"电雷,噬嗑;先王以明罚勅法。"②上下颌用力咬合,势如雷电交击,威力巨大且迫急,用此意象征"刑罚",恰到好处地抓住了对人世间刑罚的根本特征和要害。循此意象再予延伸就触及到在王政时代,善于治国理政的古代先王所以成就圣明帝业,就在于能修明刑罚,整饬法令,通过立法循章,严惩犯罪而达致天下大治。此中意义再扩展开来,便成为一切国家治理的一个根本要义和战略性举措,具有普世的一般性。在当今的中国,以法治国战略决策的出台和深入实施,就是根据中华传统文化,结合其他人类文明中的优秀法文化成果,根据中国现实国情的实际需要来演变而来的。《易经》作为中华法文化的元始根基、法文化基因密码在几千年赓续绵绵的传承中,终于在现代治国理政的大树上,结出了新的硕大无朋的果实。古籍《易经》的博大精深,不止在于其在古代文明中的就有高声唱响的"彰往"之功,更在于其非凡的"察来"的穿透力和钩深致远的渗透力。借用"越是民族的越是世界的"哲学隽语,我们也不妨说中国古籍《易经》"越是古代的越是现代的"。

　　《贲卦》的贲本义为修饰,象征文饰,本不应延伸其意义入法理,但《易经》之易变的随机性,使看来不可能之义理延伸变为可能。《贲卦》六四爻辞就做了这种变不能为能的事:"贲如皤如,白马翰如,匪寇,婚媾。"③直解可为:"有人乘马而来,雪白的马修饰得是那么素洁雅致,那么纯净无瑕,这种装束一看就知道来者不是贼寇,而是来求婚的佳偶。这种意义联想虽显得勉强,但细审之下,可看出此卦之义不仅在于象征文饰的表面艳丽,更在于让人能透过表象看清真实的内里,此即今人哲学认识论上的形式与内容的一致。除此之外,还有意教会人们认清贼寇真面目的一般方法和外表特征,即:既为贼寇必形貌猥獕,举止猥琐,难登大雅之堂。不过,这种观点在今天看来,有一定的片面性,一些贼寇特别是江洋大盗往往善于伪装,西服革履,相貌堂堂,让人真假难辨。《贲卦》的法律意

---

① 陈襄民等注译:《五经四书全译·易经·象辞上传》(一),中州古籍出版社 2000 年 8 月版,第 110 页。

② 陈襄民等注译:《五经四书全译·易经·象辞上传》(一),中州古籍出版社 2000 年 8 月版,第 167 页。

③ 陈襄民等注译:《五经四书全译·易经·上经》(一),中州古籍出版社 2000 年 8 月版,第 29 页。

义,在《象辞上传》中更有明白的诠释:"山下有火,贲;君子以明庶政,无敢折狱。"①不过这是一个视情为理的"转意",即看见熊熊烈火在山下燃烧,山上草木在火光的照耀下焕发出异彩,这种"文饰象征",当政的君子看到后,会联想到应当修明各项政务,尤其不要依据文饰之辞审案断讼,以免造成冤错。看来,古之作《易》之人对于法理有极深刻的见识,只是想借《贲卦》之象而展示其对法理之洞见而已。这种洞见至今不失其法理价值,当今为数不少的冤假错案,有哪一件又能与"文饰之辞"甚至是"毒树"上结出的鲜亮的"果实"脱离干系?为此铸下"人命关天"的大错一再重现。鉴此当代法治之伤痛,足见古人见识的钩深致远,可惜当代的司法人竟对此无知、漠视,令人唏嘘!

《易经》中的《丰卦》也被认为是意义上蕴涵法律的卦类。《丰卦》以其卦名明义,象征为丰盛之意。怎么丰盛而转意成法呢?《象辞下传》对此作出解释:"雷电皆至,丰;君子以折狱致刑。"②意即隆隆的雷声和闪闪的电光一齐大作,声威与光明俱备,这也可看作是一种"丰厚盛大"。君子观此卦象和引申其象征意义,便想到应效法雷之威和电之明来审断狱案,实施刑罚以治理所辖人事。同《贲卦》一样,这种意义联想虽然有些牵强,但也不失为彰明法理之实、治狱之要领,于今仍有重大的现实意义。

《旅卦》也是一种可归法类之卦。"旅"既为卦名,又象征行旅,其表意浅显明白,古今都不难理解。《旅卦》下艮上离,艮为山,离为火,火燃烧而升腾向上,象征行旅。但《象辞下传》对此卦象和卦名引申解释为:"山上有火,旅,君子以明慎用刑,而不留狱。"③因山火无充足后续火源,其势难长,随时可自行熄灭,联想到了人出门在外"行旅"也不会久长,终归要回到家乡。君子观此卦象,悟此卦义,便明智而又审慎地施用刑罚,并尽快决断结案,不可久拖不决,让嫌犯久留狱中。不论这种意义延展和行旅与决狱之间的关联有多么牵强,但《易经》的作者所想要表达的"不留狱"的法理终归得到了实现,《易经》的作者借题阐释的法

---

① 陈襄民等注译:《五经四书全译·易经·象辞上传》(一),中州古籍出版社2000年8月版,第168页。

② 陈襄民等注译:《五经四书全译·易经·象辞下传》(一),中州古籍出版社2000年8月版,第202页。

③ 陈襄民等注译:《五经四书全译·易经·象辞下传》(一),中州古籍出版社2000年8月版,第203页。

理及刑罚与留狱相互关系的机理,不仅在古代有重大的法理价值,就是在当代也不失其为重要的法律价值。按今天之法理观念解释其含义,就是要在保证办案质量的前提下,办案须依刑事诉讼程序的规定,使案件的审理依次序进行,并在刑事诉讼程序所要求的时限内结案。巧的是,中国的各级法院机关,就在两年前还由最高人民法院严令限时处理多年积压下来的陈案,明确要求逐个审查,该判的要判,证据不足或证据有疑的就要放人,不准再继续无期限的羁押。其实,这种司法理念早在四五千年前的河洛古民那里早就堂而皇之地记载在《易经》这部古籍中了。

《解卦》六三爻辞有言:"负且乘,致寇至,贞吝。"①说的是身负重物而乘车出行,必然招致贼寇前来打劫,占问将有艰难。《象辞下传》对此解释为"身负重物而乘车出行",表明行为有欠庄重;由于自身失德而招致兵戎之灾,也怨不得他人。除了这种兵戎之灾的联想之外,孔子又有新解:"子曰:'作《易》者其知盗乎?'《易》曰:'负且乘,致寇至。'负也者,小人之事也;乘也者,君子之器也。小人而乘君子之器,盗思夺之矣!上慢下暴,盗思伐之矣!慢藏诲盗,冶容诲淫。《易》曰:'负且乘,致寇至。'盗之招也。"②

同上述各卦的延伸意义一样,只是以"负且乘"为由头,引出古人关于盗窃和性犯罪发生的客观条件的法理观念,即"慢藏诲盗,冶容诲淫"。说明"盗之招也"的缘由是主观麻痹大意和欠失保管财务的谨慎的道理,同时也就阐明了如何避免财务被盗而应当"慎藏"这样预防盗窃的道理了。

《震卦》的卦辞和卦象是:"震:亨。震来虩虩,笑言哑哑。震惊百里,不丧匕鬯。"③《象辞下传》和《象辞下传》都解释其卦义为:"'震来虩虩',恐致福也;'笑言哑哑'后有则也。'震惊百里',惊远而惧迩也;出可以守宗庙社稷,以为祭主也。"④雷的主要性状为震动。"雷声骤响震得万物惊恐惶惧",表明为人做事警

---

① 陈襄民等注译:《五经四书全译·易经·下经》(一),中州古籍出版社2000年8月版,第52页。
② 陈襄民等注译:《五经四书全译·易经·系辞上传》(一),中州古籍出版社2000年8月版,第222页。
③ 陈襄民等注译:《五经四书全译·易经·下经》(一),中州古籍出版社2000年8月版,第66页。
④ 陈襄民等注译:《五经四书全译·易经·象辞下传》(一),中州古籍出版社2000年8月版,第132页。

惧戒惕能够得到福泽;"尔后又谈笑风生",表明惊恐惶惧过后便能遵循法则。①
"遵守法则"是震卦最重要的意义延展。可见在古人的心目中,遵守法则并非自
然之举,只有在法律的强制力量威慑之后人们养成遵守法则的自觉并以愉悦的
心情接受法则的约束,才能使人增益美德,乐享福泽。《震卦》的这种象征意义
就在于其阐明了法律的功能、守法观念形成的必经过程的深刻法理。法律因其
强制力而具有巨大的威慑力,因而使人所警惧戒惕而避罪远罚。但这只是守法
的初始阶段,当人们树立了守法的观念,养成了守法的习惯之后,就能以知性的
心态愉悦地、自觉地接受法律的约束。这是守法观念的升华,是一个由强迫到自
觉的进步过程。这样的守法理念,即使在当代也有着重大的法理价值。在中国
坚持了 30 多年的"普法"活动,最终的宗旨,不就是在刻意地培养广大人民群众
的尊法守法观念和习惯吗?

　　还有我们在前面引介和分析过的《坎卦》,也被视为具有法律意义的种类。
《说卦传》已有明示:"坎为水,为沟渎,为隐伏,……为盗……。"②古人真是有想
象力,从水向低处流到填满沟坎,联想到水在地表和地下的"隐伏"状态,又进而
联想到盗贼的隐秘状态,以及昼伏夜出的盗窃行为,颇显得顺情入理,没有像上
述的卦类中的意义延伸和联想那么牵强附会和令人费解。

　　河洛先民甚至能从《豫卦》中的象征意义联想到夜间敲梆子打更防盗这类
法律事项上来。《豫卦》下坤上震,震为雷,坤为地,其卦形象家居设置的重重屋
门,并有在夜间敲梆巡行示警之象。对此,正是《系辞下传》第二章以如下系辞
所要说明的:"重门击柝,以待暴客,盖取诸豫。"③暴客即为盗贼。由此可见古人
观象得法意竟致如此的精微和细腻。

　　从以上的引介和分析不难看出,河洛先民已经能熟练地运用抽象思维,赋予
世上万物以特定的意义,而这在缤纷意义的世界之中,绽放着一朵奇葩,那就是
将某些事物的意义联想到古人所能想到的人事和从经验中总结出来的法理和法

---

① 陈襄民等注译:《五经四书全译·易经·象辞下传》(一),中州古籍出版社 2000 年 8 月版,第 198
　　页。
② 陈襄民等注译:《五经四书全译·易经·说卦传》(一),中州古籍出版社 2000 年 8 月版,第 269
　　页。
③ 陈襄民等注译:《五经四书全译·易经·系辞下传》(一),中州古籍出版社 2000 年 8 月版,第 238
　　页。

的形状,从而使法律、规则、刑罚、守法的意识、形器和行动不再是冷冰冰的条文约束和被迫的服从,法律自身因其被赋予了特定的意义而变成了一个有意义的世界,人类的本性因与有意义的法律紧密相联和互动,人类的社会生活不再因为人性的变化无常和难以驾驭而变得变动不居,险恶丛生。在古人的心目中,法律已然成为社会生活的稳定器,甚至成为人类的精神家园的一部分而使心境得以安顿,精神有了依归。我们认为,这是《易经》诸多卦类所体现的法理和法的形制的人文价值的真义所在。

三、效法天地有秩形塑人世法律

在我们认真研读河洛先民创作的一系列上古典籍中,我们深切地感到我先祖们在其童稚时代就对天地万物的状态和运行规律有特别的好奇心,就像所有婴幼儿一样,从其一出生就有强烈的好奇心,急欲用他们可能运用的任何方式来感知和探索他所在的对他完全陌生的世界,最常见的动作就是吮吸自己的手指,这令无数的初为人父人母的家长担心和烦扰不已。其实,在所有的初民社会中,人类的所有个体及群体都经历过这样童稚时代。只不过中国的河洛先民智力早熟,很早就注意到了初民的这种幼稚状态,并在古籍《易经》中单设一名为《蒙卦》的卦名和卦象,赋予各种对于人极为重要的始为进步而"发蒙"的思考和举措。

今天的认识论智识告诉我们,人们对世界的认识无一例外都是通过人体的感官作用于外界事物获得感知和感觉而起步的。感知和感觉重复多次之后,就形成印象,对个别事物和宇宙整体的印象是经验的产物,只有在经历长期的、大量的对外界印象的基础上,才能进而引起有关意义的联想和思考。自此之后,世界开始变成有意义的世界,人也就开始生活在一个有意义的世界从而过上有意义的生活。

英国著名的法律史学家亨利·梅因(Sir Henry Maine,1822—1888)在《古代法》中曾指出:"所有对于人类原始状态的忠实观察者现在都能清楚地看到,在人类的初生时代,人们对于持续不变的或定期循环发生的一些活动只能假用一个有人格的代理人来加以说明。这样,吹着的风是一个人,并且当然是一个神圣的人;上升、上升、到达极顶然后下落的太阳是一个人,并且是一个神圣的

人;生长庄稼的土地是一个人,也是神圣的人。"①中国的河洛先民也不例外,他
们对天地循环变化的规律性有着特殊的敏感,因为他们是农业种群,农耕高度依
靠天象和季节的规律性变化。先民们也对各种自然现象有着类似西方的那种人
格拟制,甚至在"万物有灵"的原始宗教式自然崇拜方面,一点也不逊于西方人。
正如本研究在前面所指出过的。中国先祖们自然神灵崇拜并没有像西方人那样
形成神圣的宗教崇拜,中国先祖们在"万物有灵"的原始宗教式的崇拜的基础
上,沿着"自然崇拜"的路子一直走下去,即使在后世成型的"神灵崇拜"依然保
留着浓郁的"自然崇拜"的色彩,并逐渐形成了"天秩"的概念和理念。所谓"天
秩"就是自然界规律性的变化,本质上还是一种"自然崇拜",即使以各种"天神"
的名义呈现,也决不失其"自然崇拜"的本色。这最终定型为中国人的世界观,
他们看待天体、地上万物的态度和方法都不离自然的观察和认识的视角,而人事
上各种理念的确定以及各种人事制度的创建,也就依他们心仪和敬仰的天地变
化规律为效法的榜样,久而久之,最终又将"天秩"的观念与人间的礼俗和法律
观念镕为一炉,冶成一体,学术界将这一自然融合的世界观称之为"天人合一"
的世界观,也是中国人早已形成传统认识世界的方法论。从这个意义上来看,上
古法律的创生也是先祖们极力效法"天秩",也就是自然规律的相应产物。自然
规律被先祖们体察并有意地甚至刻意地加以模仿和效法,用以建构各种人事制
度其中也包括法律制度,这是中华法形成中重要的参照系。这些参照系来自于
天地万物,充分吸收了自然界的元素,因而使中华法带有天然的自然性和具有自
然根基,这与西方的犹太——基督教将法律视为"上帝刻在人们心中的法"(《圣
经》语)创生原理,形成了鲜明的对照。法律的自然性和神圣性的分野就此分道
扬镳,各成体系。有了此种体认,我们就不难理解,中华法自诞生之日起就带有
浓厚的折衷、非讼、妥协、教化的色彩,其最高宗旨是要维护社会的秩序、和谐与
稳定而不是为了服膺神的意志,或满足法律的神圣信仰要求。中华法的效法自
然的创生原理,还使我们明白了如下的道理,即在中国人的心目中,法律只是治
国理政的工具而已,同礼仪、道德体系一样,都是为了为自己所用而创造出来的
形而下之"器"。明白了这一点,我们也就不难理解,要把法律提升到社会大众

---

① [英]梅因著:《古代法》,沈景一译,商务印书馆1984年11月版,第2—3页。

的信仰层面是多难的一件事,因为这与中国人的精神文明体系与社会心理是如此的格格不入。正是因为这一世界观的左右,尽管中国现实的一些法学家不断地引用当代美国法学家的一句名言"法律必须被信仰,否则它将形同虚设"①,致力于在当下中国树立对法律的信仰。但这种努力的成效甚微,言者凿凿,听者寥寥。此中原因无他,只在法律创生的途径不同,法律体系及其价值取向各异而已矣。

关于效法天秩形塑人间法律的法创生命题,在《诗经》中并没有明确的表述,这不难理解,《诗经》毕竟是诗集而不是严肃的政治和法律文献。但《诗经》中也有类似的表述,如《二雅·丞民》篇中,就有"天生丞民,有物有则"的表述。意为苍天生下万众黎民百姓,就让他们拥有世上万物为己所用,还要他们共同遵循世间法则,按规矩行事。这里并没有明说这些法则是苍天赋予的,还是世上君主和黎民效法天秩而创造的,这给我们后人留下了发挥想象力的空间,似乎也不能完全排除《诗经》作者有此一意,更不能强行不让诵诗的时人和后人如我等不作遵循"天命"或效法"天秩"而成规则以约束人类自己作这样的联想。

《尚书》作为最古老的政治、法律文献之一,在其创作时,正值初民社会甫立,民众尚处"天泽之分未严"和"天命"与"人牧"纠缠不清的政治与法律的混沌初开的状态中。作为先祖中的哲人和政治家们虽较普通民众聪明、睿智,但也不能超越时代给予"天命"的思想视域和思维界线。在《尚书》中出现一些有关效法"天秩"的表述和描述,乃势所使然,不足为奇,下面几则表述可拿来予以分析。

《舜典》所记是尧帝逊位于舜之后,舜帝登基后为树立权威所做的一系列开朝大事。其中说道:"岁二月,东巡守,至于岱宗,柴。望秩于山川,肆觐东后。"②注家有一说,"望秩于山川"意思是"对于其他山川,都按地位尊卑依次举行了祭祀。"③但笔者认为此解似可商榷,理由是:前句言舜帝东巡已经用柴礼祭祀过岱宗泰山了。鉴于岱宗周围群山环抱,虽有高矮、大小可意解为"尊卑"之分,但要依次一一加以祭祀,情理上似无必要,事实上也难以做到,以致根本不可能。合

---

① [美]伯尔曼著:《宗教与法律》,梁治平译,中国政法大学出版社2003年8月版,第3页。
② 江灏、钱宗武译注,周秉钧审校:《今古文尚书全译》,贵州人民出版社1990年2月版,第24页。
③ 江灏、钱宗武译注,周秉钧审校:《今古文尚书全译》,贵州人民出版社1990年2月版,第26页。

情理的解释似乎应当是"舜帝登山岱宗极顶先举行柴祭,尔后极目四望,但见大小山岳拱卫岱宗周围,其山形地貌有高有低,有大有小,似有"秩序"地布列展开,接着接受东方各部族的君长的朝见。此处虽没有记述尧帝因望山川之次序而生立章定典之事,但通过后句直接接受东方诸部落之君长的拜贺的连接关系上看,似乎也有意涵为东方部属乃至舜帝所辖全境的民众确定尊卑地位和上下从属的关系的蕴意。这与上古的宗法观念以及依尊卑确定的等级关系的文化情境是吻合的,这就是说,舜帝乃至更上古先皇、帝在登上皇、帝位后都要进行对"四方"的巡视,乃至后世延续几千年不断的皇帝"封禅"的行为,绝不是偶然的,而是具有重大的强化皇权,为民立极等政治蕴涵。在上古政治权力初立的政治情境下,通过借助包括群山特别是高大、雄浑、巍峨的被称为"五岳"之一的万山之祖的岱宗泰山等天造地设的"秩序"来强化皇、帝对天下的控制,既取其无与伦比的山势之雄厚力量,又可获得服膺"天命"的精神依归,实不失为一种"效法"天地的聪明之举。

有意思的是,也是在《舜典》中,在舜帝继位甫定,便分官设职,命22人分别担任各种官职,分掌各类国家和社会事务。其中任命伯夷担任"秩宗"这一官职。"秩宗"是一种礼官,掌管祭祀天神、地祇、人鬼的三种礼仪。在上古时代,"国之大事在祀与戎"。这一重要官职之设,其意义不仅在于于天、地、神、祖那里取得政治统治的合法性,而且还在于通过礼仪的次序安排,体现了人们的尊卑等级的秩序观念和人际相互关系的原则。这种观念和原则在上古时期以至后世是如此重要和关系重大,最根本的就是通过这种组织和联系,使社会和国家结合成为一个整体,不论这个整体有多少从今人的观点看来是那么的不合理,有失平等,但在上古的社会和政治情境中,不失为一种既可行的又可以保持稳定的社会和政治秩序。这或许就是"秩宗"官职之设的真义所在。关于伯夷任命为"秩宗"一职,还直接导致法律的创生,这在后面还要提及与分析。

还是在《舜典》,舜帝任命夔为"典乐"一职。"典乐"是乐官,除掌管教化、意识形态之外,还有"八音克谐,无相夺伦,神人以和"①的社会组织功能。就是

---

① 江灏、钱宗武译注,周秉钧审校:《今古文尚书全译·虞夏书》,贵州人民出版社1990年2月版,第33页。

通过让八种乐器的声音能够调和,使人伦的次序不相侵扰,那么人和神都会因此而和谐了。人、神和谐了,社会自然也就和谐了。不待说,这种社会和谐的效果产生,也是从自然中的声音得到启发的。有人说过,百鸟的鸣叫虽有声高声低,也无任何次序可言,但让人听起来是那么和谐,无任何噪杂之感,这就是自然和声的魅力。人类社会照这样"无相夺伦"地组织起来,效法"天籁之声",自然也会取得社会和谐的效果。

顺便提及,古人将诗、书、礼、乐四大人文创作成果并列,并与易学及编年史学共集成六部书籍,史称"六经",分别是《诗经》《书经》《礼经》《乐经》《易经》《春秋》。这六部经书可以说集中华传统文化之大成。可惜,《乐经》疑为毁于秦火,早已湮灭于历史长河之中,遂成中华文明一大缺憾。不过,《尚书·舜典》的上述记载,倒让我们中华后人窥知先祖们对音乐本身的和谐及其社会教化所能达致的社会和谐的价值、功能的重视达到了何等高的程度。

《虞夏书·皋陶谟》有一段先哲们是如何效法"天叙""天秩""天命""天讨"而成就人世间的礼法等伦理与制度、法律的明确记述。先看如下引文:"无教逸欲,有邦兢兢业业,一日二日万几。无旷庶官,天工,人其代之。天叙有典,敕我五典五惇哉!天秩有礼,自我五礼有庸哉!同寅协恭和衷哉!天命有德,五服五章哉!天讨有罪,五刑五用哉!政事懋哉懋哉!"①

此段前两句是一个预设的前提,摆明百官与国家、人与天的相互关系。前者是说国家(即邦)事务繁复,每天都会有万千的极微变化,而百官之设就是为了日理万机,在这个繁重的治国理政面前,百官们来不得让个人安享逸乐,必须兢兢业业,勤勉付出才能取得佳绩。后者是说前述治国"事功"是神圣的,因为是上天所命的职事故名之为"天功"。"天功"虽伟大可欲,但必须由人事来完成。这样,"天功"与"人事"融为一体,共同完成崇高使命。但这需要在治国理政中实际彰显出来。这两个前提的预设就为人效法天的行为奠定了哲理的基础。

"天叙有典"就是人效法上天的秩序而创造了人间的常法,使人间的五种人伦关系确立下来并敦厚地实行开来;"天秩有礼"就是人效法上天的秩序创作人间的礼仪,以确立人际间的尊卑等级关系。此中的礼除礼仪之外,也有人行为规

---

① 江灏、钱宗武译注,周秉钧审校:《今古文尚书全译》,贵州人民出版社 1990 年 2 月版,第 54 页。

范意义上的礼法之意。"礼"与"法"在上古及后世逐渐演变成为"德治"与"法治"之分与相依,构成了中华法文明的一大传统。个中之意拟另辟章节予以详细分析。这里只是强调,具有法律意蕴的"礼"也是人效法"天秩"而创生的,成为社会不同尊卑等级的各个社会阶层和谐相处的机制与制度;"天命有德"就是上天任命五种有德之人,即天子、诸侯、卿、大夫、士五类人掌握治国理政的大事,让他们穿戴五种礼服不仅意在使他们显贵于常人,更在于让他们知道自己的责任与天职,勉力从事"天功",成就天下治理大业;"天讨有罪"就是要依照老天的意志惩罚人间有罪之人,通过制定的墨、劓、剕、宫、大辟五种刑罚惩处犯罪之人。这里的"天罚"既有"天命"惩罚之意,又是"上天"惩罚人类行为的方式或方法,民间的"老天报复"观念至今依然盛行,"天打五雷轰"或"雷辟"等就是人们经常引用的"天讨"手段。人世间的五种刑罚特别是"大辟"的极刑或许就是效法"雷辟"而成为人间五种刑罚中最严厉的一种。如此说可立,则人效法"天讨"或"天罚"而致法律的直接创生,就可以得到更直接、明确的证立了。

《尚书·说命》中又有名相傅说向商王武丁进言要他效法老天治理国家的记述:"惟天聪明,惟圣时宪,惟臣钦若,惟民从乂。惟口起羞,惟甲胄起戎,为衣裳在笥,为干戈省厥躬。王惟戒兹,允兹克明。乃罔不休。"[①]老天聪明至极,能洞察一切,人间圣明的君主就是效法老天的聪明,用义理和合情理的举止治理国家;臣属也要恭敬地服从帝王的意志,而百姓们要服从帝王和官人的治理。如能做到这一点,国家就会得到美善的治理结果。这里虽然没有明说帝王效法老天而制定法律治国理政,但如果联系后世所谓的帝王"口含天宪,言出法随"皇权立法,将"惟圣时宪"理解成为效法上天创生具有极大权威的"天宪"或"皇法",似乎并不离谱。

《尚书·洪范》中有一大段关于风、雨、星、月的冷暖与治国理政关系的比喻,似乎也可放在"效法"的题目下予以分析。原文是:"八、庶征:曰雨,曰旸,曰燠,曰寒,曰风。曰时五者来备,各以其叙,庶草蕃庑。一极备,凶;一极无,凶。曰休征:曰肃,时雨若;曰乂,时旸若;曰晰,时燠若;曰谋,时寒若;曰圣,时风若。曰咎征:曰狂,恒雨若;曰僭,恒旸若;曰豫,恒燠若;曰急,恒寒若;曰蒙,恒风若。

---

① 江灏、钱宗武译注,周秉钧审校:《今古文尚书全译》,贵州人民出版社1990年2月版,第179页。

曰王省惟岁,卿士惟月,师尹惟日。岁月日时无易,百谷用戒,乂用民,俊民用章,家用平康。日月岁时既易,百谷用不成,乂用昏不明,俊民用微,家用不宁。庶民惟星,星有好风,星有好雨。日月之行,则有冬有夏。月之从星,则以风雨。"①

翻译成现代语言,可表述为:"八、各种征兆:雨天,晴天,温暖,寒冷,刮风。一年中这五种天气齐备,各根据正常的次序发生,百草就茂盛。某一种天气过多,就会是荒年;某一种天气过少,也会是荒年。好征兆是:君王能敬,就像及时降雨;君政能治,就像及时晴朗;君王明智,就像及时温暖;君王善谋,就像及时寒冷;君王通理,就像及时刮风。坏征兆是:君王狂妄,就像久雨;君王办事错乱,就像久晴;君王贪图安乐,就像久暖;君王严酷急促,就像久寒;君王昏庸愚昧,就像久风。君王视察政事,就像一年包括四时,高级官员就像一月,统属于岁,普通官员就像一天统属于月。假若年月日时的关系没有改变,百谷就因此成熟,政治就因此清明,杰出的人才因此得到表彰,国家因此太平安宁。假若年月日时的关系已经改变常态,百谷就因此不能成熟,政治就因此昏暗不明,杰出的人才因此不能被重用,国家因此不得安宁。百姓好比星星,有的星喜欢风,有的星喜欢雨。太阳和月亮的运行,就有冬天和夏天。月亮顺从星星,就要用风和雨润泽他们。"②

这种巧妙的比喻,有些虽不免过于牵强,但作者从效法自然现象及运行的时序变化,以取得治国理政之效的写作意图至为明显。初民社会人们的政治眼光有限,先例经验更是无从凭借,从天地运行中的常见景象和变化规律中获取灵感,用以达致从"天叙"向"君臣各顺其常"的"效法"成效。"天人合一"作为治国理政根本理念从中得以彰显,而法律从中创生也就不难想见。

《易经》作为"观象比类"的上古政治法律文献,其中充满着效法天地万物而达致经纬治国经世的智慧。例如《乾卦》中的九五爻辞:"飞龙在天,利见大人。"③表面字句意思是飞龙飞上云天,宜于发现大德大才之人。对于这句话的引申含义,孔子作如下的解释:"俗话说:'同类的声音相互感应,同类的气息相

①　江灏、钱宗武译注,周秉钧审校:《今古文尚书全译》,贵州人民出版社1990年2月版,第242—243页。
②　江灏、钱宗武译注,周秉钧审校:《今古文尚书全译》,贵州人民出版社1990年2月版,第244页。
③　陈襄民等注译:《五经四书全译·易经》(一),中州古籍出版社2000年8月版,第3页。

互求合。水向湿处流动,火向干处燃烧,浮云伴着龙吟而出,山风和着虎啸而生。圣人振作而勉力治世,则万民仰视而天下归附。'可见,依存于天者其性亲上,依存于地者其性亲下,一切事物都是各自依从其同类而发挥作用。"①

　　同声相应、同类相合这样的现象,在自然界中普遍存在。如果以此规律确立人际关系,必定也会取得人世文明效果。假如圣王治国理政平天下,也能效法水往湿处流,火向干处烧,浮云伴龙吟而出,山风和着虎啸而生,就能使万民归依而达天下大治的效果。这是古人对帝王之业设定的一条根本的治国原则,就是必须遵循事理而行,万不可倒行逆施,违背世事的常理和客观规律性。

　　《系辞上传》第十一章对人类效法自然有一段明确的说明:"是故天生神物,圣人则之;天地变化,圣人效之;天垂象,见吉凶,圣人象之;河出图,洛出书,圣人则之。《易》有四象,所以示也;系辞焉,所以告也;定之以吉凶,所以断也。"②

　　翻译成现代语言,就是:"可以取象效法的东西,没有比天地更大的;能够变化会通的东西,没有比四季更大的;能够显示光辉而高悬的形象,没有比日月更大的;尊崇高尚,没有比富有显贵更大的;具备众物以供民众使用,创成器具以便利天下民众的功业,没有比圣人更大的;探研求索幽隐难见之理,钩取搜罗深处、远方之物,用来断定天下的吉凶。助成天下民众勤勉有为的神通,没有比蓍占与龟卜更大的。所以,上天才生出神奇的蓍草和灵龟,供圣人取法,创立占卦;天地出现四季变化,供圣人仿效,制定历法;天空垂悬天象,显示吉凶的征兆,供圣人模拟,制造天象仪器;黄河出现龙图,洛水出现龟书,供圣人取法,创立八卦。《易》书有四象,是用来显示运动变化的;在卦爻之下写出文辞,是用来报告吉凶的;文辞中拟出吉凶的占辞,是用来断定得失的。"③

　　说得再明白不过了,甚至无须我们再行解释。但有一点尚须申明,就是这两段文字并没有从"效法"天地、四时等自然现象直接创生人世法律。但如果我们不拘泥于对法律的现代严格界定概念的意义上来理解,那么,对"备物致用,立

①　陈襄民等注译:《五经四书全译·易经·文言传》(一),中州古籍出版社 2000 年 8 月版,第 87 页。
②　陈襄民等注译:《五经四书全译·易经·系辞上传》(一),中州古籍出版社 2000 年 8 月版,第 230 页。
③　陈襄民等注译:《五经四书全译·易经·系辞上传》(一),中州古籍出版社 2000 年 8 月版,第 232 页。

成器川为天下利"的理解中包含法律,也是可以接受的。因为在古人看来,"形而上"为之学,"形而下"为之器,法律是形而下的器物之一,故法律也应成为初民社会的一种可用的"备物"或广为天下利的"成器"。

《系辞下传》第一章在阐释"八卦"中"爻"、"象"时说:"爻也者,效此者也;象也者,像此者也。"①这就是说,"八卦"中的爻,就是仿效乾坤所显示的变化;而所谓"象",就是模拟乾坤形态显示的情态。如果说,"爻"和"象"都是模仿和效法天地的人文产物,并没有涉及法律的创生的话,那么,"理财正辞,禁民为非曰义。"②则是明言法律和制度正是效法天地之大德而生成的。治国理政离不开强国富民,强国富民必须创造财富,创造财富必须秉持正道,为秉持正道就必须建章立制,建章立制加上道德和理义的约束和规范,就可以"禁民为非"。法律就自然从中创生而出了。

《系辞下传》第二章对"八卦"创作的取象途径和方式作了明确的说明:"古者包栖氏之王天下也,仰者观象于天,俯者观法于地,观鸟兽之文与地之宜,近取诸身,远取诸物,于是始作八卦,以通神明之德,以类万物之情。"③从中不难看出,天、地、鸟兽、地上万物、人身、远处之物等,都是创作"八卦"的取象之物,效法天地万物的意蕴至明且显。如果这还不足以表明效法万物而致法律创生的话,那么,接下来的"重门击柝,以待暴客,盖取诸豫"的系辞,就明白无误地说明通过观审《豫卦》之象,就会产生严防盗贼这类直接的事关法律的联想了。

本章最后一段的系辞是:"上古结绳而治,后世圣人,易之以书契,百官以治,万民以察,盖取诸夬。"④百官用书契即刀刻文字来记事治理民事,不待说,其中也少不了有关的法律、制度等。

从以上的引介和分析不难看出,河洛先祖们是如何巧妙地运用自然资源,通过观审其象以及把握天地万物的运行、变化规律而悟出以法律及其相关制度来

---

① 陈襄民等注译:《五经四书全译·易经·系辞下传》(一),中州古籍出版社2000年8月版,第236页。

② 陈襄民等注译:《五经四书全译·易经·系辞下传》(一),中州古籍出版社2000年8月版,第236页。

③ 陈襄民等注译:《五经四书全译·易经·系辞下传》(一),中州古籍出版社2000年8月版,第238页。

④ 陈襄民等注译:《五经四书全译·易经·系辞下传》(一),中州古籍出版社2000年8月版,第238页。

治理国政与人事的机制。这种超常的想象力和天才的创造力,使中华法从其创生之时起,就蕴含了"自然"的元素。如果以西方人的"自然法"观念和体系观审之,也可以说中华法也具有"自然法"的气质。不过,与西方不同的是,西方人的自然法被预先固化为一种先验的观念和体系,它脱离不了自然神或宗教上的信仰神的意志,留给世上的人们所需要去做的是发现其中的"自然理性"或"神的意志"。人在这种自然理性或神的意志面前始终是被动的、屈从的,相反地,在中华"自然法"的观念和体系里,世上的人是以主动的、积极的角色出现的。上古的先祖们虽不能把握天地万物形成和运动、变化的真正原因及其机理,但他们有观察事物的能力、总结经验的归纳力和利用自然的仿效力,以及将外部世界与自身内在相结合的非凡想象力和会通力。所有这些独特的能力结合起来,不仅创造了博大精深的中华传统文化的义理体系,也催生了中华法这个举世独一无二的法律观念及其体系。我们认为,只有对这一原理有深切的把握,才能真正理解和把握中华法创生的内在机理。

四、沿习常理遂为成法

在以往的法学研究中有一种长期的学术倾向,似乎是出于法学界的集体无意识,就是法学研究人员为了突出法律的鲜明品性和特质,总是在自觉不自觉的状态下刻意强调法的理念及其的非比寻常的体系结构,法的特质是任何其他社会规范体系所不具有的。为此先定的立意,学者们则从概念入手,希望从打造一套有严格意义上的界定的概念体系来突出法律的特殊性;为了这个基础和起点,学者们进而又从神圣的或先验的立场刻意求取法律的本质。法律本质被认为是深潜在法律现象之后的,非经精深研究而不得见。就这样,法律现象与法律本质被人为地分割开来,形成了法律分析和研究中的"二元论"范式和传统。任何法律概念和体系都必须置于这种"二元论"的学术平台上予以观审,并作为标准,以判定相关法律的概念、体系是正确还是错误,学理是深还是浅。渐渐地,关于法的学问就被法律学人藏进高深莫测和门禁极严的知识楼阁,要获取法律知识,理解其中的奥义,非经多年的严格训练才得有成,只有极少数的法律人才有能力攀上有如难于上青天的知识楼阁的顶端,才望摘取楼阁宝顶上的"明珠"。深藏法律知识的殿堂是如此的难进,以致只有少数的精英人士才能上得法律殿堂,法学也就变成学者坐在摇椅上埋头苦修的学问了。于是乎,法学与实际的社会生活即使不是完全隔绝,也被分割开来了。法学一旦脱离实际,就会严重减损其来源于社会、服务于社会的价值及其功能。我们认为,当代的法学就存在于这样不良的学术生态环境中,只是不为法学术界普遍所体察罢了。

古我河洛先民即中华先祖们并非如今人那样看待法律问题。法律在他们眼里只是循常事理和顺乎情理而已。先民们生活在天然的自然世界中和简朴的社会情境中,通过日复一日的观察所得和亲历的生产、生活实践的体验积累,逐步摸索和探究到世间万物和人情世故并非总是令人心生敬畏、捉摸不透和难以驾驭。万物的性状和运动变化规律总是可以外在地认识和体察,通过经验积累和持续的沿习,就能把握其中的性状和运动变化规律。对于人情世故更是每日每时沐浴其间,人情冷暖随时随地可以感知,长此以往,就会不期然地形成处理和协调人际关系和社会事务的相应准则,顺着这些准则行事就会形成社会和谐的结果,办事就会顺畅有效;反之,违背这些准则,人际关系就会造成紧张甚至引发冲突,自然也难成事。年积月累,社会就会形成万众公认的行为准则和道德规范,古人称之为"常理",并赋予其诸多的价值与功能的期待,诸如后世孔子作为儒学大师所总结的那样:"名不正则言不顺,言不顺则事不成,事不成则礼乐不兴,礼乐不兴则刑罚不中,刑罚不中则民无所措手足。故君子名之必可言也,言之必可行也,君子于其言,无所苟而已矣。"[1]法律也就定在这样的文化情境中由"常理"浓缩而成,固化成形。法律源于生活,长于社会,熔理、情、法于一炉,这就是中华法生成的特殊情境,也因此而形成特别的性质。我们今人在当代社会和国家,仍深深地感受到人情与法理是如此地胶着地纠结在一起,分不清,斩不断,理还乱,令那些追求西方法治纯粹境界的法学界人士对此百思不得其解,显得很无奈。追根探源,就在于中华法这种创生基础与机制影响深远所及,使得西方的法治理念与实施机制在中国本土的法理环境中由于"水土不服"而形成的状况。

这种沿习常理,遂而成法的中华法创生原理在"五经四书"等典籍中随处可见,现举几个典型的例子就足以证立。

---

① 陈襄民等注译:《五经四书全译·易经》(四),中州古籍出版社2000年8月版,第3170页。

在《易经》中,我们已就《讼卦》《噬嗑卦》《坎卦》《离卦》《震卦》《解卦》《旅卦》《豫卦》等由象征意义延伸联想而生法律的机理做过分析;还就《系辞传》中有关取象比类而立法的意象和形制的系属或联系之辞进行过分析。所有这些林林总总的卦名、卦象、爻象、卦辞、爻辞、象辞、系辞、说卦传、序卦传、杂卦传等基本上或者绝大多数都是取自初民对天地万物的观察所见及生产和生活实践的经验感受,即来源于自然界和社会现象,又以高度的抽象化类比和象征意义反馈给社会生产、生活包括法律生活,并赋予自然界万事万物以人文意义。在这一循环往复的双向互动过程中,经过先祖们的总结、提炼、梳理,使物理、人情、事故在得到各自表达的同时,也相互渗透交参而镕为一炉,遂成为既可以类型化归纳,又逻辑自洽的"常理"。这些"常理"一旦得到社会化的公认,特别是在经过先哲们长期坚持的社会教化的化育过程中,便演化为"公理",有些遂成不言自明或虽言无须解释就人人明白的道理。这些"常理"和"道理"构成了中华传统文化的重要组成部分,熔铸成为中国人的世界观、价值观和方法论。当然,其中有些形成了中华法观念和形制的创生机制,这些源于生活,遵循常理而生成的中华法,既是人们的行为规范,又成为中华传统世界观、人生观和价值观的重要组成部分。

在《尚书·洪范》篇中,武王向箕子咨询治国的大道理,将其称为"彝伦"①,"彝伦"就是"常理"。如果将《洪范》视为具有根本大法性的政治文献,那么,在古人眼里(通过武王之口表达)治国的大法无非就是"常理"。由此可见,古人不仅将一般法律视为"常理",就是视国家的根本大法也不过是"常理"而已。

在《洪范》中,所谓"五行",就是水、火、木、金、土,这些都是自然界与人的生命、生活、生产息息相关的五种自然物质,每日每时都在被人感知和利用。古人对这些自然物质的性状及其功用了如指掌,人们尽可以顺五行之性而用,而不能胡乱利用。

作为《洪范》大法中与人体器官及其功能密切相关的还有貌、言、观看、听闻、思考,分别表现为人的外貌、言语、视力、听力和心力。这五种官能各有各的功能和特点,顺其自然,正确利用,就能如期发挥其功效,并能恰当地利用到国家

---

①　江灏、钱宗武译注,周秉钧审校:《今古文尚书全译》,贵州人民出版社1990年2月版,第233页。

的治国理政层面而收到天下大治的成效。

作为《洪范》大法的"八政",更是符合治国理政的常理。所谓"八政",就是食、货、祀、司空、司徒、司寇、宾、师,分别对应现今的农业、财物、祭祀、民政、教育、司法、礼仪、军事。这"八政"都是治国理政的重要方面,缺一不可,古之如此,今日亦然。在当今的国家和社会事务中,不论多么繁复,分工多么细微,概括起来其实还是万变不离其宗。不论古今,国家如要得到有效的治理,任何统治者或管理者对此都不能掉以轻心。这既是治国理政的要务,又是国家和社会有效运行的"常理"。

作为《洪范》大法中的"五纪",即岁、月、日、星辰、历数,更是与我们日常生活、生产活动、气象、气候变化、纪年历法等息息相关。对这些极具物理意义的自然节律、变化,古人特别是以农业立国的中国古代先民,对此更是极为重视,因为这些关系到国家的安危、社会的稳定。前已分析过,在《胤征》一篇中,羲氏与和氏就是因为"颠覆厥德,沉乱于酒,畔官离次,俶扰天纪,遐弃厥司"①,而遭到征伐问罪的。这既是生活常理,又是职有所司的官场责任所在的"常理",是万万违背不得的。谁违背了,就要遭受"天罚",其惩罚之严厉,犹如"火炎昆冈,玉石俱焚"②

作为《洪范》大法中的"三德",即正直、刚克、柔克,就是人的各种品性。中正平和,不刚不柔,就是正直;过分倔强使人难以接近和过分柔顺不能任事都不可取。无论为君,还是为臣都应当懂得人的这些品行的利弊,做一个正直、不刚不柔的人,担负起各自的责任,做自己应当做的事,这其实也是做人的"常理"。

作为《洪范》大法中的"稽疑",从表面看来,说的是"任命卜官和筮官,以及如何进行占卜吉凶之事。"但文义中并非全是这种"迷信"之事,而是意在阐明君王治国理政中的具有原始科学理性的决策过程。其中最值得赞赏的是如下的前多半流程:"汝则有大疑,谋及乃心,谋及卿士,谋及庶人,谋及卜筮。"③意思就是说,假若君王有重大疑难,先要自己考虑,再与卿士商量,然后再与庶民商量,最后才问卜占卦。在今人看来,除"问卜占卦"不足取之外,前多半流程都是符合

---

① 江灏、钱宗武译注,周秉钧审校:《今古文尚书全译》,贵州人民出版社1990年2月版,第102页。
② 江灏、钱宗武译注,周秉钧审校:《今古文尚书全译》,贵州人民出版社1990年2月版,第104页。
③ 江灏、钱宗武译注,周秉钧审校:《今古文尚书全译》,贵州人民出版社1990年2月版,第241页。

现代科学决策规范的。今人的许多决策之所以出现重大失误甚至遭到失败,泰半是在上述决策过程中的某个或某些环节出了问题,不是缺乏必要过程就是出现了偏差。更大量的事实表明,由当权者一人拍拍脑门就作出的盲目决策,往往会造成重大的失误,给国家和人民造成巨大的损失。这其中的原因,除了其他方面之外,就是当权者违背了科学决策的"常理"。还应当强调的是,《洪范》中的这种决策程序,除最后的占卜已被当代摒弃外,其他的几个流程基本上符合当代的"协商民主"的政治原则,如此一来,这种程序就不仅是一个符合原始科学决策的"常理"范畴,更可以提升到"原始民主"政治"原理"的高度了。

作为《洪范》大法中的"庶征",即雨、旸、燠、寒、风。其中的"燠"即温暖之意,与寒相对也可以训为热。这五种自然现象在一年中都会发生,而且会依次、循环发生,百草等万物都适应了这种规律性的气象变化,所以能生长、繁茂。如果气候一反常,即不按"各以其叙"①的"常理"发生,就会造成各种自然灾害。在政治上也是如此,君王、卿士、师尹、庶民各依自己的职分和"常理"行事,国家就会太平、安定、富足。尽管"庶民惟星,星有好风,星有好雨",即老百姓各有私欲和所好,但依上述政治上的"常理"进行治理,也会"家用平康"。②

作为《洪范》大法中的"五福",即寿、富、康宁、美德、长命善终,都是人生中"幸福"所系,古民如此,今人亦然。作为"幸福"的"常理",世人皆然,无须申说。

作为《洪范》大法中的"六极",即"凶、短、折""忧""贫""弱",其中的凶、短、折都是指早亡,弱当指体弱和性格懦弱。这六种人生中的"困厄",实为人生中的大不幸。每个人或早或晚,或一遇或几遇总会在人生中发生,也是古今人人如此,世人皆然之事,尽可以视为人生中不幸的"常理"。

从以上的引介和分析中不难看出,即使是作为上古大法的《洪范》,其内容都是基于人的生产、生活、人生中所必然遇到和应当顺从的"常理"而制定的,基于人生和社会生活、又服务于人生和社会生活。作为国家的根本大法《洪范》就是这样与现实息息相关,既不神秘,也不玄奥,其实根本无须求赐于神或上帝,只

① 江灏、钱宗武译注,周秉钧审校:《今古文尚书全译》,贵州人民出版社 1990 年 2 月版,第 242 页。
② 江灏、钱宗武译注,周秉钧审校:《今古文尚书全译》,贵州人民出版社 1990 年 2 月版,第 243 页。

要遵循社会活动中的"常理",国家就会得到很好的治理,社会也就太平、安定,人民就富足、安康。中国古人能在简易的政治环境和社会情境下深切体察这一治国经世的深刻道理,并能以根本大法的形制表述和固定下来,实在是难能可贵,令我辈后人感慨不已。

在《尚书》其他篇章中也有大量的用日常事理喻明治国理政的大义的。可再举几例说明。

例如《梓材》,周公教育康叔如何治理殷商故地的具体政策时,就巧妙地运用了以农做屋的日常做法做比喻,周公说:"惟曰:若稽田,既勤敷菑,惟其陈修,为厥疆畎。若作室家,既勤垣墉,惟其涂墍茨。若作梓材,既勤朴斫,惟其涂丹雘。"①

翻译成现代语言就是:"我想,治理国家好比种田,既已勤劳地开垦、播种,就应当考虑整治土地,修筑田界,开挖水沟。好比建造房屋,既已勤劳地筑起了墙壁,就应当考虑完成涂泥和盖屋的工作。好比制作梓木器具,既已勤劳地去皮砍削,就应当考虑完成油漆彩饰的工作。"②治理国家好比种田,也好比建房造屋,通俗易懂,理简义深,耐人寻味。

又例如《盘庚》篇,盘庚对反对迁殷的大臣们说:"若网在纲,有条而不紊;若农服田,力穑乃亦有秋……惰农自安,不昏作劳,不服田亩,越其罔有黍稷。"③

翻译成现代语言就是:"就好像把网结在纲上,才能有条理而不紊乱;就好像农民从事田间劳动,只有努力耕种,才可望有好收成。如果你们不怕将来或眼前会有大灾害,就像懒惰的农民一样自己寻求安逸,不努力操劳,不从事田间劳动,于是就会没有黍稷收获。"④

迁都虽是事关国家的大计和举国要事,但道理却像结网、田间劳作一样浅显明白。事出"常理",令人心悦诚服。

---

① 江灏、钱宗武译注,周秉钧审校:《今古文尚书全译·周书》,贵州人民出版社 1990 年 2 月版,第299 页。

② 江灏、钱宗武译注,周秉钧审校:《今古文尚书全译·周书》,贵州人民出版社 1990 年 2 月版,第300 页。

③ 江灏、钱宗武译注,周秉钧审校:《今古文尚书全译》,贵州人民出版社 1990 年 2 月版,第 158—159 页。

④ 江灏、钱宗武译注,周秉钧审校:《今古文尚书全译·商书》,贵州人民出版社 1990 年 2 月版,第161 页。

在《旅獒》一篇中，太保召公劝武王不要远方的珍奇之物，以免玩物丧志，怠慢以德治国而危害江山社稷。召公对武王说："德盛不狎侮。狎侮君子，罔以尽人心；狎侮小人，罔以尽其力。不役耳目，百度惟贞。玩人丧德，玩物丧志。志以道宁，言以道接。不作无益害有益，功乃成；不贵异物贱用物，民乃足。犬马非其土性不畜，珍禽奇兽不育于国。不宝远物，则远人格；所宝惟贤，则迩人安。"①

译成现代语言就是："君王德行很盛，就不会轻视怠慢。君王轻视怠慢官员，就没有人替您尽心；君王轻视怠慢百姓，就没有人替您尽力。君王如果不贪恋歌舞女色，任何事情的处理就会正确。玩弄人会丧失德行，玩弄物会丧失抱负。自己的志愿依靠道才能安定，别人的言谈依靠道才能酬应。不做无益的事妨害有益的事，事业上才能成功；不看重奇珍异物、不轻视日常用品，百姓才能富足。犬马不是土生土长的不畜养，珍禽异兽在国内也不畜养。不看重远方的物产，远方的人就会归顺；所尊重的只是贤才，附近的人就会安居乐业。"②

其中的"犬马非其土性不畜，珍禽奇兽不育于国"，实乃经验之谈，今日中国本土国宝奇兽大熊猫无论是赠予、租借外域或外国，运输、饲养的资费竟成天价，维系其本土之性之难可为上论的今人证明。动植物都要服本土之性，连人初到异地也有水土不服的状况发生，这都是平常事理。"玩人丧德，玩物丧志"，理所当然，治国者尤其需要戒惧，绝对不可做"无益害有益"之事。

最能说明以常理形成法制的当属《国语》中《定王论不用全烝之故》一篇中的记载。当周卿士原襄公向晋侯范会解释为何不用"全烝"之礼宴请他的理由后，范会无言以对，归晋后就开始聚众僚讲习夏、商、周三代的"典礼"，"于是乎修执秩以为晋法。"③所谓"秩"，即为"常"。可奉执以为常。晋文公搜于被庐，作执秩之法。自晋灵公以降，该法已阙而不用，故范会加以重修，以作为晋国之法。④

不仅在《尚书》《国语》中，在其他古籍如《诗经》《春秋左氏传》中也有大量的相关记述。限于篇幅，恕不一一论列了。

————————

① 江灏、钱宗武译注，周秉钧审校：《今古文尚书全译》，贵州人民出版社1990年2月版，第249页。
② 江灏、钱宗武译注，周秉钧审校：《今古文尚书全译》，贵州人民出版社1990年2月版，第250页。
③ ［吴］韦昭注，明洁，辑评《国语》，世纪出版集团、上海古籍出版社2008年12月版，第29页。
④ ［吴］韦昭注，明洁辑评《国语》，世纪出版集团、上海古籍出版社2008年12月版，第30页，注释（55）。

作为这部分的结论,我想还是请古我先祖们来做更有说服力。生于古时又长于古代,他们对此最有发言权。古人虽发见了法的事象并创造了"法"字,也有"法制"、"制度"等词组在古籍中间或使用,但最常见的还是以"常理"为意蕴的"常""典""式""彝""则""叙""序""制""度""训""规""仪""节""猷""球"等等。古人这些众多的表述"常理"的词及词组,绝非偶然。从我们研究的意义上来说,正是古人遵行常理处事,渐以成习而后积淀成法而已。

五、圣王、贤相制典成法

不论前述中华法原始创生的四个方面,或者尚未论及的其他非体制因素在中华法的形成之初有多么重要的地位和作用,但这些都不能减损更不能取代古代由圣王、贤相所制定的各种成法,即使并非以今日之法来称谓,也并不能不视为如今日之法律的性质与体系。

关于上古时代作为国家根本大法的宪、宪典、成宪、宪令、宪则、布宪之类的宪法性法律或可成文的形式,我们将在后面的《洪范》部分进行引介和分析,这里暂且不表。不过,将一般法律的制定情况进行一些引介和分析还是必要的,但我们清楚地预见到这样做存在的困难与学术风险。困难就存在于我们并没有确凿无疑的上古法典可以作为立论的真实依凭。在四五千年的历史长河中,许多上古典籍都湮灭于时光的流逝之中,战火、天灾、地害、水患、人祸都是古籍消损的重要因素,更不待说像秦始皇和晚世的乾隆皇帝那样大规模的"皇家焚书",对古籍的灭绝之惨状更是可以想见。在孔子时代,在他治史时,子张问他"十世可知也?"他回答说:"殷因于夏礼,所损益,可知也;周因于殷礼,所损益,可知也。其或继周者,虽百世,可知也。"①孔子之所以能信心满满地说他能知道商朝的礼仪制度是继承夏朝的,还知道商朝废除和增加了哪些内容,是因为夏、商、周三代的礼仪制度是有典籍可查的。孔子之所以被后人尊称为"至圣先师",其中一个重要原因就是他是一个严肃的治史、治学的学者。他通过苦读精修古典文籍,完全可以做到对史的"可知"。不仅如此,由于"周监于二代,郁郁乎文

---

① 陈襄民等注译:《五经四书全译·论语》(四),中州古籍出版社 2000 年 8 月版,第 3059 页。

哉!"①所以孔子赞赏周代的礼制,倡导"克己复礼"。这也从一个侧面证明周代的文章即典籍之盛况。在另外一个场合,孔子又说:"夏礼,吾能言之,杞不足征也;殷礼,吾能言之,宋不足征也;文献不足故也。足,则吾能征之矣。"②孔子之所以这样言夏礼和殷礼,恐怕还是因为那两代的典籍丰富,言之有凭有据。而他又说"杞不足征"和"宋不足征"完全是因为杞、宋两国分别作为夏裔后代的居住封地和作为殷民后裔居住的封地的"文献不足"。征与不征,完全是由所存"文献"而决定的。《论语》中的这些表述,足以证明至少到孔子所在的春秋时代,上古遗存的典籍还是很丰富的。不然,以"知之为知之,不知为不知"诲人律己的儒学大师孔老夫子就不会作出上述多次的自我表白。

如果我们上述对孔子的言论的解读可以站得住脚的话,——笔者相信是可以站得住脚的——那么,就可以为本部分的论述设定一个前提,即在上古时代,不论是否有如孔子所论周代曾"郁郁乎文",但以文字为记载的典籍肯定是存在的。这在《五经四书》中多有记述,这些记述正是我们在本部分着重引介和分析的。还有一点也极为重要,就是近代以来特别是最近三四十年的考古发现,以大量的实物证据印证了上古典籍中所记述的历史事实是真实存在的,但限于我们的专业能力和篇幅,在此不能进行专业性的对照分析和研究。但正如我们在前面所表述过的,我们是基于文化学或文化人类学的立场对待古籍中记载的人、事历史进行引用和研究的。我们清楚地知道,历史学术界特别是疑古派的一些学者进行了大量的考据研究,已从现存的古籍中甄别出一些伪作、托作,这在古籍的真伪辨识上肯定具有重要的史学价值,但从文化学和文化人类学的立场上看,如果只以相关古籍所承载的文化和初民的社会生产、生活的知识、信息为价值取向,则不论相关古籍的真伪、是否是托作,都可以取之作为分析和研究的知识和信息宝库。为此,本部分写作除了面临相关史籍失传无可凭据的学术难题之外,还要接受学术上对是否真伪,是否是托古或托名之作颇有争议的挑战。面对早已逝去的四五千年漫远渺茫的历史,我们别无选择,除了经科学考古发现的真实

---

① 陈襄民等注译:《五经四书全译·论语》(四),中州古籍出版社 2000 年 8 月版,第 3065 页。
　陈襄民等注译:《五经四书全译·论语》(四),中州古籍出版社 2000 年 8 月版,第 3063 页。
② 陈襄民等注译:《五经四书全译·论语》(四),中州古籍出版社 2000 年 8 月版,第 3065 页。
　陈襄民等注译:《五经四书全译·论语》(四),中州古籍出版社 2000 年 8 月版,第 3063 页。

史料之外,就是从古代以来就流行并遗存到如今的浩如烟海般的古代文献,其中反映上古时代的《五经四书》、《国语》等典籍尤为珍贵,是我们今人研究历史包括我们所从事的法律起源的研究所不可或缺的资料。在对历史全貌的总体认识和宏观把握上,也是任何其他史料包括考古史料所不能取代的。学术界有学者认为,研究历史必须将重点放在古籍的研究上。这样学理主张不仅可取而且切中肯綮。这也是我们在这部分的引介和分析所要做的。

在《诗经》中,前面分析过的"天生烝民,有物有则"中的物、则既然是不能确知和肯定是上帝赋予的,那么,至少在"则"即"规则"、"法则"的理解上,就有由圣王为民立则即立法则这样的理解留下了空间。

在《诗经》的《思齐》篇中,在诗颂周文王时有"刑于寡妻,至于兄弟,以御于家邦"①之句。其中的刑应训为现代汉语的"法礼"或"礼法"之意。如果是这样,那么周文王对待自己的妻子、兄弟以及国家所遵行的"礼法"或"法礼",当是他的先祖特别是文王的祖父周族太王古公亶父所制定。

在《皇矣》篇中,诗假上帝之名,称颂文王治理国家"不长夏以革"和"顺帝之则"。② 长夏和草喻"刑罚",自然有"法则"之立在先,而"顺帝之则"的"则",如前所述,顺为"规则"或"法则"。这都可以视为立典刑在先。假上帝之名,无非增强其神圣性而已。

《既醉》篇中,有"孝子不匮,永锡尔类","其类维何? 室家之壸"两句。③ 其中的"类",现代汉语就解释为"法则"之意,在周王祭祖中用此诗颂他的先祖,意蕴是他的先祖为他早已立好法则,规划了前程。

《我将》篇中,有赞美周文王的"仪式刑文王之典"④一句。其意是"效法文王旧典制"。其中的"仪式"有"法度"之意,而"典"则为"典章"、"法则",表明是周文王早先制定的"法则"。

在《载见》篇中,有"载见辟王,曰求厥章"⑤一句,"厥章"就是指周文王制定

---

① 陈襄民等注译:《五经四书全译·诗经》(二),中州古籍出版社 2000 年 8 月版,第 978 页。
② 陈襄民等注译:《五经四书全译·诗经》(二),中州古籍出版社 2000 年 8 月版,第 982 页。
③ 陈襄民等注译:《五经四书全译·诗经》(二),中州古籍出版社 2000 年 8 月版,第 1002 页。
④ 陈襄民等注译:《五经四书全译·诗经》(二),中州古籍出版社 2000 年 8 月版,第 1082 页。
⑤ 陈襄民等注译:《五经四书全译·诗经》(二),中州古籍出版社 2000 年 8 月版,第 1092—1093 页。

的典章、制度。

在《易经》中也有一些有关"法则"的制定的经文和传文。如《象辞下传》对《震卦》就有如下的意解:"震来虩虩,恐致福也;笑言哑哑,后有则也。"①此处的"后有则"中的"则",当是"法则"之意,只有先予制定而后才能遵守。

最能表明圣王制典成法的是《象辞上传》对《噬嗑卦》卦辞和卦象的解释:"电雷,噬嗑;先王以明罚敕法。"②意为雷电交击,相互咬合,象征"刑罚";先王观此卦象和卦名,便修明刑罚,整饬法令,用刑威治理天下。这就明确地表明了先王治理天下,是要制定法律以明惩罚之威慑力。

最大量、最明确说明圣王制典成法的古籍非《尚书·商书》莫属。《商书》作为政治法律性上古文献,最主要的内容是记载了上古圣王、贤相治国理政的许多观念、国策、大政设计与安排等等,其中最重要的内容之一就是圣王、贤相对作为治国理政工具之一的法律,包括名为《洪范》的国家根本大法的理念、形制以及与法相关的法哲学思想。据我们不完全的统计,在全部《今古文尚书全译》中,有关圣王、贤相立法的记述至少有 29 处之多,现举其要者略加分析。

《舜典》一篇中,尧帝在考查舜的过程中,除验证他具有诸多优良品德和治国理政的超凡能力外,还具有"慎徽五典,五典克从"这一优良品德。上古时代,包括其他古籍对"父义、母慈、兄友、弟恭、自孝"这五义通常称为"五德"、"五教"或"五常",很少用"五典"来表述其意的。这里的"五典",套用上古的用法和今人的喻意,我们认为将其视为用文字记述的"五德"、"五教"或"五常"也未必太过牵强,毕竟即将在下文中还要引介和分析的"有典有则"、"有册有典"等都是将"典"与"则"或"册"联合起来用以记述和论理。

在《五子之歌》中,由于夏启的儿子太康在位时"盘游无度"而失位于黄河北岸,随从的五个弟弟及其母在洛水苦等不归,在发出的指责和怨恨之时就说道:"明明我祖,万邦之君。有典有则,贻厥子孙。"③这里的"典"即为"典章","则"即为"法则",都是由他们的先祖圣王大禹制定出来的并留传给了他们,只是不

---

① 陈襄民等注译:《五经四书全译·象辞下传》(一),中州古籍出版社 2000 年 8 月版,第 132 页。

② 陈襄民等注译:《五经四书全译·象辞下传》(一),中州古籍出版社 2000 年 8 月版,第 167 页。

③ 江灏、钱宗武译注,周秉钧审校:《今古文尚书全译·虞夏书》,贵州人民出版社 1990 年 2 月版,第 99 页。

肖孙子太康没有遵循祖训而失去皇位的。

在《胤征》中,如果说"圣有谟训"①中的"训"只是非成文的教训之意,那么,"臣人克有常宪"②中的"常宪",当指常规法典,当是有文书在卷的。"邦有常刑"③中的"常刑",也可认为是文字记载下来的。更为可信的则是有关《政典》的记述,不仅有"政典"其名,还引用了其中的两种罪罚:"先时者杀无赦","不及时者杀无赦。"④前已指出,在上古农耕时代,时令节气对于农业生产至关重要,由圣王亲自制定《政典》加以规范和设罪作罚,当是合乎情理的事,有很高的可信性。

在《汤诰》中,建立商朝的汤在登上天子位后,曾向天下昭告讨伐夏桀的大道理,他向诸侯国的国君诫告说:"凡我造邦,无从匪彝,无即慆淫,各守尔典。"⑤其中的"彝"即为常道、法度,要诸侯国君们不要遵从不按常规的法则。其意反映出夏桀为天子时曾经制定过不符合常规的法则,此即今人所谓的"恶法"。"各守尔典"中的"典"就是诸侯国自己制定常法、法则。"守典"的这一动、名词连用,就意味着也应当是成文的。

在《伊训》中,有"先王肇修人纪"⑥之语。"人纪"虽为做人的纲纪,与"常典"密不可分,引申为做人的"法度"。先王之所以努力制定这种做人的法度,当不会只是口头流传下来的。因为口头流传远不如用文字记载下来那样确定,能保障不走样地流传下去。因此,"肇修人纪"可以合理地推论是通过文字记载下来的。今人有"修家谱"、"修书"之说,可以作为延伸证明。

---

① 江灏、钱宗武译注,周秉钧审校:《今古文尚书全译·虞夏书》,贵州人民出版社 1990 年 2 月版,第 102 页。
② 江灏、钱宗武译注,周秉钧审校:《今古文尚书全译·虞夏书》,贵州人民出版社 1990 年 2 月版,第 102 页。
③ 江灏、钱宗武译注,周秉钧审校:《今古文尚书全译·虞夏书》,贵州人民出版社 1990 年 2 月版,第 102 页。
④ 江灏、钱宗武译注,周秉钧审校:《今古文尚书全译·虞夏书》,贵州人民出版社 1990 年 2 月版,第 102—103 页。
⑤ 江灏、钱宗武译注,周秉钧审校:《今古文尚书全译·商书》,贵州人民出版社 1990 年 2 月版,第 125 页。
⑥ 江灏、钱宗武译注,周秉钧审校:《今古文尚书全译·商书》,贵州人民出版社 1990 年 2 月版,第 130 页。

在《说命》一文中，傅说说："监于先王成宪，其永无愆。"①前已指出过，"成宪"应当肯定就是成文的宪典，勿庸置疑。

《西伯戡黎》一篇中，有"不虞天性，不迪率典"②一说，"率典"即是"常法"，不遵循"率典"，就意味着文中的"率典"或可是成文的。

关于《洪范》的根本大法的性质，我们在后面还将做详尽的分析。应当在此先于说的是，《洪范》也是一个成文的政治法律性文件，这在上古文献中是最具法律形制的。

在《康诰》中，周公告诫卫康叔封如何治理殷商遗民时就指出，对于哪些不孝顺，不友爱那样犯"元恶大憝"③的人，要"乃其速由文王作罚，刑兹无赦。"④其中的"罚"与"刑"都是指周文王制定的"刑罚"，即今日之"刑法"。不论其实际如何，从文面上可以视为周文王的"刑罚"是成文的。

此外，在《康诰》中还有"不率大戛"⑤的行文表述。"大戛"也是指大的"常法"，"大"有地位高之意，"大戛"指的可能并非一般的"常法"。如前所论，不遵循"常法"的法或可理解为是成文的。同样，在后文中提到的"汝亦罔不克敬典"⑥中的"典"，或可视为成文的法。对此前已多次说明，自不必申说。

在周公对康叔封所作的另一篇诰词《梓材》中，告诫他要做到"汝若恒"。⑦"恒"同"常"，训为"常典"。"若恒"，就是遵从殷先哲王制定的典章治理殷民。以达以殷治殷之绩效。作为"恒法"，现代史学大家王国维曾解释说："古时天泽

---

① 江灏、钱宗武译注，周秉钧审校：《今古文尚书全译·商书》，贵州人民出版社 1990 年 2 月版，第 184 页。
② 江灏、钱宗武译注，周秉钧审校：《今古文尚书全译·商书》，贵州人民出版社 1990 年 2 月版，第 193 页。
③ 江灏、钱宗武译注，周秉钧审校：《今古文尚书全译·周书》，贵州人民出版社 1990 年 2 月版，第 280 页。
④ 江灏、钱宗武译注，周秉钧审校：《今古文尚书全译·周书》，贵州人民出版社 1990 年 2 月版，第 280 页。
⑤ 江灏、钱宗武译注，周秉钧审校：《今古文尚书全译·周书》，贵州人民出版社 1990 年 2 月版，第 280 页。
⑥ 江灏、钱宗武译注，周秉钧审校：《今古文尚书全译·周书》，贵州人民出版社 1990 年 2 月版，第 282 页。
⑦ 江灏、钱宗武译注，周秉钧审校：《今古文尚书全译·周书》，贵州人民出版社 1990 年 2 月版，第 296 页。

之分未严,诸侯在其国自有称王之法。"①此说可立为"恒法"是成文的佐证。

在《多士》篇中,周公假成王之名,告诫殷民众士:"惟尔知,惟殷先人有册有典,殷革夏命。"②意思是:"你们知道,殷人的祖先有记载历史的典籍,典籍上记载着殷国革了夏国的命。"③"有册有典"作为历史文件,是记录在册的。这从另一个侧面证明当时曾用文字记录历史,有此一说,用文字记载法律也完全是可能的。

在《无逸》一篇中,周公对周成王说,古人能相互劝导,互相爱护,老百姓之间没有相互间进行欺骗和诈惑的事情发生,可是到殷国后期,商王不再听从这些劝诫,人们也听之任之,各行其事,于是变动先王的政治、法度,包括大大小小的法令。原文是:周公曰:"呜呼!我闻曰'古之人犹胥训告,胥保惠,胥教诲,民无或胥诪张为幻。此厥不听,人乃训之,乃变乱先王之正刑,至于小大。'"④其中的"先王之正刑,至于小大"所指的当是成文的政策、国法和各种法令。

在《周官》一篇中,周成王在设官分职时说:"若昔大猷,制治于未乱,保邦于未危。"⑤其中的"大猷",即"大道",指先朝以往的设官治政的大法。若不成文,不会用"若昔"即"顺从过去"的表述。

在《君陈》一篇中,周成王告诫周公的儿子君陈治理成周东郊的殷民时,要遵从其父制订的"常法",施行德政,彻底改造殷民。王说:"敬哉!昔周公师保万民,民怀其德。往慎乃司,兹率厥常,懋昭周公之训,惟民其乂。"⑥其中的"兹率厥常",即是遵行周公制订的"常法",其中至少有一些应当是成文的。

---

① 江灏、钱宗武译注,周秉钧审校:《今古文尚书全译·商书》,贵州人民出版社1990年2月版,第297页注释(3)。
② 江灏、钱宗武译注,周秉钧审校:《今古文尚书全译·周书》,贵州人民出版社1990年2月版,第332页。
③ 江灏、钱宗武译注,周秉钧审校:《今古文尚书全译·周书》,贵州人民出版社1990年2月版,第334页的《译文》。
④ 江灏、钱宗武译注,周秉钧审校:《今古文尚书全译·周书》,贵州人民出版社1990年2月版,第342—343页。
⑤ 江灏、钱宗武译注,周秉钧审校:《今古文尚书全译·周书》,贵州人民出版社1990年2月版,第384页。
⑥ 江灏、钱宗武译注,周秉钧审校:《今古文尚书全译·周书》,贵州人民出版社1990年2月版,第394页。

在同一篇中,还有"尔克敬典在德,时乃罔不变"①一句。是周成王告诫君陈要率先敬重和遵行"典常",实施德政,殷民就会改变态度臣服周朝。此处之"典"或可视为成文的法典。

在《顾命》一篇中,病危中的周成王命召公、毕公率诸侯相康王继位。在嘱托时回顾说:"昔君文王、武王宣重光,奠丽陈教,则肄肄不违,用克达殷集大命。"②其中的"奠"即制定之意,而"丽"即为法。制定的法律当是成文的。

在《毕命》一篇中,记的是周康王即位后第十二年,册命四朝元老毕公继续治理成周的殷民。此文开篇即为"康王命作册毕,分居里,成周郊。作《毕命》。"③"命作册毕"即是指周康王命令作册书,册命毕公治理成周。连一位大臣的任命都是立册成书的形式,可推知用册立法是完全可能的。上古时期有成文法当不是妄断。

在本篇中,还有"弗率训典"、"政贵有恒"④的册命。其中的"训典"和"恒"都是指"常法",依文意可推知是成文的。特别是"子孙训其成式"⑤一句中"成式",即"成法",或"成文的法令",成文之意,表明无疑。

在《君牙》一篇,是周穆王任命君牙担任周王朝的大司徒时写的"册书"。其中说道:"无忝祖考,弘敷王典,式和民则。"⑥其中的"王典"和"式"前已论及,"民则"则是指治民之法。此处的"式"当训为"用","式和民则"即用来和谐民众的法则之意。至少有些"民则"是成文的。

在同一篇中,周穆王还嘱咐君牙说:"乃惟由先王旧典时式,民之治乱在

---

① 江灏、钱宗武译注,周秉钧审校:《今古文尚书全译·周书》,贵州人民出版社 1990 年 2 月版,第396 页。
② 江灏、钱宗武译注,周秉钧审校:《今古文尚书全译·周书》,贵州人民出版社 1990 年 2 月版,第400 页。
③ 江灏、钱宗武译注,周秉钧审校:《今古文尚书全译·周书》,贵州人民出版社 1990 年 2 月版,第417 页。
④ 江灏、钱宗武译注,周秉钧审校:《今古文尚书全译·周书》,贵州人民出版社 1990 年 2 月版,第420 页。
⑤ 江灏、钱宗武译注,周秉钧审校:《今古文尚书全译·周书》,贵州人民出版社 1990 年 2 月版,第422 页。
⑥ 江灏、钱宗武译注,周秉钧审校:《今古文尚书全译·周书》,贵州人民出版社 1990 年 2 月版,第425 页。

兹。"①其中的"旧典时式"指的就是旧法新法。治理老百姓就要施行这些新旧之法。当推之成文。

在《冏命》一篇中,周穆王利用册书命伯冏担任太仆正之职,其中有"迪上以非先王之典"②一语,是周穆王告诫伯冏不要任用小人,以免让他们作为近臣去引导君王去违背先王的法典。此处的先王法典,当是成文的无疑。

同篇中还有"永弼乃后于彝宪"的话,"彝宪"即是"常法"当推成文。

在《吕刑》中,周穆王在诰词中说:"伯夷降典,折民惟刑。"③"降典"就是颁布法典。当推为是成文的法典。

在同一篇,还有"惟敬五刑,以成三德"④一说,"五刑"当是成文的"刑典"。

从严格的科学论证的立场上看,上述关于圣王、贤相制典成法的论述,主要是通过《诗经》、《易经》和《尚书·商书》的记载作出的。如前所述,这种单凭连古籍还存有伪、托之疑的资料作出的分析,由于存在瑕疵,其可靠性肯定会招致存疑。正确的论证方法应当引入考古发现和存世上古遗物的实证资料。但限于我们专业知识的局限以及研究主题的视域,我们无力单独完成这项艰难的研究任务。好在学术界特别是史学界有许多专家对此有大量的精致的研究成果问世,我们不妨来个"借花献佛",现将有关的研究成果介绍如下,以印证我们在前面所做的分析并非是虚妄之言。

据报载,在国家社科基金项目"清华简与文、武、周公史事研究"的报道中,项目负责人对文、武、周公研究的缘起和意义,文王、武王重要史实考察,周公史实及其思想文化内涵阐发等重要成果作了简括的介绍。

主要内容是:"近年清华大学收藏的'清华简',多为儒家《诗》、《书》经史类文献及其相关内容,涉及中国传统文化的核心内容,以极高的历史和文献价值受到海内外学界的广泛关注,并成为国际'显学'。目前清华大学公布的四辑整理

①　江灏、钱宗武译注,周秉钧审校:《今古文尚书全译·周书》,贵州人民出版社 1990 年 2 月版,第 427 页。
②　江灏、钱宗武译注,周秉钧审校:《今古文尚书全译·周书》,贵州人民出版社 1990 年 2 月版,第 431 页。
③　江灏、钱宗武译注,周秉钧审校:《今古文尚书全译·周书》,贵州人民出版社 1990 年 2 月版,第 434—435 页。
④　江灏、钱宗武译注,周秉钧审校:《今古文尚书全译·周书》,贵州人民出版社 1990 年 2 月版,第 439 页。

报告,涉及周初历史尤其文王、武王、周公的篇章格外引人注目。这些篇章有的可与今本比读,有的属于千年佚失而今又复见,有的则于传世文献中前所未见。韩愈提出儒家道统中之'文、武、周公'对中华文明形塑的贡献和影响甚伟,这已成为学界共识。在儒学长期作为中国文化主流的历史背景下,系统研究文、武、周公,有助于探寻中华传统文化根脉的形成和特质。而基于清华简有关历史内容及其思想文化内涵对文、武、周公受命、称王、诗作、占梦等问题进行系统研究,有助于揭示中华民族文化机理及其文明进程。"①

关于文王、武王主要史事,项目负责人的考察认为:"'清华简'之《金縢》、《保训》、《程寤》、《耆夜》诸篇在武王克商、武王崩年、武王戡黎、文武受命、武王纪年、武王作诗等方面提供了不少新史料。《耆夜》记载'武王八年戡黎',可是传世文献都说是文王、西伯戡黎。究竟是'文王戡黎'还是'武王戡黎',西伯是专称抑或泛称,值得研究。《耆夜》又记载了武王致毕公《乐乐旨酒》、致周公《楻乘》两首诗,为武王的诗作研究提供了新材料。这些诗作究竟是武王所作还是后人史事比附、托古拟作? 我们认为,古人赋诗虽有托古拟作、史事比附的情况,但不排除'清华简'书手或史官实录的可能。'清华简'中的诗作可视为战国楚地史官或儒士抄录下来的关于武王、周公、成王的珍贵逸诗。由于时地变迁、人为抄改,有的流传下来,如《唐风·蟋蟀》;有的没有流传下来,如武王、成王的诗。"②

关于周公史事及其思想文化内涵,项目负责人介绍说:"周公是继承文、武之道(教)的关键人物,也是夏商周三代文明的代表。周公研究包括周公是否摄政、称王等主要内容。周公是否称王历来是学术史上一桩悬案。由于多种材料记载差异、释读理解等原因,这一难题至今尚未彻底解决。'清华简'之《金縢》、《系年》的发现,为此问题的认识或解决提供了新材料。如简本《金縢》明言'成王犹幼在位',证明武王去世后,成王即位时年龄确实不大,与多数传世文献记载相合。'清华简'之《金縢》、《皇门》、《程寤》的发现,说明今本《金縢》不是伪作,《逸周书》若干篇目价值应更高。简本《金縢》明载成王即位时年岁尚幼,系

①　吕庙军:《回到文、武、周公"前轴心时代"》,《中国社会科学报》2015 年 3 月 4 日,B05 版。
②　吕庙军:《回到文、武、周公"前轴心时代"》,《中国社会科学报》2015 年 3 月 4 日,B05 版。

周公辅佐成王；今本《皇门》可补简本'公'为周公。

'清华简'中《系年》记载'周成王、周公既迁殷民于洛邑、''成王践伐商邑'、'成王伐商盖'等都说明了成王在周初发挥了重要政治作用，周公是作为成王的辅佐而起作用的。'清华简'与西周铜器铭文的记载正相一致。如，简本《金縢》载'周公宅东三年'与今本'周公居东二年'时间有别，与周公东征史事直接相关。简本《皇门》为西周早期周公训诰，对认识周公的政治身份及其思想意义较大。《耆夜》记载在'饮至'典礼上武王、周公都作了诗，尤其在周公作的三首诗中，有一篇称为《蟋蟀》。今本《诗经》有《唐风·蟋蟀》，《毛诗序》说是刺晋僖公的诗。而在'清华简'中说是周公所作，很值得研究。此外，'清华简'《金縢》之《雕鸮》、《周公之琴舞》中周公的多士儆毖诗，也有必要认真辨析。"[1]

我们之所以不惜笔墨引介上述报载，一是为了说明我们所凭借引介和分析的上古典籍有关相当的可信度；二是为了证明上古时代"有册有典"或"有典有则"的文字记载有实物可证可凭。按此逻辑推论，我们关于古代"圣王、贤相制典成法"的命题是可以证立的，所做的相关分析是站得住脚的，结论也是可靠的，有相当高的可信度。

至此，我们已就古代法律的生成机制至少在以上几个重要方面进行了探讨和研究。但我们清醒地认识到，法律的生成或创生原理和机制是一个极为复杂的命题，涉及到方方面面的自然、社会、文化、人自身的各种因素。就我们目前的学术视域的观审，至少在所有的初民社会广泛存在的各种精神崇拜，以及相应的人与神圣的感应仪式、巫术、神裁神判等，都是古代法生成的重大因素和机制。这些因素和机制关涉社会心理、精神信仰、原始宗教等专门的知识学科和领域，探讨起来绝非易事。我们学识有限，虽有心却无力而为，只有待方家在日后研有所成。

第二节   古代先哲关于中华法创生原理与机制的理论综述

在前面第三章第三节中，我们曾就中国古代先哲们有关法的起源学说做过

---

① 吕庙军：《回到文、武、周公"前轴心时代"》，《中国社会科学报》2015 年 3 月 4 日，B05 版。

引介和分析,此处又设一节如文题所示,这一节主要引介古代先哲们是如何看待和分析的法的创生现象。需要说明的是,我们研究框架虽根据研究递次深入的需要分别设立主题,但引介和分析的资料大体上均出自相同的来源,故此有重复引用现象,望读者理解和见谅。

我们之所以设此一节,主要是基于以下几方面考虑:

第一,在任何时代,时代的哲人总会引领时代的先声,所谓文化的积淀与传播,不论每个时代的社会群体、民众作出多么重要的根本贡献,但其最终要以高度概括的形式形成文化信息存量才能被社会所体认和接受。这是一个极为复杂的文化积淀、成形、表达和传播的过程,这个过程总要由时代的哲人、贤达和有文化素养之士来完成。也正是每个时代的这个最艰巨的文化工程总要由少数极优秀的"文化工程师"来完成,所以,每个时代的文化哲人总是受人尊敬和推崇,中国人尤其如此,孔丘被尊为"至圣先师",孟子被崇为"亚圣",就是明证。也正是每个时代的这些哲人对文化作出的贡献厥功至伟,所以才显得弥足珍贵,被孟子称为五百年才有这样的天才出现,此即"五百年一出"之说。在千禧年之际,西方评出过去一千年最有社会影响力的人物也只有10人,足见这种哲人的出现是何等的不易。我们研究历史、社会和各种人文学说,至关重要的一点就是要研究这些哲人的思想和理论,这就是为什么中外的社会或人文科学研究都少不了他们的身影和思想的根本原因。这也是我们所秉持的学术研究态度和方法。

第二,古代哲人生活的年代距离我们研究的上古时代较我们近了两千年之多,他们所感触的上古时代的实际状况以及接触到的文献资料较我们更为贴近那个时代的真实情况,他们持的古典思想相对我们而言更接近我们上述的"本始材朴",而没有受到后世如我们所受到的各种晚世观念和理论的影响,特别是没有受到现代观念的影响。这种状态在我们研究的视域内或许更为可取,因为这些观点或理论还保持比较原始法律生态的朴拙性质。而今人关于法律的起源的各种学说虽有多元的优势,但相互间的矛盾、冲突之处在所难免。从一定的意义上来说,关于法律的起源和概念的学说是当代法律理论中最纠缠不清,也就是最混乱的学说体系了。

第三,本研究的立论和切入角度,深入到中华法起源中的一些深层次问题和历史的深度,这在我国法学术界应当被视为具有开拓性的探索。较之现实的各种法律起源学说所具有的争议性,为求得学理的可信度,我们引介一些古代先哲的学说和理论,意在支持我们观点和论证的可靠性和可信度。引申开来的学术意义是法律起源学说的继承性和开拓性。究实说来,我们上述的各种立论和论证,本质上都不是我们所独创的,严格说来,那些不过是古代先哲们早已关注并论述过的法律的起源学说和理论,我们的研究一方面是要唤醒法学术界应当关注中华法深厚的和长久的传统,重拾我们早已荒芜和淡忘的古代法律文化遗产;另一方面,也是对现实的各种法律起源和概念的学说的混乱状态试图做些澄清和补正的研究。因为在我们看来,当代中国关于法治的理论与实践受不加分析和批判的西方法律学说的影响是如此之深,以致需要引入中华法律的优秀元素加以修正和增益。

第四,顺便提升对中华传统文化的体认。中华法是中华传统文化总体系中的一个重要组成部分。四五千年的积淀有许多都构成优良的元素。通过引介先哲们的有益思想和理论,一方面能够厚重我们现代的法律理论基础,增效法律实践,另一方面又可提升我们对中华优秀传统文化的体认度,增强当代具有中国特色的法律理论厚度和法治实践的效能,也就是增强我们的理论自信和实践能力。

下面举其要者如下:

战国时法家先驱商鞅在《商君书·开塞篇》中论法在上古的起源时说:"天地设而民生之。当此之时也。民知其母而不知其父,其道亲亲而爱私。亲亲则别,爱私则险。民众,而以别险为务,则民乱。当此时也,民务胜而力征。务胜则争,力征则讼,讼而无正,则莫得其性也。故贤者立中正,设无私,而民说仁。当此时也,亲亲废,上贤立矣。凡仁者以爱利为务,而贤者以相出为道。民众而无制,久而相出为道,则有乱。故圣人承之,作为土地、货财、男女之分。分定而无制,不可,故立禁;禁立而莫之司,不可,故立官;官设而莫之一,不可,故立君。既立君,则上贤废而贵贵立矣。"[1]

商鞅在《商君书·画策篇》中谈到上古法律创生时说:"昔者昊英之世,以伐木杀兽,人民少而木兽多。黄帝之世,不麛不卵,官无供备之民,死不得用椁。事不同皆王者,时异也。神农之世,男耕而食,妇织而衣,刑政不用而治,甲兵不起

---

[1]　石磊译注:《商君书》,中华书局 2011 年 10 月版,第 68—69 页。

而王。神农既没,以强胜弱,以众暴寡。故黄帝作为君臣上下之义,父子兄弟之礼,夫妇妃匹之合。内行刀锯,外用甲兵,故时变也。"①

在《君臣篇》中又说:"古者未有君臣上下之时,民乱而不治。是以圣人列贵贱,制爵位,立名号,以别君臣上下之义。地广,民众,万物多,故分五官而守之。民众而奸邪生,故立法制、为度量以禁之。"②这里也讲到创生法律的上古社会环境问题。

荀子在《荀子·王制篇》中说:"分均则不偏,势齐则不壹,众齐则不使。有天有地而上下有差,明王始立而处国有制。夫两贵之不能相事,两贱之不能相使,是天数也。势位齐而欲恶同,物不能澹则必争,争则必乱,乱则穷矣。先王恶其乱也,故制礼义以分之,使有贫富贵贱之等,足以相兼临者,是养天下之本也。"③这里讲的人的欲望引发法律的创生。

在同篇中又说:"故人生不能无群,群而无分则争,争则乱,乱则离,离则弱,弱则不能胜物,故宫室不可得而居也,不可少顷舍礼义之谓也。"④

管子在《管子·牧民篇》中说:"仓廪实则知礼节,衣食足则知荣辱。"⑤这是讲饮食足衣丰,这些与人的本性中的"本始材朴"与守法尊礼的关系。

管子在《法禁篇》中说:"法制不议,则民不相私;刑杀毋赦,则民不偷于为善;爵禄毋假,则下不乱其上。三者藏于官则为法,施于国则成俗,其余不强而治矣。"⑥这里讲的是古时法出于社会,阐明了"官法"与"国俗"的关系。

在《法法篇》中管子说:"规矩者,方圜之正也。虽有巧目利手,不如拙规矩之正方圜也。故巧者能生规矩,不能废规矩而正方圜。虽圣人能生法,不能废法而治国。故虽有明智高行,倍法而治,是废规矩而正方圜也。"⑦这里讲法的功能与圣王制法的创生机制。

《管子·任法篇》又说:"黄帝治天下,民不引而来,不推而往,不使而成,不

---

① 石磊译注:《商君书》,中华书局 2011 年 10 月版,第 130 页。
② 石磊译注:《商君书》,中华书局 2011 年 10 月版,第 161 页。
③ 王威威译注:《荀子·译注》,上海三联书店 2014 年 1 月版,第 61 页。
④ 王威威译注:《荀子·译注》,上海三联书店 2014 年 1 月版,第 80 页。
⑤ 赵善轩等译注:《管子·牧民篇》,中信出版社 2014 年 1 月版,第 25 页。
⑥ 赵善轩等译注:《管子·法禁篇》,中信出版社 2014 年 1 月版,第 195 页。
⑦ 赵善轩等译注:《管子·法法篇》,中信出版社 2014 年 1 月版,第 242 页。

禁而止。黄帝置法而不变,使民安其法者也。所谓仁义礼乐者,皆出于法。"①这里讲的是圣王置法而不变,又涉及仁义礼乐与法同源的法创生机理。

在《任法篇》中,管子对上古时代法之所以产生有独到的见解:"古者未有君臣上下之别,未有夫妇妃匹之合。兽处群居,以力相征。于是智者诈愚,强者凌弱,老幼孤独,不得其所。故智者假众力以禁强虐,而暴人止。为民兴利,正民之德,而民师之。……名物处违是非之分,则赏罚行矣。上下设,民生体,而国都立矣。是故国之所以为国者,民体以为国;君之所以为君者,赏罚以为君。"②这里涉及法创生的上古社会条件、法的功能和圣王制法问题。

韩非子在《韩非子·五蠹篇》中说:"古者丈夫不耕,草木之实足食也;妇人不织,禽兽之皮足衣也。不事力而养足,人民少而财有余,故民不争。是以厚赏不行,重罚不用,而民自治。今人有五子不为多,子又有五子,大父未死而有二十五孙。是以人民众而货财寡,事力劳而供养薄,故民争,虽倍赏累罚而不免于乱。"③

《吕氏春秋·恃君览》有论:"昔太古尝无君矣。其民聚生群处,知母不知父,无亲戚兄弟夫妻男女之别,无上下长幼之道,无进退揖让之礼,无衣服履带宫室畜积之便,无器械舟车城郭险阻之备,此无君之患。非滨之东,夷秽之乡,扬汉之南,百越之际,多无君。氐羌呼唐,突人之乡,雁门之北,儋尔之居,多无君。其民麋鹿禽兽,少者使长,长者畏壮,有力者贤,暴傲者尊,日夜相残,无时休息,以尽其类。故置君非以阿君,置官长非以阿官长也。"④吕氏似乎反说法生之机理。其他先哲一般通论都说饮食必有讼,有欲则有争,不争则有乱,于是圣王制典设法以止争、乱。而吕氏则反说上述之争、乱之所以存在,是由于"此无君之患"。顺其思路,也就是说有君才能止争、乱,暗喻圣王制法以治的法律创生机理。

班固在《汉书·刑法志》中说:"夫人宵天地之貌,怀五常之性,聪明精粹,有生之最灵者也。爪牙不足以供耆欲,趋走不足以避利害,无毛羽以御寒暑,必将役物以为养,用仁智而不恃力,此其所以为贵也。故不仁爱则不能群,不能群则

---

① 杨鸿烈著:《中国法律发达史》,中国政法大学出版社 2009 年 11 月版,第 12 页。
② 杨鸿烈著:《中国法律发达史》,中国政法大学出版社 2009 年 11 月版,第 13—14 页。
③ 张觉等撰:《韩非子译注》,上海古籍出版社 2007 年 4 月版,第 675 页。
④ 杨鸿烈著:《中国法律发达史》,中国政法大学出版社 2009 年 11 月版,第 14 页。

不胜物,不胜物则养不足。群而不足,争心将作,上圣卓然先行敬让博爱之德者,众心说而从之。从之成群,是为君矣;归而往之,是为王矣。《洪范》曰:'天子作民父母,为天下王。'圣人取类以正名,而谓君为父母,明仁、爱、德、让,王道之本也。爱待敬而不败,德须威而久立,故制礼以崇敬,作刑以明威也。圣人既躬明哲之性,必通天地之心,制礼作教,立法设刑,动缘民情,而则天象地。故曰:先王立礼,'则天之明,因地之性'也。刑罚威狱,以类天之震曜杀戮也;温慈惠和,以效天之生殖长育也。《书》云'天秩有礼','天讨有罪'。故圣人因天秩而制五礼,因天讨而作五刑。大刑用甲兵,其次用斧钺;中刑用刀锯,其次用钻凿;薄刑用鞭扑。大者陈诸原野,小者致之市朝,其所由来者上矣。"①

此段含义丰富,涉及到古代法律创生机理的几个方面。如我们在前面所论及的法由人性致生,圣王制法、法天地缘引申象征意义联想到法律的价值与功能,"天秩有礼"、"天讨有罪"的法律创生机理。班固在这里所论,较之其他先哲更为全面,也更有洞见。

《抱朴子·诘鲍篇》有如下发见:"人与人争曹菜之利,家与家争巢窟之地。上无治枉之官,下有重类之党,则私门过于公战,木石锐于干戈。交尸布野,流血绦路,久而无君,噍类尽矣。若令上世,人如木石,玄冰结而不寒,资粮绝而不饥者可也。衣食之情,苟在其心,则所争岂必金玉?所竟岂必荣位?橡茅可以生斗讼,藜藿足用致侵夺。"②所言人与人之争不必一定是金玉,橡茅、藜藿、衣食都可以争讼,这些都与人的私利和欲望有关,是法律生成的重要社会和人性因素。

唐代的柳宗元在《封建论》中说:"……生人之初,……与万物皆生。草木榛榛,鹿豕狉狉。人不能搏噬,而且无毛羽,莫可自卫。荀卿有言,必将假物以为用者也。夫假物者必争,争而不已,必将其能断曲直者而听命焉。其智而明者,所伏必众,告之以直而不改,必痛之而后畏,由是君长刑政生焉。"③

又在《贞符》中说:"交焉而争,睽焉而斗。力大者搏,齿利者啮,爪刚者决,群众者轧,兵良者杀。披披藉藉,草野涂血,然后强有力者出而治之。"④

①　班固:《汉书》,中州古籍出版社1996年10月版,第444页。
②　杨鸿烈著:《中国法律发达史》,中国政法大学出版社2009年11月版,第15页。
③　杨鸿烈著:《中国法律发达史》,中国政法大学出版社2009年11月版,第15页。
④　杨鸿烈著:《中国法律发达史》,中国政法大学出版社2009年11月版,第15页。

柳宗元上论既如前哲们那样指出生民所处的原始社会状态的"争而不已"的状况，又在逻辑上引出君长"生刑政"和"出而治"的法律人为制定论。

晚出的宋代司马光在《稽古录》(卷之一)中论法的创生如下："惟天生民，有欲无主乃乱，必立聪明之君长以司牧之。何谓司牧？盖民不足以衣食，则能养之；衣食足矣，或不知礼义，相侵渔，则能教之；教之备矣，或顽嚣不从，则能威之。由是民爱之如父母，仰之如日月，信之如四时，畏之如雷霆，莫不悦服，推而尊之。"①

司马光的既重复上古以来"惟天生民，有欲无主乃乱"的人性本然观念，又强调了"必立聪明之君长"在"司牧"百姓的同时，对那些"顽嚣不从"之徒，要制法立威，使之畏如雷霆。这又将《易经》之德《震卦》的喻法之意加以重申和强化了。

至此，我们已将古代几位重量级先哲关于法律创生的观点、理论简介于上。但这绝不意味着没有其他古代先哲对此有各自独到的见解，特别是在百家争鸣的战国时期，有关的先哲如墨家的代表人物墨子，还有道家的代表人物如杨朱、刘御寇与老子、庄子、关尹子、曷鸟冠子，法家的先驱除管子之外，还有子产、邓析以及慎利、尹文等等。以上古代先哲们的法律思想中，有不少也涉及法律的创生原理与机制。只是篇幅所限，就不再一一引介和论述了。

第三节　个人的几点分析意见

首先需要说明，个人的一些观点已经在相关的内容部分阐述了，自不必重述，但作为上述全部内容的总结，从大处再简单地做些分析还是必要的。

一、法律的生成以及相应的法律概念的殊异的背后是一系列复杂的因素造成的

尽管东西方包括中国的上古时代就发展出各种法律现象和法律概念的各种观点、主张和理论，各种多元观点的并存乃至对立都构成了法律现象的丰富多彩

---

①　杨鸿烈著：《中国法律发达史》，中国政法大学出版社 2009 年 11 月版，第 15 页。

的内容,但从古代先哲到现今的学术界至今都没有达成可供认同的学术意见。这种有关法律起源的总体学术状态显然不能令我等法律学人感到满意。因为在我们看来,法律起源的理论绝不是可有可无或可重可轻的。其中所蕴含的原理与机制既关乎到我们人类自身历史的方方面面,又影响到我们现实的法律实践和我们自身的法律生活,还关系到我们人类社会如何走向未来。法律思想、观点、结构、体系在我们人类向"我们要到哪里去"的哲学追问的解答上,其重要性无论怎么估计都不会过高。

二、法律起源问题涉及到一系列的深层次的法理和法哲学问题

这些问题在古代对于生于斯长于斯的人们说,曾经是那么的重要,不仅构成了先民们丰富多彩的法律生活,也积淀熔铸成为特定的时代法理和法哲学,尽管并非如现今那样成为独立的体系或形制,但其钩深致远,微显阐幽的品质一点也不逊于今天的法理和法哲学,特别是古人对法律的原始价值和功能的理解和把握,对法律技术情节的深谙及熟练运用,尽管有时代的局限和非科学的元素夹杂其间,但本质上仍是服务于时代中人们的各种法律需要,满足他们对法律情感的诉求。然而,所有这些上古法律中极有价值的元素,随着时间的流逝,已慢慢被历史长河下游的人们所淡忘乃至流失。仅举一例就可以证明这一点。在2014年中一批冤假错案被披露之后,特别是在内蒙古呼格吉勒图死刑案被平反之后,法官及相关部门在分析其原因时都说,此案在判决时的司法观念没有疑罪从轻、从无的司法政策。这种说法也许是符合当时的司法观念。但中国早在上古时代,就在《商书》中就有明确的减刑,疑刑、疑罚"有赦"的法理提出(详见《商书·吕刑》),只是被我们忽视甚至遗忘罢了。此事例就足以证明,在上古时代法律初创之时就伴随着一系列深邃的法理和法哲学诞生。有些法理和法哲学即使在今天依然熠熠生辉,像"金子"一样宝贵,作为中华法律传统受益者的后代的我们,绝不应当对此漠然处之,或根本不屑一顾。现实的法律学人包括司法实务界热心于引介西方的法理和法哲学,特别是法律技术,这并没有什么不妥,是时代潮流所及势所必然,但这绝不应当构成和忽视或者排斥中华法中优良元素的理由。我们认为,现在是时候回首中国古代法的初创时期古朴、灿烂的社会生活中的法律画卷,并从中寻密探幽找出优良的元素,汇入乃至熔铸于现代化的法的体系与理念之中。历史是一个包括法律知识在内的宝库,也是照应当代的一面镜子,我们以现在的粗疏研究成果,意在召唤更多的饱学之士和方家回到历史的深处去发掘中华宝贵的、优秀的法律文化遗产,并致力于运用到当代的国家法治、宪治中来。

三、我们关于中华法起源问题的探讨,涉及到社会、文化、人性、自然地理环境、人类学各个领域的知识

本研究可以说是在前人和今人在上述各个领域研究成果的基础上,也可以说是站在先辈和时下学术精英的肩膀上,发挥个人的学术想象力和创造力而完成的。每当念及于此,心中总会情不自禁地油然升起感激之情。然而,当我们把思路转向中国时下的法律史研究,竟发现找不到适当的理论资料以启迪我等深入地思考和研究中华法的起源问题。在中国时下在坊间发行和教学用的各种版本的中国法律史的著述中,几乎找不到有关中华法起源于深层次社会、文化、自然地理环境和各种基于社会和文化人类学的研究成果,更不待说基于法律人类学的研究成果。这不免令我辈"外行人"感到疑惑和不解,不知道中国时下的法律史学界何以在中华文明探源工程实施并取得重大成果的学术氛围中,竟长期以来都引不起相关的学术兴趣和关注,以致使中华法的最初起源这一学术探源问题在中华文明探源的总体成果中失语和缺位。

值得我辈学人鼓舞和兴奋的相关学术研究正方兴未艾。近十几年来,随着国内文化(社会)人类学的倡导和兴起,有关的少数民族民族志的研究受到文化学术界的高度重视,一大批有关少数民族民族志的研究成果相继面世。这些著述的最大特点之一,就是从少数民族的历史和现实出发,密切结合民族地区的社会、文化和经济等条件,通过深入的调查研究,揭示了少数民族习惯法在内的社会风俗、习惯和民族社会心理生成的内在机理。其成果是丰富的,学术价值是明确的,学术地位不容小觑。但站在中华法起源的高平台上,这类研究只能起到补充、丰富的作用,它们不能代替中华法起源的总体地位和研究。但我们对中国法律史时下研究的现状的总体看法并不想给人以偏赅全的印象,在法律史的研究中仍有一些经典著作值得我辈推崇。我们本人对前辈法律史大家杨鸿烈先生的《中国法律发达史》和《中国法律思想史》等鸿篇巨著极为崇信和叹服。在这些

著作中,尽管杨前辈并没有设专题对法律起源问题进行深入研究,但它涉猎的上古法律生成,特别是引介先哲们的包括法律起源在内的法律思想方面,至今尚有权威影响力,堪称经典。我们在本研究中,从杨先生这两本著作中直接借力之外,学术受益良多。

综上所述,我们此次初成的学术成果,一方面从先辈和时下学术界获益匪浅,另一方面,又针对我们认为的时下有关法律起源研究的缺失和不足,站在更广阔的学术背景和平台上,进行了大胆的开拓性探索,一方面冀望于对中华法起源问题的研究有所补益;另一方面也不无有些奢望地想拓宽这个领域研究的视域,说是抛砖引玉,似乎更妥。

四、自 20 世纪初以来直至当代,在天体物理学中占据重要学术地位和学术热点的一个领域,就是"时空"理论及其在宇宙生成和演化过程中地位和作用

通过"时空"理论的不断进步和发展,我们时下的人类已经对宇宙是怎样生成和演化的机理与过程有了基本的认识,天体物理学已经有信心和能力来说明宇宙是怎样来的,又将到哪里去这类宇宙哲学问题。在这个解答过程中,他们甚至也同时解答了"我们从哪里来,我们为什么会在这里,我们又将到哪里去"这类人类发出的哲学追问。受此启发,我们如果把法律也引入到时空观念中并建构一种可以称为"法律时空"的概念和理论体系,应当是极为可欲的。因为"法律时空"概念和理论体系之中,我们不仅可以回望历史,回望历史是古我先民们都能做到的,而且能把历史、当下和未来连为一个整体来对待和进行学术研究。如果说,在中国传统文化中有"天人合一"这样的基本观念和认识论,那么,在"法律时空"概念和理论体系下,又能引进"往来合一"的观念和认识论。中国素有"以史为师"、"以史为鉴"和"彰往察来"的价值观和方法论,而"往来合一"就又进一步将历史、现实和未来合为一体,形成综合的总体认识。在这样的宏观的概念和理论背景下,时下为人们所诟病的"历史虚无主义"的立场和态度,将不再有容身之地。

本研究就刻意在这个"往来合一"的总体框架和分析平台上进行的。不论其效果如何,尝试和努力已经作出了,此研究成果尚能聊以自慰。

五、在本研究中时时刻刻都没有忘记我们研究的主题

现在是应当适时地回到我们研究的主题上来了,即回照"中华法开天地——河洛文化的丰碑"这一题目上。不论学术界对中华文明的起源有多少"多元"的学说,但我们仍笃信河洛文化才是中华文明真正的发源地。如果单从文化的视角上看,说河洛文化是中华文明的独一无二的文化发源地,这肯定是不会错的。迄今为止,除古代齐鲁文化有明显的遗存外,其他文化发祥地虽然多少都有考古新发现,但迄今为止没有发现大批量的古代,特别是上古时代的文献遗存。从《尚书》到《史记》这一系列古代文献就不容置疑地证明,上古河洛地区是中华文明的最早发祥地之一,如果从文化成果积淀和遗存上看,无任何其他当代文明发祥地堪可一比。当然,从我们研究的意义上来说,也是中华法的最早发祥地,我们的研究尽管有些粗疏,但大量的研究背景和基本资料尽管不是全部,至少最主要的部分是取自上古河洛地区及其文化典籍的。我们对中华法的原生地在河南河洛地区这一立论充满信心。

近来,河南省在电视上常做旅游宣传广告,末了总见一个小姑娘大喊一句:"老家河南!"每一听到此,我都心生感慨。我们现今的中国人可能有相当大的比例确实是发源于河南,特别是河洛地区。只要查一查你的姓氏来源,大部分都是源于河南河洛地区的上古姓氏,上古圣王也许真的都是许多现今中国人的先祖。但此时此刻我最想做的事还是代为"中华法"立言:"老家河洛!"

第六章　中华法在上古的
最高成就——《洪范》

　　我们在前面的研究中,多次提到《尚书·洪范》的典籍。《洪范》不仅在中华法起源上具有重要的地位,同时就其成文的形制而言,也当是上古中华法的最高成就。这一章主要就其引言和结构等方面进行初步的研究。

第一节　为什么要回到上古河洛文化中的
重要典籍——《洪范》

　　2011 年 10 月,在中共中央十七届六中全会上,作出《关于深化文化体制改革推动社会主义文化大发展大繁荣若干重大问题的决定》,其中指出:"优秀的传统文化凝聚着中华民族自强不息的精神追求和历久弥新的精神财富,是发展社会主义先进文化的深厚基础,是建设中华民族共有精神家园的重要支撑。要……加强对优秀传统文化思想价值的挖掘和阐发,维护民族文化基本元素,使优秀传统文化成为新时代鼓舞人们前进的精神力量。"[1]这一重要的决定给社会科学的研究提出了研究目标和范式的调整和转换的重大使命和任务,中国宪法学术界对此尚不够敏感,相关的研究成果也未见诸报刊和坊间。本人作为资深的宪法学人,有责任作出担当,不揣学浅识薄,率先在上古的宪法思想和相关典籍的智识资源领域作些发掘、梳理和分析。

---

[1]　《中共中央关于深化文化体制改革推动社会主义文化大发展大繁荣若干重大问题的决定》,载《人民日报》2011 年 10 月 26 日第 1 版。

为什么要溯源于上古时代？其原因既简单也复杂。说它简单就是这样一个简单的学理逻辑：中国的现行宪法极具中国特色，如果有人不承认中国宪法有其特色，倒也不必强求，但无论何人都得承认这样一个基本事实，即中国宪法是中国人自己制定的，没有像其他一些国家简单地移植其他国家的宪法。这种宪法移植现象在这宪法制定史上屡见不鲜，特别是先前一些殖民地国家独立后，就移植其原宗主国宪法作为建国初期过渡之用；制宪时中国也没有邀请其他国家的法学家作为中国宪法制定的顾问。这就是说，现行宪法的制定完全是凭中国人自己的智识、政治观念、立宪经验制定出来的。当然，正如前面所指出的现行宪法的制定也结合了国际上制宪经验，甚至还吸收了大量外国宪法的优良元素，即使如此，也是中国在改革开放的总体态势下，是领导制宪的核心力量和直接、间接参与制宪的专家、学者以及参与全民大讨论的全国各族人民怀着开放、包容的精神以科学的立宪态度而制定出来的结果。现行宪法的制定，从指导思想到宪法智识都是中国人自己的政治智慧和包括宪法历史智识在内的结晶。当然，指导思想中的马克思主义是外来的，但已经是与中国革命和建设的实际经验密切结合而由毛泽东思想、邓小平理论体现出来的完全中国化的指导思想。早在彭真主持后期的现行宪法制宪过程中，他一再强调要重视自己本土特别是一九五四年制宪的经验，一些重大的国家结构和政权组织形制都延续和发展了一九五四年宪法的原则和规定。而一九五四年宪法，正如刘少奇的宪法草案的报告中所指出的那样，也是中国百年以来立宪经验和宪政运动经验的总结。至于中华人民共和国的制宪是否也吸收了中国五千年优秀传统文化的元素的问题，在历次的宪法草案中并没有说明，而理论界特别是宪法理论界长期以来对此类重大的理论与实践问题也没有进行过深入的研究，可以说这方面的研究在理论上还是一个空白。尽管在诸多的各种版本的宪法专著或教材中，都在开篇部分或多或少地提及中国上古时代"宪""成宪""宪法"概念，但都是为了强调那些只是古代的"一般典章"、"法度"，以区别于近、现代的宪法，并刻意强调当今世界上的所谓宪法，都是西方国家在资产阶级革命成功之后首先搞起来的。中国的宪法也是近、现代宪法的类属，自然与古代的宪法观念及其宪法类古籍无关。在这种主导的宪法观念和学说的语境下，中国宪法尤其是中华人民共和国历次宪法都与中国悠久的历史传统，以及优秀的政治和宪法、法律文化割裂开来了。无形中包括中国现行宪法在内的近、现代宪法都成了西学东渐的舶来品,而在中国本土则成了无源之水、无本之木。愚以为,这是中国理论上长期存在的与本土历史割裂的大问题。然而,宪法理论界至今似乎还没有意识到这是个问题。这种宪法与历史内在联系的缺失,已经给宪法学的发展和宪法实践带来了严重的后果。中国的宪法和宪制之所以命运多舛,宪法学长期处于弱势甚至低迷状态,有很大的原因就在于这种与历史的人为断裂。缺乏历史的厚重感,只在现代语境下对宪法进行抽象的原则、既成的语义上推演,自然就显得肤浅、薄弱,面对来自现实各方面的阻抗和窒碍,自然无力为自己伸张真理和正义。这就是中国现行宪法及其宪制屡屡遭人发难致使曲折连连、坎坷不断的原因之一所在。现实宪法学缺失历史厚重感已造成了严重后果,是应当反思和予以补正的时候了。无论如何不能再让这种状况持续存在下去。

在现实的理论层面,增强宪法的历史厚重感可以在理论上强力回击历史虚无主义对现行宪法和宪制的肆意曲解。近几年来,特别是自 2013 年 5 月以来,在宪法学术界兴起了一股历史虚无主义思潮,一些少数学者和其他方面人士不顾历史事实,恣意否认一百多年来中国人民在反帝国主义、反封建主义和反官僚资本主义的民族、民主革命斗争中,先是由孙中山倡导的资本主义性质的立宪运动以及随后领导发动的护宪斗争,继之由中国共产党领导的历次新民主主义性质的立宪活动,以及相应开展的反国民党独裁的宪制运动,所积累的宝贵经验和胜利成果。他们也对中华人民共和国建国以来已经制定过的四部宪法并多次进行修改的事实视而不见,对这些宪法及其宪制特别是对现行宪法及其改革开放30 多年的丰富实践视而不见,而是处心积虑地架空现行宪法以及其宪制,发出一连串的神学式的追问,似乎他们心目中的理想宪法及其宪制还隐没在虚无缥缈的时空之中,不切实际的幻想不仅远离宪法及其宪制的现实实践性品格,失去了治国安邦的功效,也给反宪派人士以可乘之机。少数反宪派的先锋人士自以为占据道德的高地,以精通宪法专业的专家自居,肆无忌惮地曲解马克思主义的宪法学说,特别是歪曲毛泽东思想关于宪法及相关的人民民主政治的理论,抽空现行宪法的核心的理论基础;他们还恣意玩弄宪法和相关民主政治概念,主观臆造地给宪法定性、划线和分类;他们还不满足个人对宪法学专业科学性的亵渎,还故意挑起宪法理论争端,误导政治层面的宪法决策,欺瞒舆论,混淆大众经多宣教才初步形成的宪法观念,他们的所作所为已经严重干扰了宪法学术研究的正常进行,使宪法和相关的民主政治研究除了少数强势话语还在发声外,正常的学术研究、对话的气氛荡然无存,宪法学研究的状态一下子跌落至低谷。这无疑对处在全面深化改革开放总体格局下对宪法学研究尽快提升品位与质量的要求形成了严重干扰。在我们业内人士看来,宪法作为国家的根本大法,在全面深化改革开放中是不可忽视,更是无可替代的重要政治、法律资源,又宪法学研究深明其义理与机制,是使宪法最大限度地发扬其治国安邦功效的重要前提和保障。而要做到这一点,将宪法深植中国传统优秀文化的沃土去培植,厚其根基,壮其枝叶,硕其果实,庶几可致宪法学的休美及品质提升。

再从民主政治和宪制的实际运行层面上看,增强中国宪法的历史厚重感,可以大大地增强我们对中国宪法和宪制的制度自信,提高实施宪法的自觉性、主动性和积极性。在我们业内人士看来,无论从依法治国的总体战略上看,还是从全面深入改革开放的总体战略布局上看,宪法作为国家的根本大法所提供"合法性"保障,或确切地说"合宪性"保障,包括对中国共产党作为国家政治领导核心和执政地位提供的最根本性的合法性和合宪性保障,对国家各项重大的政治制度、组织和活动原则的根本性确立,以及对国家各项重大其他制度的方针、政策等原则性规划和规范,都是一个现代国家治国经世的根本保障,是任何其他文件如政党纲领、法律、政策、惯例等所不可比拟和不可替代的。然而,现实中各方面对宪法这种根本性的功能和价值长期以来都缺乏深刻的体认,更令我们业内人士忧虑的是,高扬的"法治"声浪掩盖了加强"宪治"的呼声。正如我们在多年以前就分析过的,法学界内一些有影响的人士对宪法和一般法律的关系缺乏科学的辩证理解。两者都很重要,都应当得到认真地贯彻实施,如果只强调一方面而忽视或故意贬低另一方面,这就是一种片面性。但宪法和一般法律并不是简单地处在同一个层次上,没有轻重和高下之分。宪法之所以被认为国家根本大法,就在于其具有无可比拟的根本性或总括性。正如古人的贴切比喻那样:"若网在纲,有条而不紊。"①宪法和一般法律,就恰似这种"纲"和"网"的关系。可是在我们法学界一些人士看来,宪法和法律关系是平直的,没有上下、高低之分。

---

① 陈襄民等注译:《五经四书全译·尚书》(一),中州古籍出版社 2000 年 8 月版,第 370 页。

为此,他们主张把恰似"高山"的宪法削掉山顶与恰如"山谷"的法如水之取平,犹如早年作为农业样板的山西省昔阳县大寨村所做的那样,削平七沟八梁以造一个一马平川的平原。又恰如抽掉网上的纲,全由网线再造一个网。这种平常事理上的不可行,用在宪法和法律的关系上也悖于法理。在中国的法学界长期以来存在的这个现实倾向值得反思。

自 20 世纪 90 年代中期,一些法学界内有识之士提出"法治"和"依法治国"的战略构想,并旋即为执政党和国家政权中心所接受并正式确立为新的治国战略方针之后,法学界本应利用这样难得的契机深入研究"法治"的理论与实践问题,其中包括一般法律与宪法的关系,法治与宪治的关系问题。然而,在总体保持科学、严谨的研究态势之余,也意外地出现了简单、急于求成的不成熟心态。一些法学者先是感到振奋,这可以理解,毕竟法治的时代主题为法学学者们止血开辟了广阔的舞台和大有用武之机遇,然后是骚动、忙乱,试图以肤浅、平白的释义和倡导,就可以达到"法治"之大观,实现他们心目中的"法治"梦想。这也罢了,毕竟"法治"领域的研究是一个长期的、系统和综合的过程,初期表现出一些不成熟心态也是可以被宽容的。但令我们宪法业内人士意想不到的是,对"法治"强调竟偏颇到忽视宪治,贬低宪法、否定宪法所确立的民主政治的地步,就偏离对宪法和一般法律、宪治和法治正确关系的科学把握了。法治不能以牺牲宪治为代价,法制也不能以消融宪法所确立的民主政制或宪制为代价,这在全世界共同认识的法理上是再明确不过了。然而,这仍然还需要我们宪法业内人士再三申明和劝导,这一事实足以表明中国法学术界在总体上的不成熟、欠发达的状态。究其原因,恐怕与我们法学术界人士太过强调法治的现实工具性的功用作用有关,没有从总体上关注其质量和品位的提升,更没有下功夫花气力挖掘和利用中国传统优秀文化中的本土智识资源,让西方舶来的现代法治在中国这块具有博大精深的宪法、法律、思想和形制的古代智识沃土上真正生根。由于缺乏法制的历史厚重感,现代一些人心目中的法制其实还是一棵经不得风雨的"弱苗",要想使其长成治国的擎天大树,非得从根上下功夫从水土培植做起。不沃其土,难成其壮,更无其硕果。

第二节　先秦典籍中的"宪"与"宪法"
思想和相关典籍

一、立论的前提预设

在当今世界范围内如此昌明和高显的社会科学,不谓不宏大与精深,宪法学者如云,宪法著述浩如烟海,令人叹为观止。然而,若论何为宪法?每个宪法学人都有自己的定义或视域,一代又一代的宪法学人仁者见仁,智者见智,百千人百千其口,众说纷纭,莫衷一是。不过也无需悲观,毕竟还有少数鸿儒大师,经典作家超众,才高八斗,智识冠群,为我们定下了十几、二十几个经典定义,供宪法学术界众多学人所奉为权威而传于世赓续至今。限于主题视域对此不作梳理,已有既成成果,遍布如海似洋的宪法著述之中,不难发现。①

本题立论为了避免无意的宪法概念纷争和歧见,特为其立下相关的前提预设,以申明本研究的持论立场和界域。鉴于这不是一部全面的宪法教义学式的论著,这种预设并不具有规范性,甚至也不表征笔者关于宪法概念和定义的全部观点。笔者关于宪法的概念及其义理,已在多部著作中作过充分阐述。②

简而言之,这里的前提预设只取先秦古籍中的"宪""宪章""宪法"及相关文献典籍的记述并作出分析。笔者清醒地意识到,在宪法的定义和概念领域是多么的缤纷复杂,此亦一是非,彼亦一是非,无论取何种立场,都会被指斥为选错边站错队。先秦古籍中的原文表述虽也可作多种理解和解释,但古今的"注经"、"注法"者也取得了相当多的共识。在我们看来,先秦典籍中含有丰富的上古"宪""宪令""成宪""宪典""宪法"等记述和知识。在以往和现实的宪法学术界对此基本上采取相当一致的立场,即在将宪法界定为近、现代的特有法律形式的前提下,对包括西方和中国古代的"宪"、"宪法"在性质上统统排除在特定化的宪法体系之外。既然不视作宪法,那些又是什么呢?"典章"而已,即一般性的"法度"。长期以来,宪法学术界用这种简单的排除法解决了古今宪法之争。

---

① 有关定义可参见拙译:《成文宪法——通过计算机进行的比较研究》,北京大学出版社 2007 年 3 月版,第 260—263 页。

② 详见拙著:《宪法监督的理论与违宪审查制度的建构》,方志出版社 2011 年 11 月版,第 1—9 页。

而少数学者认为宪法并非是特定近、现代西方社会和资本主义国家的产物,而是自有国家以来就有的法律现象,虽言之成理,但在宪法学术界始终处于孤立无援的学术孤岛之中。宪法是否就是特定时代的产物,是否所有的国家都需要宪法之类的基本文件,以及中国古代特别是上古时代相关的典籍中以"宪"为关键词的记述是否属于宪法之类的文件等问题,本来都可以作为学术上的问题加以探讨的。确实也有少数学者持古代也有宪法,古籍《洪范》就是中国古代第一部宪法等观点,但说者言之凿凿,听者应之寥寥,至今未得到认同和肯定。宪法学上留下的这一空白,始终空而白之,从未被填补。笔者学力不逮,有心无力,虽念兹在兹,终未有可作。今次利用这一宝贵的出版机会,先对先秦古籍中的"宪""宪章""宪法"等表述进行初步梳理和分析。详尽的研究和论述,已谋作他篇。

二、先秦典籍中的"典则"与"宪章"、"成宪"等表述

先秦典籍中的"典则""宪章""成宪"的表述相当丰富。

首先需要说明,先秦典籍之多,原本或可浩如烟海,但经秦始皇首次大规模"焚书",及清代乾隆皇帝的又一次大规模"焚书",再加上后世的连绵不断的战乱以及历史长河的湮灭,流传至今的已然不多。鉴于这里并非进行系统的专门研究,先秦典籍主要取自"五经四书"及相关典籍如《国语》等。

先说在《尚书》中,用"宪"的表述:

"念哉! 率作兴事,慎乃宪,钦哉! 屡省乃成,钦哉!"[1]

"嗟予有众,圣有谟训,明征定保,先王克谨天戒,臣人克有常宪。"[2]

"惟天聪明,惟圣时宪,惟臣钦若,惟民从乂。"[3]

"监于先王成宪,其永无愆。"[4]

"尔尚盖前人之愆,惟忠惟孝;尔乃迈迹自身,克勤无怠,以垂宪乃后。"[5]

"呜呼,钦哉! 永弼乃后于彝宪。"[6]

---

① 江灏、钱宗武译注,周秉钧审校:《今古文尚书全译》,贵州人民出版社1990年2月版,第67页。
② 江灏、钱宗武译注,周秉钧审校:《今古文尚书全译》,贵州人民出版社1990年2月版,第102页。
③ 陈襄民等注译:《五经四书全译·尚书》(一),中州古籍出版社2000年8月版,第383页。
④ 陈襄民等注译:《五经四书全译·尚书》(一),中州古籍出版社2000年8月版,第385页。
⑤ 陈襄民等注译:《五经四书全译·尚书》(一),中州古籍出版社2000年8月版,第481页。
⑥ 陈襄民等注译:《五经四书全译》(一),中州古籍出版社2000年8月版,第521页。

《国语》中的记述有：

"夫耳内和声，而口出美言，以为宪令，而布诸民，正之以度量，民以心力，从之不倦。"①

"布宪施舍于百姓。"②

"昔栾武子无一卒之田，其宫不备其宗器，宣其德行，顺其宪则，使越于诸侯，诸侯亲之，戎、狄怀之，以正晋国，行刑不疚，以免于难。"③

"赏善罚奸，国之宪法也。"④

"龟足以宪藏否，则宝之。"⑤

《史记·屈原贾生列传》记载有：

"怀王使屈原造选为宪令，屈平属草稿未定。"⑥

《中庸》记述有：

"仲尼祖述尧、舜，宪章文、武。"⑦

《诗经·小雅·六月》记述有：

"文武吉甫，万邦为宪。"⑧

史书还有一些记述，如：

"正月之朔，百吏在朝，君乃出令，布宪于国。宪既布，有不行宪者，谓之不从令，罪死不赦。"⑨

"法者，宪令著于官府、刑罚必于民心、赏存乎慎法而罚加乎奸令者也。"⑩

三、先秦典籍中的"宪"的义解

先看古人是怎样解释的：《尔雅·释诂》云："宪，法也。"对《诗经》中的"宪"，毛传云："宪，法也。"对《国语》中的"宪令"，韦昭注云："宪，法也。"无须再

---

① 韦昭注明洁译评：《国语·卷三·周语下》，上海世纪出版集团 2008 年 12 月版，第 55 页。
② 韦昭注明洁译评：《国语·卷三·周语下》，上海世纪出版集团 2008 年 12 月版，第 59 页。
③ 韦昭注明洁译评：《国语·卷十四·晋语八》，上海世纪出版集团，2008 年 12 月版第 224 页。
④ 韦昭注明洁译评：《国语·卷十五·晋语九》，上海世纪出版集团 2008 年 12 月版，第 227 页。
⑤ 韦昭注明洁译评：《国语·卷十八·楚语下》，上海世纪出版集团 2008 年 12 月版，第 271 页。
⑥ 司马迁撰：《史记·屈原贾生列传第二十四》，中州古籍出版社 1996 年 10 月版，第 700 页。
⑦ 陈襄民等注译：《五经四书全译·中庸》（四），中州古籍出版社 2008 年 12 月版，第 3035 页。
⑧ 陈襄民等注译：《五经四书全译·诗经》（一），中州古籍出版社 2008 年 8 月版，第 818 页。
⑨ 赵善轩等译注：《管子·立政第四》，中信出版社 2014 年 1 月版，第 71 页。
⑩ 张觉等撰：《韩非子译注·定法第四十三篇》，上海古籍出版社 2007 年 4 月版，第 602 页。

多举例,先贤们对"宪"的训释基本一致,即认为"宪",就是法。

有意思的是,在当今的中国宪法学术界,有许多的宪法学者在相当多的著述中都有"宪法也是法",或进而表述为"宪法具有一般法律的基本特征"。由此观之,古今学人基本上都认同"宪法"就是法,或确切地说,是"法"这个大类项中的一个种属。

这并没有错,究实说来,这只不过是"法"与"宪法"关系的一个入门话题,本身并无太大的学术意义。至于当今一些打着宪法学专业的"学者"视宪法及其相关的制度为"异类",并将其边缘化、妖魔化,则是出于别有动机,理当别论。

第一,"宪"、"宪法"与一般性的"法"的相互联系与区别,还应作更精细的探讨和分析。限于篇幅,我们在此只做几点提纲挈领的提示:

正如国学大师王国维说过的:"古时天泽之分未严,诸侯在其国自有称王之法。"①其实不止是诸侯国有自己的王法,在先秦各朝代及春秋战国时期,各种君法、王法广而有之,称谓也是五花八门,莫衷一是。据我们不完全统计,仅在"五经四书"中就发现不下几十种类似乎于法的表述,从"大道""天纪""万神注""大经""大法"到"圣谟""王诰""大训""道王之义""极皇极""训典"再到"辟""典""度""常""庸""彝""式""大夏""则""旧章""中典""大猷""典常""丽""典刑""训典"等等。这种表述中,有些确指平常法度,绝非都是指宪法意义上的"大法",但也不能否认,有些确实是指宪法意义上的"大法"。

还有学者通过研究,认为:"从先秦文献中的使用情况看,宪在宪法和宪令这两个双音节词中的功能是强调法和令的重要,其意义是大、重要、崇高。"论者进而认为:"宪不仅因其悬的方式的重要而把宪法变成大法,赋予宪令以大令的含义,而且也可以独立地表达重要的法律文件的意思。并引《墨子·非命上》一段话加以说明。"然而今天下之士君子,或以命为有,盖尝尚观于先王之书? 先王之书,所以出国家、布施百姓者,宪也;先王之宪,亦尝有曰:"福不可请,而祸不可讳,敬无益,暴无伤者乎?"所以听狱治罪者,刑也;先王之刑,亦尝有曰:"福不可请,而祸不可讳,敬无益,暴无伤者乎?"所以整设师旅,进退师徒者,誓也;

---

① 江灏、钱宗武译注,周秉钧审校:《今古文尚书全译》,贵州人民出版社1990年2月版,第297页注释(3)。

先王之誓,亦尝有曰:"福不可请,而祸不可讳,敬无益,暴无伤者乎?"

　　论者认为:"这段文字虽非关于法律文件效力渊源的专论",但"先王之宪""先王之刑""先王之誓"的排列多多少少也反映了"宪""刑""誓"三者在作者头脑中的不同地位。

　　宪法、宪令也就是大法、大令。中国古代既有宪法的语词,也有大法意义上的宪法。中行穆子所说的"赏善罚奸"之法就是这样的"宪法"。①

　　我们也持此观点,认为大法意义上的表述和一般意义上的"典章"、"法度"的运用与区分的意义在于:上古初民在治国的经验中已经体验到对各种不同层次的"法律"的需要,犹如西方人对"法律"的"阶梯式"的需要一样。而其中主要以"宪""宪典""宪法"等词语表述的"法律",通常是指"大法"意义上的法。这表明,上古先王和哲人已经产生了如今之"宪法"这种根本法意义上的"大法"意识,从在不同场景用不同词语表述来看,或许在他们的政治法律意识中,已经清楚地意识到"大法"与"常法"之间的区分,并且知道在什么场景下用"宪"或"宪法",在什么场景下用表示一般"典章"或"法度"的词语表述。我们今人认为古代无"宪法",其"宪法"只是一般"典章"或"法度"的表述而已的认识,因缺乏精细的研究和推敲,显得过于武断。用我们当今的宪法定义范式去粗鲁地推断古代无"宪法",在理论上缺乏说服力。倘若古人有知,或许会对他们三五千年后的后代子孙的我们冷眼相看,甚至可能会对这些子孙虽经过几千年的训化竟还是如此愚钝、无知感到失望和懊恼,怎么能想象他们竟对其历史还是如此的轻慢,以至竟蔑视他们先祖们的政治法律经验和智慧。

　　第二,先秦典籍记载的"宪""宪则""宪法""宪章"等或许是成文的。指出这一点并非全无意义。在上古时代,文字新创,从契刻符号到蝌蚪文,再到甲骨文、金文等等,这些最初期象形性文字极难书写、辨认,只有极少数的"文化人"才能掌握。因此,只有国之大事特别是君王的言、行大事,以及一些特别值得记述的有特别意义的事件等才值得用文字记述下来。当然还有珍贵的典籍等,才值得稀缺的材质和刻画工具留存下来。这就是为什么一切考古发现的古代文献,每一个字都极其珍贵的原因之一。在先秦典籍所记载的各种先王之事、之

────────────────

① 　徐祥民等著:《中国宪政史》,青岛海洋大学出版社 2002 年 3 月版,第 4 页。

言,除少数被左、右史官记述下来,成为古今《尚书》等古籍的重要内容以外,肯定地说,绝大多数的上古先王的言论、事件、制度、法律等都因为是不成文的而没有流传下来。当然,随着现代考古发掘不断发现,相信还会有一些重要的上古文字和可供研究的器物相继发现,但同时也相信我们将无法凭真实的文字、史料来还原上古时代那几千年的真实历史。

这一状况也适用于分析上古时代的"宪""宪章""宪则""宪法"。在我们上文的引述中,细审之下,有一个基本的特点,即这类古代"宪法"类的记述,或明或隐含着一种"成文"形式。如"监于先王成宪"中的"成宪","布宪施舍于百姓"中的"布宪","顺其宪则"中的"宪则","赏善罚奸,国之宪法也"中的"宪法","出令布宪,宪已布"中的"布宪"和"宪已布","出国布施百姓者宪也"中的"布施","宪令著于官府"中的"著于官府","宪表悬之"中的"宪表","稽古宪章"中的"宪章","永垂宪则"中的"宪则","悬法示人曰宪"中的"悬法",等等。如果这些表述还嫌不能明白表示上古"宪法"是成文的话,"屈平(原)属草稿未定"中的"属草稿"就再明确无误地表明,春秋时代的楚国是由专人起草过"成文宪法",史籍中曾记载的"楚宪"、"魏宪"等或许确以成文的文件形式存在过。相比一般的"典章"、"法度"并不一定全部成文来说,古代"宪法"的成文形式除了表明类属的不同而外,或许更有意义的是,在古代先王和圣贤们看来,他们的"宪法"应当更有重要和珍贵之处,用宝贵的文字记载下来,就是他们看重宪法、珍视宪法的一种表现。关于这一点,我们可以从近代政治家和法律家们对宪法的成文形式的态度反推古代先王和圣贤们对他们世代"宪法"的态度。在当今世界,除了英国、新西兰两国的特殊的历史环境使然,至今也没有制定一部成文宪法之外,其余所有国家的宪法都是成文的,而且绝大多数都是以单一文件形式存在的,只有少数几个国家的"宪法"是由两个或两个以上的文件联合构成的,被学术界称之为"复式宪法"。这种反推或许缺乏足够的说服力,但至少也是一种可行的认识真实历史的一种思考方式和途径。

在当今的宪法学术界,包括一些有影响的学术大家都持有古代也有宪法的观点。如台湾学者萨孟武就认为:"不论现代或古代,不论民主和专制,可以说都有宪法。"①更有论者认为:"只要有国家的组织,宪法也就随之产生。"②看来,在宪法学术界持古代也有宪法的观点虽说只有少数,但不表明这种看法与宪法定义和宪法学说有悖谬之处。只是由于缺乏相应的历史文献和出土资料的佐证,这一观点得不到确切的支持,但并不表明这种观点就是无道理的。从国家学说、政治哲学和法律哲学的立场上看,完全可以自成一说。只是宪法学术界主流群体囿有前人的既定定义和学说,因循守成,缺乏对此问题的精细研究,只用简单的排除法予以否认罢了。

第三节　《洪范》——一部与近、现代宪法神似与形俱的奇特文件

我们上述有关先秦典籍中的"宪""宪章""宪法"等记述以及以归类宪法属性为宗旨的分析,或许难以得到持强烈的宪法是近、现代产生的国家根本性文件的观念的学者的认同。这不难理解,因为这种观念和学说是如此长远稳定和根深蒂固,要学者们改变这种观念决非易事。不过,倘使我们再引入先秦典籍中一个与近、现代宪法既神似又形俱的奇特文件,一方面对持广义和延伸宪法概念和普适性观念的学者当是一个重量级的支持证据,另一方面对说服持反对意见的学者改变观念,或许有所裨益。这个奇特文件,不是别的,就是传说中大禹时代产生的《洪范》。

《洪范》的产生颇具神话和传说的色彩。相传大禹治水成功后得到神的赞许和褒奖,赐予《洛书》。相传《洛书》就记有如下内容:"初一曰五行,次二曰敬用五事,次三曰农用八政,次四曰协用五纪,次五曰建用皇极,次六曰乂用三德,次七曰明用稽疑,次八曰念用庶征,次九曰向用五福,威用六极。"③

这实际上可以视为"治国大法"或"治国方略",历代十分重视和笃行。相传传至殷商末年,传给了箕子,周灭殷后,周武王向箕子请教治国方略,箕子依据

---

① 萨孟武著:《中国宪法新论》,(台)正中书局1980年版,第2页。
② 尹斯如著:《宪法学大纲》,北平印书局1935年版,第32页。
③ 江灏、钱宗武译注,周秉钧审校:《今古文尚书全译·周书》,贵州人民出版社1990年2月版,第233页。

《洛书》,详细阐述了治国的九种大法。史官记录了他的讲解,写成《洪范》。《洪范》不仅受到上古政治家们的重视,视为治国的大宝,也被史家所尊崇,被收入《尚书》等古籍中,流传至今。

既言《洪范》与近、现代宪法既神似又形俱,则必然应以原文作析理辨形的依据。《洪范》每一个字都很珍贵,限于篇幅,我们将对"引言"和"序言"作为重点引述,并详加分析。

"武王胜殷,杀受,立武庚,以箕子归。作《洪范》。"①

此段可视为"引言",讲《洪范》的来历,以前的古远传说中的《洛书》情节被略去,只取武王伐纣成功后,携纣王叔父箕子归返都城镐京,写成《洪范》的这一现实中发生的事,表明《洪范》从一开始就是一个现实主义的文件,排除了有关的神话、传说以及后世的视"河图洛书"为"玄学"的玄虚态度和浪漫主义情怀。我们后人或可有信心地认为,《洪范》是一部与国家兴亡相关的历史大事件的产物,或是大变革的时代产物,这一观点在当代宪法学中并不陌生,即普遍认为,"宪法"是革命成功的成果,是记述革命过程和夺取政权这一最终结果的记录;又是治国的开端和方略的起始。治国大法或方略只可以革命成功的事实相对应,决非仅能以虚言玄思为功而得以成就国家之兴衰。这个《洪范》产生缘由的破题性引言所传达的信息决不可轻视,更不能被忽略,其重要性在于为《洪范》奠定了一个时代背景和国家事变的基础,如同中国现行宪法在序言开头的几段文字所申述的国家历史、文化、革命传统、革命过程、20 世纪一系列伟大历史变革,中华人民共和国在建国初期和以后几十年所取得的一系列重要成就的申明一样,在表明上古的《洪范》产生的社会和国家基础,其含义既现实又深远。

"惟十有三祀,王访于箕子。王乃言曰:'呜呼!箕子,惟天阴骘下民,相协厥居,我不知其彝伦攸叙述。'"②

此段可视为《洪范》序言,共分三个小节,第一小节通过周武王向箕子请教"彝伦",向我们传达了这样的信息:第一,民与天的关系,所谓"惟天阴骘下民"

---

① 江灏、钱宗武译注,周秉钧审校:《今古文尚书全译·周书》,贵州人民出版社 1990 年 2 月版,第 232 页。

② 江灏、钱宗武译注,周秉钧审校:《今古文尚书全译·周书》,贵州人民出版社 1990 年 2 月版,第 233 页。

是说上天庇护下民,上天在上,民在下,上天在上古文献中也频繁用"上帝"、"皇天"或者反向替代,高高在上,荫佑下界万民,民在下是指百姓,上古史籍也称"黎民",即今之民众,在下就是芸芸众生生活、生息在地上。一方在上一方在下,一方庇护,一方受惠。学术界早年受有些偏激的意识形态影响,多把这一关系理解为"君权神授",今虽尚可不完全排除这种意义,却也可以做专业学术上的进一步解读,理解为人民、社会和国家所本的最初来源,或者理解为政治学和宪法学意义上的最高合法性来源,并非单指对统治者及其家族、集团本身,而是指整个天下的万民及其社会和国家,这是凌驾于人类及其社会组织、国家之上的最高合法性来源。指出这一点并非没有近、现代性的意义。只要随便翻看一下当代的各类宪法汇编,在西方许多国家的宪法的开头或序言,都有与上帝、真主之类有关的用语,其意义都在于强调其人民、国家、宪法的最高合法性。英国的《大宪章》就写有"朕受天明命"的话语。基督教文化板块的国家的宪法更是与上帝有着密不可分的渊源关系。甚至宪法就是用《圣经》的体例和语言写出来的,被称为人间的《圣经宝典》。从这个视角看,《洪范》与近、现代的宪法不仅"神似",甚至"通神",而且作为"序言"的形式也极其相似。

"相协厥居"是指上天让老百姓和谐相处。这里是与上古之人对天的崇拜及对"天命观"的笃信使然,但绝非都是"迷信"之言。事实上,或许假上天的"恩赐",以实现人类自身的社会理想。试想想,万民和谐相处,安乐人生,该是多么令人向往的美好社会状态!同样的社会理想的追求,在几千年以后的地球背面的美国制宪者们,用稍许别样的词语作了表述:"我们美国人民,为建立一个完善的合众国、树立正义、保证国内治安、筹设国防、增进全民福利并谋吾人及子子孙孙永享自由的幸福起见,特制定美利坚合众国宪法如下":……话虽多说了几句,但意思只有一个,即人民永享和平幸福为最高的建国宗旨和社会理想。惜墨如金的中国先祖们,只用"相协厥居"四个字,就将美国宪法序言所表达的建国宗旨和社会理想,尽含括其中了。

"我不知其彝伦攸叙述",只此一句就从天上转向人间,从社会理想转向国家治理的现实。"天"虽护佑下民,使其安居乐业,永享和谐,但天不能直接治理国家、管理社会,但这不妨,上天派他的儿子即"天子"代他治理国家、管理社会,而要做到这一点,就必须知道治国理政的"彝伦",光知道还不行,还要明了其轻重、先后之别,按照"攸叙"的先后次序意义施行。这其中尽管包含了"君权神授"的古代统治观念,但也有国家治理和社会管理的现实意义。治国理政自有其规律可循,先重后轻依序而行极其重要,视为"彝伦",即常理,必须遵循。用老子的话说,就是"治大国若烹小鲜"。① "彝伦攸叙"之重要,由此可见一斑。

第二小节是箕子对周武王的所问的回应,其中隐含的四点信息特别值得关注。首先,突出了"五行"的重要性。"五行"今人耳熟能详,"金、木、水、火、土",许多人都能脱口而出。但对其意义的理解,今人远不如古人。古人对自然规律和治国大略的把握远不如今人科学和精细,但在三五千年前的"天泽之分未严"的上古时代,人们从与自己生产、生活息息相关的周边事物,近取己身,远取诸物,以物取象,以象赋意,以意致理,就这样形成了朴素的辩证思维、唯物主义立场。古希腊的先哲们也有朴素的辩证唯物主义思想,如认为"火"是世界的本原,世上万物都由"原子"组成,等等,但都比较单一,远不如中国先哲们能将自然界存在的五种物质连成一体形成思维方式来的严密、精细。《尚书大传》训释:"水火者,百姓之所饮食也;金木者,百姓之所兴作也;土者,万物之所资生也,是为人用。"② 这里只是从"人用"的角度对阐明五行对于民生之重要性,其实在古先贤那里,"五行"绝不仅仅是与民众的生产、生活息息相关的五种物质,还衍生出相生相克的哲学性辩证思想,并进而演进成为"经纶治国"的深义和大法。限于篇幅,这里先不做深入分析,详尽的论述,已谋划在计划中的专著中再行作出。这里只想强调说明,在上古先哲们看来,"五行"既是自然界的五种基本组成物质,其相互间的相生相克即运转机理就是一种自然规律,又自然规律与治国经世的社会规律相通,所以"五行"也是治国理政的常理和大法。

其次,更难能可贵的是,上古之人还认为人身为自然界的生成之物,又生于、长于特定的社会和国家之中,就必须顺应自然规律、遵循治国理政的客观常理和大法。如果像鲧那样"汩陈其五行",上帝就会震怒,不赐予他治国理政的《洪范》及九种具体的大法。如此一来,治国理政的常理和大法就会败坏,"彝伦攸叙"就是必然的结果。

---

① 艾畦编著:《老子八十一章》,天津社会科学院出版社1993年7月版,第110页。
② 江灏、钱宗武译注,周秉钧审校:《今古文尚书全译·周书》,贵州人民出版社1990年2月版,第233页注释(7)。

再次,这里又引申出更深层的意义,如同上一节所指出的,由于"帝乃震怒,不畀洪范九畴",是再次强化上帝是《洪范》最初始的拥有者,并有赐予或不赐予人间的最终决定权,一旦有人"汩陈其五行",他就会震怒,不赐予掌管人间"五行"之统治者,任由社会和国家因得不到好的治理而混乱、败坏下去。在这里,上帝显得似乎颇有些不厚道,甚至有些霸道,但冥冥之中也暗含了作为治国理政的《洪范》大法,还有其最高的权威渊源,那就是上帝。在西方的宪法学中,强调宪法是高级法,其"高级"的渊源还是上帝所安排和赐予的,自然法学者虽不假"上帝"之名,但反复强调"自然法"的先定性、超然性和客观性。与"上帝之法"如出一辙,都是强调宪法之上有一个更高的权威渊源存在。《洪范》在此处的申明,既隐含了中国上古时代就产生了有关治国经世大法的"高级法"观念,又暗喻了"自然法"思想。由此可见,"自然法"思想并非仅是西方思想界的特产,早在《洪范》这样的上古文献中,就暗含了中国本土最初的"自然法"思想。如果这种分析能够站得住脚的话,笔者本人确信可以成立,那么,就应当毫不犹豫地得出如下结论,中国上古时代的《洪范》与近、现代西方的宪法,就其"高级法"的渊源和"自然法"的本原来说,已然相当接近,竟至几乎并无二致。

最后,进一步强化了前一节"惟天阴骘下民,相协厥居"的"尊天"思想。大禹兴起后,很好地利用"五行"之常理与大法治好了洪水及国家,上帝作为人类即下民的主宰,实现了他"相协厥居"的心愿,自然高兴,于是就把《洪范》及"九畴"赐予他作为奖赏,于是天下得治,"彝伦攸叙",以至天人共乐,神凡相协,主仆互享的美好世界理想得以实现。在这里,通过上帝赐予大禹《洪范》和九畴,也进一步强化了天人合一、天佑下民的思想。

第三小节有别于近、现代宪法序言的体例,例如中国的现行宪法,就在前面序言和正文之前列出一个"目录",包括序言和各章节都一一列出。这就是说,近、现代宪法目录和序言是分开布列的。而《洪范》则不然,将作为章节的目录置于其"序言"之内。虽有与近、现代宪法如此之别,但我们今人读起来并不觉得特别"异类",更没有别扭之感。古籍就是古籍,古籍的书写格式或风格在后世不断演化,也是必然和自然之事,并不影响我们对古籍的赏读和理解。

这个"目录"用现代的章节表示,依次应当是:(只标章,节略)

第一章　五行;第二章　敬用王事;第三章　农用八政;第四章　协用五纪;

第五章　建用皇极;第六章　乂用三德;第七章　明用稽疑;第八章　念用庶征;第九章　向用五福、威用八极。以各五章亦可简为五行;王事;八政;五纪;皇极;三德;稽疑;庶征;五福;六极。

此九章原文至简,但字字珠玑,含意深邃,详解非数万至十万言不能毕其功。受篇幅所限,详解需当他日另为,此处只做几个要点提示,权当附会本节的主题。

九章分别以类记事颇与近、现代宪法在形式上极为相似。分类记事,条理清楚,既符合行文规范,阅读方便,利于记忆,也便于施政者和百姓掌握、贯彻实施。《洪范》用词华美、文采飞扬,但毕竟不是仅供人们观赏的文学作品。它是治国经世的常理和大法,要在现实中实施和应用,所以又是一个政治性、法律性文件。把有关治国理政的常理和大法用章节或条目分门别类做出规范和规定,这与近现代宪法如出一辙。近、现代的成文宪法,通常都是在以不同内容,或长或短的序言之后,用章、节、条、款、项等项类布列,把各自认为应当由宪法规范和规定的事项,用独立的章节等规定下来,中国上古时代的《洪范》与西方近、现代宪法在地理、人文如此隔绝,及在时间上前后差三五千年的时空背景下,两者在形制和格式上竟如此的一致,让人禁不住感叹全世界的人类文明的演进方式在起始阶段竟如此的趋同,无论东西方的人类社会和国家、人文精神和文化类型在后世的发展中出现了怎样变种分殊,至少在宪法性的这类文件的最高起始点上,是站在一个平等线上。由此,全人类的文化多元、平等的观念、思想得以彰显。

第二,《洪范》所分别规定的九大类项都是当时治国经世的重大事项,包括常理和大法。现代社会科学各门类特别是人性哲学、政治学、社会学、人类学等学科都已证明。在人的本性,由蒙昧向文明演化的历程、社会组织、国家结构、文化类型等方面,无论多么殊异,总有些基本的趋同发展态势。近代以来产生的新型学科人类学,不论产生多少流派和分支,都持一种人及其社会、国家的趋同的强烈信念。早期的社会人类学或文化人类学之所以着迷似地研究未开化的原始族群及其社会、文化,除了其他原因之外,就在于通过对与自己的民族毫无关系,甚至远隔千万里的少数人族群的"他者"的观察和研究,反观自己的民族早已逝去的原初状态,从而探察和揭开人类进化和发展的历史轨迹。话说回来,包括中国上古时代的初民的智识无论多么愚昧未开化初建的国家甫定的社会又无论多么简单、纯朴,但绝不是荒殖、散乱的无序状态。中国的上古初民既然已经跨越了蛮荒,向文而化已迈出了建构国家的关键一步,就必然会以原始理性的精神和做法认真对待自己初建的国家和新生的社会组织。《洪范》中所列的九种大法,就是上古初民当时认为的治国经世的最重大事项。例如"五行"无论是"人生所托,民用所需"的基本物质,还是其相生相克的运化机理,都是先祖们认为是人生所需,治国经世的大事。即使在今天,我们虽然在文化意义上早已舍弃了"五行"的概念和思维方式,在宪法上更不会再用"五行"的语言叙事,但在世界上差不多所有国家的宪法都有关于国家物质资源的保护欲利用的规定,延伸为生态环境的保护欲开发,等等。用词语虽殊异,但承认自然资源的利用与保护的重要性是一致的。现今宪法更是视为社会和国家的经济基础,作为重中之重的宪法内容的规范和规定下来。再例如"八政",举凡农业、财贸、祭祀、民政、教育、司法、礼宾、军事,都是古今事关国家兴衰、安危的八大政务,除祭祀、礼宾两项少见在现今宪法中规定以外,其他事项在当今宪法中同样作为重要内容,见诸于所有国家的宪法规定之中。古今社会和国家在发达程度上虽然犹如云泥之别,但在治国经世的大政上竟有如此惊人一致的考量,实在值得我们深入研究其背后蕴含的哲理,这且当别论。既然近、现代宪法普遍都规定有关治国理政中最重要的事项,宪法因此而被称为根本法、总章程,人们反观上古时代的《洪范》所规定的各项实质性的物质基础、"八大政务"等内容,有学者坚称它就是一个古代的宪法文件,就绝非是虚妄之言了。

第三,《洪范》与现代宪法相通之处还在于同时规定社会和国家的物质文明和精神文明。《洪范》规定的"五行"和"农用八政"中所设的掌管民食、财贸、工程的官员,可以直接或间接地看作国家的经济基础。而其余的"五事",即容貌、言论、观察、听闻、思考都须做到恭敬、正当、明白、广远、通达,这些有关人的行为举止的规范化要求,当属今天的精神文明范畴无疑;"八政"中的教育、祭祀、朝觐官员所掌管的职司,也属于今人精神文明范畴;"五纪"作为计时的方法,从"以四时为序"的意义上说,也含有精神文明性质。从《洪范》对"物质文明"和"精神文明"的内容规定的比重来看,"精神文明"的分量还要重些。相比当今世界上许多国家的宪法都有精神文明类项的规定,特别是相比治国现行宪法"精神文明"的规定之全面、系统更是一大特色来说,《洪范》与当今的宪法的"神似",决不是妄下断言。

第四,《洪范》中的"皇极"更是类似当今许多国家关于"主权"类项的规定。国有千政,主事一人,古今皆然。即使在当今的各国宪法,关于"主权"的规定尽管不尽一致,通常都是规定"主权在民",但也有少数国家的宪法规定主权在于君主、宗教领袖等等。中国现行宪法规定,国家一切权力属于人民,人民行使国家权力是在全国人民代表大会和地方各级人民代表大会。宪法还规定人民有直接实行管理国家的民主权力。《洪范》规定"皇建其有极",即指"皇权一统"、"君权至上","极"者极高、至上之谓也。《洪范》还系统地、集上古皇权政治之大成的"皇极"所有重要方面,包括确立"天子作民父母,以为天下王"[①]的至高无上的权威地位;天子"建极"只为"敛时五福,用敷锡厥庶民"[②]的"以民为本"的统治宗旨;天子以"惟皇作极"[③]作为庶民的行为道德标准,天子用"则锡之福"奖励"有猷有为有守""予攸好德""无虐茕独而畏高明"[④]等行为举止合于操守的庶民,天子"凡厥正人,既富方谷"选拔、重用能力,给他们的丰厚的俸禄以保证百官能对国家有所贡献;天子以身作则,并要求臣民"遵王之之义""遵王之道""遵王之路"以使"王道正直"[⑤],然后达到"会其有极"、"归其有极"[⑥],即君臣团结,天下皇权一统的安定、和谐的政治局面;天子"极之敷言,是彝是训"[⑦],要求天下百姓"是训是行,以近天子之光"[⑧],即天下百姓同意听从"皇极"教导和号令,一体遵行,以发扬皇权的正大光明,建立昌盛、和谐的盛世。如果我们不考虑时代的远近之别,国家统治权掌握在哪一个阶级这类实质性的问题,单纯从

---

① 江灏、钱宗武译注,周秉钧审校:《今古文尚书全译·周书》,贵州人民出版社1990年2月版,第238页。

② 江灏、钱宗武译注,周秉钧审校:《今古文尚书全译·周书》,贵州人民出版社1990年2月版,第237页。

③ 江灏、钱宗武译注,周秉钧审校:《今古文尚书全译·周书》,贵州人民出版社1990年2月版,第237页。

④ 江灏、钱宗武译注,周秉钧审校:《今古文尚书全译·周书》,贵州人民出版社1990年2月版,第237页。

⑤ 江灏、钱宗武译注,周秉钧审校:《今古文尚书全译·周书》,贵州人民出版社1990年2月版,第238页。

⑥ 江灏、钱宗武译注,周秉钧审校:《今古文尚书全译·周书》,贵州人民出版社1990年2月版,第238页。

⑦ 江灏、钱宗武译注,周秉钧审校:《今古文尚书全译·周书》,贵州人民出版社1990年2月版,第238页。

⑧ 江灏、钱宗武译注,周秉钧审校:《今古文尚书全译·周书》,贵州人民出版社1990年2月版,第238页。

"国家主权"的形式要件上看,我们不难在近、现代宪法中有关"主权"的规定中找到这类内容或其影子。写到此处,我们一方面不得不敬服中国的先哲和政治家们早熟得令人惊异的政治智慧竟发达到如此的高度;另一方面又坚实了我们关于《洪范》与近、现代宪法的神似与形俱达到如此的可以"无缝对接"的程度。

总之,正如本段开题所言,《洪范》是一部与近、现代宪法既神似又形俱,确实是一部令我辈宪法专业学人感叹不已的奇特文件。但由于种种的主、客观原因,在宪法学术界的著述中很难见到有学者论及《洪范》,更不待说对其进行深入的研究。学术界有几位学者先声夺人,早在 20 世纪 80 年代,就对《洪范》的"法学意义"、"是中国历史上第一部宪法"做过简要的研究。[①] 但正如前面所指出的,学术界特别是宪法学术界应者寥寥。对于这些"非专业"的探索和认定,不仅并不以为然,似乎还有根本不屑一顾之嫌,一副满不在乎的傲慢姿态,充溢着宪法学术界几十、上百年来。这种状况之所以长期存在,或许是由宪法学早已既已成型的正统观念长期占学术主导地位从未被质疑过有关。不论怎样,愚以为既然人家提出这一问题并给出了确定性的结论,作为业内的宪法学术界总要给个回应才是,无论是反对还是赞同总要给出一个意见,像鸵鸟那样,把头埋在沙堆里不理不睬,总不是应有的科学态度。表面看来,似乎宪法学术界秉持着一种"学术自信",但实际上对这类专业性很强的问题,既不敏感又不专业,留下了令业内人士感慨不尽的遗憾。本人学力不逮,又终日劳作于宪法现实学术田间,无暇探古察幽,一日复一日,直至今日。藉此机会,先于粗疏开篇,待日后再作精耕细作之研。

第四节　上古宪法思想和《洪范》如何以及何以才能够成为中国现代宪法的本土资源

一、上古宪法思想和《洪范》如何能够成为中国现代宪法的本土资源

时下问及此类问题,我恍然明白了中国宪法学术界何以长期以来对上古宪

---

① 详见李行之:《〈尚书·洪范〉是中国历史上第一部宪法》,载《求索》1985 年第 4 期,第 109—110页。又见张紫葛、高绍先:《论〈洪范〉的法学意义》,载《成都大学学报》(社会科学版),1986 年第 2 期,第 27—32 页。

法思想和作为宪法性的文献《洪范》持如此冷漠的学术态度。原来对这类的回答之难，竟也可比"难于上青天"。只要稍加思索，就可以想象出要把几千年前的古老思想和文献与现时代的学理及文件直接联系起来，找出两者内在关联，从而打通上古与当今的宪法时空隧道，该有多难，且不说在中国五四运动中新文化运动兴起以后，古代思想和文献一直在意识形态的主导下受到批判和排斥，直到改革开放前几年，中国的政治文化体系中还在大力倡导和推行"三批"，其中一位被批的竟然还是"孔老夫子"；还有就是宪法学总体上的学殖荒谬，面对现代化进程中和改革开放以后对国家立宪、对宪法的宣传教育、行宪，实行宪治和法治等一系列重大的理论和实际问题都应接不暇，哪有时间和精力顾及上古时代的宪法思想和宪法类文件？更何况国家对于宪法学这类学术研究的组织和实施者，以及宪法学术主流群体对宪法学这类极具现代性和现实紧迫需要，基本上都采取现实主义的态度予以排斥，包括学术立项、学术成果的评价以及学术奖励等方面都极少列入其中，这势必会对宪法学术界整体以及主流群体形成直接的学术导向现实的、有形力量及无形影响，这种学术导向，目前仍在继续。宪法学术界长期对这类问题既不敏感，也无兴趣的状况令人感叹！

现实的宪法学术导向及主流学术群体的动向，势必会导致宪法学总体态势向现实倾斜，不仅造成宪法学科总体上的偏重和缺失，而且造成的另一大严重后果至今还不被宪法学学术主流群体所察觉和体认，那就是为什么宪法学在总体上显得如此薄弱，以至经不起任何的学术冲击，甚至三五位非宪法专业的"闯入者"在宪法学领域随便说些什么，都会起到巨大的反响，给宪法学的正常研究造成不小的障碍，令人感叹！之所以呈现这种堪忧的状况，其实并不需要怨天，也不必尤人，要怨就怨宪法学专业人士没有下气力、花功夫去打造宪法学科的整体优势，其中就包括长期以来在现代宪法与古代宪法思想和相关文献之间刻意开凿并固守一道鸿沟，使中国当代宪法失去了传统文化根基和沃土的培育，形成了苗不齐、植不壮、果不实的现状。这是宪法学学科在整体意义上存在的重大缺陷，应当引起宪法学学术界主流群体的深刻反思和体认。

由于中国法学缺乏中国本土优秀传统文化的根基和培育，中国法学在总体上缺乏中国自己的特色，所谓中国现状的法学，只不过是被中国染成红色的西方法学而已，而中国的"法治"虽高唱入云，其实也是对西方法治的亦步亦趋，生搬硬套,脱离中国的实际。法律制度虽以万千计,但"法治"不彰,频频走样、失效。对于这种状况,早已引起中国法学界的有识之士的忧虑和警觉。英年早逝的法理学家邓正来先生早在 2005 年就指出:"中国法学正面临着西化的挑战。"①法制史泰斗级大师张晋藩也撰文指出:"缺乏理性地对待中华法制文明中的民主性因素;同时也缺乏理性地分析西方法制与中国国情的适应性。因此中华法制虽然走向近代化了,但缺乏自主性与创新性,无疑也是重要的原因。"②著名文化学者杨海中先生也向中国现实法学说出了三个困惑:"困惑之一:我国悠久的历史传统中有没有自己的法学传统,这些传统能否构成自觉的法学'理想图景'?困惑之二:中国法学在知识类型上能否在吸收西方文化优长的同时又不依附西方文化从而保持自己独立的品格而具有中国特色的自主性? 困惑之三:当代中国法学能否在传统的基础上从事知识生产与再生产,构建有中国特色'理想图景'的法律秩序?"③

　　上述的学术洞察所发挥的学术影响力终于得到了政治上的反应。中共中央在 2011 年举行的十七届六中全会上,作出了《关于深化文化体制改革推动社会主义文化大发展大繁荣若干重大问题的决定》。在中共中央高度重视优秀传统文化思想价值的感召下,学术界特别是历史学术界、考古学术界、社会科学学术界等积极响应并在国家有关领导部门的大力支持和有效组织下,先是在 20 世纪末完成了对古代的夏、商、周三个朝代的"断代工程",通过研究和排定中国古时夏、商、周三个朝代的确切年代,为研究中国五千年文明史创造了条件。接着又开展了由国家支持的多学科结合,研究中国历史与古代文化的重大科研项目,即"中华文明探源工程"。该项"工程"开展几年来,已取得重大的阶段性成果,预计 2015 年结项。这些为落实中共中央十七届六中全会精神而开展的"工程",对于科学地认识优秀的传统思想文化的价值,以及对维护民族文化的基本元素,从而使优秀传统思想文化注入新时代的文化思想以提高活力和强大生命力,成为新时代鼓舞人们前进的文化和精神力量,意义十分重大。具有中国自身特色的思想文化体系,由于有了这一新的历史助力,可望能顺利形成独立的中国体

---

① 邓正来:《中国法学向何处去》,载《政法论坛》2005 年第 1—4 期。

② 张晋藩:《论中华法制文明的几个问题》,载《中国法学》2009 年第 5 期。

③ 杨海中:《明德慎罚的法理文化》,尚未公开发表。

系,并使我们有了自己本土的思想文化的话语权。

　　然而,我们也不无遗憾地看到,法学界虽有一些有见识的学者曾在最近十几年进行过"权利起源"或法律的"本土资源"的先期研究工作,并取得了一定的学术影响,但那只是少数学者的身体力行,并未取得群体性的响应效益。中国法学界在总体上仍然囿于传统的学术定论,对中华法的起源特别是更古远的起源关注很少,更谈不上真正意义上的中华法探源工作的开展,法制史的权威论著以及各类教科史论及法制史时,通常都是从夏代谈起,因夏代之前既无文字所资记录,又缺乏考古史料加以佐证,予以忽略不计尚可理解。但决不能理解为夏代之前的更上古时代就完全不具备后世法律形制的社会行为规范,习惯法乃是现今法学术界基本上可以得到共识的法的形式之一。毫无疑问,这需要进行更专业的精细研究。如果说从夏代作为中国法律思想和法制史为起始开端还主要是因为史料和典籍的缺乏这个客观原因所决定的话,那么,不将有关宪法的典章及相关文献列入法律思想和法制史的范畴,则是法学的视域狭窄所致了。翻开法律思想史、法制史的著作包括权威著作及各种版本的教科书,几乎都没有涉及有关宪则、宪章和宪法之类的论述。在法制史学术界,学者们几乎都是从法律的性质特别是刑法、民法、婚姻家庭法来看待中国的法律史。这就是为什么法律史学界至今还在把主要精力集中在"刑民不分""重刑轻民""以刑为主"这类古代法的特点上争论不休的根本原因。在我们非法律史专业的学术视域看来,这种争论对于认识古代法的特点虽有学术意义,但是对于中国古代法的整体综合特点及其对现代法的意义来说,可以说相去甚远。遗憾的是,对于这一法律史研究中的重大缺乏失,至今尚不被法律史学界所察觉,更谈不上体认。

　　近年来见有青年学者在这方面表现出强烈的学术自觉,在题为《中华法学中'礼''律'关系之辨正——质疑中国法律史研究中的某些'定论'》的学术论文中强调指出:"'中华法学'是在近代比较法研究中出现的概念,这个法系的核心价值观与根本制度是礼。但长期以来,学界在研究中将律作为中华法系的主干,而将礼束之高阁。有关礼的论述笼统而缺乏细致与具体,对礼在中华法系中的地位和作用认识严重不足。正是这种几乎将礼摒弃在法研究领域之外的做法,使我们对中华法系产生了一系列误解。比如将'重刑轻民'、'以刑为主'归纳为中华法系的特点等等。在中华法系的制度构成中,律只是各种法律中的

'一端',其地位与作用都远远不能与礼相提并论。但律在中华法系中确实又有其特殊性,这就是在礼的指导下,'律义'经历了一个由法而儒的演变过程。但这个过程恰恰证明了,在中华法系中占据主导与主流地位的是礼,而不是律。'①将"中华法学"传统定论由重"律"转向占据主导地位与主流地位的"礼",这是对传统法律史观的早已形成的"坚冰"的一个突破。如能在日后的法律史研究中有更多的学者跟进,相信中国法律史研究将在总体上有显著地改观。我们极为赞赏中国青年法律史学者这类开拓性研究。其实,早在1994年出版的拙著《权利相对论——权利和义务价值模式的建构》中,就曾对礼、礼与法的相互关系作过粗疏的研究。礼、礼义、礼法在中国的法律史乃至中国传统文化中占有极其重要的地位,是法律史和文化学界无法回避也不应回避的重大课题。为什么中国五千年的历史是那个样子而今天又是这个样子? 礼、礼义、礼法在传统社会中究竟占什么样的地位,起到过什么样的作用? 而在近、现代社会转型中的式微又怎样导致转型过程中存在种种的转型和发展"瓶颈"? 现代法治真的必然会轻视传统礼、礼义、礼法的地位和作用吗? 诸如此类的问题都需要包括法学界在内的理论研究来回答。本人早已有志于对此类问题进行深入研究,假以时日,当对此有所作为。

话说回来,法律史学界主流群体对于中国古代典籍特别是上古典籍并没有止于轻视和漠视的地步,从我们宪法专业的角度看,还有将本为宪法性的文献解读为"刑法"性文献,更有甚者,直斥宪法性解读为"无稽之谈"。其中对《尚书·洪范》的解读就是显著一例。

《洪范》是《尚书》中重要的篇章,其性质和意义我们在前面已经做过粗疏的分析。从我们宪法专业的立场上看,之所以认定其是与近、现代宪法既神似又形俱的奇特文件,并非基于主观的宪法学术偏好,而是通过对其"引言"、"序言"及相关内容与近、现代宪法的对比得出的结论。我们人微言轻,此论可不足为训。但古代先哲们对《洪范》的有别于通常"法度"、"典章"的性质和特点早就注意到了,还专门做过论述。予谓不信,请看:

---

① 马小红:《中华法系中"礼""律"关系之辨正——质疑中国法律史研究中的某些"定论"》,载《法学研究》2014年第1期,第171—189页。

《尔雅·释诂》:"洪,大也";"范,法也"。《尚书》的伪《孔安国传》说:"洪,大;范,法;谓天地之大法。""所以恢弘至道,示人主以规范也。"朱熹说,《洪范》"是治道最紧切处"。"天之下事,其大者大概备于此矣。"(《朱子全书》,卷三十四《尚书·洪范》)。吴澄说:"范,如金之有范也。其纲九,其目五十,天下之道,包罗无遗,故曰洪范"(见王巨源:《书经精华·洪范》)。①

相比当代中国学者的对《洪范》性质的认定和分析,颇值得玩味:

陈鸿彝在《〈尚书〉:为中华法系提供原型构架》一文中说到:《周书·洪范》这篇西周的"建国大纲",更明确地把政刑作为一体来思考。"洪范"就是"宪章""大法"的意思,文章分门别类地阐释了国家应如何关心社会民生、如何推进政治管理、如何对社会作刑法控制。其中最突出的就是对"八政"的规定,即食、货、祀、司徒、司空、司寇、宾、师。这是说:国家首先要抓好粮食生产及畜牧,管好财贸和交换,这是立国的"经济基础",是"物质文化"建设;没有"食、货",谈何"德政"! 其次,要敬祀天神和祖先,这是为了"神道立教",它与司徒负责的伦理教化一起,是抓国家的"上层建筑",属于"思想文化"建设范畴。社会文明素质提高了,生活才能有序;与此同时,国家还要抓好水土治理,抓好立法、司法和刑惩,抓好军队和武备,抓好对各层面代表人物的工作和外事活动,这一手必须硬,哪一项都不能少,是国家正常运转的保障。纵观"八政",应该说是一种很健全的政治思维。它对"国家职能"的界定,比"政权就是镇压之权"、"国家是暴力机器"的提法要全面些,在这种思想指导下的立法司法活动,就不可能是"暴政"。西方法学家不是说,讲"法治",其前提是必须有"良法"。我看,明确了"八政",也就能保证其立"法"之"良"了。②

作者一方面正确地指出,《洪范》是西周的"建国大纲",《洪范》就是"宪章";"八政"中的"食、货"是立国的"经济基础",敬天祭祖是国家的"神道立教";司徒负责的"伦理教化"是抓国家的"上层建筑",属于"思想文化"建设范畴。作者在这里除了显然没有将宪法学通识中"物质文明"与"精神文明"、"经

① 张紫葛、高绍先:《论〈洪范〉的法学意义》,载《成都大学学报》(社会科学版)1986年第2期,第27—32页。
② 陈鸿彝:《〈尚书〉:为中华法系提供原型构架》,载《江苏警官学院学报》2004年第2期,第115页。

济基础"与"上层建筑"这样并列的分析框架作为自己的分析参照,将抓国家的"上层建筑"视为"属于'思想文化'"建设范畴之外,更为令人困惑的是,《洪范》作为"建国大纲"怎么就"更明确地把抓政刑作为一体来思考"的呢? 不错,《洪范》中有"威用六极",但"六极":一曰凶、短、折,二曰疾,三曰忧,四曰贫,五曰恶,六曰弱。用现代语言表述,就是六种祸殃:一是早亡,二是疾病,三是忧愁,四是贫穷,五是邪恶,六是懦弱。这"六极"显然是"五福",即长寿、富贵、康健安宁、遵行美德、高寿且能善终相对应的六种人生不幸的状态,根本看不出任何对人的人为"处罚",更遑论"刑罚"的意义。将"六极"看作是"刑法"或"刑罚",显然是出于对古代的"严刑峻法"、"以刑为主"的学理偏见。

　　将《洪范》明确地看作是夏禹所制定的"刑法典"的学者还大有人在。如蔡枢衡在《中国刑法史》①、宁汉林在《中国刑法通史》(第二分册)②中都持此种看法。张晋藩主编的《中国法制史》也认为:"洪范九畴,是夏代的九条大法,其中六种刑罚用以惩罚犯罪,这大概是有关禹刑内容的最早记载。"③《洪范》文字区区不过几百,"九畴"写的明明白白,怎么竟能从中读出"惩罚犯罪"的"六种刑罚"? 相比之下,有的学者则读出:"《洪范》不涉及定罪量刑的具体问题,而是对整个国家的政治、文化、经济的原则规定,所以,我们说《洪范》是一部具有宪法性质的法典。"④中国古代包括上古时代,刑起于兵,兵刑一体,"国之大事,在戎与祀",确有发达的兵刑、刑罚、刑名、刑法。所谓的严刑峻法,也主要指"刑法",这都是史实。但在古代包括上古时代的"法律"中,"刑法"其实也只是调整社会生活和治国理政中的一种法律手段,古代包括上古时代形成的古代法或中华法内容是极其丰富的,基本上涵盖了现今法律划分种类的所有方面,包括民事、婚姻家庭、土地、行政法、宪法等等。如果只看到"刑法",甚至将《洪范》这类的宪法性文献也看作是"刑法",就是被刑法专业的视域所遮蔽,"只见树木,不见森林"了。

　　法史学界除了上述对《洪范》认识的偏颇之外,对宪法性质和专业知识的误

　　①　蔡枢衡:《中国刑法史》,广西人民出版社 1983 年版。
　　②　宁汉林:《中国刑法通史》(第二分册),辽宁大学出版社 1986 年版。
　　③　张晋藩主编:《中国法制史》,群众出版社 1991 年版,第 48 页。
　　④　张紫葛、高绍先:《论〈洪范〉的法学意义》,载《成都大学学报》(社会科学版)1986 年第 2 期,第 28 页。

读和误解也是一个值得关注的问题。例如,在古代是否需要有一个治国的"大法"问题上,法史学界也有自己的"独到"看法。张晋藩、曾宪义两位法史权威人士在谈到此问题时,曾指出:"在我国古代典籍中虽然出现过'宪'的概念,如'监于先王成宪';'赏善罚奸,国之成宪',但古代典籍中'宪'与法的含义是相通的,泛指典章制度和法令,并不具备近代宪法的意义。以超经济剥削为主要特征的奴隶制时代和自然经济占统治地位的封建制时代,国家政权的组织形式和组织原则是专制主义的中央集权制,君主是国家主权的体现,所谓'朕即国家';君主的诏令是国家活动的根据和基本的法律渊源。因此,不需要也不可能产生宪法。"①此论在中国宪法学术界影响极广,遂成"定论",被宪法学术界广泛接受,笔者那时初攻读宪法学专业,笃而信之,在后来的著述中都持此论。其实,早在20世纪80年代,就有学者对此说提出质疑。论者指出:"就我国西周时期社会结构来说,其政体形式,颇似近世联邦制国家;自厉王暴虐,引起国人起义以后,周、召二公为了挽救周室这一天下共主地位,不得不设法'团结民心,保全邦本'。这就具备了既需要又有可能产生宪法的社会条件。张晋藩等同志认为,在封建社会里是'朕即国家',不需要宪法,这是只看到一个方面,却没有注意到周宣王即位初期这一特殊形势,因而是欠全面的。"②笔者这么多年在宪法专业领域中摸爬滚打,多少也长了些见识,对宪法学以往的所谓"定论"多有反思,现在也倾向认为"有社会,就有法律"、"有国家,就有宪法"的学术意见是蛮有道理的。

　　还有学者从《洪范》成文的历史考察入手,认为"《洪范》这一篇名很可能是战国末期才加上去的,正如刘起釪所说是齐国方士根据其内容为适应统治阶级的需要才名之为'大法'。《洪范》一文讲的是统治方法,严格说来应属于一篇政论文献,不是法律、法典。将之与近现代的宪法联系起来,更是无稽之谈。"③在古文献的疑古、辩古的治学态度古已有之,今天其势也未见消减。但也正如有历史学家所指出的,古代文献经几千年留传下来的极少,但也极其珍贵,无论是原作、伪作、还是托作,都具有极其重要的史料价值,也是我们后人认识久已湮灭的

---

①　张晋藩、曾宪义:《中国宪法史略》,北京出版社 1979 年 9 月版,第 5—6 页。
②　:李行之《〈尚书·洪范〉是中国历史上第一部宪法》,载《求索》1985 年第 4 期,第 110 页。
③　李明德:《中国法律起源模式探索》,载《法律史论集》第 1 卷,第 23 页。

历史所资凭据的重要资料之一。不能因为有些古文献是后人伪作或整理的,就否认其珍贵的史料价值。再说,认为《洪范》一文讲的是"统治方法",严格说来应属于一篇"政论文献",不是法律、法典。从宪法学的立场上看,"统治方法"、"政论文献"之类的词语表达,很不专业。宪法之所以成为宪法,区别于一般的法律、法典,恰恰就在于它讲的是"统治方法",用宪法学专业术语表述,就"治国总章程"、"根本大法"或"治国大纲"等等。另外,所谓"政论文献"不是法律、法典也不够周延,只说对了一个方面。至于宪法都具有政治性,宪法区别于一般法律、法典明显之处就在于宪法兼具政治性和法律性,世界上所有宪法都有政治性,从一定的意义上看,也可以不那么严谨地说是一个"政论文献"。用"统治方法"和"政论文献"否定《洪范》作为"大法"的性质,是悖离宪法专业常识的。至于说"将之与近现代的宪法联系起来,更是无稽之谈"。这种论断更显得过于武断。本文只就《洪范》的"前言"、"序言"的粗疏分析看,就辨识出《洪范》许多与近、现代宪法"神似"与"形俱"的方面来,我们认为这既有《洪范》作为古文献为凭藉,又有宪法学基础知识所依据,应该不是"无稽之谈"。至于有学者断然认定《洪范》就是中国历史上第一部宪法,其释义与析理都有很强的说服力,对此学者尽管可以仁者见仁,智者见智,但绝不该视为"无稽之谈"。

从以上分析我们可以得出如下的结论:

其一,作为世界上最古老的文明国家之一的中国,早在四五千年的开国之初,基于治国理政的实践和需要,就逐渐积累了较为丰富的政治法律经验,其中的一些事关治国安邦的宪章、宪法等思想和观念,经过提炼、文字记载已定型为文献形式留传至今。《洪范》作为最重要的古籍之一,标志着中国上古时代就孕育了相当成熟的宪法观念、成文形制。在当今倡导继承和发扬优秀的传统思想文化的大背景下,上古的宪法思想和形制理当被认为是中国传统思想文化的基本元素之一而被继承和发扬。为此,上古时代的宪法思想和形制作为中国现代宪法的本土资源应当得到体认。

其二,《洪范》作为上古时代留传下来的最重要典籍之一,其与近、现代宪法不仅神似,而且形俱,堪称宪法史上的奇迹。英国人用二三百年的时间能把1215年的《大宪章》,原本为英王对诸侯的"特许状""打造"成为英国不成文宪法中最初的成文宪法文件。这一重大的历史事实给我们最重要的启示,应当是:

将从内容到形式比起《大宪章》毫不逊色的《洪范》,通过专业性的而不是非专业性误读研究,在理论上和实政上先将其确立为中国古代最早的成文宪法性文件的性质与地位,进而视为中国现行宪法的本土资源,是站得住脚的。这需要学术界特别是宪法学术界通过长期的努力研究,才能达到的目标。这样做既不违背古代史实,也不悖于现代法理,又是响应继承和发扬优秀传统思想文化这一时代政治感召的具体行为。学术界特别是宪法学术界应该乐于、勇于为之。

二、上古宪法思想和《洪范》何以能够成为中国现行宪法的本土资源

这是一个难题。再难也值得去做,也并非不能做。我们并没有成熟的意见,只有一些粗略的想法,试述如下:

第一,态度和立场问题。作为一个学术著述,本不该在此类问题上多费笔墨。之所以需要在此论及,也是势所使然。在多年前长久不断地视传统文化为糟粕,必须从思想文化上予以根除,从而藉以树立新的思想文化的总体氛围之下,人们自觉不自觉地以新旧思想文化势不两立,先破后立,不破不立的思想文化指导方针行事,将传统思想文化不分良莠一律视为要"破"的对象予以不断地批判,必欲从思想文化领域将其影响清除干净。传统思想文化中的优秀的基本元素就这样湮灭在大批判的浪潮中。现实的意识形态的主导力量既然已经发出全新的对待优秀传统文化的号召,那么,学术界应当要对以往的视传统思想文化为糟粕,必欲破除为能事的态度和立场加以调整和改变。史学界现有人提出优秀的传统思想文化的基本元素为历史的"金子"的主张,这是一个观念上的革命性的变革。法学界自然也应当跟进,以探挖历史上法律的"黄金"的全新态度和立场去发掘古代中国法律的本土资源。这显然是一个前提,没有从态度和立场上进行这种根本性转变,一切都无从谈起。

第二,树立全局性、整体性观念看待中国传统思想文化。2014年习近平总书记在欧洲的一次访问中谈到这样一个问题,大意是中国为什么是现在这个样子,而不是别的样子,这需要从中国的国情,从传统的思想文化才能认识这个问题。这是极有见识的全局性、整体性看待中国的观念。同样的道理,我们也应当从这样的观念看待中国的古代法律思想文化问题。从中国五千年漫长的历史全局和整体上看,法律思想文化在全局性、整体性的古老文明中始终是其中一个重要的基本元素,古代典籍中的相关记载史不绝书,内容十分丰富,已经形成了一整套、成系列的法律思想体系和法律传统。这个体系和传统表面上看在清朝末年或至中华人民共和国建国以后被西学东进和国家强力中止,但实际上,五千年形成的中华法传统并没有被西学和废除"伪法统"所中断,在中国推行依法治国,实行法治20多年后的今天,我们依然时时、处处感觉其存在。为什么国家制定了那么多的法律,贯彻实施会遭到如此多的障碍?社会治安状况如此堪忧,是否陷入了"法令兹彰,盗贼多有"的历史怪圈?为什么我们煞费苦心地将"社会管理"改为"社会治理",有些管理上的"瓶颈"和难题依然如故?我们下功夫引进西方的司法观念,费力地建立起现代司法审判制度,司法正义是否如愿实现?诸如此类的法治困厄,还可以举出许多。为什么会出现这许多状况?根本原因或许就在于我们没有从中国的历史和现实,从中国的具体国情去看待和实行法治问题。几千年形成的传统法观念和制度的遗风至今依然强劲地吹在中国社会之上,风吹草堰,几乎影响了社会生活的各个方面。西方的法治观念和法律制度在中国表现出的"水土不服"是显而易见的,是否有可能假以时日,例如几十年、一百年或更长一些时间,就能达至西方的法治大观。也许能,但这么长的时间,真的值得我们苦苦地去经营,以致必须忍耐从西方移植而来的法治理念及相关制度所带来的现实中由于"水土不服"而造成的种种"疾患"吗?这真的需要我们全社会认真考量、权衡。如故换一个思路,将中国五千年形成的优秀传统法律思想文化从整体上,而不仅仅是为了某个法律制度的借鉴去熔铸在现代性的法律思想和制度中,或许更能彰显法律、法治对于社会和国家有效治理工具的价值和作用。古今结合、中西结合,充分发挥两优相兼的法律价值观念和价值体系的结合优势,更可能有利于当前及今后的社会顺利转型,实现和平、安定的社会理想和国家发展目标。即使从当前的维护社会治安,保持社会稳定和谐的现实紧迫的社会治理和国家法治的目标和任务来说,也是大有裨益的,甚至是事半功倍之举。

第三,破除学科间壁垒,学术界协力整体推进对传统法律思想文化的研究。现代的学科分类的越来越精细化的发展趋势,同社会分工越来越精细一样,在取得深化、专业化巨大成效的同时,也造成了各学科间的学术壁垒,学者们囿于自己学科的视域和方法进行的专门化研究,也给社会科学甚至某些社会科学与自然科学的整体性研究造成了障碍和困难。国内外学术界对此早有反思,并提出种种改进意见。其实,这种现象在法学界已久存在。最典型的表现之一,就是本论上述提到过的法史学界特别是刑法史学界,对古代法律思想文化作出了过于偏重刑法思想和体系的理解,甚至将《尚书·洪范》这样的上古典籍视为"中国第一部刑法典",全然不顾其内容中一个字都没有提到定罪量刑之类的刑罚问题,而对于将《洪范》解读为第一部宪法的学术意见,竟斥之为"无稽之谈"。这种学术壁垒的存在,显然不利于从全局和整体上理解和把握中国古代的传统法律思想文化。念及于此,提高法学界学术群体的学术自觉,当不失为一个合宜之举。如果法学界全体同仁统一认识,协力促进对中国传统思想文化的研究,其结果将不仅仅是不在"传统思想文化探源工程"中缺位和失声,而且进而在这类工程或更广泛的领域突出法学探源的优势和显著地位,则会使"中华文明探源工程"这类"工程"更彰显其整体性、全面性,从而提高其总体品质。

第四,重视古典文献的研读。对于当今的中国历史包括法律史的研究来说,真是遇到前所未有的时代机遇。近几十年来不断发掘的出土文物,包括竹简、铭文等真实的历史史料对于历史的研究的推进,功不可没。以前有些长期存在争论的历史事实或事件,由于出土文物的出现而得到佐证或辨正。但因此也出现了过于偏重出土文物的证据作用,并忽视古代典籍的作用的学术倾向。认为古代典籍真伪莫辨,不可足信。其实,这种学术倾向的偏颇之处,至为明显,出土文物固然真实,但只能证明一时一事,对于中国历史的整体把握,古代典籍必不可少,即使是所谓的"伪作",也是那个时代的产物,"伪作"中为什么这样"作伪"而不是那样"作伪",总是那个时代或远近不等的后代古人所思所想,而所以这样所思所想而不是那样所思所想,终究是那个时代法律思想文化观念和体系的一个侧面反映,对于我们今人来说,无论是原作还是伪作,都是极其珍贵的历史资料。试想一下,流传至今的《尚书》,如果舍去了孔安国所谓作伪的"书序"及比浮生口传的《尚书》多出的二十五篇,该是什么样子,古今文合编的《尚书》并没有因为有孔安国的伪作而失去其价值,都是今天研究历史包括我们探讨过的宪法史所依据的不可多得的珍贵资料。

目前法学术界对于古典文献的研究不仅没有给予高度的重视,而且还存在大量的以讹传讹的不严谨的学术现象。本人初入此道之时,对于古文的引用多从他人著述转引,直到有一天,有同道告之,你在某书中的引文经查对原文,竟无发现。惭愧之余,也引起我的学术警觉,渐渐明白了不仅别人说的话不可全信,白纸黑字印出来的著述也不可全信。在本论的写作过程中,见几位作者所引的《管子》《墨子》《韩非子》等典籍中同一内容的引文竟然都不一致。无奈之下,只好破费买来原书继续核查。由此可见,认真研读原著不仅是察纤探微、穷究物理的学理所需,而且也该是学德所要求的,切不可轻慢对待。

第五,善于运用比较的方法。有比较才有鉴别,有比较才能明理,这不仅是事理使然,而且也是学理所需。学术界对于"比较"看法不尽相同,有的重之视为一门学问,有的轻之视为一种治学方法。但不管怎样,在学术研究的著述中,几乎没有不用比较的方法作为分析、阐述的平台或工具的。正如生活中的常识一样,比较在科学研究中无处不在。在"中华文明探源工程"的现有成果中,都可以看出比较方法在其中受到高度重视并被广泛地利用。同样的道理,在法史领域中,也包括在我们倡导的对先秦典籍中的宪法观念和宪法文献进行研究过程中,也必须高度重视比较方法的运用。通过古今的比较,我们更可以清楚地分析中国古今是否有相类似的宪法观念,如果没有,通过比较能否用现代宪法观念去否定古时也有人主张存在的宪法观念;如果有,通过比较是否能找到两者之间的相通之处和区别所在。对于像《洪范》这类的古典文献的性质判断,也是离不开古今宪法的相互比较的,否则就是无凭无据地妄下断言。我们认为,本论在上述关于《洪范》的性质判定虽未下断语,但认定它与现代宪法既"神似"又"形俱"端赖比较方法运用之功,充分体现了有比较才能鉴别的这一比较方法的最大价值与功能。除此之外,中国古代的宪法观念及相关文件与古希腊时期的宪法观念和宪法文件,中国古代与其他古老文明国度的宪法观念和相关宪法类文件之间,都有广阔的学术空间进行比较,并以此获取更多的学术信息和智识,从而提高学术研究品质。

结论性意见:上古宪法思想观念和重要典籍《洪范》不仅能够视为中国现代宪法的本土资源,而且通过各种进取的科学态度和方法进行研究,也能够证成就是中国现代宪法的本土资源。中国现代宪法一旦注入和融进中国优秀传统思想文化的基本元素和智识资源,就能增强其理论的厚重感和总体品质,从而增进其抗冲击的理论能力和整体宪法学术的自信力。进而在更深的层面上,将基本上是从西方舶来的宪法概念、基本原理、整体体系、功能价值和工具价值改造成为独具特色的中国自己的宪法理论与宪治实践。只要宪法学术界在此问题上取得共识，主流群体协力进取，和同促进，上述的宪法学理目标和前景，是值得期许的，更是可望实现的。

附　录

民族区域自治的远古史影及其价值蕴含
——基于优秀民族文化的探源研究

内容提要：作为当今中国基本政治制度之中的民族区域自治制度具有古远而厚重的历史基础，寻根探源可以追溯到在古代的历史深处。中华各民族的先祖在遥天纪年可确考的历史时空中就创造了灿烂的古代文明，其中的优秀民族文化从物质生产、社会结构、精神生活到结盟、恤遗、服贡、怀柔等制度性元素，都构成了民族区域自治的理论与制度的本土历史资源。探究这些资源不仅能更深入地理解民族区域自治制度，而且更有利于全面贯彻实施民族区域自治制度。

关键词：寻根探源　远古优秀民族文化　价值蕴含　神话同源　中华民族认同　精神家园史鉴

引言：中国的民族区域自治，如果从 1947 年 5 月 1 日内蒙古自治政府成立算起，至今已走过了近 70 年的光辉历史。改革开放以后，民族区域自治又被执政党和国家确立为具有中国特色的三大基本政治制度之一。该制度在中国的贯彻实施成就非凡，硕果累累。中国作为世界上最大的多民族国家之一，是唯一没有实行联邦制和单纯的民族自治的统一国家，但通过在中国的单一制的国家结构内实行民族区域自治，在实现各民族平等、团结、共同发展与进步以及在实现国家的安定、祥和等方面所取得的成就，不仅中国各民族人民有切身感受，而且得到了世界的公认和瞩目。

在实践取得巨大成就的同时，民族理论的建树和研究上同样也取得了显著的成就，通过在民族学、民族法学、宪法学等学术界的长期坚持不懈地努力钻研和大力推动，民族区域自治理论成长为一个跨学科又自成一个完整体系的综合学科，其中大量的专门著述和难以计数的论文、文章，足以彰显了这个理论结构的恢宏与精奥，使之成为极具有中国特色的理论体系。但我们也应当看到，中国的民族理论仍然具有广大的理论空间需要拓展,理论深度需要发掘。我们认为,除了其他方面,在民族区域自治理论乃至一般民族理论方面,至少在历史的深度挖掘方面还很不够,相关的著述虽屡为涉及,但不全面和深入,本文尝试对此进行研究,期望能填补这一理论的缺失。我们坚信,当今民族区域自治制度之所以如大树一样卓然挺立,并不仅仅是政治设计的成功,还在于它的根深深地扎在中国这块古老文明的土地上,是中华传统文化特别是其中的优秀的民族文化孕育和培植的结果。

一、探源研究的意义与价值

对民族区域自治的探源研究具有综合的意义与价值。

(一)有利于对中华优秀传统文化的阐发与弘扬

在对民族区域自治的探源研究中,势必要寻根溯源于传统优秀民族文化之中,这无需多做解释,因为今之谓民族区域自治制度是极具中国特色的基本政治制度,它是由代表中华各民族共同意志的共产党和人民政权在新民主主义革命和社会主义革命中,在中华人民共和国建国前后的人民政权建设中,不断探索、总结,最后确定为共产党和国家政权在中国这样一个多民族的统一大国中,解决民族问题和国家结构问题的政策抉择和国家结构形式以及国家的基本政治制度。这一政策和制度是中国自己独创的全新政治形式,在多民族大国中举世无双。但这并不意味着中国的民族区域自治制度只是革命和国家政治领导力量及其领导人运用先进的理念和政治智慧苦心设计的结果,这只是民族区域自治能在近、现代抉择和确立的一个方面,尽管是一个重要的方面。另一方面,中华传统文化的深厚土壤的培育也是不可或缺的方面。中国传统文化也可称为中国古代文明。加拿大学者布鲁斯·G.崔格尔在其新著《理解早期文明:比较研究》中,曾就以下世界六大文明进行了比较研究。他研究的早期六大文明中,除埃及、美索不达米亚、墨西哥谷地的阿兹特克及周边人群、玛雅、印加和约鲁巴等记载最丰富的古代文明外,还有商代中国。[①] 其实何止商代,从三皇五帝传说到有史迹可考和文字记述的夏代、商代和周代,都蕴育了灿烂的远古文明。在制定和

---

① ［加］布鲁斯·G.崔格尔:《理解早期文明:比较研究》,徐坚译,北京大学出版社 2014 年 1 月版。

修改的《中华人民共和国宪法》各文本时,都在序言中明确记载:"中国是世界上历史最悠久的国家之一。中国各族人民共同创造了光辉灿烂的文化……。"这就对中国传统文化或古代文明的历史地位作了明确的认定和记载。

另需特别说明的是,2011年,在中共十七届六中全会上,中共中央作出了《关于深化文化体制改革推动社会主义文化大发展大繁荣若干问题的决定》,其中明确指出:"优秀传统文化凝聚着中华民族自强不息的精神追求和历久弥新的精神财富,是发展社会主义先进文化的深厚基础,是建设中华民族共有精神家园的重要支撑,要……加强对优秀传统文化思想价值的挖掘和阐发,维护民族文化基本元素,使优秀传统文化成为新时期鼓舞人民前进的精神力量。"①我们此项从民族区域自治探源方面对远古优秀民族文化的研究,从最一般的意义上来说,其实也是对优秀传统文化思想价值的挖掘和阐发,同时也是优秀民族文化基本元素的深度阐释与弘扬。完全符合中共中央上述决定的精神与要求。

(二)有利于提升民族区域自治的价值与功能品位

在以往和当下的学术研究中,无论是民族学界和宪法学界,检视起来都有一个共同的学术倾向,那就是把民族区域自治主要置于工具性价值的品位上,重点阐发通过政策性调整、法律性规制和制度性运作,使中国各民族的相互关系得到和谐的调整,在保障各民族政治地位平等的基础上,加强民族团结,促进共同的进步与繁荣。民族区域自治这种工具性价值的肯定不仅必要,而且怎么强调都不算高,但这只是民族区域自治综合价值与功能的一个方面,本质上是属于"形而下"哲学层面上的。在价值哲学的视角下,还有一个超现实工具性的"形而上"的层面,即精神方面,这在民族领域大致包括中华民族自强不息的精神气质、中华民族的认同感和归属感、祖国的荣誉感和自豪感、共同祖先和起源的神话传说认同、以及包括敬天尊地天人合一的自然观等方面。这些共同构成了中华民族的精神家园。这种精神家园对中华各民族的凝聚力和感召力较之西方的超大宗教信仰的凝聚力和感召力,丝毫也不逊色。通过这种在寻根溯源的探讨中充分发掘优秀的远古民族文化,在收到提高精神文明的社会效应的同时,自然

---

① 中共中央《关于深化文化体制改革推动社会主义文化大发展大繁荣若干问题的决定》,(2011年10月18日中国共产党第十七届中央委员会第六次会议通过),载2011年10月26日《人民日报》,第一版。

也会提高民族区域自治的价值与功能品位,即民族区域自治决不仅仅是调整民族关系、促进民族团结、实现各民族共同发展的根本政策和基本的国家制度,同时它还是宝贵的教育资源,是提高中国各民族的凝聚力和对祖国的忠贞归属的绝佳教材。

(三)进一步增加对民族区域自治理论自信和制度自信

民族区域自治在中国这样多民族统一的大国中卓有成效地制定和实施,前已指出这是举世无双的。而其之所以举世无双,除了现实的民族关系和国家结构等政治性考量和抉择之外,还在于其深远厚重的历史基础。历史是给定的,中国在五千多年的有迹可考的文明发展过程中,从历史地给定了自远古的历史时代起,各民族就共同生活在这块古老的东方土地上,共同开发疆土,共同创造生存的自然条件和精神家园。尽管在中华先祖的那个时代,并没有我们今天所能辨识和有固定称谓的"民族",而是以氏族、部落、部落联盟等初具形制的类民族联合体的形式存在。但后来的事态表明,它们中的相当大的一部分在漫长的历史长河中逐渐演化而成为当今的各民族,尽管一些少数民族在历史演化过程中的称谓几经变换,也包括一些归化为其他民族的族体,但不管怎样,中国从古远的时代起,就是各民族的共同家园。有多民族存在,就有各民族相互关系的调处问题,中国各民族的先民在这方面可以说进行了在今天可以称之为理性的创造,积累了宝贵的经验。这些创造和经验早已潜移默化地渗透到近、现代中国民族政策和国家制度的抉择和确立过程中,如在经过文化自觉的提升,有目的的在民族区域自治的继续完善和大力实施过程自觉地运用远古的优秀的民族文化,将会进一步提升作为民族政策和国家制度的品质和实施效能。这在中国当前在执政党和国家层面,以及在全国各民族人民日益提高走中国特色社会主义道路的理论自信和制度自信的宏观背景下,肯定将会进一步提升对民族区域自治的理论自信和制度自信。这种自信的提升,更将鼓舞我们朝着既定的目标,坚定不移地将民族区域自治制度坚持和贯彻实施下去,为创造更和谐的民族关系,维护国家的安定团结,为实现美好的社会和国家发展目标作出贡献。

总而言之,我们此项探源史影及其意义分析研究,决不是"发古之幽思"之举,而是基于深切的对现实意义与价值的体察。

二、民族区域自治的远古史影及其意义分析

关于民族区域自治的远古史影是一个极为庞杂而深奥的研究对象,在此一篇容量有限的文论中,当然不能尽言。此文只取两个层次进行简约的梳理及初步分析:一为观念上的,二是形制方面的。

(一)民族区域自治的远古观念史影及其意义分析

1. 发生学意义上的神话同源及其意义分析。

神话起源于不知纪年的遥远的上古时代,在那蛮荒的时代,人类最初只能以语言进行交流,或可以结绳记事。但发达的人类大脑已经开始了对自身、自然及相互关系的探索,并以极其原始朴拙的思维直奔如下人生的哲学主题:我们是谁？我们从哪里来,我们往哪里去？世界上几乎所有的"我们"都会发出这样的疑问并作出他们自己的回答。这种思考和回答必然是以我们今人称之为"神话"的形式表达出来的。那个时代今人也称为"神话思维时代"或径直称"神话时代"。由于没有文字可用之,神话除部分用岩画或我们大多当不破解的契刻符号表达外,其余绝大部分都以世代口口相传的续衍方式留传至今。神话又被今人分为传说、叙事、思维、表象、仪式等多种形式,其内容在今人看来显得过于夸张、怪诞,令今人匪夷所思。但自漫远的上古时代留传下来的神话绝不是某些我们今人(包括学者)所认为的纯属"迷信",以至"绝不可信"。事实上,神话传承下来的是这样而不是那样,不仅蕴含了极其丰富的"意义"体系,而且经近、现代人类学、古文献学、考古学、政治学、民俗学等各个学科综合研究,我们今人已从古老的神话传说中发现了不少远古时代的"史影",乃至"史实素地"。

传说的人文学科,长期以来都以文字作为研究"神话学"的基础学科。这些状况的形成是不以神话为史,而是作为文艺作品而致力于从中发现其中的真、善、美。而晚近几十年来,神话学的研究早已超越了文学的学科基础,而成为人类学、考古学、语言学、社会学(民俗学)等学科的研究对象。其发展势头之猛着实令人惊异,且成果累累,一大批专著相继问世。

特别值得提出的是,学术界对于神话作为人类自身及其思想在发生学意义上的起源研究给予了高度的重视乃至偏好。在科学高度昌明的当代,今人仍在延续我们上古的先祖们关于人生哲学最基本问题的思考和追问,这足以令人惊

异如此自恋并陶醉于高度文明和发展的当代人,至今还思考早在旧石器至新石器时代的人们思考和追问的人生哲学问题竟如此的一致。更令人不可思议的是,今人对上述人生哲学的思考与追问并没有比远在万千年以上的先祖们的思考和追问前进多少,以至于我们今人仍然需要怀着极其虔诚的态度向我们的先祖致敬和学习。这就是为什么当代中国在发展社会主义先进文化,建设中华民族共有精神家园,树立社会主义核心价值观、凝聚新时代鼓舞人民前进的精神力量时,正如前引中共中央的《决定》所表述和强调的那样,"要加强对优秀传统文化思想价值的挖掘和阐发,维护民族文化的基本元素"。正是以上的理论背景和政治感召,才使我们对民族区域自治的研究产生了通古贯今的神话同源的学术联想和价值共享。

中国上古神话具有极其丰富的内容。根据学者刘城淮在《中国上古神话通论》中的分类有以下一些:生物神话,其中又包括动物神话和植物神话;地理神话,其中包括山岭神话、河海神话、矿物神话、火山地震神话;气象神话,其中包括风神话、云雨神话、雷电神话、霜雪神话;天文神话,其中包括太阳神话、月亮神话、日月神话、日月食神话、星辰神话、三光神话、虹霓神话、岁时神话;宇宙神话,其中包括创世神话、天庭神话、大地神话、四方神话、幽都神话、登天入地与隔绝三界神话,等等。① 在这些繁杂的神话中,几乎没有任何一则是专属某一民族的,事实上都可以说是现时各民族共享的,即使从其最初创立时期起,都是如此,尽管在那个漫远的上古时,民族还是以氏族、部落、部落联盟、部族的最初形式存在,限于篇幅,本文只以二则创世神话和一则创人神话加以介绍和分析。

在创世神话中,最著名的一则当属"盘古开天地神话",简称"盘古神话",它在古籍记载和民间口头流传中有多种版本,叙事有别,但开天地主旨明确。据《绎史》卷一引《五运历年记》记载:"盘古,垂死化身,气成风云,声为雷霆,左眼为日,右眼为月,四肢五体为四极五岳,血液为江河,筋脉为地里,筋肉为田地,发髭为星辰,皮毛为草木,齿骨围殴金石,筋髓为珠玉,汗流为雨泽,身之诸虫因风而感,化为黎甿。"②"盘古开天地,造山坡河流,划舟来住人,造海来蓄水。盘古

---

① 刘城淮:《中国上古神话通论》,云南人民出版社 1992 年 11 月版,第七章中第 252—337 页。
② 刘城淮:《中国上古神话通论》,云南人民出版社 1992 年 11 月版,第七章中第 321 页。

开天地,分山地平原,开辟三岔路,四处有路通。盘古开天地,造日月星辰,因为有盘古,人才得光明。"①另据《艺文类聚》卷一引《三五历记》记载:"天地混沌如鸡子,盘古生其中,万八千岁。天地开辟,阳清为天,阴浊为地。盘古在其中,一日九变,神于天,圣于地,天日高一丈,地日厚一丈,盘古日长一丈:如此万八千岁,天数极高,地数极深,盘古极长。"②这只是两部典籍记载,其他典籍的记载恕不能一一引述。除此之外,瑶、壮、白、苗、毛南、侗、彝等少数民族也都有大同小异版本的盘古开天地的神话传说。③

关于创世神话在西方世界也出现过,只是比我们中国要晚了许多世纪。其中最著名的创世神话当属《圣经·旧约》中记载的上帝耶和华,在七天之内就创造了包括天、地、万物和人的一个完整的世界。西方的思想家、哲学家对这种创世神话进行了各种解读。最近由美国人类学家詹姆斯·皮科克所作的哲学解读,使我们对创世一类的神话解读颇有启发。他指出:"希伯来人在文化的观念上则作出了不少贡献。在他们的创造观念中,人是'按照上帝的形象'被创造,并被上帝赋予统治地球的权力。这样,人就与非人区分开来。创世纪不仅设法解决了重要的哲学问题'为什么会有一些事情而不是什么都没有?'(是耶和华创造了物质、天堂和地球),也解决了这样的问题'为什么会有生命出现而不全是无生命的天地?'(耶和华的呼吸给予生命)和'为什么有有意识的活动而不全是无意识的活动?'(耶和华的创造中人和动物之别从伊甸园到'现实世界'的转换)。最后一个问题也可以这样表述:'为什么有文化而不是只有自然?'④按照这种哲学分析理路,中国的盘古开天辟地的神话同样具有上述的哲学意义。首先,它表明我们先祖以中国方式设法解决了重要的哲学上"为什么会有一些事情而不是什么都没有"的问题,即自然界中的天、地、万物由来有自,是盘古(或加上其弟盘生)用肉身化育,以其自我牺牲的英雄行为成就了天、地、万物。这就解决了原始初民对自身以外的周围世界,大到天体中的日月星辰,小到一草一木以至金石、珠玉从何而来的哲学困惑。除自然界外,在一则上引的《五运历年

---

① 刘城淮:《中国上古神话通论》,云南人民出版社 1992 年 11 月版,第七章中第 322 页。
② 刘城淮:《中国上古神话通论》,云南人民出版社 1992 年 11 月版,第七章中第 322 页。
③ 关于瑶、壮、白、苗族的盘古开天地的神话传说的版本,详见刘城淮:《中国上古神话通论》,云南人民出版社 1992 年 11 月版,第七章中第 321—328 页。
④ [美]詹姆斯·皮科克著:《人类学透镜》,汪丽华译,北京大学出版社 2009 年 6 月版,第 29 页。

记》盘古开天地神话版本中,还有"身之诸虫因风而感,化为黎甿"的记载。"黎甿"者,即"黎民百姓"是也。看来,人也是盘古开天地的结果,但百姓,即人不是盘古自体肉身化育的,而是他身上的"寄生虫"在风的感化下变成了人。我们先祖关于"我们是谁,我们从哪里来"的哲学思考颇有创意,这不像《圣经·旧约》中那样是由上帝并用"上帝的形象"被创造出来的,还被上帝赋予统治地球的权力。在盘古神话中,人并不是直接由盘古创造的,甚至都不是其肉身化育而成的,而是他身上的"诸虫"被他的"气"化成的风"所感"而生成的。这一创造人的方式表明了我们先祖的宇宙观和人生观与古希伯来人有一个重大的区别。先者虽然也解决了"为什么会有生命出现而不是全无生命的天地?"的哲学问题,但不像后者那样赋予人以统治地球的超越权力。换句话说,我们先祖之所以让人以这种方式出世,其深处的观念只是表面他们并不想让人成为比其他周围世界上的任何有机物或无机物有显著或重大区别的物种,人不过是自然生成(通过盘古开天地)的一个物种而已。初民们这种朴素的自然观构成了后世中国传统文化中最重要的核心观念之一的"天人合一"宇宙观的基础。这一基础与我们所探讨的民族区域自治制度的观念基础之间的联系,本文在下面还将详加分析。

盘古开天地的神话重在解决"为什么会有自然界诸物的分野",而不是原初的"天地混沌如鸡子"的样子这样的"创世"问题,而关于人的"创造"方式尽管与自然诸物有所区别,但人的意义毕竟与自然诸物的意义显著不同,单纯的创生方式并不能解决人在宇宙中的地位以及人与自然诸物之间的意义差别问题。这个问题的解决还需要通过另外的形式来解决。"女娲造人"的神话就应运而生了。

"传说女娲是古之神圣女,"化万物"(《说文》)者也。又传言女娲"人头蛇身",一日七十化。(《楚辞·天问》,王注)

"女娲作为造人之神,"天地开阔,未有人烟,女娲抟黄土作人,剧务,力不暇供,乃引绳絙于泥中,举以为人"。[1]

---

[1] 《太平御览》卷78引《风俗通》,转引自刘诚淮著:《中国上古神话通论》,云南人民出版社1992年11月版,第九章中第466页。

这些古文的意思是：民间传说，天地开辟之初，大地上并没有人类，是女娲把黄土捏成团造了人。她干得又忙又累，竭尽全力干还赶不上供应。于是她就拿了绳子把它投入泥浆中，举起绳子一甩，泥浆洒落在地上，就变成了一个个的人。后人说，富贵的人是女娲亲手抟黄土造的，而贫贱的人只是女娲用绳沾泥浆，把泥浆洒落在地上变成的。

"女娲抟土造人"神话可以如我们理解的在盘古神话中对造"黎甿"，即百姓叙事的不足，或也可以理解为专突出"我们是谁，我们从哪里来"的哲学思考而精心创造的"创人"神话。这一神话一般哲学意义就在于：人作为自然界中的一个物种，无非来自自然，连神人女娲"造人"的质料，也是大自然中极其普通的泥土，而非什么"特殊的材料"。人被造出之后，也生活在自然中，在盘古开辟的土地上生活、繁衍后代，与大自然中的天空、土地、花草等万物和谐地生活在一起。不言而喻，这则女娲补天的神话再次强化了我们的先祖关于我们人与自然万物，即"天人合一"的宇宙观核心理念。同时也进而回答了"我们的世界为何是这个样子而不是别的样子"，以及"我们的世界中为什么要有人，有人的世界和无人的世界有什么不同"这类的哲学追问。

在关于民族区域自治的史影及其价值蕴含的探讨中，我们当然不能只满足于上述一般哲学意蕴上的分析，而是要致力于寻觅出这种上古神话对于当今的民族区域自治制度的深远影响。当然，上古神话作为优秀的传统文化从宏观背景上也具有影响，但我们更认为上古神话还对现今的民族区域自治制度具有更为密切相关的观念影响。

首先，让我们看一看现今民族区域自治制度制定和实施所依据的一些基本原则。

中国的民主制度决定了我们必须以先进的、科学的民族理论为指导，并按照国家的民主原则来建立各民族之间的关系。在先进的、科学的民族理论中，民族平等和民族团结问题占据核心的地位，因为我们所讲的民族问题，就是民族关系的问题，就是各民族之间平等与不平等，团结与不团结的问题。所以，民族平等和民族团结是马克思主义处理民族问题的根本原则。中国共产党和国家一贯坚持以先进的、科学的民族理论为指导思想，在处理国家的民族关系上，一贯重视发展平等、团结、互助的新型民族关系。中华人民共和国建国以来，中国共产党和国家一直比较重视调整和解决民族关系问题,并且取得了显著成绩。经过长期的一致努力,中国各民族人民已经建立起了平等、团结、互助的民族关系,为了巩固国家的统一和进行社会和国家现代化建设提供了根本的保障。60 多年的历史经验也证明了,只有各民族人民建立起平等、团结、互助的民族关系,才能保障国家的安定和团结,促进少数民族的繁荣昌盛,推进国家和民族自治地方的现代化建设的顺利进行。如果破坏了各族人民和睦共处和兄弟合作的关系,就会导致国家和民族分裂的严重后果。中华人民共和国成立以来的经验还表明,中国的民族关系是新型的民族关系,它的基本特征就是民族平等、团结和互助。

坚持民族平等是中国的一项基本的民族政策和制度,这一政策和制度得到全国各族人民的热烈拥护和支持,各民族人民自觉地把民族平等作为处理民族关系的行为准则。在中国共产党和国家长期进行的民族平等的教育下,民族平等的观念已经深入人心,国家机关工作人员、广大各族人民群众都能自觉地尊重各民族的平等地位和权利。在中国正在进行的现代化建设过程中,无论是相对聚居的民族,还是交错杂居的各民族,都以平等的民族成员的身份,积极地参加了国家的现代化建设,谁也不歧视谁,谁也不排斥谁。在各级国家权力机关中,各民族的代表都能平等地共商国家大事,对于一些少数民族代表提出的合理意见,其他民族的代表总是认真地加以考虑,并在可能的条件下给予应有的照顾。在其他国家机关中,各民族的干部也都能平等地在一起工作、学习和生活。在汉族居住的地区,对于前来参加工作、学习的少数民族的干部和群众,都表示欢迎,并尽可能地给予照顾。在少数民族地区,也欢迎汉族和其他民族的干部、科技人员和有技术专长的群众去参加发展和建设。所有这些,都说明了中国各族人民之间已经建立起了牢固的平等关系。

民族团结对我们的国家来说,是关系到国家建设事业的成败,关系到国家前途命运的大问题。中国各族人民在几千年的共同交往和共同生活中,结成了亲密团结的友好关系。在各民族人民掌握了自己的命运以后,他们更加珍视这种友好团结的情谊。各族人民共同认识到,无论在历史上,还是在现在以至于将来,各民族人民的命运紧紧地联系在一起,汉族离不开少数民族,少数民族离不开汉族,只有团结才能得到生存和发展,分裂就会导致国家的衰败、民族的危亡。如果说在民族、民主革命历史上,没有各族人民的团结奋斗,就不会推翻压在人民头上的帝国主义、封建主义和官僚资本主义的"三座大山",不能得到国家的独立和民族的解放,那么在现在和将来,没有各民族的团结奋斗,就没有国家的现代化,就没有国家的富强和人民的幸福。各族人民只有团结起来建设国家,同心同德地、齐心协力地早日把中国建设成为现代化的、文明、民主和富裕的国家,才符合各民族人民的根本利益。除了极少数的民族败类妄图分裂祖国、破坏民族团结外,各族人民都希望加强民族之间的团结,并为维护和发展这种团结关系,消除历史上遗留下来的民族隔阂和民族猜忌,正在作出不懈的努力,这就是中国现在的民族关系的基本事实和重要特征。

民族互助也是中国新型民族关系的一个重要特征。这一民族关系的建立,是中国共产党和国家执行民族共同发展和共同繁荣政策的必然结果。由于历史上的原因,中国各民族在经济和文化等方面的发展,是很不平衡的。在中国消灭了民族歧视和民族压迫制度以后,在民族平等和民族团结的基础上,为各民族的发展和繁荣创造了很优越的社会条件,使各民族人民都有机会发挥自己的聪明才干,为中华民族和本民族的发展和繁荣作出贡献。

应当看到,中国少数民族的人口少,经济和文化等都不够发达,缺少现代工业和技术,干部和知识分子也很缺乏,光靠少数民族自己的力量,要想在短时间内获得较大的发展,是不可能的。所以需要兄弟民族的帮助,特别是人口众多、经济和文化等比较先进的汉族人民的帮助,这对于少数民族的发展和进步,是十分重要的。中华人民共和国建国以来,曾有大批的汉族干部、科学技术人员和其他人员到少数民族地区工作,与少数民族同甘共苦,团结奋斗,为少数民族地区的建设事业做出了重要贡献,受到了少数民族人民的信任和爱戴。当然,民族互助不是单方面的,少数民族对汉族地区的经济发展和人民生活的改善,也给予了巨大的帮助。事实证明,中国各族人民在平等、团结的基础上,已经牢固地建立起了互助的关系。

通过认真地总结经验,中国各族人民用根本法的形式确定了这种新型的社会主义民族关系。现行《宪法》在序言中首先肯定:"平等、团结、互助的社会主义民族关系已经确定,并将继续加强。"《宪法》第四条也规定:"国家保障各少数民族的合法的权利和利益,维护和发展各民族的平等、团结、互助关系。禁止对任何民族歧视和压迫,禁止破坏民族团结和制造民族分裂行为。"第五十二条还规定:"中华人民共和国公民有维护国家统一和全国各民族团结的义务。"《中华人民共和国民族区域自治法》对此也作了相应的规定。这些规定,反映了中国民族关系的实际,表达了各族人民的共同愿望,也为《中华人民共和国民族区域自治法》关于民族关系的规定,确定了根本的依据。

　　民族问题是个长期存在的问题,在中国现阶段以及今后相当长的历史时期内,不可能没有民族问题的存在。尽管中国从民族理论上和实践上已经确定了平等、团结、互助的新型民族关系,但这并不是说,在中国就没有影响民族关系的因素了。事实上,这种因素还是存在的,这就是大民族主义,主要是大汉族主义,还有地方民族主义。因为这两种民族主义都影响和妨害新型的、正常的、良好的民族关系。因此,必须加以反对。在中国,汉族占全国总人口的绝大多数,在全国的政治、经济和文化生活中,都有广泛而又深刻的影响,容易忽视少数民族的特点和需要,不注意照顾少数民族的利益。所以,汉族人士应该保持高度的自觉,经常注意自己不要犯大汉族主义错误,并注意克服已产生的大汉族主义。地方民族主义也会损害新型的、正常的、良好的民族关系,因此也必须加以反对。正是针对中国的这种实际情况,《中华人民共和国宪法》在序言中指出:"维护民族团结的斗争中要反对大民族主义,主要是大汉族主义,也要反对地方民族主义。"这对于维护新型的、正常的、良好的民族关系,是完全必要的。只有正确坚持民族平等的原则,结合中华人民共和国建国以来的经验和教训,制定一系列严格、正确的方针、政策、制度,并且使之得以在实践中发挥作用,才能够在中国真正地维护和发展各民族的平等、团结、互助的新型的民族关系。

　　(二)中国一贯坚持各民族共同发展、共同繁荣的政策

　　中华人民共和国建国以来的历史经验证明,民族团结、民族平等和各民族共同繁荣,对我们这个多民族的国家来说,是一个关系国家命运的重大问题。各民族共同发展、共同繁荣,是中国共产党和国家付诸了几十年实践的一项基本国策。在新的历史时期内,为了更进一步调整和解决中国的民族关系和民族问题,中国共产党和国家在大力倡导发展民族经济的同时,更加坚定地执行各民族共同发展、共同繁荣的政策。

　　中国是一个多民族的统一的国家,在现行民主制度条件下,中国共产党和国家的基本的民族政策就是要使各民族共同发展、共同繁荣。这就是现行民主制

度优越性的重要表现。让各民族共同发展和繁荣,既符合先进的、科学的民族理论的精神,又符合整个中华民族和每个民族的根本利益。要使祖国变成强大的国家,就必须极为重视和加强各民族在共同基础上的进步和繁荣。我们应当十分清楚,在中国这个统一的多民族的大国,只有汉族地区的发展和繁荣,是不能建成现代化、文明、民主和富裕的社会主义国家的。只有各个少数民族人民和汉族人民一起,共同来发展社会主义经济,使各个民族地区都繁荣起来,才能实现新的历史时期建设社会和国家现代化国家的宏伟目标。中华人民共和国建国以来,国家在支持鼓励少数民族自力更生,发奋图强的进行经济和文化等项事业的建设的同时,还在财力、物力、人力等方面给予少数民族地区以大量的援助,帮助少数民族逐渐发展和繁荣起来。在基本建设、财政和税收等方面也都对少数民族地区实行了优惠政策,给予不少的照顾。在人力方面,国家先后派遣了大批的干部、技术人员和其他人员到少数民族地区工作,帮助少数民族培养了大批本民族自己的干部和科学技术人员;支边青年和驻守少数民族地区的人民解放军,也积极帮助少数民族地区发展经济和文化等事业。事实证明,国家的这项各民族共同发展、共同繁荣的基本政策,是完全正确的,成效也是巨大的,受到了全国各族人民的共同拥护和支持。

坚持各民族共同发展和繁荣是中国共产党和国家关于民族问题的一贯政策。在几十年实践经验的基础上,现行宪法再次肯定了国家的这项政策。《中华人民共和国宪法》在《序言》中就表明:"国家尽一切努力,促进全国各民族的共同繁荣。"在《总纲》第四条中规定:"国家根据各少数民族的特点和需要,帮助各少数民族地区加速经济和文化的发展",在民族自治地方的自治机关一节中的第一百一十八条规定:"国家在民族自治地方开发资源、建设企业的时候,应当照顾民族自治地方的利益";第一百二十二条规定:"国家从财政、物资、技术等方面帮助各少数民族加速发展经济建设和文化建设事业。国家帮助民族自治地方从当地民族中大量培养各级干部,各种专业人才和技术工人。"这些规定以根本法的形式把国家的各民族共同发展、共同繁荣的政策固定下来了。《中华人民共和国民族区域自治法》根据宪法的这些原则性规定,又作了许多具体的规定。

(三)中国坚持各民族都有使用和发展自己的语言文字的自由,都有保持或者改革自己的风俗习惯的自由

民族语言文字是构成一个民族的重要因素,也是民族的一个重要特征。每个民族的语言文字又是这个民族的民族文化的重要形式,它记载并传播着本民族在生产斗争、社会活动和科学进步中的宝贵经验,保存并传播着本民族创造的丰富多彩的文化财富和思想财富。一个民族的政治、经济、文化的发展,人们的思想文化交流,对本民族历史文化的继承,都离不了本民族的语言文字。因而,一个民族的语言文字,对该民族的形成、发展、进步和繁荣,以及民族关系等,都具有特别重要的作用和影响。民族语言文字还对维系民族的感情方面,发挥着重要的作用。中国各个少数民族,大多数有自己的民族语言,只有部分民族没有自己的文字。

民族的风俗习惯也是在民族形成发展的过程中逐渐形成的,有其历史的必然性与合理性,它在不同程度上反映着该民族的生活方式、历史传统和心理感情,是民族特点的一个重要方面,对民族的发展进步也有着重要影响。

中国共产党一贯坚持民族平等、语言平等以及各民族都有使用民族语言文字的自由的政策,尊重少数民族的风俗习惯,也是中国共产党的一贯政策。早在1938 年,毛泽东在党的六中全会的报告中就提出:要“尊重各少数民族的文化宗教、习惯”,“应赞助他们发展用各族自己语言文字的文化教育”。在《论联合政府》中,毛泽东也强调,少数民族“他们的语言、文字、风俗、习惯和宗教信仰,应被尊重”[1]。中华人民共和国建国以来,中国共产党和国家为了保障少数民族的平等权利,尊重少数民族的风俗习惯,提高少数民族的科学文化水平,促进少数民族经济文化等各项事业的发展和繁荣,制定了一系列的民族政策,采取了一系列措施,并取得了巨大成就。例如,在少数民族的语言文字方面,中国共产党和国家不仅要求人们在日常生活、生产劳动、通讯联系以及社会交往中都注意使用民族的语言文字,还要求教育机构在有本民族通用文字的少数民族地区,实行民族语言文字的教学。并在一些有条件的民族自治地方建立了使用本民族语言、文字的新闻、广播、出版事业。1957 年,国务院还批准了关于少数民族创制和改

---

① 《毛泽东选集》第 3 卷,人民出版社 1991 年 6 月第 2 版,第 1084 页。

革文字的方案。对于少数民族的风俗习惯,中国共产党和国家也不允许以行政手段加以干涉。对于各个民族来说,他们完全有权利拥有传统的良好的风俗习惯,在这方面,他们完全是自由的,不受任何干涉和阻挠。例如,傣族过的"泼水节"、蒙古族的"那达慕"大会、回族的"开斋节"等风俗习惯,国家都给予高度重视和尊重,不仅派人员去慰问,还给予一定的经济补助以帮助少数民族过好自己的节日。中国共产党和国家也允许各个民族保持和发展自己的风俗习惯,即使是对有些少数民族不良的、有害的风俗习惯,也由本民族在自觉自愿的基础上进行改革,任何别的民族都不能代替,国家机关也不允许用行政手段加以干涉。

中华人民共和国建国以来,中国共产党和国家的这一民族政策得到了较好的贯彻执行,并得到了全国各族人民的拥护和支持。《中华人民共和国宪法》也再次确认了这一正确的民族政策,在《总纲》第四条中规定:"各民族都有使用和发展自己的语言文字的自由,都有保持或者改革自己的风俗习惯的自由。"在民族自治地方的自治机关一节中的第一百二十一条规定:"民族自治地方的自治机关在执行职务的时候,依照本民族自治地方自治条例的规定,使用当地通用的一种或者几种语言文字。"在人民法院和人民检察院一节中的第一百三十四条规定:"各民族公民都有用本民族语言文字进行诉讼的权利。人民法院和人民检察院对于不通晓当地通用的语言文字的诉讼参与人,应当为他们翻译。在少数民族聚居或者多民族共同居住的地区,应当用当地通用的语言进行审理;起诉书、判决书、布告和其他文书应当根据实际需要使用当地通用的一种或者几种文字。"这些规定,是国家对少数民族的语言文字和风俗习惯的政策在宪法上的体现。它使《中华人民共和国民族区域自治法》的有关规定,有了《中华人民共和国宪法》的依据。

(四)中国《宪法》突出地规定了民族区域自治制度

民族区域自治是中国共产党在先进的、科学的民族理论指导下,结合中国具体的国情、族情而确立起来的解决中国民族问题的根本政策,也是国家解决中国民族问题的基本的政治形式和国家的一项重要的政治制度。在有一定少数民族聚居的地区实行民族区域自治,体现了中国共产党和国家民族平等和民族团结的基本政策。实行民族区域自治不仅有利于少数民族人民更好地管理自己的内部事务,充分保障少数民族的权利,而且对促进社会主义大家庭的团结、发展国家经济、繁荣社会主义伟大祖国,也起着重要作用。中华人民共和国建国以来的历史经验证明了,实行民族区域自治,有利于社会主义国家各民族人民的和睦共处和通力合作,是完全符合中国国情的一项正确的基本国策和基本制度;在《中华人民共和国宪法》的起草、讨论过程中,立法机关就确定了必须坚持民族区域自治制度的制宪的指导思想。在现行《中华人民共和国宪法》的条文的规定上,民族区域自治制度占了很大的分量,具有突出的地位。主要体现在:

第一,关于民族区域自治制度的总的规定。

《中华人民共和国宪法》第四条规定:"各少数民族聚居的地方实行区域自治、设立自治机关行使自治权。各民族自治地方都是中华人民共和国不可分离的部分。"这是《中华人民共和国宪法》关于民族区域自治制度的总的规定。它确立了中国实行的是民族自治和区域自治相结合的自治制度;由民族自治地方的自治机关行使自治权;各民族自治地方在国家整体中的地位。这些规定,充分说明《中华人民共和国宪法》是《中华人民共和国民族区域自治法》的立法基础和依据。

第二,民族自治地方的自治机关的组织和活动原则。

《中华人民共和国宪法》第一百一十二条规定:"民族自治地方的自治机关是自治区、自治州、自治县的人民代表大会和人民政府。"按照这一规定,中国的民族乡不是一级自治地方单位。民族乡的人民代表大会可以依照法律规定的权限采取适合民族特点的具体措施,但不能行使自治权。同样,按照这一规定,民族自治地方的人民法院和人民检察院也不是民族自治地方的自治机关。

关于民族自治地方的自治机关的组织,《中华人民共和国宪法》也规定了必须遵循的原则,第一百一十三条规定:"自治区、自治州、自治县的人民代表大会中,除实行区域自治的民族的代表外,其他居住在本行政区域内的民族也应当有适当名额的代表。"这一规定,是为了保证民族自治地方的自治机关具有广泛的代表性,使它们真正能够代表各族人民的利益行使自治权。对于民族自治地方的自治机关的主要负责人,《中华人民共和国宪法》也规定由实行区域自治的民族的公民担任。第一百一十三条规定:"自治区、自治州、自治县的人民代表大会常务委员会中应当有实行区域自治的民族的公民担任主任或副主任。"第一百一十四条规定:"自治区主席、自治州州长、自治县县长由实行区域自治的民族的公民担任。"这些规定对于保障民族自治地方的自治机关充分地、有效地行使自治权,具有重要的意义。

关于民族自治地方的自治机关的活动原则,按照宪法的规定,一律适用民主集中制的原则;规定民族自治地方的自治机关可以根据本地方实际情况贯彻执行国家的法律、政策;规定自治区的自治条例和单行条例,报全国人大常委会批准后生效,自治州、自治县的自治条例和单行条例,报省或自治区的人大常委会批准后生效,并报全国人大常委会备案。

第三,规定了民族自治地方的自治机关享有同级地方国家机关职权。

《中华人民共和国宪法》第一百一十五条规定:"自治区、自治州、自治县的自治机关行使宪法第三章第五条规定的地方国家机关的职权。"这就是说,凡是地方国家机关能够享有的权力,民族自治地方的自治机关同样享有。例如,《中华人民共和国宪法》规定省、直辖市的人大和他们的常委会在不同宪法、法律、行政法规相抵触的前提下,有制定和颁布地方性法规的权力。作为与省、直辖市同级的自治区的人大和它们的常委会,同样享有这项权力。

第四,规定了民族自治地方的自治机关多方面的自治权。

《中华人民共和国宪法》第一百一十五条首先规定,自治区、自治州、自治县的自治机关"依照宪法、民族区域自治法和其他法律规定的权限行使自治权。"关于这些自治权,按照《中华人民共和国宪法》的规定,主要有以下一些:

1.制定自治条例和单行条例权。《中华人民共和国宪法》第一百一十六条规定:"民族自治地方的人民代表大会有权依照当地民族的政治、经济和文化的特点,制定自治条例和单行条例。"自治条例是依据《中华人民共和国宪法》和《中华人民共和国民族区域自治法》确立的原则,规定各民族自治地方的自治机关的组织和活动原则等综合性的条例。单行条例是民族自治地方的自治机关就某一方面需要解决的问题所作的规定。自治条例和单行条例都具有法律规范性质,对于保证民族自治地方的自治机关的自治权的行使,具有重要的意义。这是一项一般地方国家机关所没有的权力。

2.财政自治权。《中华人民共和国宪法》第一百一十七条规定:"民族自治地方的自治机关有管理地方财政的自治权。凡是依照国家财政体制属于民族自治地方的财政收入,都应当由民族自治地方的自治机关自主地安排使用。"财政自治权是一项重要的权力,只有保障这项权力,民族自治地方的自治机关的自治权,才有实际的意义。

3. 经济建设的管理权。《中华人民共和国宪法》第一百一十八条规定:"民族自治地方的自治机关在国家计划的指导下,自主地安排和管理地方性的经济建设事业。"这一权力,对于充分调动民族自治地方的主动性和积极性,促进少数民族地区的生产发展和经济繁荣,具有重要的意义。

4. 公共事务的管理权。《中华人民共和国宪法》第一百一十九条规定:"民族自治地方的自治机关自主地管理本地方的教育、科学、文化、卫生、体育事业,保护和整理民族的文化遗产,发展和繁荣民族文化。"这些规定,对于促进少数民族地区的社会主义精神文明的建设,对于促进各少数民族的进步和发展,同样具有重要的意义。

第五,组织公安部队权。

《中华人民共和国宪法》第一百二十条规定:"民族自治地方的自治机关依照国家的军事制度和当地的实际需要,经国务院批准,可以组织本地方维护社会治安的公安部队。"这对于保卫少数民族的合法权益,在民族自治地区建立安定团结的社会秩序,打击破坏民族团结和民族自治地方的社会秩序等犯罪行为,是很有必要的。

以上就是现行《中华人民共和国宪法》对中国民族自治制度所作的原则规定。这些规定集中体现了中国民族区域自治制度所具有的中国特色及优越性。它为中国的民族区域自治的实施确定了根本的政策和制度的原则。正是根据《中华人民共和国宪法》的这些原则性的规定,《中华人民共和国民族区域自治法》对于民族区域自治制度的各方面的基本问题都作了具体的规定。

总之,现行《中华人民共和国宪法》全面地规定了国家的民族政策,确定了民族区域自治是解决中国民族问题的基本政策,充分地保障了少数民族的权利,给《中华人民共和国民族区域自治法》的制定奠定了坚实的根本法基础。《中华人民共和国民族区域自治法》是实施宪法规定的民族区域自治制度的基本法律,针对《中华人民共和国宪法》的原则性规定,它对中国的民族问题作出了许多具体的、详明的、科学的规定。《中华人民共和国宪法》和《中华人民共和国民族区域自治法》颁布以来,共同成为解决中国独特的民族问题的指导思想和行为准则。

其次,再来看一看中国的宪法和民族区域自治法是怎样以国家根本法和基本法的形式确立民族平等的原则和政策、制度的。

1949 年颁布的《中国人民政治协商会议共同纲领》明确规定:"中华人民共和国境内各民族一律平等"、"禁止民族间歧视、压迫和分裂各民族团结的行为"。1951 年政务院颁布了《关于处理带有歧视或侮辱少数民族性质的称谓、地名、碑碣、匾联的指示》,根据这个指示,各地都对有关问题作了处理。1952 年,政务院又颁布了《中华人民共和国民族区域自治实施纲要》和《关于保障一切散居的少数民族成员享有平等权利的规定》。1953 年,中央人民政府颁布的《选举法》对少数民族在全国人民代表大会和地方各级人民代表大会中代表名额,也作了相应的规定。到了 1954 年制定中国第一部《中华人民共和国宪法》时,更是把民族平等政策用宪法的形式肯定下来。在《中华人民共和国宪法》《序言》中指出:"我国各民族已经团结成为一个自由平等的民族大家庭",在《总纲》第三条中明确规定:"各民族一律平等。禁止对任何民族的歧视和压迫,禁止破坏各民族的平等权利。"这些宪法、法律、法规的贯彻实施,对于保护各民族的平等权利,起了重要作用。

在中国进入新的历史发展时期以后,1979 年五届全国人大二次会议上,又制定了《地方各级人民代表大会和地方各级人民政府组织法》、《全国人民代表大会和地方各级人民代表大会选举法》,在 1982 年的五届全国人大五次会议上还作了必要的修改。这些法律对保证少数民族的平等权利,作了许多具体的规定。其中,《选举法》第十五条规定:"全国少数民族应选全国人民代表大会代表,由全国人民代表大会常务委员会参照少数民族的人口数和分布等情况,分配给各省、自治区、直辖市的人民代表大会选出。人口特少的民族,至少也应有代表 1 人。"此外,还专设一节规定少数民族的选举。它规定,有少数民族聚居的地方,每个聚居的少数民族都应有代表参加当地的人民代表大会。聚居境内的同一少数民族总人口数不及境内总人口数 15% 的,每一代表所代表的人口数可以比当地代表大会每一代表所代表的人口数少 1/2;民族人口数特少的自治县,还可以少于 1/2。人口特少的其他民族,至少应有代表 1 人。散居的少数民族应选当地人大的代表,每一代表所代表的人口数可以少于当地人大每一代表所代表的人口数。五届全国人大第五次会议在《关于第六届全国人民代表大会代表名额和选举问题的决议》中,还规定全国少数民族应选全国人大代表的名额,应占全国人大代表总名额的 12% 左右。全国人大常委会还掌握一定的机动名额,其中有些根据情况分给有关的省、自治区、直辖市,以保证人口特少的民族的代表当选。国家还采取了许多具体的、有力的措施,认真地贯彻和执行了上述的法律和决议,切实地保证了少数民族能够平等地享有管理国家事务和地方事务的权利。除了以上这些在政治上和法律上真正地实现了少数民族的平等权利之外,国家还采取了许多重大措施,为实现各民族在经济和文化等方面事实上的平等,作了不懈的努力,并取得了显著的成效。

通过认真的总结中国长期以来坚持民族平等原则的经验,1982 年《中华人民共和国宪法》再次确认了中国的这一重要的民族政策。第四条明确规定:“中华人民共和国各民族一律平等。”在国务院职权的第八十九条规定:“领导和管理民族事务,保障少数民族的平等权利和民族自治地方的自治权利。”为了保证少数民族管理国家事务和地方事务的权利,第五十五条规定:“全国人民代表大会由省、自治区、直辖市和军队选出的代表组成。各少数民族都应当有适当的名额的代表。”第一百一十三条规定:“自治区、自治州、自治县的人民代表大会中,除实行区域自治的民族代表的代表外,其他居住在本行政区域内的民族也应当有适当名额的代表。”第三十四条还规定:“中华人民共和国年满 18 周岁的公民,不分民族……都有选举权利和被选举权;但是依照法律被剥夺政治权利的人除外。”这些规定都是从各方面确认了国家的民族平等政策,民族区域自治法正是根据《中华人民共和国宪法》的这些原则性的规定,对民族平等问题作出了具体的规定。

与此相呼应,《中华人民共和国民族区域自治法》在序言中也申明:“实行民族区域自治,对发挥各族人民当家作主的积极性,发展平等、团结、互助的社会主义民族关系,巩固国家的统一,促进民族自治地方和全国社会主义建设事业的发展,都起了巨大的作用。今后,继续坚持和完善民族区域自治制度,使这一制度在国家的社会主义现代化建设进程中发挥更大的作用。”

最后,让我们再体察一下,在民族区域自治的立制原则中能否从上古的“创世”与“造人”神话中找出相应的内在关联;如果存在这种关联,我们能否得出相应的结论,即当今的民族区域自治植根于中国上古神话奠定的中国传统文化之中,甚至从上古的神话传说都能找到它的"史影"。

我们认为这种内在联系是存在的,特别是民族平等、团结的民族关系原则就植根于盘古神话和女娲神话所奠定的"人性平等"的理念之中。"人性平等"在以上二则上古神话中得到了潜在的寓意。在盘古神话中,"身之诸虫因风而感,化为黎甿"的叙事,就蕴含了"人性平等"理念。你看,后世和今人虽如此自恋,且高傲得不可一世,自封"万物灵长"(莎士比亚语),但其出身竟如"诸虫"一般的"低微"。而"诸虫"之间也并没有尊卑贵贱、贤与不肖、聪慧与愚钝之分,大家在地位上是一律平等的。再从女娲神话来看,造人的"质料"更是再普通不过了,只是一"抔土"而已。大地几乎可以信手取来,不仅取之自然,而且并无质量上所谓实质性差别。这样捏出来的人当然不仅是同质,而且地位在发生学意义上更是没有尊卑贵贱、贤与不肖、聪慧与愚钝的差别。这就是认得人的本来样子,人性上当然是平等的。

如果上述的平等原则就是基于人性平等的理念还不能让人深察二者之间的内在关联,从而确认民族平等何以能和必然是从中国传统优秀文化深处生根并循着赓续相继的历史逻辑结果的话,那么,我们还可以反观西方希伯来人的"创世"与"创人"神话中的意蕴。基督教的创世神话中,人是上帝按照自己的形象创造出来的。但人之初在只有亚当和夏娃二人世界中,只因夏娃禁不住受蛇的引诱而偷食了"禁果",从此上帝给人类赋予了从一出生就带有"原罪"的本性,只有靠信奉上帝并皈依基督教才能获得救赎,而上帝会无条件地赐人以慈爱和恩眷。在这种创世和创人神话中,人一开始就不具有独立的人性,人是上帝创造的,故人性必定是与上帝的神性是一体的,又由于上帝的神性是至高无上的,又可以说人性是被泯灭的。无欲无求的信徒们的人性还必然依教义区分的善恶为前提才能成立,因为人生来就有恶性的一面,故需要上帝的救赎、导引才能向善,而善的目的性依归则彰显上帝如慈父般的爱怜和全能。人从一出生就带有的善恶分野也与中国上古神话中的人性平等相映成趣的。当然在中国传统文化中,原初的这种人性平等在后世的儒家学说中被定性为"性相近",人与人立世之后相互之间的差别并非是由人性差别过大造成的,而"习相远"使然。孟子的"性善说"和荀子的"性恶说"都只是在人性平等或人性相近的基础上,各自强调自己的主张而已。而基督教教义中的人性善恶论则是一个两极的二元对立。被视为"异端"的鲍格尔米勒派（意文"爱上帝者"）受保罗派二元论的影响，竟至宣扬上帝生有二子，一是恶的代表撒旦，也被称为"魔鬼"，一为善的代表耶稣基督。善与恶势不两立，最终善将战胜恶。正是这种基于人性善恶两分导向的结果，在基督教乃至以基督教为核心价值观的西方文化中，在后世演化为人与人水火不容的"斗争哲学"。从希伯来《圣经·旧约》中的"上帝的选民"对异族的动不动就杀光使其灭绝的古史，到12至13世纪长达两个世纪的"十字军东征"，以讨伐"异端"为名，对异教徒的屠城灭种，再到第二次世界大战中，被屠杀的700多万希特勒们所谓"冤鬼"化身犹太的后裔犹太人，再到20世纪末期美国学者亨廷顿所谓"文明冲突论"的炮制，以及在这种现代理论包装下在最近一二十年霸权国家在中东、北欧、北非发动的一系列侵略和占领的战争，更至目前仍由霸权国家及其盟友仍在坚持的把一些他们不喜欢的国家政权划分为"邪恶轴心国家"或"流氓国家"等等，我们从中都可以或明或暗地看到这种善恶论的人性两极对立划分的影响。中国人从上古神话时代就体认人性是平等的，虽然也能区分他者是"非我族类"，也有为平叛和扩展领地的目的对异族的征伐，但不会基于人性善恶区分，更绝不会以宗教信仰的理由去屠杀所谓的"异教徒"。还不止于此，在中国漫长的历史长河中，以儒教为核心价值观的中国人，还先后接纳、融合了外传的佛教、伊斯兰教和基督教包括犹太教。古犹太国灭国后，犹太人流散到了全世界各地，主要是欧洲地区，其中的一支也流散到中国的开封等地。在世界其他地区的犹太民族为了生存保种，顽强地守住了自己的文化和传统。只有流散到中国开封等地的犹太人才真正为中国人所友好接纳，并最终融入中国的传统文化中。①

2. 亲缘意义上的始祖同源及其意义分析。

据报道："6月22日，2013（癸巳）年甘肃省公祭中华人文始祖伏羲大典在甘肃省天文市伏羲广场举行，全国政协副主席苏荣、甘肃省委书记王三运等出席公祭大典并向伏羲像献花篮和鲜花，来自海内外的两万多名华夏儿女参加了祭奠

---

① 关于犹太人流散并融入中国传统文化之中，学术界多有研究，笔者本人也亲赴开封进行考察，各家探寻和研究的结果也不尽相同。作为其说之一，可参见邸永君文《关于历史上的开封犹太散落》，载陈义初主编《河洛文化与汉民族散论》，2006年4月版，第459—463页。

活动,共祭人文始祖,感怀伏羲功德,为中华繁荣昌盛祈福。今年的公祭大典由国侨办、港澳办、国台办、中国侨联和甘肃省人民政府共同主办。仪式包括肃立奏乐、击鼓鸣钟、恭读祭文、乐舞告祭等部分。"①

另据报道:"甲午年(2014年)公祭轩辕黄帝典礼在陕西黄帝陵举行。"

新华网西安4月5日电(记者冯国　李树峰)甲午年清明公祭轩辕黄帝典礼4月5日在陕西省黄陵县黄帝陵揭幕,全国政协副主席卢展工出席开幕式并敬献花篮。来自全国各地、港澳台地区及海外华人华侨近万人参加典礼。

祭祀黄帝有着悠久的历史。改革开放以来,每年清明,政府都会在黄帝陵举行隆重的公祭仪式。

公祭典礼于5日上午9时50分开始,以取"九五之尊"之意,代表中华儿女对始祖黄帝的崇敬与感恩之情。现场击鼓34响,鸣钟9响。34象征全国34个省、自治区、直辖市及港澳台地区,9则代表了中华民族传统礼仪的最高礼数。

陕西省省长娄勤俭宣读甲午年祭文,社会各界代表向黄帝陵敬献花篮。

告祭乐舞在今年公祭典礼上备受瞩目。乐舞由礼祭、云祭、龙祭和序礼四部分组成。在彰显"庄严、肃穆、宏丽、高雅"的同时,又把黄陵县传承久远的仪仗礼仪,即旗帜、鼓乐、面花、时果等地方特色文化融入其中。

典礼末尾,全体参加人员向黄帝陵三鞠躬,表达敬仰与缅怀之情。随后,部分参加人员到桥山顶的黄帝陵冢按逆时针方向绕行一周,寓意时光倒流,表现无限追思。

祭祀活动结束后,祭祀用的水果、花馍等祭品被分送给前来祭祀的群众。按照当地传统,祭品可以给全家带来吉祥好运,添福增寿。

黄帝陵位于陕西省黄陵县城北桥山。1961年,国务院公布为第一批全国重点文物保护单位,黄帝陵被编为"古墓葬第一号",号称"天下第一陵"。②

中华人文始祖文化内容极其丰富、深厚。包括神话和传说中的盘古氏、女娲氏、有巢氏、燧人氏、神农氏、伏羲氏都被视为中华民族的始祖,其说虽间有差异,但这种差异并没有影响中华各民族对共同始祖的认同和崇拜。

---

① 《研究始祖文化　增加中华民族的认同感和凝聚力》的新闻摄影照片的说明,载《中国社会科学报》2013年6月24日,A02版。
② 详见新华网西安4月5日电。

现今中华各民族共同追认炎帝和黄帝(有一说炎帝就是神农氏,另一说黄帝为神农氏。又有一说伏羲、神农、黄帝为三人)为中华人文始祖由来有自。据《尚书序》记载:"古者伏羲氏之王天下也,始画八卦,造书契,以代结绳之政,由是文籍生焉。"①《管子·轻重》云:"神农氏作,树五谷淇山之阳;九州之民,乃知谷食,而天下化之。"②

黄帝在古籍中出现的较晚。据《史记·五帝本纪第一》记载:"黄帝者,少典之子,姓公孙,名曰轩辕。生而神灵,弱而能言,幼而徇齐,长而敦敏,成而聪明。轩辕之时,神农氏世衰,诸侯相侵伐,暴虐百姓,而神农氏弗能征。于是轩辕乃习用干戈,以征不享,诸侯咸来宾从。而蚩尤最为暴,莫能伐。炎帝欲侵陵诸侯,诸侯咸归轩辕。轩辕乃修德振兵,治五气,艺五种,抚万民,度四方,教熊、罴、貔、貅、驱、虎,以与炎帝战于阪泉之野,三战,然后得其志。蚩尤作乱,不用帝命。于是黄帝乃征师诸侯,与蚩尤战于涿鹿之野,遂禽杀蚩尤。而诸侯咸尊轩辕为天子,代神农氏,是为黄帝。"③

人文始祖文化在中国的产生和发达,并不是偶然的,而是具有复杂的历史背景和文化原因。前述多民族的同源神话只是作为各民族保留古老同源记忆的一个方面。另一个不可忽视的方面则是来自血缘同源方面的追认。人类生于父母,繁衍子孙,世代不绝如缕,以后形成的夫妻、家庭、家族,再以此形成的宗族、部族、部落联盟、初级国家,直到形成以"家天下"朝代延续和更迭的家国一体的封建国家。可以说,人类的以血缘为纽带而形成的一系列的社会关系中,较之其他所有的社会关系都更稳固和长久。这是人类一种普世的社会联系纽带,概莫能外。只要看一看亚洲的印度、巴基斯坦、新加坡、马来西亚、泰国、菲律宾、日本、韩国、朝鲜这些国家的"家族政治"或"世袭模式",就足以知道以血缘为纽带而形成的家庭、家族在政治权力上有多大的影响了。其实,何止亚洲,就连西方发达国家也不能"免俗",只要看一看自诩"民主典范"的美国,在近半个多世纪以来,豪门肯尼迪家族、布什家族等在美国政权高台上占有何等重要的地位和影响就足够了。

---

① 陈襄民等译注:《五经四书全译》(一),中州古籍出版社2000年6月版,第289页。
② 陈义初主编:《河洛文化与汉民族散论》,河南人民出版社2006年4月版,第413页。
③ 司马迁撰:《史记·五帝本纪》,中州古籍出版社1996年10月版,第1页。

中国在漫长的小农经济为基础的社会形态中,家庭即是生产、生活的基本单位,又是最基础的社会组织,还构成了国家的基础。为维持稳定和和谐的家庭关系和社会关系及国家秩序,儒家创造和弘扬了以"孝"为基本的齐家和治国的一系列核心价值观,维系了中国几千年的传统社会的稳固和发展。在当代,随着社会的急剧转型,传统家庭的结构形式及其稳定性受到了空前的挑战,"孝"等观念的淡薄使人失去了最重要的敬畏之心,日益显见的人情冷漠、扭曲、变态,终于引发了一系列的激烈的人情冲突。意识形态主导层面显然意识到了传统"孝文化"流失现实这一严重事态,制作了一系列的有关"孝文化"的公益广告,试图复兴中华传统优秀文化的这一核心价值观。但这一努力的效果还有待时日检验,对于失去其社会根基而又致力于复兴和继续弘扬传统的价值观的努力,这对任何社会和国家来说,都是对其掌控社会意识形态和彰显其政治智慧的一种考验。

与上述家庭、亲情、孝文化的转型、流失和式微的情景形成鲜明反差的是,在中华民族的大家庭中中华各民族赖以生存和发展的归属感和"根文化"不仅没有流失和消退,反而历久弥坚,不断焕发新的生机和活力。传说中的炎帝,特别是黄帝被中华各民族,或者全体中国人包括海外华人公认为共同的人文始祖。当然,如前所述,他们被公认为共同的人文始祖是各种复杂的历史、社会和文化诸因素共同合力致成的,但其中作为血统上的追认和体认也是一个重要的因素。按《史记》的记载:"黄帝二十五子,其得姓者十四人。"[1]如果是真,光是黄帝这一支经过数代繁衍,其各代直系子孙衍生出一个庞大的家族,也当是情理中的事。史书中关于黄帝的后代繁衍的连续性和可追踪的各种支系,多有记载。《史记·三代世表》还记述说:"舜、禹、契、后稷皆黄帝子孙。"[2]又据史书记载:"《世表》言五帝、三王皆黄帝子孙,自黄帝转相生,不更禀气于天。夫观《世表》则契与后稷,黄帝之子孙也。"[3]商族既为黄帝的子孙,传至第五代孙契成为商族的始祖,由舜帝赐子姓。子姓在后世中国发展出约 120 个姓氏,在现中国位列前100 个大姓氏中,其中王、林、宋、孙、萧、邓、傅、戴、钟、郝、孔、汤、尹、黎、武等共

---

① 司马迁:《史记·五帝本纪》,中州古籍出版社 1996 年 10 月版,第 1 页。

② 司马迁:《史记·五帝本纪》,中州古籍出版社 1996 年 10 月版,第 1 页。

③ 《论衡·卷二九·案书篇》,转引自陈义初主编:《河洛文化与殷商文明》,河南人民出版社 2007 年 10 月版,第 303 页。

约占全国总人口的 15% ,而王姓是中国目前第一大姓。① 由此可见,光是从黄帝一人繁衍下来的庞大人口,就足以支撑中国人的相当大的一部分将黄帝视为血缘始祖的合理性和可靠性。除此之外,根据《史记》《左传·文公十八年》《管子·揆度》《吕氏春秋·恃君览》《周书·文帝纪》《魏书·序纪》等古籍的记载,远在西南地区的蛮族、西部地区的西戎族;东部的东夷族;北部的北狄族,以及后来建立北周的宇文泰,建立北魏的鲜卑族拓跋氏,都自称是炎帝和黄帝的后裔。由此可见,不论是以汉族为主体的农耕各民族,还是北方以游牧为主的少数民族,都被公认或自我承认是炎黄二帝的子孙。② 时至今日,中华各民族以及海外华侨、华裔人士,几乎普遍认同自己是"龙的传人"、"炎黄子孙",并以此引为自豪和骄傲。这是世界人类史中最为奇特的现象。试想想,现今为 13 亿人口,占全世界总人口近 1/3 的中国人都认同自己是同一位或同二位先祖的后裔,这该是多么强大认祖归宗的追远力,这种追远力最终形成演化成了中华民族的凝聚力和向心力,以及对祖国的归属感和依附感。这是无比强大的精神力量,这种力量之强大比起任何虔诚的宗教信仰来说,都毫不逊色。体认到这一点,就不难理解中国作为世界上最古老的国家能屹立几千年而不倒,以及中华民族传承几千年而不散的内在原因。

　　中国当代的民族区域自治之为制,说到底就是在统一的国家政权和版图内,内有我们中华民族大家庭中的兄弟关系,即各少数民族在自己或大或小的聚居区域内自主地治理本民族、本地区的相关重大的政治、经济和社会等事务。从中华民族和祖国的整体来说,有合有分,合而不统,分而不散。形成这种独特的民族政策和制度,其历久弥坚的精神力量,除了前述的创世神话和造人的同源之外,就是这里所述的以血缘为纽带的始祖同源。始祖同源在中国演化成为极具特色的始祖文化和根文化,最终形成了中华民族的强大凝聚力和向心力。又正

---

① 刘文学:《论黄帝在中华民族历史上的地位——兼述殷商对黄帝文化的继承》,转引自陈义初主编:《河洛文化与殷商文明》,河南人民出版社 2007 年 10 月版,第 303—304 页。

② 有关的详细内容请参阅易华文《中华民族认同三题》,载陈义初主编《河洛文化与汉民族散论》,河南人民出版社 2006 年 4 月版,第 408—417 页;刘文学《论黄帝在中华民族历史上的地位——兼述殷商对黄帝文化的继承》,转引自陈义初主编《河洛文化与殷商文明》,河南人民出版社 2007 年 10 月版,第 303—304 页。此外,由邓永俭主编的《河洛文化与姓氏文化》(上、下)中有多篇文章,均可参考,恕不一一列举。

是这种力量引导了中国几千年的历史进程和文明进步,其中就包括我们作为研究主题的民族区域自治。

(二)民族区域自治的远古形制史影及其意义分析

初民社会极其简朴,不可能也不需要如同后世那样复杂的政策制定和制度建构,但这并不意味着我们的先祖对其简朴的社会完全采取放任的或自然主义的态度。事实上,即使是极简单的社会结构内,也需要我们今人谓之为"理性"的思考和态度加以调适,否则人类社会就会在相互冲突中被消解殆尽,不可能有后世及至今天的我们及社会和国家。虽说我们先祖们在包括民族关系等社会事务的调处方面所思所做,在我们今人看来是那么的"不成体统"甚至匪夷所思,但从科学的立场上来审视,其所思之合理,其所做之理智,仍然令我们叹为观止,情不自禁地心生敬仰之情。再如果我们不再持某种莫名的自恋情结或者历史虚无主义,我们会感叹古之先民竟如此的具有聪明才智,他们审时度势,因势利导,最终把中国的远古差异如此悬殊的各类族群引向共同生存、共同开疆拓土、共同携力建国的历史进程。我们现今之民族政策和制度之所以是这个样子而不是别的样子,或者说我们之所以有今天的民族区域自治而不是别的单纯的民族自治或如单一民族治,再或如联邦制,其实由来有自。正如远古乃至上古的形制史影在漫长的历史进程中逐渐放大、清晰起来,最终聚焦而形成现今的民族政策和制度,其中当首推民族区域自治的政策和制度。鉴于这方面的史料极丰富,此文不能尽言,择其要者而述之析之。

先皇修德振兵,抚万民,度四方,首开调处民族关系的先河。

"修德振兵,抚万民,度四方"。在上古炎、黄时代,国家尚未定型,由于缺乏统一而强大的国家力量的辖制,包括"少数民族"在内的各种"诸侯"群雄并起,相互侵伐,以武力争夺对本族群生存最有利的地域占有。族群混伐,受害最烈的当然是各个族群的民众,即所谓的"百姓"。当时的社会发展已经到了这样一个阶段,即必须建立一个统一的国家,各个"诸侯"拥戴一个共主,以保安康,以炎帝、黄帝作为皇权象征的人文始祖,此时从上古神话及血缘始祖传说中降临到人世间,从抽象的人文始祖转换为具象的、人格化的先皇,基于世俗生活和调处不同族群之间关系的需要,先前在神话传统中的人文始祖也从此登上皇位,以驭四方,统一行使国家政权。

适黄帝初登天子皇位时,群雄四起,诸侯侵伐连连,反叛者众多且势大,百姓陷入水深火热之中,要稳定时局,重建社会秩序并不容易,据《史记·五帝本纪》记载,光是轩辕黄帝在当时为攻坚克难付出的心血和辛劳就令我们常人难以想象,竟到了"未尝宁居"的程度。比起当代的治国理政的政治家们来说,都有过之无不及。当时轩辕黄帝主要干了五件大事:

一是"习用干戈,以征不享"。就是要熟练掌握军事,训练军队。还要用于实战,征伐不祭祀的族群或诸侯。在取得"诸侯"咸来宾从"而又无力讨伐"最强悍的而又反叛最烈的蚩尤部落时,又恰逢"炎帝欲侵陵诸侯"的困难局面,于是轩辕黄帝又继续"修德振兵",进一步强处军事力量,以备战炎帝以及讨伐蚩尤。后来,轩辕黄帝果然打败了欲侵诸侯的炎帝,三"战于阪泉之野",并最终与炎帝所属部落融为一体,成为后来的华夏族的母体。而对于反叛的蚩尤部落也大举讨伐,"战于涿鹿之野",并最终禽杀蚩尤,还取得了平定其他叛乱的最后胜利。统一了当时的"中国",并被各路诸侯共同拥戴而成为天子,是为黄帝。用今天的话说,养军用武是建立国家、巩固政权、维护国家安定和统一的最重要的手段之一,古今皆然。传说中的上古黄帝或许就是最杰出的军事家和谋略家,开创了中国以军立国、治国的先河。

二是"修德"。德在治国传统文化中具有核心价值观的重要地位,先民从神话传统中的人文始祖时起,就倡导人以修德立命、成人,至春秋时代,孔子的学生曾参为修德立身竟至"一日三省吾身",此行被视为修德的极致和典范;齐家也以立德为先,所谓"忠厚传家久,就是古人以德持家的经典观念和箴言;"治国"更是强调德的经纶首要,极为重视"依德治国"。此一治国方略竟延用了二三千年而不衰,当今虽被"依法治国"取代,然而"德治"之声仍不时传来,足见其影响至深至远。我们的人文始祖,从传说中的燧人氏、伏羲氏、神农氏开始,就都是道德的典型。据说神农氏(非黄帝版本)为解百姓民生之食及医治疾病,遍尝地上百草,最后因误食"断肠草"而牺牲了自身的性命。轩辕黄帝因"修德"而致"诸侯咸来宾从",以及诸侯咸归轩辕,后又咸尊轩辕为天子。"至于黄帝修的是什么德,《史记·五帝本纪》并没有详述。但这种天子个人"修德"并"以德治天下"的理念确定下来并延续成为传说,积淀成为中国传统优秀文化中的个人美德和以德治国方略的标尺开了个好头。后世的帝尧者放勋,《史记》记载他"其仁如天","富而不骄,贵而不舒"。"能明驯德,以亲九族。九族既睦,便章百姓。百姓昭明,和合万国"这里的记述,已见尧帝"修德"及"德治"的具体内容,可说又进一步打好基础。至于虞舜帝重华,堪称又一位修德典范和德治楷模。他虽屡遭父母和弟的追杀,但他仍然"顺适不失子之道",以及"复事瞽叟爱弟弥谨"。"舜年二十以孝闻"。①作为中国夏朝的开国之君的夏禹,《史记》记载:"禹为人敏给克勤;其德不违,其仁可亲,其言可信;声为律,身为度,称以出,亹亹穆穆,为纲为纪。""禹伤先人父鲧功之不成受诛,乃劳身焦思,居外十三年,过家门不敢入。""薄衣食,致孝于鬼神。卑宫室,致费于沟淢。"②后世的商王成汤,更是"汤德至矣,及禽兽。"③再后的周朝的文王姬昌又是一个道德楷模:"遵后稷、公刘之业,则古公、公季之法,笃仁,敬老,慈少。礼下贤者,日中不暇食以待士,士以此多归之。"④除了上引诸多《史记》记述的以外,古籍如《尚书》《国语》《诗经》等也多有关于彰明先皇和先贤"明德"的记载,春秋时代的《左传》《论语》等记述更是多见。这一关于个人修德和治国以德的传承最终凝聚和固化了中国古老的核心价值观,影响和支撑中国几千年的文明史,构成了近、现代民族区域自治的远古史影。对其价值蕴含的分析及其影响的阐述,本文下面还将进行。

三是进行实业建设。《史记》记载黄帝登天子位以后,"治五气,艺五种","时播百谷草木,淳化鸟兽虫蛾,旁罗日月星辰水波土石金玉,劳勤心力耳目,节用水火财物"。⑤黄帝后继者尧、舜、禹等先皇更是加大了实业建设的力度,特别是自尧至禹持续的治水努力,终至大禹帝时,"于是九州攸同,四奥既居,九山刊旅,九川涤原,九泽既陂,四海会同。"⑥

四是进行对民教化、安抚和制度文明建设。《史记》记载黄帝"抚万民,度四方,教熊、罴、貔、貅、驱、虎","迁徙往来无常处,以师兵为营卫。官名皆以云命,为云师。置左右大监,监于万国"。⑦后来的先皇在对人的教化和官制方面的建

---

① 此处引文均引自司马迁撰:《史记卷一·五帝本纪第一》,中州古籍出版社1996年10月版,第3—4页。
② 司马迁:《史记·五帝本纪》,中州古籍出版社1996年10月版,第6页。
③ 司马迁:《史记·五帝本纪》,中州古籍出版社1996年10月版,第10页。
④ 司马迁:《史记·五帝本纪》,中州古籍出版社1996年10月版,第14—15页。
⑤ 司马迁:《史记·五帝本纪》,中州古籍出版社1996年10月版,第1页。
⑥ 司马迁:《史记·五帝本纪》,中州古籍出版社1996年10月版,第7页。
⑦ 司马迁:《史记·五帝本纪》,中州古籍出版社1996年10月版,第1页。

设更趋进取和详备。

五是进行精神文明建设。《史记》记载黄帝"万国和,而鬼神山川封禅与为多焉。获宝鼎,迎日推策。……顺天地之纪,幽明之占,死生之说,存亡之难。"[①]此后各先帝在这方面都有进一步的建树。在初民时代,人们秉持朴素的自然观,认为星辰日月、山岳河海的变幻莫测都是由冥冥中的神灵所支配,而人自身也由灵魂主使。为了得到神灵的保佑,人们便通过祭祀鬼神山川以及占卜、巫术等形式顺适天地变化规律以保持与自然和谐的关系。在初民时代,各族群普遍信仰自然神灵,也发展出各种与神灵进行交流的祭祀和祈祷仪式,原始萨满教之所以在北方族群中普遍流行,都是源于初民希望与天地神灵沟通的强烈愿望。在南方的族群中也流行着一些类似的祈祷仪式。我们今人有时斥之为远古"迷信"的这些信仰及其仪式,其实在我们先祖的认识中是极为神圣的。正如英国学者柴尔德认为的那样,古人创造的"迷信"对于他们安于现状和承受严酷生活压力都是必需的,宗教是支撑社会结构得以矗立的不可或缺的脚手架。[②]虽然远古时代并没有形成确定的教义和仪观,但无疑都是后世宗教发展的源头。我们的先祖就是在这样不知不觉中逐渐建构起来他们共有的精神家园。在后世形成的多元一体的中华民族大家庭和创造的共同精神家园,以及各民族平等、互助、友好相处的相互关系中,其中就蕴含了我们先祖们的重大贡献。先皇们特别是黄帝在那遥远的文明初开阶段,以中国初民的集体智慧并以他们作为人文始祖的符号象征为中华传统文化包括先民理解和处理族群关系的优秀文化,打下了最初的基础。中国历史既然从这时起就开了个好头,中国各民族就沿着这条历史逻辑之河一直走下来直到今天。在此漫长的历史期间,商、周及春秋战国时代不仅赓续了先皇时代关于族群的理解和相互关系的调处方式,而且又在此基础上更前进了一大步,对族群观念的理解和相互关系调处的方式进一步具体化、精细化,最终奠定了后世中华民族多元一体以及调处民族关系的原始基础。其要者可简单梳理如次:

第一,以德代武,重教慎伐

---

① 司马迁:《史记·五帝本纪》,中州古籍出版社 1996 年 10 月版,第 1 页。
② 陈淳文:《探索早期文明的精神世界》,载《中国社会科学报》2013 年 3 月 13 日,第 04 版。

尽管黄帝创设对叛乱的族群进行武力征伐,对百姓加以抚慰并以德律己教人的"恩威并举"的策对形制,但到后世发生了重大的先后及轻重的调整,即在"恩威并举"的大框架下,慢慢转向不一味强调动武,或者说先教后伐,最后达致"不战而屈人之兵"的用武的最高原则和境界。这一新的观念和做法从大禹时代就启蒙了。《尚书·大禹谟》记载一次实例,就很好诠释了这一转变。当时舜帝在位时,少数族群"三苗"不遵循教命,于是命令大禹率军讨伐他们。大禹接受命令后就会聚群臣和各路诸侯,誓师说:

"济济有众,咸听朕命。蠢兹有苗,昏迷不恭,侮慢自贤,反道败德,君子在野,小人在位,民弃不保,天降之咎,肆予以尔众士,奉辞伐罪。尔尚一乃心力,其克有勋。

"三旬苗民逆命。益赞于禹曰:'惟德动天,无远弗届。满招损,谦受益,时乃天道。帝初于历山,往于田,日号泣于旻天;于父母,负罪引慝。祗载见瞽叟,夔夔斋栗,瞽亦允若。至诚感神,矧兹有苗。

"诚禹拜昌言曰:'俞!'班师振旅。帝乃诞敷文德,舞干羽于两阶。七旬,有苗格。"①

这是一个用德治代武力征伐的典型事例。同样的事例还发生在东周时代的周穆王身上,尽管他做了一个教员,但祭公谋父一片苦心陈词的劝阻,还是折射了春秋时代续赓了先王时代的以德代武,重教慎伐的思想和做法。

据《国语·周语上》记载:周穆王将兴兵征伐远在边陲的犬戎族群。祭公字谋父作为周穆王的卿士,竭力以古论今,加以劝阻。祭公对周穆王说:"不可,先王耀德不观兵。"其意是说,先王注重道德教化,实行德治,轻易不兴兵,只有在少数族群犯下大罪恶的情况下才实行武力征伐,而不为一些小小的过失就扬威动武。接着他详细地向周穆王追述了"先王之于民也,懋正其德而厚其性,阜其财求而利其器用,明利害之乡,以文修之,使务利而避害,怀德而畏威,故能保世以滋大。"②大意是说周代的先王们对待老百姓,向来是勉励他们树立正确的道

---

① 陈襄民等译注:《五经四书全译·尚书·大禹谟》(一),中州古籍出版社1996年10月版,第311—312页。

② 此段多次引文和释义均引自《国语·周语上·祭公谏穆王征犬戎》,详见上海世纪出版集团、上海古籍出版社2008年12月版,第1页。

德观和做合道德之事,增厚其性情;尽最大力量满足他们对财富的需求,使他们获得兵甲和末耜以资使用,还要明确告知他们什么应当喜好,什么应当厌恶。用礼法教导和约束百姓,务使他们能够做到趋利避害,秉持道德并惧怕威严。先王这样做了,所以才能江山稳固,国富民强。除此之外,先王还告诫说,如少数族群有违阙不供国祭者,先修正其意志使其自责而改过,有不按礼法祭祀之事就要"修言",即发出号令让他们去做,有不按宾服之礼行事者,就要通过法典约束他们,有不按时朝贡的就要厘定尊卑职责的名分,让他们按自己的名分朝贡,有边远的少数族群不服天子管辖,就要制定法典、道德礼法让他们归附,如以上五方面王者都做到了,少数族群还是不肯服从,此时再加以刑诛,即用兵征伐而不迟。祭公谋父接着又劝道,现在犬戎刚刚死了两个君王,新君以其职分来归附和朝贡,说明他们本性还是惇厚的,能始终如一地坚守原有的道德礼法,天子你谴责他们不守宾服之理是说不过去的。但周穆王对此好言相劝不但不听,还是发兵予以征伐。虽以胜利告终,"得四白狼、四白鹿以归",但结果是"自是荒服者不至"。正是周穆王责犬戎以作乱,暴兵露师,伤威毁信,最终使犬戎族群疏远王朝而不再宾服。

以上两例一正一反,恰如其分地印证了在上古和远古时代统治者对少数族群在奉行恩威并施总的策对中,天平倾向以德教化,以及自身率先立德、以德调整与少数族群关系的一侧;只是在暴乱、反叛的重大情势发生时才使用武力征伐,小过不用武,绝不动辄动用杀伐。这种策对、方针背后体现的是爱民、亲民、教民、佑民的"仁政"精神。当时人口极其稀少、实力极其薄弱的各边陲的少数族群的人民,由此得以生息,在相对强大的"王政"庇佑下,得以发展、壮大,部分成为后世的中国少数民族的群体。

第二,誓、诰、会盟。

初民社会交通不便,更无后世的信息传送手段。先王每临大事,便召集群臣、众将将有关的出征的理由、作战乃至治国的基本策对进行公开发布。据《左传》《尚书》的记载,禹帝时曾有发布壮大政令的《大禹谟》,其子启出征前曾在甘地发布誓言,史称《甘誓》。但记述是启召集"六卿",所以并非严格意义上的对族群关心的策对。

至商代开国之君成汤伐夏桀时,所发誓言开头说道:"格尔众庶,悉听朕言。"庶即百姓、平民,虽未言之是否包括各个族群的百姓,但在那个初民社会,民族尚未正式形成,商王汤的百姓大概不会只属于他的部族的人。到了《汤诰》中,明言汤率领"诸侯"在安邑西的明条大败夏桀军队以后,又乘胜灭了"三嵕",各诸侯国都归顺了汤,并拥汤为天子。汤胜夏以后回到国都亳,"诞告万方,王曰:'嗟!尔万方有众,明听予一人诰。'""诰"即告诫,形同今天加冕讲演,陈明国策的国情咨文之类。在汤诰中高声向"万方有众"宣告国是,表明商朝时已将各少数族群纳入王朝的辖制之下,并明确了告知"万方诸侯"必须承担的义务和天子自己对"万方诸侯"的责任:"凡我造邦,无从匪彝,无即慆淫,各守尔典,以承天休。尔有善,朕弗敢蔽;罪当朕躬,弗敢自赦,惟简在上帝之心。其尔万方有罪,在予一人;予一人有罪,无以尔万方。呜呼!尚可时忱,乃亦有终。"①

到周代商时,在周文王五十一年,武王在孟津(今日河南孟津县)大会诸侯,并作征伐动员,声称:"嗟!我友邦家君越我御事庶士,明听誓。惟天地万物父母,惟人万物之灵,禀聪明,作元后,元后作民父母。"②意思是说,我友好国家的大君和我的大小官员们,仔细听着誓词。此时的诸侯已经建国,为以后的会盟打下了基础。在《泰誓下》,武王"大巡六师,明誓众士"。"六师"当时指各路诸侯的军队,还亲切地称他们为"我西土君子"③,即我西方的将士。这比《泰誓上》的对西方少数族群的态度又进了一步。此类的誓、诰作为与各少数族群的辖制和调处相互关系的形式,在周代一直延续到后期。

西周末期,随着周王室衰颓,周天子再无号令天下的权威,北方和西北的各族类共同体纷纷侵入中原地区,在黄河中、下游与华夏族杂居错处,相互争夺地盘。到东周时,这种局势发展尤甚。以致在东周天子的都城洛阳附近,就聚居着陆浑、伊雒等戎族,在卫国的城墙上可以望见戎州。可见当时族类共同体混杂之一斑。到春秋时期,由"四夷"所立之国已为数众多,就是在有能力争霸的大国中,就有由夷狄立国的秦、楚、吴、越等。在此种情势下,各国为了自身利益,如大

---

① 江灏、钱宗武译注,周秉钧审校:《今古文尚书全译·商书》,贵州人民出版社1990年2月版,第125页。
② 江灏、钱宗武译注,周秉钧审校:《今古文尚书全译·商书》,贵州人民出版社1990年2月版,第204页。
③ 江灏、钱宗武译注,周秉钧审校:《今古文尚书全译·商书》,贵州人民出版社1990年2月版,第214页。

国为了争霸,小国为了能在大国夹缝中生存,相互连片结盟,时称"会盟"或"盟会"。一部《春秋左氏传》记载了大量的"盟会"史实。如《春秋·左传·隐公元年》记载:"三月,公及邾仪父盟于蔑,邾子克也。公摄位而欲求好于邾,故为蔑之盟。"是说鲁隐公因为摄政而想和邾国结好,因此两国在蔑地(今山东省泗水县东部)会盟。值得注意的是,邾国就是戎狄之国。又记载说:"惠公之季年,败京师于黄。公立,而求成焉。九月,及宋人盟于宿,始通也。"①意思是说,在鲁惠公晚年,鲁国曾在黄地打败了宋国。隐公即位后要求和宋人讲和。九月,在宿地和宋人结盟,两国开始通好。还记载说:"郑共叔之乱,公孙滑出奔卫。卫人为之伐郑,取廪延。郑人以王师、虢师伐卫南鄙。请师于邾。邾子使私于公子豫,豫请往,公弗许,遂行。及邾人、郑人盟于翼。"②这就是说郑国的共叔段叛乱后,他的儿子公孙滑逃到卫国,卫国人帮助他攻打郑国,夺取了廪延。郑国人率领周天子和虢国的军队攻打卫国南部边境。又请求邾国出兵。邾子派人私下和鲁国大夫公子豫商量,公子豫请求出兵救援,隐公不同意,公子豫便自己去了,和邾国、郑国在翼地结了盟。③ 在上述《隐公怨念》一文中一连出现了三个会盟的记载,可见当时结盟是多么频繁,其中《春秋左氏传》全书中这类记载还有很多,不胜枚举。

上古至春秋战国时期,中国境内的各民族共同体在正值大迁徙、大融合的黄金时期,其间的统一朝代更替,夷狄立国的变换兴亡,不仅孕育了中华民族一元多体的民族基本格局,形成了"华夷之辨""华夷内外""诸夏亲诺""华夷限域"等民族观念,而且在此期间积累了丰富的调处各民族关系的政治智慧和经验。作为今之民族区域自治形制史影的"誓""诰""会盟",留给我们的历史价值,除了其他方面之外,最重要的也许就是形成的各民族平等、友好协商、精诚团结、命运与共等历史遗产。不难设想,中国古代的民族关系中,如果只有如西方以"异端"、"劣种"之类为借口的斩尽杀绝,就不会有统治者如天子、君王们信誓旦旦

---

① 陈襄民等译注:《《五经四书全译·春秋左传·隐公》(三),中州古籍出版社 1996 年 10 月版,第 1767 页。
② 陈襄民等译注:《《五经四书全译·春秋左传·隐公》(三),中州古籍出版社 1996 年 10 月版,第 1768 页。
③ 陈襄民等译注:《《五经四书全译·春秋左传·隐公》(三),中州古籍出版社 1996 年 10 月版,第 1766—1768 页。

的"誓言",或教化劝喻、明理、责己之类的"诰",当然更不会有盟会和订约之事
的发生。很显然,没有对少数族群的尊重、爱戴、宽宥之心,没有平等相待、结好
通谊之情,就根本不会"会盟"。古之此等形制体现的历史价值在当代得到了体
认和尊重。今之民族区域自治在历史抉择、创设、健全和发展过程中,各民族平
等相待,友好协商是最根本的前提和条件。从民族区域自治创立之始,在关于民
族区域自治以何种规格建立民族自治地方,由哪个或哪些民族为主导和实体建
立民族自治机关,在一个民族自治地方和自治机关内,如何协调与共居一地的其
他民族,包括汉族的关系,民族区域自治地方如何冠名,等等,都是在国家政权的
主导下,由各平等地位民族友好协商而定下来的。至于在民族地方建立和民族
自治机关建立以后,在政治、社会、经济等领域事关民族各项事务的发展,更是各
民族协力推进的结果。由此可见,中国民族区域自治堪称民族平等、团结和友好
相处的典范。这一结果的形成绝非偶然,除了其他现实的因素和政治智慧意外,
还是对上古和远古时代调处民族关系史影所蕴含的历史正面性价值的继承和发
扬。中国上古和远古就给我们今人奠定了这样的历史基础,而这种历史基础在
历史发展进程中不断展现其逻辑力量,到了近、现代,终于结出了民族区域自治
这颗硕果,每想到此,今人当为我们先祖的政治智慧和创下的丰功伟绩而感叹和
骄傲。

　　第三,贡服。

　　自上古虞夏时代起,先王就立下"贡服"制度。该制以百里计远近规定各种
不同的贡服制度,这在尚未以确定的疆土为国家建制的古代,也不失为丈量远近
的实用方法。看似粗疏,但不失其因远近而行差别的对待。在《尚书·虞夏书
·禹夏》中记载大禹所行贡服,原文如下:"九州攸同:四隩既宅,九山刊旅,九川
涤源,九泽既陂,四海会同。六府孔修,庶土交正,底慎财赋,咸则三壤成赋。中
邦锡土,姓,祇台德先,不距朕行。五百里甸服。百里赋纳总,二百里纳铚,三百
里纳秸服,四百里粟。五百里米。五百里侯服。百里采,二百里男邦,三百里诸
侯。五百里绥服。三百里揆文教,二百里奋武卫。五百里要服。三百里夷,二百
里蔡。五百里荒服。三百里蛮,二百里流。东渐于海,西被于流沙,朔南暨声教

讫于四海。禹锡玄圭,告厥成功。"①

　　其意是说,在大禹九州治水完成之后,四方徒土地可以居住了,九条山川可以通行,九条河流各归其道,九个湖泽也修了堤防,四海之内进贡的道路畅通无阻,各处的土地都要征收赋税,并按土地等级及远近上缴赋税。国都以外五百里叫做甸服,分别按一百里、二百里、三百里、四百里缴纳规定的谷米。甸服以外五百里是侯服,分别按一百里、二百里、三百里服劳役。侯服以外五百里是绥服,三百里的推行天子的政教,二百里武装保卫天子。绥服以外五百里是要服,三百里的要和平相处,二百里的要遵守刑法。要服以外五百里是荒服,三百里的尊重他们的风俗,维持同他们的联系,二百里让他们自由流动迁徙,进贡与不进贡听其自便。自此南北东西连同土地和声教连为一体,包括外族居住的地方。

　　贡服制度的起初是源于天子向全国征收赋税而实行的。但大禹王作为先祖的人文象征,在建国之初就意识到贡赋及其制度对于国家的重要性。这且不说,上述贡服制度所体现的王道精神堪称大的政治智慧。在古代,人类先民一般都是在土地、水利、气候等条件相对优越的地方定居,依次建立聚落和连片的都邑,待王朝建立后,则选其大的都邑建立王城,成为国都,现今考古发掘的殷墟及其他古代王城,莫不如此。司马迁在《史记》中说:"昔三代之居,皆在河、洛之间"②河洛即黄河与洛水,是中华文明最早的发祥地之一。又说:"昔唐人都河东,殷人都河内,周人都河南。夫三河在天下之中,若鼎足,王者所更居也,建国各数千百岁……"③照此推理,离王城最近的地域应当最富庶,越远越荒蛮。贡赋的品类及数量按土地肥沃程度和远近各有不同。值得注意的是,初民们在这一制度中有意无意中竟体现了对少数民族群体的尊重、团结、关怀与照顾的情感与思想。按照这种贡服制度以五百里为一纳贡的粗疏设计,"绥服""要服""荒服"分别距国都 1500 里、2000 里和 2500 里,这种国土距离,即使在今天也是相当遥远的,现今世界上一些小的国家,直线距离也不过几里、几十里、几百里。在上古时代的中国,1500 里之外肯定是个很遥远的距离了,至于 2500 里之外,绝

① 江灏、钱宗武译注,周秉钧审校:《今古文尚书全译·虞夏书》,贵州人民出版社 1990 年 2 月版,第 87—88 页。
② 司马迁撰:《史记·封禅书》,中州古籍出版社 1996 年 10 月,第 420 页。
③ 司马迁撰:《史记·货殖列传》,中州古籍出版社 1996 年 10 月,第 910 页。

对算得上是"荒蛮"之地了。为贡取名称之为"荒服",再恰当不过了。按今天中国的民族分布状况来说,少数民族绝大多数都居住在祖国的边陲地带。由此可以反推,在上古时代居住的1500里至2500里之外的民族群体,应当就是《尔雅·释地》所说的"九夷八狄七戎六蛮"①等少数族群。而郑玄对"流"的解释也是"流谓夷狄流移,或贡或不。"②在这里,先民奉献给我们这种对待少数民族群体的政教、奋扬武威、和平相处、遵守法律、尊重其风俗习惯、保持同他们的友好联系,不强求纳贡等观念及相应的制度,是极其宝贵的优秀文化遗产。在当今的民族区域自治建制和实施过程中,尽管我们并不一定总是或全能意识到,但实际上早已潜移默化地熔铸其中了。在当今的民族区域自治法、制度及相应的实施当中,所大力贯彻的民族相互尊重、平等补偿、友好相处、共同协商的原则和精神,以及不断加大的对边远少数民族地区的国家资助,包括不断加大投入的在边远少数民族地区的建设、脱贫扶助、财政转移支付,还有由中央协调的内地发达地区基本固定的"对口支援"等等,无一不能从上古贡服制度及其其他形制找到相应对应的史影。即使是"贡与不贡听其自便"的照顾性形制,在中华人民共和国成立后对少数民族地区一直实行税收减免政策,在全国农业税全部取消之后,现代的"贡服"制度早就彻底终结了。

第四,恤遗。

在上古及远古时代,社会初开,各民族共同体的民众为了争取最优越的生存环境和条件,彼此争战势不可免。在国家初定之后,掌握统治权的王朝基于维护自己的统治利益和确立自己的合法性乃至神圣性的需要,通常会对战败亡国的遗民做出适当的安排,如通过分封,令其亡国之君的子嗣作为诸侯国国君继续统治其民族群体,当然还需要迁往新的地域或其遗族群体较多的旧地,并对其实行一定程度的优待政策。这种恤遗史实在古籍中多有记载,尤以商周亡国之初及在东周的春秋时期为盛。

据《史记》记载,周武王伐纣战于牧野,商纣王兵败赴火而死。武王又杀了

---

① 江灝、钱宗武译注,周秉钧审校:《今古文尚书全译·虞夏书》,贵州人民出版社1990年2月版,第88页注,(5)。
② 江灝、钱宗武译注,周秉钧审校:《今古文尚书全译·虞夏书》,贵州人民出版社1990年2月版,第90页注,(29)。

其爱妾妲己,在旋即释放了被纣王囚禁的箕子,将被纣王剖心而死的比干墓保护好之后,"表商容之间,封纣子武庚禄父,以续殷祀,令修行盘庚之政。殷民大悦。其后世贬帝号,号为王,而封殷后为诸侯,属周。"①此事在《史记·周本纪》中也有记述:"封商纣子禄父殷之余民。武王为殷初定未集,乃使其弟管叔鲜、蔡叔度相禄父治殷。已而命召公释箕子之囚。命毕公释百姓之囚,表商容之间。命南宫括散鹿台之财,发巨桥之粟,以振贫弱萌隶。"②武王克殷之后两年去世,成王年少,由周公摄政当国,管叔、蔡叔怀疑周公篡位,就与殷后人武庚叛乱。"周公奉成王命,伐诛武庚、管叔,放蔡叔,以微子开代殷后,国于宋。颇收殷余民,以封武王少弟,封为卫康叔。"③由此可见,自周武王灭商至周成王命周公东征平定殷后人武庚的叛乱。除了印证殷人不甘失败妄图复国之外,又表明周人与殷人虽非同一民族群体,但在灭商亡国之后,仍对殷商的后人予以宽容乃至优待;即使在殷后人叛乱被平定之后,仍新辟宋地准其立为诸侯国。全不以殷后人以叛报德为恨,实施大规模报复。这是何等的宽宏大量,堪称周初"恤遗"的典范。

另需说明:《史记》此处记载与《逸周书·作雒》所记不同。据后者记载,武庚叛乱次年,周公为东征"作师旅,临卫攻殷,殷大震溃。降辟三叔,王子禄父北奔。"王子禄父即武庚,这是说武庚未被诛杀,而是向北逃窜了。此后又有召公奉命北征武庚与北方的戎狄。此史实在西周金文和"清华简"《系年》中得到证实。④ 时光流转,800 年后,周幽王无道。《史记·周本纪》记载:"幽王以虢石父为卿,用事,国人皆怨。……又废申后,去太子也。申侯怒,与缯、西夷犬戎攻幽王。幽王举烽火征兵,兵莫至。遂杀幽王骊山下,虏褒姒,尽取周赂而去。于是诸侯乃即申侯而共立故幽王太子宜臼,是为平王,以奉周祀。"⑤其中所记的申、缯、西夷犬戎在另一古籍《竹书纪年》中也有明确记载。据现代研究,古、申、缯

① ：司马迁《史记·殷本纪》,中州古籍出版社 1996 年 10 月版,第 13 页。
② 司马迁:《史记·周本纪》,中州古籍出版社 1996 年 10 月版,第 16 页。
③ 司马迁:《史记·周本纪》,中州古籍出版社 1996 年 10 月版,第 17 页。
④ 马卫东:《召公封燕与周初北土经营》,载《中国社会科学报》2014 年 4 月 16 日,A05 版。
⑤ 司马迁:《史记·周本纪》,中州古籍出版社 1996 年 10 月版,第 20 页。

三国当在今陕西省华阴至河南三门峡的黄河南岸一带。① 就其居住地,以及与西夷犬戎联手攻周并诛杀幽王,我们可以合理地推断申、缯二国当是少数族群的国家,至少与西夷、犬戎有密切联系的诸侯国。如果真是这样,我们又看到一个反面的例子,即少数民族群体对主体民族的群体的宽容与体恤。少数民族群体虽杀了无道的幽王,但不灭其国,更不对周人斩尽杀绝,而是让周幽王之子继承王位,既维持其正统的天子位,又能使其奉祀周室。关于这方面的恤遗记载,在《尚书》《国语》中还有很多,限于篇幅,不能一一列举。

　　如此看来,在远古商、周时代,从当时的立国主体民族到以侯立国的少数民族,都对处于逆境其他民族示以同情、体恤、照顾和优待。这不能不说是人类史上的一个奇迹,世所罕有。不待说,这种民族关系必然孕育了民族间的友好相待、和谐共处的价值蕴含,即使对在征伐中战败的一方,无论是主体族群还是少数族群,也使其能够生存和延续下去。我们当代的民族区域自治所蕴含的民族平等对待、和谐相处、同甘共苦、携同进步、共促繁荣的内在精神和原则,其实由来有自,上古和远古民族间通过“恤遗”体现的良好关系与理念历史积淀,在当代终于结出了硕果。我们今天之民族区域自治中,新时代“恤老少边穷”,以全新的形式得到了彰显。

　　第五,抚边与拢疆。

　　世之立国,即使在上古和远古时期国家初创时期,都会面临一个中央与地方的关系问题,在古代则见之于京畿、荒蛮、邦国、诸侯、多方等概念。诸侯国自古就是一个多民族大国,处在中央统治地位的王朝及其族群采取什么样的策对处理与周边包括远在边陲的诸侯邦国及各自的族群关系问题,历来被统治者视为关于兴强败亡的大事,丝毫不能掉以轻心。这类策对在记事、记言等各类古籍中史不绝书。现仅取《尚书·周书·多方》一例加以说明。

　　周成王从奄地返回,到了都城镐京,周公替成王发布了一通诰命,告诫各邦国国君。史官记录下了诰词,撰写出《多方》。在诰的开头,周公以成王的名义说:“猷告尔四国多方,惟尔殷侯尹氏,我惟大降尔命,尔罔不知。”意思是我要庄

---

① 周宏伟:《溱洧涣涣　申曾何在——西周推翻者旧迹寻踪》,载《中国社会科学报》2014 年 4 月 16 日,A05 版。

严地向你们发布命令,你们切不可置若罔闻。《诰》的内容很丰富,除了重申以周代殷是秉承天命具有绝对合法性,并以相当篇幅陈说服周尊王的利害之外,就是谆谆告诫各诸侯邦国和殷商各位官员,要他们和睦相处,勤勉治国理政。原文如下:"王曰:'呜呼!多士,尔不克劝忱我命,尔亦则惟不克享,凡民惟曰不享。尔乃惟逸颇,大远王命,则惟尔多方探天之威,我则致天之罚,离逖尔士。'

"王曰:'我不惟多诰,我惟祗告尔命。'

"又曰:'时惟尔初不克敬于和,则无我怨。'"①

用现代汉语翻译过来就是,王曰:"哎呀!正告你们各邦国和殷商各位官员,现在,你们为我们周国奔走效劳,向我们的三监称臣,已经有五年之久了,这期间,朝廷向你们征用劳役,征收赋税,数量完全适中,而且符合政令你们不能不遵守法度。如果你们邦国之间不和睦,你们就应该设法和睦起来!如果你们家庭不和睦,你们也应该设法和睦起来!如果你们的封地政情清明,说明你们能够勤勉地治理政事,那么,你们的上司就不会再去忌恨你们过去的恶行。你们还应该以恭恭敬敬地态度安守你们的职位,并和你们封地的百姓和睦相处。如果你们善于利用这个洛邑,你们就可以永远致力于治理你们的田产,你们上天也会给予你们怜悯,我们周国也会重重地赏赐你们,把你们选拔到朝廷中来,加封你们的官职,让你们做大官。②"

此番诰命,虽假借天命带有警告和威胁的意味,但口气还较温和,期望服从和谐之情跃然纸上,堪可称为一篇劝喻性的范文,表明周公河成王对民族亲睦、和平相处的殷切之情。这在中国民族关系史上,可算是一个值得留传和铭记抚边与拢疆的佳话。

另一个这样的佳话发生在秦始皇建立统一的秦帝国初期的抚边与拢疆佳话,特别值得玩味。据《史记·货殖列传》记载:"乌氏倮畜牧,及众,斥卖,求奇缯物,间献遗,戎王。戎王十倍其偿,与之畜,畜至用谷量马牛。秦始皇令倮比封君,以时与列臣朝请。而巴寡妇清,其先得丹穴,而擅其利数世,家亦不訾。清,

① 陈襄民等译注:《五经四书全译·尚书·周书》(一),中州古籍出版社1996年10月版,第484—485页。
② 陈襄民等译注:《五经四书全译·尚书·周书》(一),中州古籍出版社1996年10月版,第488—489页。

寡妇也,能守其业,用财自卫,不见侵犯。秦始皇以为贞妇而客之,为筑女怀清台。夫倮,鄙人牧长、清,穷乡寡妇,礼抗万乘,名显天下,岂非以富邪?"①其中的乌氏倮应当是当时的少数族群之一,以畜牧养殖为业并发达致富,由于其与戎王交往密切,当处秦国的边陲地带无疑。秦始皇"令倮比封君,以时与列臣朝请",此举非比寻常。因为秦始皇刚刚尽灭六国而统一天下,而让一个少数族群的首领"封君"并且能时时入朝与列臣共"朝请",足见秦始皇心中另有玄机和谋略。我们可以大胆地猜想,秦始皇意在安抚西边的少数族群,为巩固新建的帝国以及相继开启的各项建国大业而建立一个稳固、安定的西部大后方,免除后顾之忧。况且秦氏家族祖上源起西戎,以养马见长,历史上长期为皇家养马,周孝王时分给土地建邑成为周朝的附庸。秦帝国建立后,秦始皇优待乌氏倮甚至封君,也有顾及乡土、祖上职业之情。秦始皇作为新朝始皇,其势正旺,但能善处西部少数族群,不论出于什么原因,都是一个深谋远虑的大举。

　　相比能封君与"朝请"的显赫地位相比,作为平民的巴人清的地位就卑下得多了,况且还是个寡妇,这种地位和身份在当时本来是只有受歧视的份,怎么竟然得到一代以天子独享的秦始皇的青睐呢? 据有关的专家解读②,秦始皇之所以特别优待这一少数族群地区的巴地寡妇清,原因是多样的。其中值得关注的有如下几点:一是清本人特别能干,值得钦佩。据说清18岁嫁入夫家,在几年内丈夫和公公先后病亡,24岁成了寡妇,独立支撑和经营庞大的家族产业,且卓有成效。二是其经营的产业属当时的国家战略物资。朱砂不仅是重要的矿物原料,而且还是宝贵的药材,在中医药里至今还在使用,尽管不断受到西方的质疑与禁止进口,但国人却深信其药理与药效。秦灭六国过程中,战事频繁且浩大,对朱砂这种战略物资大量需要,又由于清家族"数世"以来就从事朱砂的开采、冶炼到销售的垄断式经营,秦始皇从统一大业和治国需要上倚重清的家族产业,当也是政治理性的体现,而令其拥有私人武装以守护其产业,也在情理之中。须知秦始皇灭掉六国后,尽收天下兵器集中在首都咸阳铸成12个金人,连民间的兵器都要收缴销毁,与这种极端的做法相比,竟允许清拥兵自保,这绝对是异常

---

① 司马迁:《史记·货殖列传》,中州古籍出版社1996年10月,第909页。
② 中央电视台第九频道于2013年底做过一期节目,几位专家对《史记》记载的巴寡妇清之受秦始皇优待的缘由作过详尽的解读,视频和语言资料不能一一详引,望读者见谅。

的宽容和善待。三是秦始皇作为凡人肉身,具有强烈的追求长生不死的愿望和情结,派徐福东渡大海以求长生不老仙药就是明证。既然朱砂是道家炼丹必不可少的重要原料,刻意求取长生的秦始皇将清请入皇宫以"贞妇"优待,或可让她在宫内用朱砂制药或作为健康顾问随时请教咨询。从追求长生不死或可成为可以理解的人生目标,但此举的盲目性或可招致严重的后果,包括秦始皇在内的各代君王,都疑似服用含有朱砂成分的丹药而亡,令人唏嘘,慨叹古人的无知。不过,这是题外之话,或可不论。四是秦始皇可能出自其对身后事的安排。据说秦始皇陵墓下用了大量的水银铺就成"河"或"海",这种特殊的需要或可促成秦始皇优待清的一个理由。这一点需要日后的考古发掘才能证明。

以上各方面都可能或可合情合理地解释秦始皇为什么如此优待巴寡妇清的缘由。但专家们认为还有更重要的原因,就是安邦治国的战略考量。笔者深为赞同并愿与读者分享如下的分析:前已指出,秦灭六国、统一帝国甫定,百废待兴,北筑长城,南修灵渠,筑贯通全国的通连大道,建阿房宫,开陵寝等等一系列浩大工程相继和同时动工,这还是硬体实业,至于统一文字和度量衡,车同轨乃至为控制舆论而焚书坑儒等软实力建构,也亟需投入巨大的人力、财力和智力。在那样一个时代,巩固边防,安抚、和睦、怀柔乃至亲善周边特别是西边、西南和南方的蛮夷族群,保证他们的服从和服教,成为秦帝国安邦治国的极其重要的政治环境和条件。作为具有雄才大略的中国第一个统一帝国的君王,虽以无情和严厉甚至残暴著称,但面对自己治国理政的需要,还是从战略大局出发,对周边的少数族群采取正确的策对。这表明秦始皇不仅是一个现实的理性行动者和承担者,同时也是一个历史理性的继承者和发扬者。因为根据上引《史记》的记载,巴寡妇清的先人"得丹穴,而擅其利数世,家亦不訾。"这表明其祖开采、经营丹砂已有好几代人了,所以才得以发财致富。"数世"在时间上可追溯至东周至少是战国时代。作为后人的秦始皇并没有武断地中断其产业和家业,而尊重其历史成就,通过优待其现在主人巴寡妇清,已达到安抚边陲、拉拢、怀柔乃至亲善边疆少数族群,巩固大后方的战略目的。

中国的巴蜀文化之所以如此发达,特别是通过对三星堆文化的发掘和研究,现在的学术界公认巴蜀文化是中国文明起源中的重要一元,其精神和实体构成了中华优秀传统文化的一个不可分割的、重要的组成部分。这种历史结果的出现,绝非偶然,是中国先民,包括像秦始皇那样的古代政治家共同努力促成的。按现在分类语境表述,就是中国历史上的主体民族和少数民族共同缔造的古老文明的成果。由此可见,我们今日在言及祖国的历史和多元一体的民族关系时,我们为了耳熟能详的诸如"共同开拓和守护祖国的疆土,共同缔造中国的古老文明"等话语,绝不是虚妄的套话,而是历史的、实事求是的真实写照。上述秦始皇优待巴寡妇清这一历史事实,以生动的事例再次彰显了中国的先人在处理中央和地方的关系,主体民族与少数民族关系等方面高超的政治智慧。尽管安抚、怀柔、拉拢之类的行动方式带有强烈的统治者的政治偏私用心和意图,以及相应的少数族群的自愿或被迫的降顺、贡服和朝请之类的归服方式也带有被动或压服的色彩,但在客观上却给予了少数族群生存、发展的历史机遇。这种中央与地方的关系,主体族群与少数族群的关系尽管是建立在不平等的基础之上的,但历史累积下来,却形成了祖国的统一和民族相互依赖、谁也离不开谁的内在价值。这种价值在当代民族区域自治中,从政策、法律和制度的制定与实施过程中,以全新的形式和基础得到了进一步彰显。

三、继承和发扬优秀的传统民族文化的价值,加强民族理论研究,坚持和贯彻民族区域自治制度

近代以来,中国的积弱成为西方帝国主义恃强欺凌和掠夺的对象,中国的开明人士和先进知识分子率先反思中国传统文化的封闭性和僵化性,认为中国之所以在近代沦为被西方列强任意宰割的殖民地和半殖民地的境地,中国传统文化被指责负有不可推卸的责任。于是发动了一次又一次新文化运动,至 1919 年的"五四运动"达到高峰。在各次规模大小不等的"新文化"运动的冲击下,一方面西学东渐,向西方学习先进的民主与科学的势头长盛不衰,至今余波仍不时如潮涌来;另一方面,中国传统文化在持续的西方文化涤荡下以及自我遗弃下走向式微、衰败,竟至在"文化大革命"中不分优劣良莠统统置于"四旧"的范畴内受到无情的、毁灭性的摧毁,从传统思想观念到包括文物在内的古代各种文化遗存几乎无一幸免,造成了人类文化史上一场罕见的传统文化和文物的悲剧、浩劫。

然而,时光流逝,"风水"轮流转。随着中国改革开放的成功,国势大增,令世界都刮目相看,国人包括政治阶层和知识阶层在研判中国之所以如此成功的原因时,又反向体认到中国优秀传统文化的博大精深及其对国家和社会全面、深刻和持久的影响力。于是官民齐力复兴中国传统文化,国学随之兴起并渐次发达起来,还不忘在世界各国建立几十上百的"孔子学院",向世人传播优秀的传统文化,特别是儒家思想。这是一个良好的转变和发展势头,也可以说是现时代的文化理性回归、文化自觉的提升。在这种宏观背景下,我们需要对传统的优秀的文化进行更深入的发掘、提炼,使之成为熔铸现代文化的有机组成部分。我们认为,当前学术界应当尽快加强民族理论、民族政治和民族法律的研究,提高贯彻实施民族区域自治制度的自觉性。理由如下:

从民族理论研究层面上看,我们认为在以下几方面亟待改善和加强。

首先,是对中华民族多元一体的基本格局体认和研究不够。在这方面,的确已发表和出版了浩如烟海的文章和著作,但与之相对应的是,一些学者包括一些有影响力的学者仍持有不同的看法。他们甚至认为,中国的多民族是在中华人民共和国建立后人为地"造"出来的,是人为地民族"识别"的产物;即使有民族,也不过是孙中山先生提出的"五族共和"中提到的几个民族,这显然是缺乏历史常识的表现。基于这种认识,自然就会对现实的各种民族观念、民族关系以及各项民族政策和法律、制度提出质疑,以至提出重新认识和调整的主张和意见。中国从上古时代起就有"华夷"之辨、"四国"之说、"多方"的表述。学者论述现实民族问题时,如果全然不顾这样的历史事实,其论述的科学性、可信性肯定会受到质疑,不是建立在事实,包括现时的和历史的事实的任何理念与学说,都难以成立,这是科学理性所决定的。

其次,是对民族问题特别是民族关系问题的全部复杂性和长期性缺乏体认和研究。一些学者认为,现实的民族关系中出现的一些问题,特别是一些造成严重后果的负性、恶性事件,不是认真地主要从民族分裂势力、民族人性沦丧的少数人方面找原因并实施正确的对策,而是认为是现代民族观念误导和政策的制定与实施失当的结果。他们或许天真地认为,只要在中国承认一个或多个少数民族,也不再去实行民族区域自治,就会减少或不再发生民族问题和民族地区的暴力事件。这种认识除了上述对中国的民族历史缺乏必要的、实事求是的认识外,再就是对民族问题和民族关系的全部复杂性缺乏体认。民族问题和民族关系的复杂性和长期性之所以被世界性民族学、人类学所公认,也是马克思列宁主义和毛泽东思想等先进理论所不断重申和强调的,除了其他的科学理论支撑这种公认观点和科学学说之外,就是对民族问题和民族学态度所采取的历史主义的或历史唯物主义的立场和态度。可以合理地推论,对民族问题和民族关系持过于简单化、单一化、片面化的主张,正是对民族的历史采取虚无主义立场的必然结果。本文立论的目的之一,我们认为就是为了弥补民族理论和民族主张这种认识的欠缺或偏颇。

再次,是在民族理论研究中偏重现实问题的述说,而这种现实主义态度又偏重理论和学说的现实,相对缺乏对历史事实特别是"深历史"的关注。最近十几年来,随着民族理论和学说向广度的拓展,学者出版了一大批各少数民族的专门研究,其中尤以西南地区的一些少数民族的研究,特别是结合田野调查的研究为盛,与此同时,对民间法特别是有关少数民族的民间法的研究成果也很丰硕。但这弥补不了在民族理论和学说方面具有历史深度的研究,特别是从上古神话和传说方面的历史最深处发掘民族问题和民族关系的史影、史实素地及其蕴含的价值。正是基于这一缺乏,我们认为就当前的民族理论与学说的著述的总体而言,尽管体量硕大,堪称浩如烟海,但缺乏理论深度,给人以千篇一律的感觉。而理论深度的缺乏,至少就是导源于历史深度的欠挖。不深识中国民族历史的过去,就不能说清中国民族的现在,更遑论中国民族历史的未来。不待说,本研究的主旨之一,就在于弥补现实民族理论和学说的欠缺和不足。

最后,但绝不是不重要的,就是在跨学科、综合利用相关学科的知识与方法很不够。由于在中国很早就形成了民族及民族法的语境、话语体系、专门概念和理论体系,使得民族学,继而民族法学自成一体,被强势地铸造成独立的学科。这种独立学科在教育体系和研究体制的全力推动和组织下,渐成一种封闭性、半封闭性的理论体系和学说,这两个学科完全可以做到不用凭借其他学科的支持与助益,便能自成一体系,不仅自立还能自足。在这种学科孤立研究的状态下,从事该学科研究的学者,包括一些有学术影响的学者,缺乏学术拓展和深化的学术自觉意识,甚至对其他相关学科的知识和方法不感兴趣。这是亟待改进的学术立场。在民族问题和民族关系方面,近几十年来在国际范围内的人类学,特别是文化人类学或社会人类学领域取得了重大的进步,但在中国人类学的研究只有少数大专院校和科研机构在进行,这方面的研究人才也是寥若晨星;最近二三十年来,随着一大批新的考古发现及其研究,全新的文字资料和实物史料在中华文明探源、中华民族的多元一体等方面取得了突破性的或重大的进展,本文上述转述的文献史料,已有许多被新出土或新发现的历史文献和实物史料所证实。但我们的民族理论和民族法学理论没有意识到把两者结合起来进行跨学科、进行综合研究的必要。意识不到,实际投入自然不足,其结果就是长期呈现如下的民族理论和学说的总体态势:宏大叙事,常言大义有余,精微研究欠缺。这事在我们看来虽然极其重要,但知尚且不易,行动起来更难。本文也只是浅尝辄止,抛砖引玉而已。

从民族区域自治的实践层面上看,至少有三个方面亟待加以改进。

首先,在贯彻民族区域自治法和实行民族区域自治制度的过程中,偏重财政和实际硬件建设项目等方面实力的投入,而在民族教育特别是在科学、理性的民族观、民族历史教育,以及民族传统文化等方面的软实力投入方面相对不足。实事求是地说,自中华人民共和国建立以来,特别是改革开放以来,国家在少数民族地区的资金投入十分巨大,累积起来差不多是一个天文数字,额外的基础建设工程更是众多,路、水、电、通信等基本项目的相继开展和完成,使少数民族地区,特别是边远的少数民族地区的生产、生活条件得到了极大的改善,少数民族人民的生活品质得到了根本性的提升,这是完全必要的,对于巩固和睦的民族关系,维护民族团结和祖国的统一,发挥了重大的作用。今后应当继续坚持做下去,以更大的投入加快少数民族地区的建设。但这只是问题的一个方面;另一方面即在物质生活提高之中和之后,也不应当忽视少数民族的精神生活和文化建设方面提高的需要。由于特殊的历史和生活环境所造成的,少数民族在宗教信仰、本民族的传统继承和发扬、民族的心理素质和精神家园的维护等方面,都有各自的特殊需要。这种需要是内在的、深潜的,如果国家、社会和其他兄弟民族特别是汉民族缺乏这种体认意识,就会不自觉地忽略少数民族这种特殊的精神和文化需要。长期累积的结果,就会造成不良的后果,甚至爆发极其严重的负性事件,给民族团结和国家的安定造成损害。在当前及今后国家和社会各方面实施对少数民族地区的帮助和支援中,应当把宗教信仰、民族文化保护与继承、科学的民族观和国家观等有关精神家园的建设,放在同物质和资金支援同等重要的地位。

其次,大力加强有关民族区域自治的法制建设,尽快推进自治区自治条例的出台。新中国成立之初我们通过制定《中华人民共和国宪法》和《中华人民共和国民族区域自治实施纲要》，以及配套的一批行政法律规范性文件，打下很好民族立法的基础，基本满足了实施民族区域自治制度的需要。改革开放以后，于1984年又制定了《中华人民共和国民族区域自治法》，之后二十多年间，该法又作了几次修改，加上一大批行政法规和规章等相继出台，对保障民族区域自治制度的实施起了重要的作用。然而，近十几年来，在国家层面上对民族区域自治的立法几乎没有令人印象深刻的推进，尤其是全国五大自治区至今都没有一个《自治区自治条例》出台，有关方面包括民族法、宪法学术界一些学者，对此表现出某种焦虑情绪，显得很无奈。在中国早已将民族区域自治制度作为国家三大基本政治制度之一的宏观背景下，五大自治区的《自治条例》长期缺席，这在民族法制的整体上，确实是一个不小的短板，应当引起必要的重视。如果除了在做好其他的功课之外，在视野和技术上还感到心有余而力不足的话，我们建议是否可以回到历史深处，向我们的先祖包括传说中的人文先祖们讨教一番呢？要知道，我们先祖在那极其恶劣的生存环境下，竟奇迹般地用各种理念和形制调整了如此复杂的民族关系，使中国大体上沿着民族和睦相处的历史轨迹曲折而行直到今天，即使在相互征伐中也能做到适可而止，使各个民族特别是少数民族族体也有机会生存和繁衍下来，一直走到今天，形成了多元一体的中华民族大格局和祖国的统一整体，这不能不说我们先祖具有何等高超的政治智慧！我们今人倘能以史为师，从古人那里学来一些解决民族问题和调处民族关系的智慧和技巧，当会对当今完善、推进民族法制建设，包括制定各大自治区的《自治条例》大有裨益。

最后，加大对先进的民族思想、民族法制的宣传教育，尽快提高国内外对民族区域自治的中国特色和优越性的认识。从国际上看，各方面对联邦制和民族自治耳熟能详，但对民族区域自治特别是中国的民族区域自治所知不多，甚至完全无知。在国际性学术交流中，连我国近邻的韩国、日本的学者竟然不知道中国一直在实行一种名为民族区域自治的制度，这令我们业内人士感到错愕。原因在很大程度上是我们对外宣传不够。据从国外访学归来的学者介绍，在国外一些大学图书馆竟成排地摆放国内民族分裂分子首领的"著作"，竟是连篇累牍，相比之下，正面宣传中国民族政策和民族区域自治制度的著作却几乎找不到。

可以想见,这一极不对称的宣传局面会在国际上产生什么样的负面影响。至于在国内,也有加大对执政党和国家民族政策、民族区域自治制度宣传、教育的必要。国人即使不像业内人士那样熟知民族区域自治制度,但至少要有一个基本的了解。就在近些年,经常在视频媒体上听到主持人或嘉宾谈及广西时,不是以"广西壮族自治区"而是以"省"称之,令我辈业内人士深感国人对民族区域自治这一重大的基本制度了解是如此的缺失。原因无他,就是宣传、教育不足。我们应当把对民族区域自治的宣传教育提到一个更高的地位,尤其应当在"普法"中加强其宣传、教育的力度。人文类报刊、杂志也应当多发表一些相关的学术研究文章、专论。这也需要有关方面予以支持,编辑人员解放思想。民族问题、民族区域自治制度、民族政策不是,也不应当视为"禁区"而应当大力加强宣传、教育和研究。在这方面,我们似乎也应当从古人那里悟到些道理,学些什么。

参 考 书 目

中文著作：

1. ［英］罗素：《西方哲学史》（上、下卷），何兆武、李约瑟译，商务印书馆 1963 年 9 月第 1 版。

2. ［美］埃德加·博登海默：《法理学：法律哲学与法律方法》，邓正来译，中国政法大学出版社 2004 年 1 月版。

3. ［美］艾德蒙斯·霍贝尔：《原始人的法——法律的动态比较研究》，严存生等译，法律出版社 2006 年 5 月版。

4. ［英］梅因：《古代法》，沈景一译，商务印书馆 1984 年 11 月版。

5. ［加］布鲁斯·G. 崔格尔：《理解早期文明：比较研究》，徐坚译，北京大学出版社 2014 年 1 月版。

6. ［美］詹姆斯·皮科克：《人类学透镜》，汪丽华译，北京大学出版社 2009 年 6 月版。

7. ［美］艾兰：《水之道与德之端——中国早期哲学思想的本喻》，商务印书馆 2010 年 11 月版。

8. ［法］卢梭：《社会契约论》，一名《政治权利的原理》，何兆武译，商务印书馆 1987 年 1 月版。

9. ［美］伯尔曼：《宗教与法律》，梁治平译，中国政法大学出版社 2003 年 8 月版。

10. 司马迁撰：《史记》，中州古籍出版社 1996 年 10 月版。

11. 江灏、钱宗武译注，周秉钧审校：《今古文尚书全译》，贵州人民出版社

1990 年 2 月版。

12. 陈襄民等注译:《五经四书全译》(一、二、三、四),中州古籍出版社 2000 年 8 月版。

13. 王威威译注:《荀子译注》,上海三联书店 2014 年 1 月版。

14. 班固撰:《汉书·刑法志》,中州古籍出版社 1996 年 10 月版。

15. 韦昭注,明洁辑评《国语》,世纪出版集团、上海古籍出版社 2008 年 12 月版。

16. 石磊译注:《商君书》,中华书局 2011 年 10 月版。

17. 赵善轩等译注《管子》,中信出版社 2014 年 1 月版。

18. 张觉等撰:《韩非子译注》,上海古籍出版社 2007 年 4 月版。

19. 杨鸿烈:《中国法律思想史》,中国政法大学出版社 2004 年 4 月版。

20. 杨鸿烈:《中国法律发达史》,中国政法大学出版社 2009 年 11 月版。

21. 陈义初主编:《河洛文化与殷商文明》,河南人民出版社 2007 年 10 月版。

22. 陈义初主编:《河洛文化与汉民族散论》,河南人民出版社 2006 年 4 月版。

23. 杨海中:《图说河洛文化》,河南人民出版社 2007 年 12 月版。

24. 李绍连:《河洛文明探源》,河南人民出版社 2007 年 10 月版。

25. 程有为:《河洛文化概论》,河南人民出版社 2007 年 10 月版。

26. 刘成纪、杨云香主编:《中原文化与中华民族》,河南人民出版社 2012 年 3 月版。

27. 欧潭生:《闽豫考古集》,海潮摄影艺术出版社 2002 年 4 月版。

28. 河南省文物局、河南博物馆编:《华夏文明之源——河南文物珍宝》2012 年 5 月版。

29. 杨育斌、袁广阔主编:《20 世纪河南考古发现与研究》,中州古籍出版社 1997 年 12 月版。

30. 徐祥民等:《中国宪政史》,青岛海洋大学出版社 2002 年 3 月版。

31. 萨孟武:《中国宪法新论》,(台)正中书局 1980 年版。

32. 尹斯如:《宪法学大纲》,北平印书局 1935 年版。

33. 艾畦　编著:《老子八十一章》,天津社会科学院出版社 1993 年 7 月版。

34. 蔡枢衡:《中国刑法史》,广西人民出版社 1983 年版。

35. 宁汉林:《中国刑法通史》,辽宁大学出版社 1986 年版。

36. 张晋藩主编:《中国法制史》,群众出版社 1991 年版。

37. 刘城淮:《中国上古神话通论》,云南人民出版社 1992 年 11 月版。

38. 杨一凡:《重新认识中国法律史》,社会科学文献出版社 2013 年 4 月版。

39. 方勇译注:《墨子》,中华书局 2011 年 10 月版。

40. 郭树森、张吉良主编:《大道之源——〈周易〉与中国文化》,湖南师范大学出版社 1993 年 1 月版。

41. 傅云龙:《中国哲学史上的人性问题》,求实出版社 1982 年 11 月版。

42. 张晋藩、曾宪义:《中国宪法史略》,北京出版社 1979 年 9 月版。

43. 梁治平编:《法律的文化解释》,生活·读书·新知三联书店 1994 年 10 月版。

中文文章:

1. 中共中央:《关于深化文化体制改革推动社会主义文化大发展大繁荣若干问题的决定》(2011 年 10 月 18 日中国共产党第十七届中央委员会第六次会议通过),载《人民日报》2011 年 10 月 26 日第一版。

2. 李学勤:《走出疑古时代》,载《中国文化》1992 年第七期。

3. 朱士光:《历史地理学中的"时空交织"观念》,载《中国社会科学报》2013 年 2 月 20 日,A05 版。

4.《中华文明探源工程(三)发布的最新阶段性成果》,载《中国社会科学报》2012 年 12 月 28 日,B08 版。

5. 易中天:《文明的意志与中华的位置——三十六卷本〈易中天中华史〉总序》,载《南方周末》2013 年 5 月 16 日副刊版。

6. 张晋藩:《论中华法制文明的几个问题》,载《中国法学》2009 年第 5 期。

7. 郭潇雅、吴运亮:《创新性解读古蜀文明生长点为研究关键——访四川省巴蜀文化研究中心学术委员会主任谭继和》,载《中国社会科学报》2013 年 12 月 6 日,A05 版。

8. 郭潇雅、吴运亮:《林向:结缘考古　纵论巴蜀》,载《中国社会科学报》,2014 年 3 月 10 日,A02 版。

9. 江章华:《考古证据:明晰古蜀历史与文化》,载《中国社会科学报》2013 年 12 月 6 日,A05 版。

10. 彭邦本:《由夷而夏:古代巴蜀与西南夷》,载《中国社会科学报》2013 年 12 月 6 日,A05 版。

11. 庚辰、侯仰军:《在考古与传说中探究历史真实》,载《中国社会科学报》2014 年 8 月 11 日,B03 版。

12. 许宏:《有一种"创新"不可取——小议江汉中心说的立论基础》,载《中国社会科学报》2014 年 7 月 14 日,B02 版。

13. 程启立:《齐鲁文化是我国传统文化的主干》,载《中国社会科学报》2012 年 10 月 10 日,B06 版。

14. 郭静云:《长江流域是中原文明发祥地——中华文明起源新论》,载《中国社会科学报》2014 年 7 月 14 日,B02 版。

15. 李学勤:《河洛文化研究的重要意义》,载《光明日报》2004 年 8 月 24 日。

16. 何晓明:《古史研究应超越简单的"疑信之争"》,载《中国社会科学报》2013 年 11 月 25 日,B01 版。

17. 郝日红、张清俐:《历史流域学:区域历史地理研究的新进展》,载《中国社会科学报》2013 年 11 月 11 日,A02 版。

18. 张清俐:《盘龙城建城时间仍难有定论》,载《中国社会科学报》2014 年 8 月 20 日,A02 版。

19. 杨栋:《史实推动夏禹神话创生演变》,载《中国社会科学报》2014 年 1 月 10 日,A08 版。

20. 田成有:《酋邦战争与中国早期国家法律的起源》,载《广东民族学院学报》(社会科学版),1996 年第 1 期。

21. 郝大海:《从农民理性看社会学的理性概念》,载《中国社会科学报》2014 年 12 月 12 日,B01 版。

22. 王悠然编译:《"营养一致性"有助于稳定地球生态系统》,载《中国社会科学报》2014 年 12 月 26 日,A03 版。

23. 习五一:《公立世俗大学没有上帝和神灵的位置》,载《中国社会科学报》2014 年 12 月 26 日,A07 版。

24. 王悠然编译:《气候湿度影响人类语言进化》,载《中国社会科学报》2015 年 1 月 30 日,A03 版。

25. 吕庙军:《回到文、武、周公"前轴心时代"》,载《中国社会科学报》2015 年 3 月 4 日,B05 版。

26. 李行之:《〈尚书·洪范〉是中国历史上第一部宪法》,载《求索》1985 年第 4 期。

27. 张紫葛、高绍先:《论〈洪范〉的法学意义》,载《成都大学学报》(社会科学版),1986 年第 2 期。

28. 邓正来:《中国法学向何处去》,载《政法论坛》2005 年第 1—4 期。

29. 王星光:《大禹治水与早期农业发展略论》,载《中原文化研究》2014 年第 2 期。

30. 马小红:《中华法系中"礼""律"关系之辨正——质疑中国法律史研究中的某些"定论"》,载《法学研究》2014 年第 1 期。

31. 季卫东:《中国的传统法律思维模式》,载《中国法律评论》2014 年第 3 期。

32. 陈鸿彝:《〈尚书〉:为中华法系提供原型构架》,载《江苏警官学院学报》2004 年第 2 期。

33. 李明德:《中国法律起源模式探索》,载《法律史论集》第 1 卷。

34. 陈淳:《探索早期文明的精神世界》,载《中国社会科学报》2013 年 3 月 13 日,B04 版。

35. 马卫东:《召公封燕与周初北土经营》,载《中国社会科学报》2014 年 4 月 16 日,A05 版。

36. 张家国:《〈尚书〉:夏、商、周三代法律文本的诠释》,载《法学评论》2000 年第 3 期。

37. 胡兴东:《中国古代法律形式结构研究》,载《北方法学》2014 年第 3 期。

38. 周宏伟:《溱洧涣涣　申曾何在——西周推翻者旧迹寻踪》,载《中国社会科学报》2014 年 4 月 16 日,A05 版。

后　　记

　　三年多来,一以殚精竭虑,研精覃思而苦劳;二怀战战兢兢,如履薄冰之情志。恐敬有加,竟致绩凝,终有所成。

　　精研期间,博考经籍,采撷群言,广文申义,敷畅厥旨,虽不能为学术界立下训传,庶几有补于史学之空白。

　　掩卷回望,感慨万千,虽有言之不尽的辛劳,却也欣然于收获良多。

　　值此机会,我想再次诚挚地感谢项目负责人陈义初先生,执行人杨海中先生,没有他们的引荐和裕纳,以及为我提供大量的基础资料,就不会有此成果出版。

　　还要特别感谢门下弟子杨二奎博士,他全程陪伴此项目的研究。为协助我专心写作,他用了大量的精力和时间帮我购买必要的书籍、收集资料,整理文稿,以及沟通京豫两地的信息交流。没有他无私的奉献,本研究的进展绝没有如此顺畅。

　　夫人刘淑珍教授除在三年期间为我做好各项后勤保障之外,还机打了全部文稿。对此也应当致以特别的谢意。

陈云生于北京新源里寓所蛙步斋

2016 年 6 月 15 日